한국
교회를
깨운

옥한흠 목사의 설교 세계

박응규 지음

기독교문서선교회

기독교문서선교회(Christian Literature Center: 약칭 CLC)는 1941년 영국 콜체스터에서 켄 아담스에 의해 시작되었으며 국제 본부는 미국 필라델피아에 있습니다.
국제 CLC는 59개 나라에서 180개의 본부를 두고, 약 650여 명의 선교사들이 이동도서차량 40대를 이용하여 문서 보급에 힘쓰고 있으며 이메일 주문을 통해 130여 국으로 책을 공급하고 있습니다.
한국 CLC는 청교도적 복음주의 신학과 신앙서적을 출판하는 문서선교기관으로서, 한 영혼이라도 구원되길 소망하면서 주님이 오시는 그날까지 최선을 다할 것입니다.

Han-heum Oak and His Preaching Ministry

Written by

Ung Kyu Pak

Korean Edition
Copyright © 2017 by Christian Literature Center
Seoul, Korea

추천사 1

이동원 목사
지구촌교회 원로목사

저녁 황혼이 내리면 밤 하늘이 펼쳐집니다.
그리고 밤 하늘에는 낮에 보지 못한 별들이 출현합니다.
황혼이 내린 한국 교회의 밤 하늘에 특별한 별 하나가 있었습니다.
저에게는 그 별이 바로 은보 옥한흠 목사님이었습니다.
그 별로 우리는 밤 하늘 아래서도 새벽의 희망을 꿈꾸었습니다.

자상한 형님으로 그는 언제나 우리의 산성이었습니다.
그리고 그의 메시지는 준엄하고 따뜻한 등불이었습니다.
100주년 기념대회 전 그는 저에게 설교 전문을 보냈습니다.
잘 살펴보고 멘트해 달라고 했습니다.
멘트가 필요치 않은 완벽한 설교라고 응신 했습니다.

그는 완벽한 설교가 어디 있냐고 화를 내며 다시 보라고 했습니다.
그는 그 만큼 언제나 고결한 자기 반성의 사람이었습니다.
그런 개성이 그의 설교를 더 맑고 더 준엄하게 만들었습니다.

청중들은 성령의 권위 앞에 압도당하며 가슴을 치고 회개했습니다. 그의 설교는 성령에 붙잡힌 말씀의 가장 확고한 모범이었습니다.

그가 생각보다 일찍 우리 곁을 떠나 우리를 당황하게 했습니다. 아마 그는 무너져가는 한국 교회를 더 이상 볼 수 없었을 것입니다. 그러나 다행인 것은 그는 심혈을 기울여 외친 메시지를 남겼습니다. 그 메시지가 박응규 교수님의 손으로 정리되어 나온 것은 정말 다행입니다. 그 메시지로 우리는 좀 더 객관적으로 그의 삶과 설교를 만나게 되었습니다.

적당히 목회하고 적당히 설교하려는 분들에게 이 책은 합당하지 않습니다. 그러나 자신의 목회와 설교를 고민하는 동역자들에게 이 책은 눈물이 될 것입니다. 옥 목사님과 함께 한국 교회를 바라보며 울고픈 동역자들에게 이 책을 권합니다.

한국 교회를 아니 우리를 살려 달라고 옥 목사님과 함께 다시 울어야 합니다. 그리고 옥 목사님의 메시지를 들으며 우리는 다시 태어나야 합니다. 수고하신 박응규 교수님께 감사하며 이 책을 특별한 선물로 기억하고 싶습니다.

주후 2017년 맑은 가을 하늘 아래
옥한흠 목사님과의 특별한 추억들을 떠올리며

추천사 2

김동호 목사
높은뜻연합선교회 대표

　자녀들을 키우면서 좋은 친구, 좋은 스승(목회자), 좋은 배필 만나게 해 주십시오라고 기도했었습니다. 제가 그 복을 받았기 때문입니다. 친구 중요하고 배우자 물론 중요하지만 존경할만한 인생의 스승을 만난다는 건 큰 축복 중의 축복이 아닐 수 없습니다. 존경할만한 좋은 스승은 한 분만 만나도 그는 절대로 잘못될 수가 없습니다.
　선생은 많으나 스승은 없다는 말을 흔히들 합니다. 목회자도 마찬가지가 아닐까 싶습니다. 목사는 참 많으나 후배들에게 복이 될 만한 정말 존경할만한 목회자를 만나기가 쉽지 않은 세상이 되었습니다. 그래도 하나님은 우리들을 위하여 흔치는 않지만 그 시대 시대마다 훌륭한 스승과 목회자들을 보내 주십니다. 저는 그 중의 한 분이 옥한흠 목사님이라고 생각합니다. 그것은 비단 저만의 생각은 아닐 것입니다.
　어렸을 때 아이들에게 위인전을 많이 읽히라는 말을 많이 합니다. 인생의 스승이 될 만한 사람의 전기를 읽으면 그 책을 통하여 스승을 만날 수 있기 때문입니다. 이번에 박응규 교수님께서 『옥한흠 목사의 설교 세계』라는 책을 집필하셨습니다.

이 책을 통하여 저는 많은 후배들이, 하나님을 만나고 하나님이 이 시대의 복으로 우리에게 보내주셨던 좋은 선배와 스승을 만날 수 있게 되리라 믿어 기쁜 마음으로 추천합니다.

추천사 3

권성수 목사
대구동신교회 담임

옥한흠 목사님은 한국 교회 목회의 새로운 패러다임을 도입해서 정착시킨 목회의 거성입니다. 옥한흠 목사님은 제자훈련을 통해 예수 그리스도를 믿는 각 사람을 하나님의 말씀으로 무장시켜 생명의 장인(丈人)을 만드는 목회를 하셨습니다. 그래서 그들이 예수 생명의 복음으로 약동하여, 예수 생명의 복음을 흘려보내는 통로를 만들도록 하셨습니다.

옥한흠 목사님의 제자훈련은 그의 생동적인 설교를 통해 활성화되었습니다. 설교를 통해 은혜를 끼치지 못하면서 하는 제자훈련은 기름칠하지 않는 기계를 돌리는 것 같아서 삐꺽거립니다. 설교의 은혜를 누리지 못하는 목회자와 성도에게 제자훈련은 쉼이 아니라 짐이고, 보람이 아니라 고역(苦役)입니다. 옥한흠 목사님은 설교를 통해 풍성한 은혜를 나누었기 때문에 제자훈련이라는 성경적 목회의 새로운 패러다임을 정착시키는 데 성공할 수 있었던 것입니다.

저는 옥한흠 목사님이 안식년을 보낼 때 사랑의교회에 가서 2년 동안 격주로 설교를 했습니다. 설교의 대가 옥한흠 목사님이 지키던 강단에서 30대 후반의 젊은 교수로 설교한다는 것은 여간 힘든 것이 아니었습니다.

저는 설교 대가와 어쩔 수 없이 비교되는 아픔을 감수하면서도 사랑의 교회에서 설교할 때 제 자신이 은혜를 많이 받았습니다. 성도들이 마치 스펀지가 물을 빨아들이듯 설교를 빨아들였기 때문입니다. 신학교 학생들이나 소화할 법한 신학적 메시지도 어찌나 달게 흡수하는지 '설교자의 보람이 이런 것이로구나!' 실감하게 되었습니다.

이번에 나온 박응규 교수님의 『옥한흠 목사의 설교 세계』라는 책은 교회 역사가의 눈으로 본 옥한흠 목사님의 설교 세계입니다. 한 사람을 이해하기 위해서는 시대적 배경과 개인적 삶의 배경을 무시할 수 없는데, 박응규 교수님은 역사의 빛을 이 책에서 비추어 줌으로 독자들이 옥한흠 목사님의 설교 세계로 깊이 몰입하게 만들어 주었습니다.

박응규 교수님은 옥한흠 목사님의 설교가 예수 그리스도의 생명의 복음에 은혜로 잠긴 목회자의 설교라는 것을 간파했습니다. 옥한흠 목사님이 복음의 은혜에 감격해서 그 은혜를 전하면서 성도들로 하여금 그 은혜에 대해 삶의 반응을 보이고 그 반응을 생활 속으로 확대해서 복음으로 세상을 변화시키도록 제자훈련을 했다는 것을 핵심적으로 잘 지적했습니다.

옥한흠 목사님은 설교할 때 자신을 빼놓고 청중만 상대한 것이 아니라 자신을 설교 속에 깊이 침잠케 할 정도로 하나님의 말씀을 깊이 묵상하되 마치 임산부가 아기를 품고 해산 직전 진통하는 것처럼 했습니다. 옥한흠 목사님은 설교 준비가 곧 진통이었고, 설교 전달이 곧 해산이었습니다. 박응규 교수님은 이 점을 설파합니다.

옥한흠 목사님의 설교를 통해 동력화(動力化)된 제자훈련은 결코 목회의 '테크닉'에 불과한 것이 아닙니다. 그것은 예수 그리스도의 마음을 본받고 예수 그리스도의 삶을 본받아 예수 그리스도의 생명을 전하는 사역자가 되어 세상을 변화시키게 하는 훈련입니다. 옥한흠 목사님의 제자훈련을 목회기술로 생각했던 목회자는 아무리 제자훈련을 해도 예수 생명에 근거한 삶의 변화와 변화의 파문을 일으키지 못합니다. 박응규 교수님은 이런 면에서 옥한흠 목사님이 예수 생명을 임신하고 예수 생명으로 진통하고 예수 생명을 낳는 생명 설교를 한 점을 드러내 보인 것입니다.

저는 총신대학교 신학대학원 교수로 재직 시 서울에서 양지 캠퍼스를 왕래하는 자동차 안에서 옥한흠 목사님의 설교 50편 정도를 거의 매일 연속적으로 들으면서 눈물을 많이 흘렸습니다. 그것은 회한의 눈물도, 고통의 눈물도, 통탄의 눈물도 아니었습니다. 그것은 예수 생명에 접속되어 예수 생명에 감격하는 감격과 환희의 눈물이었습니다. 한국 교계에 예수와 함께 죽고 예수와 함께 사는 이런 생명 전달자가 있구나 하는데 대한 벅찬 감격의 눈물이었습니다.

예수 간판을 걸어놓고 자기 영광을 추구하는 허영의 시대에,『옥한흠 목사의 설교 세계』가 예수와 함께 죽고 예수와 함께 사는, 예수 생명에 접목되어 예수 생명에 감격하고 예수 생명을 전하는 생명 설교자들을 생산하는 일에 크게 기여할 것으로 확신합니다.

추천사 4

이 상 규 박사
고신대학교 교회사 교수

　이번에 존경하는 박응규 교수님이 집필하신 『옥한흠 목사의 설교 세계』라는 책의 출판을 진심으로 환영합니다. 옥한흠 목사님은 건실한 목회자이자 한국 교회 갱신을 위해 헌신하신 교회개혁가이셨고, 제자훈련 프로그램을 한국 교회에 소개하신 분이자 위대한 설교자이셨습니다. 이 책의 제목처럼 한국 교회를 깨운 목회자로 일생을 사셨습니다.

　이런 점에서 옥한흠 목사님은 한국 교계에서 가장 주목받은 인물 중 한 사람이라고 하겠습니다. 최근 그에 대한 관심이 높아졌고, 그의 생애와 설교, 교회갱신, 혹은 그의 제자훈련에 대한 연구가 일고 있습니다. 이런 연구를 주도하고 대표하는 학자가 이 책의 저자인 박응규 교수님입니다.

　박응규 교수님은 주목받는 역사신학자입니다만 전기 작가로서도 명성을 얻고 있습니다. 그는, 미국 정통장로교(OPC) 선교사로 한국을 위해 42년간 헌신하신 한부선(Bruce F. Hunt) 선교사의 전기를 2004년에 출판한 바 있습니다. 저는 그 책을 읽고 이보다 더 완벽한 한부선 전기를 쓸 수 없을 것이라는 생각을 했는데, 이번에는 옥한흠 목사님의 생애와 설교에 대해서도 깊이 연구하고, 그 결실을 한 권의 책으로 엮어 출판하게 된 것입니다.

이 책에서 저자는 옥한흠 목사님의 삶의 여정을 소개한 후, 그의 설교 이해 혹은 설교관 등 설교의 신학적 배경을 설명하고, 그의 설교가 어떠했던가를 설명하고 있습니다. 특히 이 책에서 옥한흠 목사님의 설교를 3시기, 곧 초기 중기 후기로 나누어 다양한 설교를 섭렵하고 분석하고 있습니다. 그래서 옥 목사님의 설교에는 영혼구원, 구원의 감격, 복음의 능력, 제자도와 제자훈련이 강조되고, 후기에는 이런 강조와 함께 교회 갱신과 연합에 대한 강조가 깊다는 점을 지적하고 있습니다.

특히 저자는 옥 목사님의 설교는 강해설교가 중심을 이룬다는 점을 지적하고 있는데, 이것은 설교의 의도적 편중을 막고 하나님의 구원 경륜을 포괄적으로 혹은 전체적 혹은 통합적으로 선포하는 장점이 있다는 점을 보여주고 있습니다. 실제로 사도 바울은 사도행전 20장 27절에서 "하나님의 모든 뜻(whole counsel of God)을 너희에게 전하였다"라고 말하면서 (그러나 개역개정판에서는 하나님의 뜻을 '다' 전하였다라고 부사로 잘못 번역하고 있다), 설교는 설교자의 주관에 의한 어느 특정 주제나 사안에 편중되지 않아야 한다는 점을 교훈하고 있습니다.

이 책의 저자가 제시하는 흥미로운 한 가지는 옥 목사님의 설교에서 신약본문이 65%인 반면에 구약본문이 35%에 불과했다는 지적입니다. 한국의 거의 모든 설교자들, 심지어는 구약을 전공한 목회자나 학자의 경우에서도 구약 본문 설교는 20% 내외였다는 점을 고려 해 볼 때 옥 목사님은 구약과 신약 본문 선택에서 보다 균형 잡힌 설교자였음을 알 수 있습니다.

1983년으로 기억됩니다만 고신대학교 교회문제연구소 연구원으로 일할 때 옥한흠 목사님을 대학 행사에 강사로 초청한 일이 있습니다. 그때 옥 목사님은 한국 교회 갱신을 위해 두 가지를 말씀하셨는데, 한 가지가 설교의 갱신이었고, 다른 한 가지가 제자훈련이었습니다. 그는 이 두 가지 과제를 가지고 씨름했는데, 그것은 결국 한국 교회 쇄신 혹은 갱신을 위한 것이었습니다. 그런 삶을 살았던 옥 목사님의 설교를 분석하고 이를 통해 그가 시도했던 한국 교회 갱신을 추구한 일은 종교개혁 500주년을 맞는 오늘의 한국 교회 현실에서 시의적절한 연구라고 생각합니다.

박응규 교수님의 저서나 논문을 읽으면서 느끼는 점은 그는 성실한 연구자라는 점입니다. 모든 자료를 섭렵하는 일에서부터 그의 성실성을 보여 줍니다. 옥한흠 목사님의 거의 모든 설교를 섭렵하고 연구한 결실이 이 책입니다. 이런 점에서 이 책은 신뢰성을 더해 줍니다. 이 책을 통해 넓고 깊은 옥한흠 목사님의 설교 세계를 여행하는 즐거움이 있기를 기대합니다.

2017년 7월 3일

추천사 5

"평신도를 깨운 설교자를 기린 책"

김남준 목사
열린교회 담임

전기를 쓰는 작가에게는 두 가지 어려움이 있습니다. 자신이 연구하는 전기물의 주인공을 좋아하지 않으면 그의 정신 세계를 공유할 수 없고, 너무 흠모해서 몰입해 버리면 객관적인 평가를 기술하기 어렵다는 것입니다.

저는 이 책을 비평가의 관점에서 읽지 않았습니다. 오히려 한 설교자의 숨겨진 면모를 감동적으로 소개하는 저자의 연구에 공감하는 마음으로 읽었습니다. 전기 작가로서 매우 어려운 일이지만, 저자는 옥한흠 목사님에 대한 깊은 사랑 어린 존경심을 가졌으면서도 객관적으로 존재하는 자료들을 정확히 해석해서 제자리에 배열함으로써 연필로 급히 스케치한 것과 같은 그분의 초상화 밑그림에 세밀한 필치를 더하여 사실화로 만들어 주었습니다.

이 책 어디에도 그분에 대한 심각한 비평이나 지적은 없습니다. 그러나 저자는 결코 인간 옥한흠을 한 시대의 영웅으로 만들려고 하지 않았습니다.

이 책을 읽으면서 탁월한 목회자이며 한 시대에 쓰임받았던 설교자가 걸어온 가시밭길을 보게 됩니다.

그리고 그분이 한 인간으로서 얼마나 연약한 사람이었는지도 알게 됩니다. 그러나 우리는 이 책을 통해서 하나님의 손에 붙들려 살 때 질그릇같이 연약한 인간이, 얼마나 강해질 수 있는지를 보게 됩니다. 그분이 늘 하시던 말씀처럼 "하나님의 은혜가 이긴다."

개척한 지 십 년이나 더 지난 후에서야 우리교회에서 저의 위임식이 있었습니다. 옥한흠 목사님이 오셔서 설교를 해 주셨습니다.

> 내가 그리스도를 본받는 자가 된 것 같이 너희는 나를 본 받는 자가 되라(고전 11:1).

지금도 위임식이 있었던 예배당에서 울려 퍼지던 목소리가 또렷하게 기억에 남아 있습니다. 지금 우리 모든 목회자와 성도들이 함께 다시 들어야 할 목소리입니다.

이 책은 이제껏 출판된 옥한흠 목사님에 대한 출판물 중 가장 신뢰할 만한 책입니다. 그분의 목회와 설교를 잘 알고 존경했던 이들뿐만 아니라 그렇지 못했던 이들에게도 이 책을 꼭 읽어 보도록 권하고 싶습니다.

오늘 우리 모두가 그분의 꿈을 계승하며 살도록 부름을 받았기에….

추천사 6

정 창 균 박사
합동신학대학원대학교 총장, 설교학 교수

저는 설교학 강의를 옥한흠 목사님에게 들었습니다. 옥 목사님의 설교는 치열한 준비와 정곡을 찌르는 직설적 설교로 정평이 나있습니다. 그분의 설교는 언제나 삶의 현장을 복음에 비추어 직시하고 그것을 그대로 부각시켜 다루어 결국 사람을 휘어잡습니다. 그분은 입으로 설교하기보다는 가슴으로 설교하는 설교자입니다.

이 책은 옥한흠 목사님과 그분의 설교를 이해하고 결국 옥한흠 목사님처럼 설교하고 싶은 설교자들에게 좋은 안내자가 될 것입니다.

추천사 7

이찬수 목사
분당우리교회 담임

옥한흠 목사님이 한국 교회와 후배 목회자들에게 남겨주신 소중한 것들이 참 많습니다. 목회자의 자세와 중심이 어떠해야 하는지에 대해, 그리고 목회의 중심에 복음과 십자가를 소중히 여기는 태도가 어느 정도 깊어야 하는지에 대해 많은 것을 가르쳐 주셨습니다.

이처럼 남겨주신 귀한 것들이 많은데, 그 소중한 것 중에 하나가 설교입니다. 이런 면에서 저자 박응규 교수님께 감사드립니다. 귀한 수고를 통해 『옥한흠 목사의 설교 세계』가 후배 목회자들에게 잘 전달되기를 바라고 기대합니다.

추천사 8

신성욱 박사
아세아연합신학대학교 설교학 교수

　침체해 가는 한국 교회의 처참한 모습을 볼 때마다 강단에서 사자후를 토하며, 듣는 이들의 가슴에 불을 질러오던 한 사람의 빈자리가 늘 아쉽게만 느껴졌습니다. 그가 이 땅에서 외쳤던 불같이 뜨거운 설교는 지금도 우리의 가슴속에 큰 소리로 메아리쳐 옵니다.
　이 책은 한국의 청교도요 영혼을 울리는 강해설교가로 유명했던 옥한흠 목사님의 설교의 비밀이 무엇인지에 대해 잘 엮어낸 수작입니다. 식어진 강단과 가슴에 불을 붙이기 원하는 설교자들에게 필독서로 강력히 추천합니다.

추천사 9

원 종 천 박사
아세아연합신학대학교 역사신학 교수

   성장 위주로만 치닫던 현대 한국 교회에 제자화를 외치며 참된 교회의 모습을 추구하시던 옥한흠 목사님!
   한국 교회 현대사에 중요한 획을 그으신 옥 목사님은 설교로 제자화 운동에 영적 감동과 활력을 불어 넣으셨습니다. 이 간과할 수 없는 옥 목사님의 설교 업적을 이 책은 주제별 정리와 신학적 분석을 통해 너무도 일목요연하게 잘 정리했습니다.
   이 책을 통해, 그를 사모하고 그리워하는 수많은 제자들과 독자들은 살아계신 옥 목사님의 음성을 들을 것입니다.

추천사 10

김명호 목사
일산대림교회 담임

옥한흠 목사님처럼 설교를 무겁게 생각한 목회자가 또 있을까 싶습니다. 그분에게 있어서 청중에게 들리는 설교, 삶에 변화를 일으키는 설교는 늘 긴장되고 부담되는 주제였습니다.

성도들의 아픔을 가슴에 품고 설교했고 누구보다도 자신을 향해 말씀을 들이대고 그렇게 살기 위해 몸부림치며 외쳤던 그분의 설교 세계를 접할 수 있는 귀한 기회를 만들어 준 박응규 교수님에게 마음 깊은 감사를 전합니다. 이 시대 모든 설교자들의 일독을 권합니다.

감사의 말

박응규 박사
아세아연합신학대학교 교회사 교수

은보(恩步) 옥한흠 목사(1938-2010)는 한국 교회의 평신도를 깨운 대표적인 제자훈련 목회자일 뿐만 아니라, 영혼을 울리는 설교자로 그의 외침이 우리의 가슴속에 큰 감동으로 남아있다. 필자가 처음으로 그와 그가 개척하여 목회하고 있었던 사랑의교회에 대한 좋은 소문을 들은 것은 1980년대 초반 총신대학교 캠퍼스에서였다.

당시 한국의 정치적 상황이나 필자가 속한 교단과 신학교의 분위기가 암울했을 때, 옥한흠 목사와 사랑의교회 목회 이야기는 신학생들에게 적지 않은 기대와 소망을 불러 일으켰다. 당시 그 교회에 출석하거나 사역하는 학우들의 긍지가 대단하여 필자에게는 적지 않은 궁금증이 생긴 것도 사실이었다.

필자가 1983년 대학과정을 마치자마자 도미하여, 1985년부터 필라델피아에 소재한 웨스트민스터신학교에 재학하는 동안 또 다시 옥한흠 목사에 대한 소식을 듣게 되었고, 무엇보다도 그의 설교테이프를 상당 기간 동안 들을 수 있는 기회가 주어졌다. 그때 그의 설교들을 듣고 받은 감동은 개인적인 차원을 넘어서, 이런 설교자가 한국 교회에 있다는 사실에 자부심을 느끼게 되었고, 설교의 가치와 유익이 무엇인지를 절감하게 되었다. 웨스트민스터신학교 채플에서 설교한 훌륭한 교수들과 설교자들에게서도 많은 감화를 받았지만, 옥한흠 목사의 설교는, 그 당시 필자가 배웠던 설교학적 입장에서나 필자가 받았던 감동이라는 측면에서도 매우 탁월했다. 이렇게 신학대학교와 신학교 시절부터 옥한흠 목사에 대한 기억은 "마음을 깨우는 설교자"로 필자의 마음에 깊이 각인되어 있었다.

오랜 세월이 흐른 후, 2009년 늦은 가을에 옥한흠 목사를 만나 대화하며 특히 그의 설교에 관한 이야기를 들을 수 있는 매우 의미 있는 기회를 가졌다. 당시 필자는 한국기독교사연구소가 주최한 "사랑의교회 30년 평가와 전망"이란 주제로 열린 학술심포지움에서 발표할 옥한흠 목사의 설교에 관한 논문을 준비하고 있었고, 국제제자훈련원으로부터 『옥한흠 평전』을 저술해 달라는 제안도 받았던 참이었다.

그때 자신의 목회와 설교에 관한 내용도 많이 이야기해 주었지만, 상당 부분은 "한국 교회의 설교가 연구의 대상이 아닌 개혁의 대상"이 되어버린 현실에 대한 개탄의 소리였다. 그가 한국 교회를 사랑하기 때문에 아프게 지적한 그 예언적 음성이 아직도 필자의 귓가에 쟁쟁하게 들리고 있다.

설교는 그의 사역과 삶의 중심에 있었으며, 한국 교회의 개혁과 부흥은 목회자들의 설교갱신으로부터 비롯된다는 그의 고언은 단순한 비판이 아닌, 설교와 목회의 본질에 충실하려고 최선을 다해 온 그의 체취가 담긴 사랑의 채찍이었다. 그 후, 한 해가 지나기도 전에 그의 건강이 악화되어 2010년 9월 2일 소천했지만, 그가 남긴 고귀한 신앙적 유산은 이제는 한국 교회가 깊이 연구하고 계승해야 할 영적인 보화가 되었다는 사실을 필자에게 깨우쳐 주었다.

금년은 종교개혁 500주년을 기념하는 해로 다양한 행사들이 이어지고 있으며, 관련된 서적들이 줄지어 출판되고 있다. 마틴 루터를 비롯한 종교개혁가들을 연구하며 의미를 깨닫는 것도 필요하지만, 보다 더 중요한 것은 종교개혁의 정신을 지금의 한국 교회 현실에서 찾고 적용하는 작업이라 할 수 있다. 그런 면에서,『옥한흠 목사의 설교 세계』는 한 목회자가 설교자로 성장해 나가는 과정을 고찰하고, 그의 신학적 배경과 성경관, 그리고 설교 자세 등을 살필 것이다.

또한 그의 목회기간을 나누어 시기별로 어떠한 주제들을 중심으로 설교를 선포했는지를 시대적 상황 속에서 규명하면서, 그의 설교의 특성과 영향에 대해 언급할 것이다. 이 책을 통해 그가 깨달은 복음과 그가 체험한 복음의 능력, 그리고 그가 이해하고 적용한 종교개혁의 유산들이 어떻게 설교를 통해 반영되고 선포되었는지를 체감할 수 있을 것이다.

옥한흠 목사의 설교는 반드시 들어야 할 내용을 청중들에게 잘 들리게 하는 특성이 있다. 그의 설교 속에서는 설교자와 청중 사이의 거리가 거의 없으며, 그의 설교는 설교자 자신에게 외치는 선포이자, 그 반향이 고스란히 청중의 가슴으로 파고드는 성향이 강하다. 그의 설교 속에는 항상 현장감과 친밀감이 존재하는데, 그 이유는 "한 사람, 그리고 또 한 사람"에게 집중하며 제자훈련의 현장 속에서 솟아오르는 말씀 선포였기에 그러했다.

한 사람의 영혼에 깊은 관심을 가지고, 한 사람의 성숙한 변화에 심혈을 기울였던 옥한흠 목사는 성경에 표현된 사도적 기독교를 회복하고자 부단히 노력했던 영적 순례자였으며, 참된 제자들을 양육하여 한국 교회의 갱신을 위해 헌신했던 신실한 목회자였다. 그는 대부분의 한국 교회가 성장 일변도로 목회 방향을 설정하고 몰입하고 있었을 때에, 교회를 정화하고 갱신하며, 한 사람의 평신도를 깨워 종교개혁의 원리인 만인이 그리스도의 참된 제자요 또한 제사장이 되어 교회뿐만 아니라 사회 전체를 섬길 수 있게 하는 목회 사역을 전개하였다.

옥한흠 목사는 교회를 진정으로 사랑했던 목회자요 설교자였으며, 평생 교회 밖으로 한눈팔지 않고 올곧게 목양의 길을 걸어갔다. 그는 설교에 목숨을 걸고 준비하고 혼신을 다해 선포했던 설교자였으며, 설교를 위해 정말 썩는 밀알이 될 때에 하나님의 능력이 나타나는 것을 몸소 보여주었다. 그리고 그는 하나님의 진리를 담고 또한 전하는 설교자인 자신이 흠이 많은 질그릇이라는 인식을 잊지 않고 하나님의 은혜를 끊임없이 갈구했던 진정한 신자요, 목회자요, 또한 설교자였다.

『옥한흠 목사의 설교 세계』가 출간되기까지는 사랑의교회를 비롯한 국제제자훈련원과 옥한흠 목사와 그의 가족들의 격려와 후원이 지대했으며, 이에 깊은 감사의 마음을 전하고 싶다. 그리고 바쁜 일정 중에서도 시간을 내어 인터뷰에 응해 주신 분들께 진심으로 감사드린다. 그들의 진솔한 회고와 진술이 옥한흠 목사의 설교 세계를 탐색하는 데에 귀한 길라잡이였으며 보다 구체적으로 그의 삶과 사상을 이해하는 데에 실제적인 도움을 얻을 수 있었다.

또한 이 책의 내용을 다듬는 과정에서 많은 격려와 조언을 아끼지 않은 선배 및 동료 교수들과 귀한 추천사를 써주신 이동원 목사, 김동호 목사, 권성수 목사, 이상규 박사, 김남준 목사, 정창균 박사, 이찬수 목사, 신성욱 박사, 원종천 박사, 김명호 목사께도 깊은 감사의 뜻을 표하고자 한다. 특히 옥한흠 목사에 대해 연구하도록 독려하며 계기를 마련해 준 김명호 목사, 부친에 대한 여러 가지 자료들을 제공해 준 옥성호 대표, 그리고 수년간 은보기록실장으로 수고하며 헌신했던 조상용 집사에게 진 감사의 빚은 너무도 크다.

마지막으로 이 책을 흔쾌히 출판하기로 하고 수고를 아끼지 않은 기독교문서선교회(CLC) 박영호 목사와 편집진에게도 진심으로 고마운 마음을 전하고자 한다. 아무쪼록 이 책의 출판을 통하여 옥한흠 목사의 설교가 다시 살아나고 널리 들려짐으로 한국 교회의 강단이 새로워지고 교회가 개혁되어 하나님께 큰 영광이 돌려지길 간절히 희구한다.

종교개혁 500주년을 맞이한 2017년 10월 31일
물 맑은 양평 서재에서

차례

추천사 1 (이동원 목사 | 지구촌교회 원로목사) _5

추천사 2 (김동호 목사 | 높은뜻연합선교회 대표) _7

추천사 3 (권성수 목사 | 대구동신교회 담임) _9

추천사 4 (이상규 박사 | 고신대학교 교회사 교수) _12

추천사 5 (김남준 목사 | 열린교회 담임) _15

추천사 6 (정창균 박사 | 합동신학대학원대학교 총장, 설교학 교수) _17

추천사 7 (이찬수 목사 | 분당우리교회 담임) _18

추천사 8 (신성욱 박사 | 아세아연합신학대학교 설교학 교수) _19

추천사 9 (원종천 박사 | 아세아연합신학대학교 역사신학 교수) _20

추천사 10 (김명호 목사 | 일산대림교회 담임) _21

감사의 말 _22

들어가는 말 _30

제1부
옥한흠의 신앙적 배경

제1장 신앙배경과 회심(回心) _34

제2장 소명(召命)과 신학수업 _48

제3장 유학과 교회론 _64

제2부
옥한흠 설교의 신학적 배경

제4장 설교학 개론 _75

제5장 성경관과 성경 해석 원리 _88

제6장 설교의 신학적 기반 _97

제7장 설교 자세 _107

제3부

옥한흠 설교의 개요와 주제들

제8장 설교의 개요 _124
제9장 초기 설교 주제들 _131
제10장 중기 설교 주제들 _161
제11장 후기 설교 주제들 _190

제4부

옥한흠 설교의 특성과 영향

제12장 "들리는" 설교 _210
제13장 "들어야 할" 설교 _221
제14장 설교와 제자훈련 목회 _266
제15장 설교의 영향과 의미 _279

나가는 말 _320

부록 1 설교 세미나: 목회자와 설교 _323
부록 2 설교: 주여 살려 주옵소서(계 3:1-3) _353
미주 _363
옥한흠 목사 연보 _396
사진으로 보는 옥한흠 _399

들어가는 말

　은보(恩步) 옥한흠 목사의 설교와 목회의 근저에는 항상 한 영혼을 뜨겁게 사랑하는 구령의 열정이 자리잡고 있다. 그는 강단에 설 때마다 그것이 말씀을 전하는 마지막이라는 생각을 가지고 임했고, 설교를 듣는 사람 또한 하나님의 복음을 들을 수 있는 유일한 기회가 될지도 모른다는 긴박감을 가지고 하나님의 말씀을 전했다. 그의 설교 속에는 항상 선포되는 말씀과 자신을 분리시키는 것이 아니라, 설교는 자신이 하지만, 자신도 듣는 청중의 입장에서 말씀에 비추어 자신을 드러내고 회개하며 잘못을 같이 고백하면서 설교를 선포해 나갔다.

　그래서 옥한흠 목사의 청중에게 들리는 설교에는 진리의 말씀을 체험적인 방식으로 성경에 계시된 실재를 느끼게 하는 특성이 있다. 그는 성령은 성령 자신을 신자의 마음과 연합하며, 신자를 성령의 성전으로 삼고 신자에게 새롭고, 초자연적인 생명과 행동의 원리로서 역사하시며 영향을 미치는 것을 확고하게 믿었다.

　옥한흠 목사는 말씀을 선포할 때에 성령께서 청중의 마음속에 새로운 감각을 주시고, 하나님의 진리를 실존적으로 인식하도록 외쳤다. 바로 이러한 특성이 설교 속에 살아나도록, 그는 하나님 앞에서 간절한 기도의 몸부림을 통해서 설교 한편, 한편을 준비했다. 그 간절한 기도가 옥한흠 목사의 설교가 청중들에게 보다 명료하게 들리게 되는 주요한 이유가 되었을 것이다.

옥한흠 목사는 1970-80년대에 한국 교회에 심화되었던 교회 성장 일변도와 현세 기복적 성향에, 새로운 영적 흐름인 제자훈련 목회와 설교를 통해서 세속화의 추세에 고개 숙인 한국 교회가 갱신되고 변화된 성숙한 그리스도의 인격을 흠모하도록 촉구하였다. 이러한 신앙적 흐름은 21세기를 맞이한 한국 교회의 새로운 영적쇄신을 배양할 수 있는 모판이 될 수 있으리라는 전망을 가능케 한다. 그는 우리 한국 교회의 가장 저명한 설교가로, 그리고 아주 예외적으로 훌륭한 설교자요 존경받는 이 시대의 목자로 인정받을 뿐만 아니라, 그의 설교가 남긴 교훈들은 한국 교회의 역사에서도 가치 있는 보화로 자리매김되었다.

이제 옥한흠 목사의 설교는 모든 신앙인들에게 그 귀한 의미를 던져야 할 한국 교회의 영적 유산이 되었다. 이러한 이유로 그 설교의 내용과 사상을 통해 한국 교회에 어떤 영향을 발휘했는지를 고찰할 뿐만 아니라, 세계 교회 역사의 흐름 속에서도 반추해 보아야 할 필연성이 존재한다. 왜냐하면, 영향력 있는 설교야말로 교회뿐만 아니라, 시대의 흐름을 변혁할 수 있는 영적인 원동력이 되기 때문이다.

제1부 옥한흠의 신앙적 배경

1장. 신앙배경과 회심(回心)

2장. 소명(召命)과 신학수업

3장. 유학과 교회론

✸ ✸ ✸ ✸ ✸ ✸ ✸

옥한흠 목사는 1938년에 이 땅에 태어나서 72년간의 삶을 살다가 2010년 하나님의 품에 안긴, 한국 교회를 깨운 제자훈련 목회자요 또한 설교자였다.[1] 이제 그가 남긴 삶과 목회 사역의 궤적을 고찰하면서, 이 시대에 그가 우리에게 남긴 유산이 무엇인지를 심각하게 고민하는 것이 절실한 과제가 되었다. 옥한흠 목사의 삶과 목회가 지향했던 목적점이나, 그가 그토록 설교와 제자훈련 목회에 집중할 수밖에 없었던 출발점을 확연히 깨닫고 다시 일어서야 할 시점에 놓여 있다.

옥한흠 목사가 남긴 설교를 비롯한 그의 목회적 유산은 한국 교회 "신앙사(信仰史)의 소중한 재보(財寶)"로 자리 잡았고,[2] 이 시대의 영적 흐름을 새롭게 변혁할 수 있는 귀한 원동력이 그 안에 내재되어 있다. 그렇다면 그는 어떤 삶의 여정을 거쳐 한국 교회를 깨우는 설교자로 자리매김되었는지 고찰해 보자.

제1장

신앙배경과 회심(回心)

옥한흠은 1938년 한국에서 제주도에 이어 두 번째로 큰 섬인 거제도에서 태어났다. 거제도에는 옥(玉) 씨 성을 가진 사람들이 많이 거주하고 있으며, 그들은 고려를 건국한 왕건(王建)의 후손들로 알려지고 있다. 그런데 이성계에 의해 조선 왕조가 세워지면서 왕건의 후손들은 몰락한 왕족이 되었으며 많은 수난을 당하다가, "살아남은 몇 명이 거제도에 둥지를 틀고 왕이라는 한자 성에 점을 하나 찍고 옥 씨로 개명했다. 언제 자신들의 존재가 발각되어 다시 몰살당할지 모른다는 공포에 포구가 아닌 섬에서도 가장 안쪽인, 사방이 산으로 둘러싸인 삼거리에 모여서 살기 시작했다"고 한다.[1]

거제도에 복음이 닿은 시기는 19세기 말이었다. 육지에서 가까운 거제도는 제주도보다 기독교가 훨씬 더 빨리 그리고 더 깊이 전파되었다. 거제도에는 여러 항구들이 있지만, 그중에서도 부산에서 들어오는 배의 접근성이 좋은 옥포항을 통해서 복음이 전래되었다.[2] 이 지역의 선교 사역은 주로 호주 빅토리아장로교회에서 파송된 선교사들에 의해 이루어졌다.

1892년에는 엘리자베스 무어(Elizabeth S. Moore) 선교사가 내한하여 1894년부터 통영 지역을 정기적으로 순회하며 전도했고, 통영선교지부가 개설되면서, 로버트 왓슨(Robert D. Watson, 왕대선) 선교사 부부와 함께 이 지역의 개척선교사로 사역하면서 통영 내륙 지방과 도서 지방을 순회하며 전도하였다. 무어 선교사가 1894년부터 통영 지역을 정기적으로 전도한 결과, 이 지역에 적지 않은 신자들이 생겼다. 또한 이 지역을 초창기에 선교했던 인물로 앤드류 아담슨(Andrew Adamson) 선교사를 꼽을 수 있는데, 그는 중국에서 선교한 경력이 있는 선교사였다. 부산 초량에 머물면서 거제도, 통영, 그리고 마산포 지역을 전도하였다.[3]

　거제도에서 복음을 최초로 받아들인 사람은 주금주인데, 그는 이 지역에 들어 온 선교사로부터 복음을 듣고 회심한 후, 1896년 아내 윤혜선과 아들 주형찬과 함께 거제군 국산리 50번지에 조그만 초가집을 짓고 "거제도 최초의 교회인 옥포교회를 시작했다."[4]

　주금주는 한동안 가족들과 예배드리다가, 거제도 복음화를 위해 옥포를 넘어 섬 전역을 다니면서 복음을 전파하였다. 거제도를 복음화하기 위해 동분서주하던 주금주에게 거제도의 "땅 끝"은 삼거리였다. 거제도는 바다로 둘러싸인 섬이지만, 그곳에는 "섬의 내륙" 또는 "섬의 중심"이라 불리는 마을이 있는데 바로 그곳이 삼거리이다. 거제도라는 섬 안에 있는 마을이지만, 삼거리는 사방이 산으로 둘러싸여 있어 마치 강원도의 산골 마을 같은 느낌마저 주는 곳이다. 가장 깊은 산속 마을인 삼거리에서 옥 씨들은 주로 산에서 나무를 하고 또 농사를 지으면서 살아갔다. 그들은 지리적 여건상 외지인을 만나기 어려웠고, 외부와의 접촉도 쉽지 않은 그곳에서 자연스럽게 변화를 싫어하는 완고하고 고집 센 사람들이 되어갔다.[5]

　한동안 포구를 중심으로 전도하던 주금주는 단 한 명의 회심자도 만나지 못했다. 비교적 개방적인 포구의 사람들도 복음에 반응이 없었다면, 산골 마을인 삼거리에 사는 옥 씨 사람들에게 복음을 전해도 그 결과는 뻔해 보였다. 그럼에도 불구하고 주금주는 삼거리로 복음의 발걸음을 옮겼고, 그리고 그곳에서 옥진현을 만났다. 주금주로부터 복음을 전해 들은 옥진현은 상상외로 너무도 빨리 호응했고 거제도에서 두 번째로, 삼거리에서는 최초로 예수 그리스도를 믿는 신자가 되었다.[6]

옥진현은 예수님을 믿자마자 가장 먼저 한 일이 상투를 자른 것이었다. 당시 보수적인 분위기가 팽배한 마을에서 예수님을 믿자마자 상투를 자르고 제사를 폐한 것은 매우 어려운 결정이었다.

"당시 상투를 자른다는 것은 일종의 사회적 자살행위나 다름없었다."[7]

근대화를 추구하던 김홍집 내각은 1895년에 단발령을 반포했는데, 유교적 풍습이 몸에 배어있던 조선인들에게 단발령은 심한 반발을 불러 일으켰으며, 특히 반일감정을 고조시킨 기폭제가 되고 말았다. 이런 상황에서 상투를 자르는 것은 상징적인 친일행위로도 간주될 수 있었지만, 옥진현은 친일파라고 욕을 먹고 손가락질을 당한다 해도 개의치 않고 신앙 때문에 그런 행위를 했다고 선언하였다. 이 일 때문에 옥진현의 가족들은 "예수쟁이들"이라고 심한 핍박을 받고 옥 씨 마을에서 완전히 따돌림을 당했지만, 독실한 기독교 집안을 이루어갔다.[8]

그런데 그런 과정이 결코 쉽지 않았다. 예수님을 믿은 후, 옥진현이 당면한 시급한 문제는 자신이 살고 있던 삼거리에서는 예배를 드릴 수 없다는 것이었다. 교회도, 성경을 가르치는 사람도 없었기에 주금주가 세운 옥포교회로 매주 갈 수밖에 없었다. 왕복 칠십 리의 거리를 그것도 평지도 아닌 산길로 아내 한찬악과 아들 옥관환과 함께 수년간 다니는 것은 예수 그리스도를 믿는 감격과 기쁨이 없이는 감당할 수 없는 일이었다.[9]

시간이 지나면서 옥 씨 집안의 한 가족이 예수님을 믿기로 작정하고 그 믿음의 대열에 동참했다. 교회에 자주 갈 수 없었던 그들은 삼거리 뒷산 공동묘지 내 가묘를 하나 만들어 기도 장소로 정하고 시시때때로 기도하였다. 그 기도처를 "산기도뫼(묘)"라고 불렀다. 당시 삼거리 마을에서 드러내어 기도하기가 쉽지 않은 것도 있었지만, 무덤가에서 기도하는 옥 씨 성도들에게는 그만큼 기도가 절실했다. 하염없이 눈물 흘리며 울부짖으며 그곳에서 기도하는 모습이 다른 이들에게도 별로 이상해 보이지 않았으리라. "결국 그런 상황에서 옥진현이 선택한 최적의 기도 장소가 바로 공동묘지였다. 그만큼 기도는 뜨거웠고 말 그대로 생명을 내어놓고 죽으리라는 각오로 올려진 기도"가 거제도 삼거리 골짜기에 울려 퍼졌다.[10]

이렇게 신앙생활 하는 가운데 수년이 흘러갔고, 옥진현의 기도와 전도의 열매가 맺혀졌는데, 삼거리 마을에서 세 번째로 이태현과 배명남 부부가 예수님을 믿게 되었다. 이태현의 가정이 합류하게 됨으로 1909년 마침내 거제도에서 두 번째이자 삼거리 최초의 교회가 세워졌는데, 옥진현의 집에서 얼마 떨어지지 않은 곳에 있었다. 이제는 더 이상 수십 리를 걸어가지 않아도 예배를 드릴 수 있고, 굳이 공동묘지에 올라가지 않아도 기도할 수 있는 "어머니 품과 같은 교회"가 생겨난 것이다.[11] 삼거리교회의 교인들 대부분인 옥 씨들 사이에서 신앙생활을 한 이태현 부부와 장녀 이희순과 장남 이기진도 어느 누구에게도 뒤지지 않는 뜨거운 신앙심을 보여주었다.

옥진현이 삼거리교회를 세운 이듬해인 1910년에 그의 아들 옥관환은 이영순과 결혼하였고 손자 옥약한을 낳아 자신들뿐만 아니라, 아버지에게도 큰 기쁨을 주었다. 그 후에도 두 부부는 약실(슬), 약백, 경애, 봉애, 그리고 치상을 더 낳았다. 자식을 낳지 못했던 옥진현은 양자 관환이 줄 줄이 손자들을 낳을 때 말할 수 없는 희열을 느꼈다. 그뿐만 아니라, 그 귀한 손주들의 이름을 지을 수 있는 특권이 주어졌다. "옥진현은 손자가 태어날 때마다 한문 성경을 펴고 성경의 인물들 중에서 이름을 찾았다. 하나님께서 그들에게 주셨던 축복이 손자들에게도 동일하게 부어지기를 바라는 심정"으로 장손 "약한"은 한문 성경 속의 "요한"이고, 차남 "약실"은 "요셉"이며, 삼남 "약백"은 "욥"이다. 장남 옥약한은 항렬에 따른 "치율"이라는 또 하나의 이름도 있었다. 그러나 막내 손자가 태어난 1930년에는 옥진현의 건강이 급속도로 약화되었고 임종이 가까워 더 이상 성경을 펴서 이름을 찾을 수 없었다. 그래서 늦둥이 막내 손자에게는 항렬을 따라 "치상"이라는 이름이 지어졌다.[12]

옥진현은 삼거리교회를 세웠을 뿐 아니라, 영수(領首)가 되어 예배를 인도하고 성경을 가르치기도 했으며 가가호호 방문하여 전도한 가정들과 아름다운 교회를 이루어가고 있었다. 나중에는 옥관환이 아버지의 영수자리를 물려받았으며, 1930년대에 들어설 무렵에는 삼거리교회는 결혼으로 인해 생긴 가족이 된 성도들의 수가 늘어났을 뿐, 그곳에 사는 다른 옥 씨들은 복음에 대해 강경했고 그 어떤 변화에도 아랑곳하지 않았다.

그러나 "복음을 거부하는 마을 사람들의 완고함 이상으로 복음을 받아들인 옥진현 가족의 신앙은 뜨거웠다."[13] 옥진현과 삼거리교회 성도들은 무엇보다도 새벽기도에 대한 열정이 매우 컸다. 옥관환의 아내 이영순은 세상을 떠나기 이틀 전까지도 교회의 새벽종을 쳤을 만큼 헌신적이었고, 새벽종은 자연스럽게 옥약한의 아내인 큰 며느리 임맹년으로 이어졌고 그녀 역시 평생 매일 새벽 교회종을 쳤다. 옥약한과 임맹년은 아들만 일곱을 낳았는데 장남 옥태흠은 옥 씨 집안 최초의 장로가 되었다.[14]

이렇게 옥진현의 가족은 3대가 같이 사는 대가족이 되었고, 그들이 살던 삼거리마을에서도 나름의 규모를 가진 버젓한 집안이었다. 옥진현은 누구보다도 양자로 삼은 옥관환을 끔찍하게 사랑했고 그에게 전혀 노동을 시키지 않았다. 농사가 생업이었지만, 귀한 아들에게 그런 일을 시킬 수는 없었다. 옥관환은 아버지의 신앙을 이어받아 신앙심 투철한 영수가 되었지만, 집안에서는 인자한 아버지가 아니었다. 식구가 늘어나면서 누군가는 열심히 농사를 지어야 먹을 양식이 생기는 법인데, 집에서 몸을 움직이며 노동하는 사람들은 다름 아닌 옥관환의 아들들이었다.

"옥관환이 교회에서는 대를 이어 말씀을 가르치는 자애로운 영수였는지 몰라도 집에서만큼은 조금은 냉혹한 사장에 가까웠다."[15]

그리고 옥관환에게는 자식들의 학교교육을 시키지 않으려는 "이상한 고정관념"이 있었는데, 그것은 "글을 배워서 똑똑해지면 친일파가 된다"는 편견이었다. 1940년 삼거리교회가 폐쇄되는 사건이 일어났는데, 그때 앞장서서 나선 사람들이 글을 읽는 지식인이었고 친일파였던 다른 옥씨였기에 그런 생각을 굳게 했던 것이다.

"그랬기에 한글은 말할 것도 없고 한자에도 능통한 옥관환은 정작 자식들에게 글을 못 배우도록 했다. 말 그대로 낫 놓고 기역자도 모르는 채로 자식들은 오로지 농사만 지으면서 자라났다."[16]

이런 상황에서 옥관환의 아들들은 주일날 예배에 참석하는 정도로 신앙생활을 했지, 아버지가 전하는 말씀이 마음에 제대로 뿌리박힐 리는 없었다.

시간이 흐르자, 옥관환의 차남 옥약실도 장가갈 나이에 들어섰다. 아버지와 형처럼 위장이 약해 평생 고생했지만, 옥약실과 형제들은 하나같이 지극한 효자였다.

"단 한 번도 아버지의 말에 반항하지 않고 묵묵하게 주어진 운명에 우직한 소처럼 순종했다."[17]

혼기에 들어선 아들들의 신앙 상태를 보면 신앙 좋은 여자를 만나면 신앙이 좋아지리라는 기대에 옥관환에게 며느리의 첫째 조건은 신앙일 수밖에 없었다. 옥 씨가 대부분인 삼거리교회에서 열정적인 신앙생활을 하던 이태현의 가족은 옥관환에게 관심의 대상이었고 남다른 마음을 가지고 있었다. 이런 상황에서 옥관환의 차남 옥약실과 이태현의 장녀 이희순의 혼사가 자연스럽게 이루어졌다.

> 1933년 옥약실과 이희순은 결혼했다. 삼거리에서 첫 번째로 복음을 받아들인 옥진현의 손자와 옥진현에 의해 예수님을 믿기 시작한, 삼거리에서 세 번째로 복음을 받은 가정의 딸 사이의 혼인이었다. 옥약실과 이희순 사이에서 쉽게 자식이 생기지 않았다. 결코 짧지 않은 오 년이란 긴 시간이 더 흐른 후 첫 아들 옥한흠, 훗날 은보 옥한흠 목사로 알려진 사내아이가 태어났다.[18]

1938년 이 땅에 태어난 옥한흠에게 삼거리교회는 신앙의 요람이었다. 옥한흠의 증조부 되는 옥진현과 더불어 선대의 귀한 믿음을 이어받아 영수로 교회를 섬긴 조부 옥관환과 그의 조모 또한 독실한 신앙인으로 여든 셋의 나이에 소천하기 사흘 전까지도 새벽기도를 빠뜨리지 않았다.[19] 부산, 경남 지역에서 첫 한국인 목사가 배출된 때는 1909년이었지만, 그 후에도 목사 없는 교회들이 절대다수였다. 목사 선교사들이 여러 지역 교회들을 돌보며 정기적으로 순회하고 성례를 베풀면서 개교회의 적절한 말씀의 봉사자를 선택하여 "조사" 혹은 "영수"로 교회를 섬길 수 있도록 교육하고 격려를 아끼지 않았다.[20] 그런 면에서 영수로 활동했던 옥한흠의 조상들은 그 지역교회의 평신도 지도자들이었다.

단란하게 신앙생활을 영위해 나갔지만, 옥 씨 일가들에게도 일제 치하의 삶은 여러모로 힘에 겨웠다. 옥약실은 결혼했지만, 자식이 없는 채로 시간이 흐르고 있었다. 그러던 차에 한일합방 즈음 일찌감치 일본으로 건너간 옥관환의 세 동생들은 이미 동경에서 건설업으로 자리잡아 살아가고 있었고, 형에게 믿고 맡길 수 있는 조카를 일본으로 보내달라고 계속 요청하였다. 장남 옥약한이 떠날 수 없었고, 차남이었던 옥약실과 삼남 옥약백이 갈 수밖에 없는 상황이었다.

특히 당시 경제적 독립을 애타게 원하고 있었던 옥약실에게는 일생일대의 기회일 수밖에 없었지만, 자식을 낳지도 않고 아내만 홀로 고국에 두고 떠날 수도 없었다. 자기 집 하나 장만하지 못한 채, 언제까지 아버지의 땅에 매여서 소작인처럼 살아갈 수밖에 없었던 처지였던 옥약실에게 "애타는 기다림의 시간"은 속절없이 흐르고 있었다. 그런데 1938년 9월 18일, 아들 옥한흠이 태어나자, 그 이듬해인 1939년 초에 동생 옥약백과 함께 아직 채 돌도 되지 않은 아들을 남겨두고 일본으로 떠나기로 작정했다.[21]

이런 상황에서 아들 한흠을 향한 이희순의 애정은 무척이나 각별했다. 어렵게 아들이 태어남으로 버젓한 며느리로 인정받은 기쁨도 잠시뿐, 남편 옥약실은 기약도 없이 일본으로 떠난 상태에서 "이희순에게 아들은 전부였다."[22] 어릴 때부터 옥한흠은 어머니의 손에 이끌려 교회에 나가기 시작했고, 그 어머니도 아들을 신앙으로 잘 키워나갔다.[23] 그런데 어린 아들과 함께 다니던 삼거리교회가 1940년 국가총동원법을 공포한 일제에 의해 패쇄되고 전쟁에 필요한 물자조달을 위해 정미소로 사용되고 말았다. 그럼에도 불구하고 이희순은 세 살밖에 안 된 어린 아들을 앞혀 놓고 가만히 방에서 기도드리곤 했지만, 그것도 여의치 않았다. 그나마 이런 상황에서 신앙생활로 버티던 이희순은 마음 둘 곳을 찾지 못했고, 과부 아닌 과부처럼 그 좁은 삼거리 마을에서 살아가는 것도 결코 쉽지 않았다.

결국 이희순은 1942년에 아들과 함께 남편이 있는 일본으로 가기로 결심했다. 이제 다섯 살이 된 아들과 함께 낯선 일본으로 떠나겠다는 며느리를 보는 옥관환은 아연실색했지만, 그 뜻을 접게 할 수는 없었다. 이희순의 마음속에는 남편이 언제 다시 한국에 돌아올지 전혀 기약할 수 없었다는 사실이 일본행을 재촉하였다.[24]

우여곡절 끝에 이희순은 아들과 함께 일본에 왔고, 오랜만에 온 가족이 이국에서였지만 함께 모여 살 수 있었다. 수년 만에 만난 부부였지만 일본에서의 생활은 도리어 서로 간의 메워질 수 없는 선명한 신앙의 차이를 드러내었고, 남편은 있었지만 이희순이 갈구하는 교회는 없었다. 대신에 불상과 각종 우상들이 즐비했다. 무엇보다도 신사참배라는 우상숭배의 유혹이 언제고 이 두 모자에게 다가올 수 있는 상황이었다. 이러한 상황에서도 이희순은 1943년에 딸 옥재선을 낳았고, 한 식구가 더 늘어났다.[25]

옥한흠이 기억하는 일본에서의 생활은 어린 나이였지만 일본인들에게 당한 수모와 수치심에 대한 상처와 함께 혹사당하던 아버지에 대한 고통스러운 추억들이 대부분이었다. 무엇보다도 훗날 "소학교 1학년 때 주변의 강압에 못 이겨 신사참배를 한 후 집에 돌아와 분해서 우는 나를 붙들고 예배를 드리시던 어머니의 모습이 잊혀지지 않는다"라고 회고할 정도로 많은 아픔으로 점철된 기간이었다.[26] 이러한 어린 시절의 아픈 상처 때문에, 옥한흠은 오랫동안 일본에 대한 적개심을 가지고 있었으며, 무슨 일이 있어도 일본어는 배우지 않겠다는 말을 할 정도였다. 일본에서의 어려운 삶을 그래도 지탱할 수 있었던 것은 어머니의 신앙적 가르침과 영향이었다. 하지만 신앙에 대해 전혀 무관심했던 아버지와의 관

계는 조금씩 멀어졌고, 어머니와의 관계는 더 가까워졌다.[27]

1945년 일제의 식민지였던 조국이 광복되자, 옥약실의 가족과 옥약백은 귀국했으며, 새로운 삶을 시작했다. 이제는 꿈에도 그리던 자기 소유의 집과 밭을 장만하여 예전보다는 나은 삶의 터전이 마련되었으며, 삼거리 산동네가 아닌 삼거리보다 훨씬 더 발달한 포구인 "세상을 아는 항구"라는 뜻을 지닌 지세포(知世浦)에서였다. 지세포에 정착한 후, 옥약실의 가족은 더 이상 삼거리교회에 나가지 않고 지세포교회에 나가기 시작했다. 이희순과 옥한흠에게도 지세포는 삼거리보다 훨씬 살기 좋은 곳이었고, 삼거리교회보다 몇 배가 더 큰 교회였던 지세포교회에서 열심히 신앙생활을 했다.[28]

광복을 맞이하여 조국에 귀국한 옥한흠은 거제 일운초등학교에 편입했다. 몇 년 지나지 않아 1947년 옥한흠은 초등학교 3학년 때에 어머니를 따라 사경회에 참석하여 예수님이 자신을 위해 돌아가셨다는 복음을 들으며 구원의 감격을 경험하였다. 복음선포를 통해, 어린 소년 옥한흠은 자신이 죄인이며, 예수 그리스도께서 자신의 죄를 속량하시려 십자가에 달려 돌아가셨다는 사실을 믿게 되었고, 이 십자가의 은혜를 통해 뜨거운 구원의 감격을 경험하였다.

그날은 그에게는 더할 나위 없는 기쁨의 날이었다. 어머니를 따라 당시에 유행하던 사경회란 사경회는 다 쫓아다니던 어느 날, 옥한흠은 예수님께서 죄인인 자신의 구세주이시며 그분에게 죄용서 받았다는 구원의 감격을 경험하게 되었다. 그때부터 그는 십자가의 복음을 직시했고, 자신의 죄를 대속하신 예수 그리스도의 은혜에 이끌리는 삶이 펼쳐졌다.[29] "실로 그 나이에 쉽지 않은 은혜가 그의 존재 전체를 휘감은 순간"이었으며, "십자가의 은혜를 통해 실로 그 나이에 흔치 않은 뜨거운 구원의 감격을 경험"하였다.[30]

그날은 평생 동안 결코 잊을 수 없었던 기쁨의 날이었고 목사가 된 후에도 몇 번이나 그때를 이렇게 회고했다.

> 그 일은 마치 바닷가에 오래 서 있다 보면 때가 되어 밀물이 밀려오고 그 물에 온 몸이 잠기는 것 같은 신비스러운 은혜였다. 그때부터 시작하여 한 칠 년, 중학교 3학년 무렵까지 나는 뭐라 형언할 수 없는 행복 속에 젖어 지냈다. 예수님이 내 마음을 온통 소유하고 계신 것 같았다. 그리고 어린 나이에 어울리지 않게 열심히 성경 읽으며 신앙의 터를 한 켜 한 켜 닦을 수 있었던 것 역시 나만이 누린 특별한 은총이었다.[31]

아들 옥성호에 의하면, 아버지 "옥한흠은 평생 두 가지의 잣대로 자신의 신앙을 가늠했는데 하나가 성경 속 인물들이고, 또 하나가 어린 시절 체험한 은혜였다."[32] 그런 옥한흠이기에 평생 목회하면서도 어린 시절에 경험했던 은혜의 감격과 수준을 다시 맛보지 못한 안타까움을 토로하곤 했다. 이런 체험을 한지 얼마 안 된 시점에, 옥한흠은 바느질 하던 어머니로부터 마태복음 27장을 읽어달라는 부탁을 받게 되었다. 한글을 제대로 읽지 못했던 어머니의 입장에서 지난 주일설교 본문이기도 한 그 말씀을 아들이 대신 읽어주었으면 하는 바램을 가지고 있었다.

그 말씀을 듣던 어머니는 예수님이 그런 처참한 고통을 통해 우리의 죄를 대속하셨다는 사실과 은혜에 하염없이 눈물을 흘렸으며, 그 눈물의 흔적은 아들의 마음에도 남게 되었다. 그 모습을 목격한 아들은 "이 날 이후, 나는 언제나 어머니의 영롱한 눈물 속에 비치는 십자가를 보는 사람"이 되었으며, "지금까지 내가 십자가에 대한 수천 편의 설교를 들었지만 어머니의 눈물보다 더 감동적인 십자가의 메시지를 들은 일이 없다"고 고백했다.[33]

초등학생이던 옥한흠이 이러한 회심의 체험을 한 이후, 두드러지게 달라진 점이 있었다면, 그것은 바로 "하나님의 말씀에 대한 갈급함"이었다. 외삼촌 이기진 목사로부터 졸라서 얻은 낡은 성경책이었지만 그것을 읽고 또 읽어서 초등학교 때에만 몇 번을 다 읽었다.[34] 이러한 성경에 대한 사모함이 중생한 이후 소년 옥한흠을 사경회와 말씀을 배울 수 있는 집회로 이끌었다.

옥한흠은 거제 지세포 대광중학교 시절, 1954년 1월 5일부터 13일까지 부산남교회에서 열렸던 제8회 학생신앙운동(Student For Christ/SFC) 수련회에 참석하여 또 한 번 그리스도의 십자가의 은혜를 강력하게 체험하였다. 수련회의 주제는 "의인은 믿음으로 말미암아 살리라"였고, 참석자들은 주로 중고등 학생들이었다. 김상복, 허순길, 석원태, 윤종하, 심군식, 그리고 김만우 등도 그 자리에서 많은 은혜를 받았으며, 고려신학교에 재학 중이었던 김의환도 있었다.

그리고 그해 여름 8월에 부산남교회에서 개최된 제9회 수련회 때에는 "충성된 증언"이라는 주제로 902명의 학생들이 참석하는 전례 없는 대성황이었다. 저녁 집회에는 2,000명이 넘는 인원이 모였고, 강사로는 이인재 목사, 한부선(Bruce F. Hunt) 선교사, 윤봉기 목사, 한명동 목사, 명신익 목사, 송상석 목사, 하도레(Theodore Hard) 선교사, 그리고 안용준 목사 등이 초청되어 귀한 은혜의 말씀을 옥한흠을 비롯한 청소년들에게 선포하였다. 옥한흠은 SFC 수련회에 참석하면서 좀 더 차원이 다른 특별한 은혜를 맛보았으며, 이미 초등학교 시절에 체험한 은혜의 절정기가 중학교 시절까지 지속되었다고 언급했다. 여동생 옥재선도 "수련회 이후 달라진 오빠"를 분명하게 기억했으며, 그중에서도 수련회에서 자주 불렀던 찬송가였던 "주 달려 죽은 십자가"를 부르던 오빠의 그 모습이 형용할 수 없는 고생 속에서도 끝까지 인내하며 한결같음을 유지해

나갈 수 있었다고 말했다.[35]

고려신학교 내의 학생신앙운동의 활성화를 위해 한부선 선교사는 남다른 관심과 노력을 기울였는데, 1946년 초부터 부산중앙교회에서 "청년신앙운동"(Youth For Christ/YFC)이라는 월요모임이 시작되었다. 기독청년들의 사명의식을 고취시키면서 학업에 충실하며 전도를 통한 학원복음화를 위해 활동하던 중에 많은 호응이 있자 1948년 8월부터는 "학생신앙운동"으로 개칭되었다.

"학생신앙운동은 해방 후 고려파를 중심으로 일어난 회개운동, 진리운동, 그리고 신앙운동이 평신도들 특히 청년들에게까지 파급되어 일어난 운동이었다. 시간이 흐름에 따라 조직의 필요성이 제기되었고 1952년 7월 26일에 이르러 전국 학생신앙운동의 기구조직이 완비되었다."[36]

학생신앙운동은 초기에는 부산을 중심으로 경남 지역에서 일어났지만 차츰 전국적인 규모로 확대되어 갔고, 이 운동의 지도는 고려신학교 교수들이 계속 담당하였다. 신학적인 훈련에는 박윤선 교장, 전도에는 선교사 한부선 교수, 협동총무로는 전영창 선생이 봉사하였다.

"이 학생신앙운동의 특성은 어떤 국제적인 학생조직과 연관되어 출발한 것이 아니라, 고려신학측 장로교 안의 회개, 정화, 교회재건운동의 뜨거운 열기 속에서 자생한 운동이었다."[37]

학생신앙운동은 자발적인 신앙심에서 출발하여 신앙의 자립을 강조하며 개개인의 신앙인격 즉 중생체험을 특징으로 하는 신앙운동으로 젊은 학생들의 지도력을 배양시켜 주었다. 또한 순수한 기독학생운동이라는 점과 함께 순수한 한국적인 기독학생운동이라는 독특성을 통해서 당시의 수많은 학생들에게 하나님 중심, 성경 중심, 그리고 교회 중심의 원리에 입각하여 학원과 국가의 복음화를 목표로 삼아 기도하고 전도하며 개혁신앙을 추구하면서도 생활의 일치를 의도하였다.[38]

학생신앙운동의 강령을 기초한 인물은 박윤선 교수였는데, 그 강령 속에는 "하나님의 주권을 배경하고 복음으로 세계를 정복하며, 개혁주의 세계 교회를 건설하려는 개혁주의 기독 청소년들의 사명이 잘 나타나 있다."[39] 학생신앙운동에 참여하면서부터 청소년 옥한흠의 마음속에는 학교복음화와 세계선교에 대한 선교비전이 심겨졌고, 훗날 유학 가서 공부하겠다는 꿈도 가슴에 품게 되었을 것이다.

그런데 소년 옥한흠이 "예수님의 첫 사랑에 취해 있을 때," 그를 가장 슬프게 한 사람은 고향 교회의 한 장로였다. 그 장로는 "공적으로는 선한 목자처럼 행동하고 사적으로는 매정한 삯꾼처럼 행동하는 두 얼굴을 가진 사람이었다."[40] 그 장로 때문에 교역자가 3년 이상을 버텨내지 못하고 쫓겨 나갔고, 그러한 사건은 옥한흠을 비롯한 어린 주일학교 학생들과 많은 교인들에게 씻을 수 없는 엄청난 상처와 고통이 되었다. 이러한 경험은 어린 시절부터 옥한흠에게는 "이상적인 장로상"을 추구하며 "진정한 그리스도인"이란 누구인지를 깊이 숙고하게 만들었다.[41]

이때부터 "참된 성도라면 어떤 모습일까?

좋은 교회라면 그 교회는 어떤 교회일까?"

이런 질문들이 그의 마음속에 깊이 새겨졌다. 그릇된 "장로"직에 대한 부정적인 견해와 왜곡된 장로교 전통에 대한 비판적인 인식이 그때부터 싹텄다. 이러한 경험과 추억은 옥한흠으로 하여금 평생 "좋은 교회에 대한 꿈과 비전"을 추구하게 하는 계기가 되었다.

제 2장

소명(召命)과 신학수업

옥한흠은 목회자의 삶이란 영광의 길이 아니라 어려운 십자가의 길임을 누구보다도 확고하게 인식하고 있었다. 그는 어린 시절부터 목회자의 가난한 삶을 곁에서 목격했고, 무엇보다도 "목사란 창살 없는 감옥에 갇힌 사람"처럼 살아가는 모습에 하나님의 은혜를 경험했음에도 불구하고 목사의 길을 주저했던 것이 사실이다. 간단하게 말해 가난이 너무도 싫었기 때문에, 어머니와 외삼촌을 비롯한 가족과 친지들이 목사가 되라고 권유해도 그 길을 피하고 싶어 했다.[1]

또한 그는 목회자로서 충분한 자격을 갖추어야 한다는 생각 때문에 젊은 시절 오랫동안 목회자의 길로 선뜻 들어서기를 회피했다. 그리고 목회자에 대한 높은 기대수준을 갖고 있었기에 더욱 그러했다.[2] 하지만 스물한 살의 나이에 옥한흠은 비로소 "사람이 마음으로 자기의 길을 계획할지라도 그 걸음을 인도하는 자는 여호와시니라"(잠 16:9)는 말씀을 마음에 각인하며, 그의 삶에 개입하시는 하나님의 주권에 전적으로 순복하기까지 숱한 고민과 갈등의 시기를 겪었다. 그러나 하나님의 부름에 결단을 한 즉시, 그의 마음속에는 하나님께서 주시는 위로와 평안이 찾아왔다. 하나님의 소명에 응답한 그 결단의 순간이 옥한흠의 인생에 중요한 전환점이 되었으며 복음을 위해 살기로 결단한 후 단 한 번도 후회하거나 곁눈질하는 일없이 평생 외길을 달려왔다.[3]

어린 시절에 깊이 경험한 하나님의 특별한 은혜에 대한 그리움은 그로 하여금 목회자로 부르시는 하나님의 섭리였음을 분명히 깨닫게 되었다. 옥한흠의 삶과 사역의 원동력은 바로 "하나님 은혜에의 갈망"이라고 할 수 있고, 그래서 훗날 그의 삶의 여정을 잘 드러낸 "은보"(恩步)라는 호를 선택함으로 "은혜의 발걸음"으로 표현하였다. 그야말로 이때부터 하나님의 은혜를 갈구하는 순례의 여정이 시작된 것이었다. 어린 시절의 이 경험이 옥한흠의 신앙 전체를 관통하는 본질적인 요소가 되었다.[4]

고등학교 졸업을 앞둔 옥한흠에게 어린 시절의 가난한 삶을 청산하고, 목사의 길도 피할 수 있는 탈출구는 해군사관학교에 진학하는 것이었다. 거제도 지세포 항구에서 성장한 그에게 진해 해군사관학교야말로 선망의 대상이 될 수밖에 없었다. 그러나 성적에서는 자신이 있었지만, 신체검사에서 고혈압 판정을 받아 필기시험에 응시조차 하지 못하는 경험을 하면서도 그 꿈을 포기하지 않았다. 해군사관학교에 들어가기 위해 재수의 길을 택했다. 그의 집에서는 공부에만 전념할 수도 없는 형편이었고, 더군다나 농사에만 관심을 쏟고 있는 아버지와의 관계를 생각하면 난감한 상황이었다.

그런데 그때 그의 증조할아버지 옥진현이 세웠고 아주 어린 시절 신앙의 추억이 남아 있던 삼거리교회에서 놀라운 제안을 해왔다. 이미 고등학교 시절부터 신앙도 좋고 설교까지 잘 한다는 소문이 난 옥한흠에게 주일예배 설교를 하고 교회학교를 지도하면 숙식을 제공하겠다는 것이었다.[5] 목사의 길을 거부하고 상황 때문에 수락한 것이긴 했지만, 이미 전도사로서 사역을 시작한 것이었다. 이 시기에 옥한흠은 전도사로서의 사역 외에도 가정 형편 때문에 한글을 배우지 못한 청년들에게 한글을 가르쳤다.

"무엇보다도 교회에서 일하던 그 시절은 그가 가진 설교와 가르침에 대한 남다른 은사가 확실하게 드러난 시간이었다."[6]

하지만, 옥한흠은 열심히 준비해서 해군사관학교에 다시 응시했으나 또 낙방하는 실패를 맛보게 되었다. 전혀 예상치 않은 데서 문제가 발생하여 두 번째 낙방은 충격을 넘어 그를 깊은 절망으로 빠지게 했다. 자살을 생각할 정도였다. 그러한 인생의 밑바닥에서 옥한흠은 그의 생애 최초로 예배 속 찬양의 달콤한 추억을 주었던 삼거리교회 마룻바닥에 엎드려 발버둥치기 시작했다.

"마침내 자살 대신 하나님이 원하는 길 위에서 살기를 서원했다. 그날의 서원은 그토록 무시하고 싶었던 어머니 이희순의 기도와의 화해이기도 했다. 그의 인생에 혁명과도 같은 날이었다."[7]

이 때가 1959년 봄이었고, 이제는 더 이상 "다시스로 도망하다 고기 뱃속에서 부르짖던 요나의 꼴"이 아니라, 복음을 위해 살기로 결단한 이후의 그는 "한 번도 후회하거나 곁눈질하는 일 없이 외길"을 달려가는 예수님에게 미친 "광인"으로 살아갔다.[8]

이렇게 해군사관학교 입학에 두 번이나 엉뚱한 이유로 실패한 후, 20대 초반의 옥한흠은 목회자로서의 소명을 확신하면서 고려신학교 부설 칼빈대학에 입학하여 1959년부터 2년간 공부했다. 고려신학교는 1955년에 대학수준의 신학교 진학 예비기관인 칼빈학원(대학)을 설립하였고, "교회에서 성장하는 청소년들이 세계 속에서 기독교적 문화사명을 다하게 하기 위해서는 개혁주의 문화관과 세계관에 입각한 고등교육을 받을 기회를 주어야 한다"는 신념으로 "제네바아카데미"를 모델로 하여 한명동 목사에게 위임하여 운영하였다.[9]

옥한흠은 이 대학에서 주로 성경과목들과 교양과목들을 수강하면서 앞으로 목회자가 될 기초적인 훈련을 받았다. 칼빈대학에서는 어학에 비중을 두어 교육시켰으며 특히 영어, 독어, 헬라어 등의 훈련은 이 학교의 강점이었다. 뿐만 아니라 순교적 신앙을 강조하면서 경건훈련을 상당히 강하게 실시하였기에 학교의 규율과 권징도 매우 엄격하였다. 이 학교는 당시 문교부로부터 정식 대학으로 인가받지는 못했지만 면학열은 그 어느 학교도 뒤따를 수 없을 정도였다. 당시 고신교단에서 자란 신앙 좋은 청년들은 고려신학대학 전신인 칼빈대학에 와야만 공부도 제대로 하고 신앙생활도 제대로 한다는 신앙 선배들의 가르침에 따라 다른 분야를 공부하던 자들도 적지 않게 이 학교에 와서 공부하고 있었다.

당시 나이가 어린 축에 속했던 옥한흠은 한명동 목사가 담임으로 있는 부산남교회에 출석하면서 칼빈대학에 다녔다.[10] 하지만 이 학교의 분위기에 적응하기도 어려웠고, 자신이 바라는 변화하는 시대에 적극적으로 대처하는 목회자가 되려면 일반대학을 거쳐 신학교에 입학하는 것이 더 낫다고 판단하였다. 신학생 옥한흠이 칼빈대학에 재학하면서 고신교단에 대해 고민했던 것은, 어떻게 하면 "원리주의에 빠지지 않으면서 원리를 지키는 것이고, 현실을 부정하지 않으면서 현실을 책임지는 자리를 지키는 것"이었다.[11] 옥한흠은 훗날 아들에게 고신을 떠난 이유에 대해 이렇게 밝힌 적이 있었다.

> 아빠는 이십 대 초반까지 건전한 청교도의 신학보다 변질된 청교도의 원리주의에 집착하고 있는 고신측 지도자들의 영향을 받으며 자랐기 때문에 말씀만 강조하고 현실에 대해 눈을 감아버리는 그들이 빠진 자기모순이 얼마나 바리새적이라는 것을 가슴 아프게 경험했다. 내가 고신을 떠난 이유였다.[12]

옥한흠은 칼빈대학에 2학년까지만 다니고 그만두었다. 그리고 얼마 되지 않아 5.16군사 쿠데타가 일어났고, 다시 거제도로 돌아와 가배교회에서 전도사로 사역하면서 일반대학 입학을 위해 준비하던 그에게 입대하라는 통지서가 날아왔다. 이미 입영통지서를 받았던 옥한흠은 대학에 들어간 후에 입대하려 했지만, 혁명정부는 병역을 연기한 모든 사람들에게 입대하라는 포고문을 전국에 내걸었다. 입시공부는 중단되었고, 옥한흠은 군 입대를 위해 논산훈련소로 향할 수밖에 없었다.

논산훈련소로 가면서도 입시준비에 필요한 책들과 성경, 그리고 사전을 싸들고 가는 옥한흠에게는 시간만 나면 책을 손에서 떼지 않는 불타는 학구열이 있었다. 하지만 그런 학구열을 현실화하기에는 적합하지 않은 군대에서 옥한흠은 갈등과 어려움이 많았고, 이윽고 폐결핵에 걸리는 등 많은 고통을 겪었다. 그럼에도 불구하고, 군 생활을 성실하게 하면서도 틈만 나면 공부하려는 그에게 부대장 이세호도 후원해 주어 1962년 국가고시에 우수한 성적으로 합격하고, 1963년 군인의 신분으로 응시할 수 있는 성균관대학교 문리대 영문학과 야간과정에 입학하였다.[13] 옥한흠의 대학생활은 그야말로 육체의 질병과 싸우며 공부하는 기간이었고, 그 싸움이 젊은 날의 그를 좌절하게 만들기도 했지만 기도로 극복해 나가면서 기적들을 체험하는 기간이기도 했다. 그리고 이 시기에 아내 김영순을 만나 결혼함으로 여러 가지 면에서 축복받는 삶이 펼쳐졌다.

1968년 2월 성균관대학교를 졸업한 옥한흠은 그 해 3월에 총회신학교(현재의 총신대학교 신학대학원, 이하 총신으로 표기)에 수석으로 입학하였다. 옥한흠은 그곳에서 학문과 신앙을 겸비한 훌륭한 스승들을 만나게 되었다. 당시 총신의 교수진은 여러 면에서 탁월했고, 우수한 학생들도 상당히 많이 입학하여 학업 분위기가 매우 좋았다. 옥한흠보다 한 해 먼저 총신에 입학했던 홍정길도 "우리를 맞이하는 교수님들은 그 당시 한국 교회를 대표할 만큼 훌륭한 분들"이었다고 자랑스럽게 회고하였다.[14] 그 때야말로 "총신의 황금기"였고, 그러한 교수들의 지도를 받고 배웠다는 사실이 특별한 복이었다. 당시의 교수들은 "학문과 영성 그리고 연세와 경륜에서 모두 존경할 만한 분들이었다."[15]

이렇게 옥한흠은 자기와 같은 신앙을 고백하는, 그리고 서로 마음이 통하는 교수와 동료들을 그곳, 총신에서 만났다. 신학적이고 신앙적인 정체성이 형성되는 시기이기도 했고, 그 시절의 그에게 총신은 우정과 기도와 배움의 안전한 공동체이기도 하였다.

그 당시, 총신에는 한국 교회의 보수신학의 대변자라고 할 수 있는 조직신학자 박형룡 박사, 신약신학을 가르치고, 성경 전권을 주석하고 경건한 인격으로 감화를 끼쳤던 박윤선 목사, 실천신학을 가르치는 교수이고 신실한 목회자이자 총회장을 역임했던 명신홍 목사, 조직신학을 가르쳤던 이상근 목사가 있었다. 그리고 웨스트민스터신학교(Westminster Theological Seminary)를 졸업하고 미국 정통장로교회(Orthodox Presbyterian Church/OPC)의 선교사로 내한하여 총신에서 주로 신약학을 강의하며 헬라어와 여러 과목을 가르쳤던 간하배(Harvie M. Conn) 교수, 그리고 교회사를 가르쳤던 김의환, 실천신학을 강의했던 차남진, 구약신학을 담당했던 최의원과 김희보, 변증학의 박아론, 기독교교육학을 가르쳤던 김득룡 등의 젊은 교수들이 포진하고 있었다.

옥한흠은 이들의 지도를 받으면서 학문과 경건의 깊이가 더해만 갔다.[16] 주지하는 바와 같이, 박형룡의 신학적 사상은 구프린스턴 신학에 뿌리를 두고 있었으며, 박윤선은 주경신학자로서 구프린스턴 신학에서 웨스트민스터 신학으로 이어지는 전통을 계승하면서도 화란개혁신학을 총신을 비롯한 한국 보수주의 신학계에 소개하는 데에 앞장섰다.

성경강해를 주로 가르쳤던 박윤선의 삶을 통해서 열정적으로 학생들에게 전달되는 강의는 대부분의 신학생들에게 감동으로 다가왔고 평생에 걸쳐 지워지지 않는 영향으로 그들에게 남았다. 이러한 가운데 외국에서 유학을 마치고 돌아온 김의환과 최의원 같은 젊은 교수들의 가르침은 신학생들에게 새로운 신학적 안목을 열어주는 계기가 되었다.

총신에서 배운 "그분들의 강의는 이론이 아니라 육화(肉化)된 학문이었고 인격과 삶이 배어 있는 신학"이었으며,[17] 이러한 이상적인 분위기에서 신학에 전념할 수 있었던 것은 고난 중에 있던 신학생 옥한흠에게는 더할 나위 없는 기쁨이요 행복이었다. 당시 그러한 학구적 분위기에서 공부할 수 있었던 것은 옥한흠에게는 큰 보람이었으며, 동기생들과 "비블리온"이라는 독서그룹을 만들어 신학공부에 매진하며 「그람마」라는 회지를 만들기도 했다.[18] 옥한흠은 이미 일종의 독학도(獨學徒)로서 누군가의 지속적인 감독이나 지도가 없이도 공부에 스스로 매진하며 몰입할 줄 아는 사람이었다.

이 시절에 엄밀한 신학적 분석과 표현의 명료함이 자리 잡아 갔고, 그의 평생 사역에 반영될 전반적인 신학적 방향과 교회 사역의 목적이 설정되어 갔다. 그리고 하나의 일관된 주요 원리에 지배될 수 있는 신학적 사고의 논리적 구조를 형성해 나갔고, 자신이 생각하는 바가 무엇이며 그것을 어떻게 표현해야 하는지를 배워나가는 소중한 시간이었다.

당시 신학생들에게 적지 않은 영향을 미쳤던 교수 중의 한 사람이 총신에서 교수로 수고하며 불우한 사람들에게 전도했던 간하배였다. 그는 미국에서 신학 원서를 구입해서 저렴한 가격으로 학생들에게 공급했고, 옥한흠과 홍정길은 누구보다도 그 책들에 관심이 많았다.[19]

간하배의 조교로 활동했던 옥한흠은 신학원서들을 신학생들에게 판매하고 보급하는 것이 그의 일 중의 하나였다. 영어가 가능한 신학생들이 많지는 않았지만, 그들은 원서들을 구입해서 읽으며 "신학과 경건의 창문"을 활짝 여는 데에 여념이 없었다. 옥한흠은 신학생 동료들과 한 학년에 서너 명씩 뽑아 그룹을 만들어 외국 서적을 번역해 발표하는 독서회를 주관하기도 했다. 이러한 노력이 결국은 그로 하여금 자연스럽게 유학을 준비하게 했고, 칼빈신학교에서 전액 장학금을 받을 수 있는 실력을 배양하는 계기가 되었다.[20]

간하배는 불우하고 소외된 사람들에게 전도하고 양육하기 위해 지대한 관심을 갖고 실천하였다. 그러한 모습을 통해 복음전도와 사회정의가 어떻게 조화를 이루면서 신앙의 역동성이 한 사람을 변화시켜 나가는지를 제자들은 직접 목격하였다. 무엇보다도 간하배의 개혁주의적 세계관과 영성, 즉 그리스도의 주권을 모든 영역에 통합적으로 실천하고 적용케 하는 개혁신학의 본질을 이해하는 계기가 되었다. 당시 간하배는 성경신학과 변증학, 그리고 선교학에 있어서 상당한 수준에 올라와 있던 학자였다. 당시 동료 교수였던 김의환도 "간하배에게서 개혁신학적 변증학과 선교에 감동을 받았다"고 회상하였다.[21]

한부선과 하도례에 이어 간하배를 파송한 미국 정통장로교회는 한국에서 개혁신학을 효과적으로 소개하기 위해 문서선교에 지대한 관심을 갖고 있었는데 그 열매 중의 하나가 한국개혁주의신행협회를 통한 사역이었다. 한국개혁주의신행협회는 박윤선이 설립한 문서사역 단체인데, 박윤선의 절친한 친구였던 한부선과 하도례, 그리고 간하배 선교사들이 후원과 협조를 아끼지 않았다.[22] 정통장로교회 선교사들 중에서 간하배는 합동교단 특히 총신에서 교수사역에 열중하면서도 총신의 사서로 도서관에 수많은 개혁주의 양서들을 공급하는 데에 심혈을 기울이며 학생들의 연구열을 진작시켰다.

특히 학생들에게 선교적 변증학의 의미를 각인시켜 주었고, 현장전도와 사회참여에 대한 관심을 촉구하였다. 그런 면에서 간하배는 당시의 신학생들뿐만 아니라 한국 장로교회의 보수주의자들로 하여금 근본주의적 성향에서 개혁주의적 성향으로 탈바꿈할 수 있도록 신학적 가르침과 연구는 물론이고, 자신의 실천적 삶과 사역으로 변증하였다.

옥한흠은 개혁주의신행협회에 가입하여 다양한 원서들을 접하였고, 추천받은 책들이나 논문들에 대한 번역이나 서평, 그리고 논평을 「신학지남」에 게재했고 여러 출판사들을 통하여 출판하였다.[23]

옥한흠은 1971년부터 「신학지남」에 많은 번역논문들과 서평들을 기고하였다.[24] 그는 여러 중요한 주제에 대한 논문들이나 책들도 번역하고 평했지만, 한국개혁주의신행협회나 영음사를 통해서도 적지 않은 책들을 번역하여 출판하였다.[25]

옥한흠이 관심을 가지고 서평한 책들을 일괄(一括)해 보면, 그의 신학적 특성을 이해하는 중요한 단면도를 발견할 수 있다. 번역된 저서들뿐만 아니라, 번역되지 않은 개혁주의 신학원서들도 각고의 노력을 통해 한국 교회에 소개하려는 의지가 매우 강하게 표출되었다. 바쁜 신학생 시절, 교역자 생활을 병행하면서도 이와 같이 주요한 논문들과 양서들을 읽고 서평하여 그것도 장로교 신학의 대표적인 학술지라고 할 수 있는 「신학지남」에 기고했다는 것은 그의 학자적 역량과 선각자적 혜안이 뛰어났다는 것을 잘 보여주고 있다. 그는 프란시스 쉐퍼(Francis Schaeffer)의 『살아 계신 하나님』을 읽고 서평하는 목적과 의미를 이렇게 표현하였다.

> 저자는 본서를 통하여 신신학자들의 주장만 20세기를 위한 참 메시지인 줄 알던 수많은 젊은 지성인들에게 성경적인 기독교야말로 오늘을 위한 가장 참신한 진리임을 시원하게 변증해 주었다고 할 수 있다. 뿐

만 아니라 현실의 사조(思潮)에 대해 너무나 어두운 현 보수 교계를 향해 무엇이 가장 시급한 문제인가를 바로 지적해 주고 있다. 아직 번역도 안 된 책을 소개한다는 것이 비현실적일지 모른다. 그러나 본지의 서평란은 국내의 책만 소개하는 소극적인 자세보다 세계적인 신간들을 많은 지면을 할애해서라도 적시(適時)마다 그 내용을 소개하여 지적인 면에서 항상 구미 교회보다 10년 이상이나 뒤떨어져 따라가는 한국 교회의 비극을 막아주는 적극적인 자세를 지켜야 할 줄 안다. 그래서 필요한 책이면 하루 빨리 번역이 될 수 있도록 그 필요성을 강조하는 안목까지 가져야 할 것이다.[26]

그리고 옥한흠은 역사적 기독교가 20세기의 문화적 풍토에 어떻게 소통해야 할지에 대한 쉐퍼의 견해를 적절하게 부각하였다.

이 문제에 있어서 기독신자가 제일 먼저 할 것은 현대인의 말을 배우고 이해하는 일이라는 점을 강조한다. 그 다음 현대인들에게 줄 메시지의 순서를 다룬다. 즉 '예수님을 구주로 영접하라'보다 '하나님이 살아 계신다'를 먼저 알려서 그들에게 복음이 요구되도록 만들지 않으면 안 된다고 말한다. 만일 우리가 의사전달을 원한다면 우리의 말을 이해할 수 있도록 하기 위해 듣는 자들이 사용하는 언어를 우리가 먼저 배워야 할 것이다.[27]

옥한흠은 원래 성경관과 성경신학에 대해서 남다른 학구열을 가지고 있었다. 물론 프란시스 쉐퍼와 같은 저자의 저서들을 통해 기독교 세계관과 문화관, 그리고 기독교 변증에도 지대한 관심을 가지고 있었던 것이 사실이다. 그러나 옥한흠은 에릭 사우어(Erich Sauer)의 『세계구속의 여명』이라는 책에 대한 서평을 통해 독자들로 하여금 성경신학의 중요성을 환기시키며, 성경계시의 통일성을 제시하는 이 책을 읽고 만난 기쁨을 이렇게 표현하였다.

> 필자는 이 책을 중도에서 덮지를 못했다. 다 읽었을 때의 흡족한 기분을 표현하여 보라고 한다면 마치 친절한 해설과 함께 베토벤의 심포니를 감상하고 난 만족감 바로 그것이었다. 아주 심오하고 어려운 구약의 진리를 매우 쉽고도 조리 있게 그리고 은혜스럽게 읽을 수 있도록 해 준 것이 저자의 큰 공이 아닌가 한다. 2,200회 이상이나 성경 본문을 인용하고 있지만 무미건조하거나 혼잡한 흔적이 조금도 없다. 구약이란 신비스러운 동굴을 상냥 박식한 안내자를 앞세우고 이곳저곳을 세밀히 답사나 하듯이 독자에게 구약 계시 전체의 지식을 물 흐르듯이 풀어주고 있다.[28]

옥한흠이 이 책을 차분하게 읽고 서평 함으로 독자들에게 소개하려고 했던 가장 큰 이유는 본서가 신조나 교리의 순서에 기초한 것이 아닌, 다만 성경 자체가 말해 주고 있는 역사적인 질서에 근거한 복음주의적 신학의 지침서 역할을 하기 때문이었다. 오랜 기간의 계시적 흐름을 일목요연하고도 간결하게 제시해 주는 귀한 특성을 이 책 속에서 발견했기에 그런 감격과 기쁨을 한국의 목회자는 물론이고 특히 평신도들과 함께 나누기 위해 소개 및 추천하고 있는 것이다.

그리고 얼마 지나지 않아 에릭 사우어의 또 다른 저서, 『영원에서 영원까지』에 대한 서평을 「신학지남」에 기고하였다. 옥한흠은 사우어의 『세계 구속의 여명』, 『십자가의 승리』, 그리고 『영원에서 영원까지』라는 세 권의 저서들을 면밀하게 읽고 그 책들의 공통점과 차이점을 잘 파악하고 있었다. 즉 내용면에서는 별 다른 점이 없어 보일지라도, 구원사의 계시를 드러내는 특성적인 면에서 횡단면(橫斷面)이 아닌 종단면(縱斷面)의 형태로 구원사의 모든 과정을 폭넓게 포함하고 있는 수많은 발전적 상태를 설명하고 있다는 점을 부각시키고 있다.

옥한흠은 이 저술들을 높이 평가하면서도 저자의 "천년기 전 재림론"에 동의하지 않을 뿐만 아니라 비판적이기까지 하다. 천년왕국에 대한 상이(相異)한 견해들로 말미암아 신학적 논쟁이 빚어져 왔고, 그러한 영향이 한국 교계에도 미친 것을 잘 알고 있었던 옥한흠은 서로 다른 천년왕국에 대한 견해를 이해하려고 노력하는 저자의 "건전한 신학적 겸손"을 치하하였다.

옥한흠이 1970년대 초반에 천년왕국 사상에 대해 건전하고도 균형 있는 인식을 하고, 서구 복음주의권 뿐만 아니라 한국 교계 내의 종말론에 대한 인식의 폭과 넓이를 매우 심도 있게 파악하고 있음을 이 짧은 서평을 통해 감지할 수 있다. 그리고 이 책에 대한 그의 마지막 평가는 본서가 신학적 오리엔테이션을 세대주의(dispensationalism)에 두고 있다는 점이 아쉽다고 언급하기도 했다.[29] 옥한흠은 결코 세대주의자가 아니었지만, 세대주의를 통해서도 배울 것은 배워야겠다는 의식을 가진 진정한 개혁주의자의 모습을 이미 그때부터 보여주고 있었다.

옥한흠은 다양한 분야의 책들을 읽으며 서평도 하고 소개도 많이 했지만, 그중에 빼놓지 않은 주제가 젊은 대학생들의 실제적인 관심분야였던 결혼과 사랑에 대한 성경적인 개념 정립과 그것을 바르게 이해하고 적용하는 방법 등에 대한 것이었다. 그가 선별해서 읽고 서평한 대부분의 책들은 성경적인 기반이 분명하고, 기독교 교리의 바탕이 선명하면서도, 독자들의 세계와 소통할 수 있는 이해의 접촉점이 존재하며, 전달하는 방법도 적절한 그야말로 책으로서 갖추어야 할 모든 요소들을 균형 있고 조화롭게 간직한 저서들이었다.

옥한흠이 비중 있게 다루었던 책들은 대부분 연구실에서 나온 이론이 아니라, 실제적인 체험에서 우러나오고 삶과 사역 속에 "살아낸" 이론과 사상에 관한 저서들이었다. 왜냐하면 이러한 책들이 독자들에게 더 깊은 흔적을 남긴다는 사실을 누구보다도 잘 알고 있었기 때문이다.

옥한흠이 젊은 사역자 시절에 이런 책들을 선별할 수 있었다는 것은 탁월한 안목과 식견이 아닐 수 없었으며, 은사들과 신앙의 선배들과의 학문적 교제가 매우 두터웠음을 반영하고 있다. 그의 은사들이 그에게 교수가 되었으면 좋겠다고 하던 격려와 제안은 결코 지나가는 칭찬이 아니었음을 분명하게 확인할 수 있다. 그는 여러 가지 면에서 총신의 교훈, "신자가 되라, 학자가 되라, 목회자가 되라, 성자가 되라, 전도자가 되라"는 내용을 신학교 시절부터 누구보다도 성실하게 그의 삶과 사역 속에 체득하고 구현해 낸 모범적인 졸업생들 중의 한 사람이었다.

이러한 치열한 독서와 번역, 그리고 서평과 논평들을 성도교회 대학부 제자훈련 목회자로 분주하게 사역하는 가운데 기고했다는 사실에서 그의 놀라운 집중력과 열정을 발견할 수 있다. 그리고 이 기간에 옥한흠은 제자훈련 사역의 신학적 기반을 구축하고자 많은 고민을 했을 것이다.

옥한흠이 마지막으로 서평을 한 책은 웨인 오트(Wayne Oates)가 저술하고 김득룡이 번역한 『기독교 목회학』이라는 책이었다. 평자는 이 책을 통해서 "목사직에 대한 성서적인 재평가"를 하게 되었음을 감사하면서, 목사의 신분과 직분에 대한 인식이 재정립되어야 할 필요성에 대해 공감하면서, 한국 교회의 목사직에 대한 이해가 본서를 통해 각인되기를 기대하였다.

현대 교회 안에 나타나고 있는 "목사의 권위에 대한 편파적인 과소평가의 경향"과 "목사를 지나치게 우상시하는 과대평가의 경향"이라는 두

가지 경향성을 극복하고, 성경적이고 올바른 목사관을 정립하고 목회자의 긍지를 새롭게 일깨워 주고 있는 이 저서를 소개하며 추천하고 있다. 목사 안수 받은 지 얼마 되지 않은 시점에서 이 책에 대해 서평하면서, 그의 마음에 큰 깨달음을 준 또 다른 교훈이 있었다. 그것은 바로 일종의 "몹시 아픈 공감"이라 할 수 있는데, 대부분의 목회자가 성령 안에서 말씀과 기도만 열심히 하면 목회상에 대두되는 과학적인 연구와 전문적인 지식의 요구도 능히 상쇄할 수 있다고 쉽게 단정해 버리는 자위적인 사고방식에 대한 저자의 은근한 도전이었다. 이런 면에서 본다면 옥한흠은 그 당시의 시대적 목사상과 목사관을 초월해야만 새로운 목회의 장이 열릴 것이라는 경고의 메시지를 서평의 형식을 빌어 목사들에게 일깨워 주었던 것이었다. 그리고 이렇게 언급하였다.

"결국 본서를 읽는 독자는 노력과 연구가 결여된 비생산적인 목회방법이나 인간성품에 관한 갖가지 지식과 인간의 문제점을 다루는 노련한 기술만을 앞세우는 비영적인 목회방법은 둘 다 상당한 수정을 받지 않으면 안 된다는 것을 배우게 될 것이다."[30]

이때부터 이미 목사들의 목사로서 목사들을 깨울 수 있는 안목과 역량을 갖춰가는 한 목회자의 진솔한 내심을 우리는 이러한 서평을 통해 엿볼 수 있다. 옥한흠은 이 책의 서평을 통하여 개혁교회는 항시적으로 개혁되어야 할 뿐만 아니라, 목회자도 항상 개혁되고 수정되어야 한다는 주장을 통해 한국 교회 목사들을 깨우는 일성(一聲)을 이미 고(告)하였다.

책은 젊은 시절의 옥한흠에게 다른 세계를 볼 수 있도록 안내하는 창문이기도 했지만, 자신의 성장을 촉구하는 채찍이기도 했다. 평생 배우려는 자세를 견지했던 옥한흠은 어린 시절뿐만 아니라, 신학교에서도, 그리고 그 후 바쁜 목회 일정 가운데서도 "일생 책을 가까이하신 분"으로 제자들에게 각인될 만큼 책을 손에서 놓지 않고 일생 동안 그리스도를 닮아가기 위한 여정을 밟아 나갔다.[31] 성도들의 지적 수준이 높아져 가고 있는 상황에서 목사의 수준이 더 높지 않으면 안 되겠다는 생각이 그로 하여금 "책의 사람"이 되게 했다. 총신 시절의 옥한흠은 지향한 바를 위해 정진하면서도, 그 목적을 이루기 위해 뜻을 같이 하는 동역자들과의 교제와 동역의 장을 만들어가기 위해서도 많은 노력을 기울였다.

총신에서 옥한흠은 박형룡과 박윤선으로 이어지는 보수적인 정통신학을 배워가면서도, 간하배와 김의환과 같은 신진 학자들을 통해 새로운 신학사조에도 관심을 가지며 신학수업에 임했다. 신학교 재학 시절은 옥한흠에게 학문적 열정을 자극할 뿐만 아니라, 그의 잠재력을 계발하는 기간이었으며, 한 가지 일에 몰두하면 성실하고도 지속적으로 끝내고야 마는 그의 집중력이 남다른 진가를 발휘한 시기이기도 했다. 이러한 과정을 통해 옥한흠의 신학적 자의식은 분명해졌고, 부교역자로서 사역을 하면서도 귀한 결실을 맺어갈 수 있는 값진 토양이 마련되었다. 옥한흠 목사에게 소위, 칼빈주의에 대한 본격적인 인식은 총회신학교와 후에 유학했던 미국 칼빈신학교와 웨스트민스터신학교에서의 강의와 연구를 통해서 이루어졌다고 볼 수 있으며, 그러한 토대 위에서 본격적인 제자훈련 목회의 씨앗이 발아되었다.

이렇게 볼 때, 옥한흠의 신학적 입장은 총신에서의 교수들의 가르침과 자신의 치열한 신학연구를 통해 영미 개혁신앙의 다양한 특성들이 그의 사상 속에서 하나의 종합을 이루어갔다고 볼 수 있다. 청교도 신학과 구프린스턴 및 웨스트민스터 신학, 그리고 화란개혁신학이 그의 학문적 엄밀성과 목회적 적용성을 겸비한 신학적 비전 안에서 통합되고 있었다. 그리고 칼빈신학교와 웨스트민스터신학교에서의 길지 않은 유학생활을 통해서 보다 강화되고 더욱 건실하게 형성되어 갔다. 옥한흠의 신학적 관점과 입장은 대략적으로 총신 시절을 거치고 미국 유학을 전후로 상당히 확고하게 수립되었으며, 그 후의 사역과 함께 그의 개인적인 신학적인 통찰을 더욱 탐색해 나가면서 목회 사역과 개인의 삶에 적용하고, 한국 기독교계와 사회를 향한 신학적 입장을 전달할 수 있는 터전이 마련되었다.

　이러한 개혁주의적 신학의 연속성은 그의 평생 동안 다양한 목회 사역 속에 내재하고 있었다. 견고한 개혁주의 신학에 근거한 그의 목회 철학은 제자훈련 목회를 중심으로 하면서 교회갱신과 연합운동에도 참여하게 했으며, 복음주의권뿐만 아니라 에큐메니칼 진영과도 신학적 대화를 시도하며 아울러 다양한 교회연합적 사업에도 적극적인 역할을 감당할 수 있는 원동력이 되었다.

제3장

유학과 교회론

1975년 여름 옥한흠은 가족들을 고국에 두고 홀로 칼빈신학교(Calvin Theological Seminary)로 유학을 떠났다. 그가 성도교회 대학부를 사역하면서 가졌던 가장 중요한 질문이다.

"왜 기성 교회에서 젊은이들이 떠나는가?"

그 해답을 선교단체의 제자훈련에서 찾았고, 선교단체들이 지니고 있었던 헌신구조와 소명에의 열정을 기성 교회에 접목시키는 데에 심혈을 기울이며 사역을 전개하였다. 그리고 그가 유학을 떠나면서 품었던 가장 심각한 질문들이다.

"왜 전통교회에서는 평신도들이 제 역할을 하지 못하는가?

평신도는 성경적으로 신학적으로 어떤 존재들인가?

왜 제자훈련은 전통적인 교회 토양에서는 항상 배척을 받을까?

교회는 도대체 무엇인가?

특별히 지상 교회는 무엇인가?" 등이었다.[1]

본인이 스스로 밝히듯 이러한 교회론적 질문들에 대한 신학적 해답을 얻고자 유학을 결심했던 것이다. 그는 끊임없이 질문하는 신학도요 목회자였다.

옥한흠은 1975년 가을학기부터 신학 석사(실천신학 전공)학위 공부를 시작하여 1977년에 2년간의 학위 과정을 마무리하게 되는데, 그가 선택한 과목들을 살펴보면 그의 신학적 특성과 성향을 감지할 수 있다. 설교학과 전도에 관련된 과목들을 칼 크로밍가(Carl G. Kromminga) 교수에게서 들었으며, 개인적인 친분과 인연도 두텁게 쌓았다. 크로밍가 교수는 복음설교와 평신도 전도에 지대한 관심을 갖고 있었으며, 복음을 어떻게 설교할지 그리고 복음을 어떻게 전할지에 대해 연구하며 가르쳤던 매우 실천적인 학자였다.[2]

그의 신학적 입장은 헤르만 바빙크(Herman Bavinck)와 그의 조카 J. H. 바빙크(J. H. Bavinck)의 영향을 받았다. 옥한흠은 크로밍가 교수의 과목들을 우수한 성적으로 이수하였다. 또한 옥한흠은 나이지리아 선교사 출신인 로버트 렉커(Robert Recker) 교수로부터 선교적 교회론의 신학적 기반과 특성에 대해 깊은 영향을 받았고, 브라질 장로교회 역사에 대한 과목도 수강하였다. 렉커 교수는 성령론과 교회론에 지대한 관심을 갖고 있었으며, 사도적 교회론을 주장하였다. 칼빈신학교의 존 볼트(John Bolt) 교수는 렉커의 교회론은 한스 큉의 교회론과 연결된다고 언급하였다.[3]

당시 옥한흠이 택했던 과목의 주요한 교재 중의 하나가 해리 보어(Harry Boer)의 『오순절과 선교』(Pentecost and Missions)라는 책이었는데, 구속사적인 관점에서 오순절의 교회사적이고 선교적인 의미를 연구한 명저였다. 이 책이야말로 옥한흠에게 성령론과 교회론을 균형 있게 정립할 수 있는 안목을 제공해 주었다.[4]

이러한 과목들을 수강하면서 옥한흠은 개혁주의적 교회론을 형성할 수 있었고, 지상 교회의 특권뿐만 아니라, 소명도 강조되어야 할 필요성을 절감하였다. 그는 지상 교회의 특권과 소명에 대한 균형적 시각을 견지함으로써 제자훈련 목회의 신학적 정당성을 확립하게 되었다. 렉커 교수의 강의와 보어의 저서를 통해 옥한흠은 지상 교회의 선교적 소명을 구속사적으로 확실히 깨닫게 되었고 그의 선교적 교회론을 확고하게 정립할 수 있었다.[5]

또한 옥한흠이 칼빈신학교 시절에 수강했던 중요한 과목 중 하나가 바로 안토니 후크마(Anthony Hoekema) 교수의 성화론(sanctification)이었다. 성화론이 중요한 이유는 제자훈련이 제자다운 삶 즉 성화를 강조하기 때문이다. 이 과목을 수강하면서 관련 도서들을 읽으며, 옥한흠은 성도의 의로움과 거룩함의 신학적 관계를 직시하면서, 제자훈련 목회의 신학적 기반을 마련하는 데 숙고했을 것이다. 그리고 또 다른 조직신학 교수였던 프레드 쿨스터(Fred H. Klooster)의 하이델베르크 문답에 관련된 과목과 에큐메니칼 운동에 대한 과목을 수강하면서 전통적인 개혁주의 신학에 뿌리를 둔 교회연합운동에 대한 신학적 토대를 마련하는 데에 큰 도움을 받았다. 옥한흠은 이러한 벅찬 신학훈련을 받는 가운데 그랜드래피즈한인장로교회에서 처음으로 성인들을 대상으로 개척목회를 시작했다. 이곳에서 그는 제자훈련 목회와 웨스트민스터 신앙고백을 비롯한 교리교육을 병행해 나갔다.

나름대로 기대를 가지고 목회학 박사학위를 취득하기 위해 웨스트민스터신학교에 들어갔지만 제자훈련에 대한 옥한흠의 각별한 관심은 교수진에게 공감받지 못했다. 이런 경험을 이미 칼빈에서 했기에, 그렇게 큰 실망은 하지 않고, 도서관에서 별도의 시간을 내어 관련 서적들을 찾아가는 탐사(探査)의 행진을 계속해 나갔다. 웨스트민스터에서 역점을 두고 있는 목회학 박사과정 분야는 목회학, 설교학, 교회 성장, 도시선교, 그리고 성경적 상담학 등의 분야였다. 목회학 박사과정은 주로 방학을 이용해 집중적인 수업을 실시했기 때문에, 옥한흠은 이러한 과정을 이수해 가면서, 제자훈련에 대한 신학적 정당성과 체계화를 위한 학문적 순례의 길을 부지런히 수행하고 있었다.

그러던 중 예기치 않게 웨스트민스터 구내 서점에서 그의 눈을 사로잡는 한 책을 발견하게 되었다. 그 책의 저자는 개혁신학자가 아닌 로마 가톨릭 신학자 한스 큉(Hans Küng)의 『교회론』(The Church)이라는 책이었다.[6] 저자가 가톨릭 신학자라는 점이 부담이 되기도 했지만, 개혁신학을 철저하게 교육하는 신학교 서점에 놓일 책이라면 괜찮겠지 하는 마음으로 그 책을 펼쳐 들었다. 그리고 금방 그 책 속으로 빨려 들어갔으며, "사도성"에 관련된 부분은 서점 바닥에 앉아 단숨에 다 읽어 버렸다. 그리고 웨스트민스터 교수들과의 신학적 대화를 통해 큉의 교회론은 개혁주의 신학의 입장에서도 문제될 것이 없음을 확인하게 되었다. 옥한흠과 그 책의 만남은 제자훈련의 신학적 토대를 마련할 수 있는 희망을 가져다주었다.

옥한흠이 큉의 『교회론』에 주목하게 된 것은 다름 아닌 오래 전부터 품었던 교회론에 대한 뜨거운 관심과 참된 교회를 구현해 나가려는 타오르는 열정 때문이었다. 옥한흠에게 교회론은 단지 몇 줄에 지나지 않는 신학적 정의로 끝날 성질의 교리가 아니었다. 교회론은 신학의 여러 주제들 가운데 하나에 불과한 것이 아니라, 신학 전체의 방향과 성격을 결정짓는 신학의 사고(思考) 지평이라고 생각하고 있었다. 그는 교회에 대한 끊임없는 숙고와 교회생활을 하면서 겪은 체험을 통해 "교회란 무엇인가"라는 교회의 정체성에 대한 물음과 지상과 조국 땅에 참된 교회를 구현해 나가는 길이 무엇인지에 대한 갈증을 지니고 있었다.

이러한 가운데 큉의 『교회론』을 만나게 되었고 이 책을 통해서 그는 제자훈련과 교회론을 연결시킬 수 있는 확실한 고리를 마련했으며, 결국은 풀리지 않았던 제자훈련의 신학적 해답을 발견하였다.

큉은 신약성경에 근거하여 교회의 본질을 하나님의 백성, 성령의 피조물, 그리고 그리스도의 몸으로 인식한다. 그는 교회가 하나님의 나라는 아니지만, 하나님 나라의 빛을 비춰 주어야 할 하나님의 백성이라는 개념을 강조한다. 하나님의 백성이란 개념은 종말론적인 의미를 지니고 있으며, "하나님의 백성으로서의 교회는 하나님 나라의 도래를 고대하며 현재에로 돌입하는 하나님 나라의 표징이 되어야 한다"고 주장한다. 이러한 전제로, 그는 하나님의 백성의 특성을 성직자와 구분되는 평신도가 아니라, 세상과 구별되는 평신도에서 찾는다. 그 구별됨을 향하여 교회는 이 땅에서 중단 없이 계속적으로 전진해야 한다. 그런 면에서 큉도 개신교 교회론과 마찬가지로 교회는 구원받은 하나님의 백성이지만 동시에 죄인들의 공동체이기에 이러한 사실을 인식하고 "항상 개혁되어야 할 교회"(*ecclesia semper reformanda*)임을 강조한다.[7]

그렇다면 이러한 질문들이 대두될 수밖에 없다.

교회의 본질이 실현될 때 교회는 어떤 모습을 갖게 되는가?

무엇이 교회를 교회답게 만드는가?

참된 교회를 분별할 수 있는 구체적이며 가시적인 기준은 무엇인가?

최초의 공의회 신조인 니케아공의회 신조는 참된 교회의 가시적 특성, 즉 참된 교회의 속성에 대해 이렇게 고백한다.

"하나의 거룩하고 보편적이며 사도적인 교회(*una, sancta, catholica, apostolica ecclesia*)를 믿습니다."

여기에서 말하는 교회의 네 가지 속성들은 독립적인 네 가지 특성들이 아니라, 상호의존적으로 하나의 전체를 기술하고 있는 것으로 보아야 한다.

교회의 일치성, 거룩성, 보편성, 그리고 사도성이라는 특성들은 상호

의존적이며, 그중에서 "사도성이라는 한계 속에서만 참된 교회의 속성이 될 수 있다. 달리 말하자면, 아무리 폭이 넓고 거룩하더라도 사도성을 상실한 교회는 참된 교회가 아니라고 말할 수 있다." 그런데 이 사도성에 대한 이해는 상이하다. 로마 가톨릭교회에서는 사도성을 사도의 후계자에게서 찾는 반면에, 개신교에서는 "사도의 사명이 실현되는 교회가 사도적인 교회로 이해한다."[8]

옥한흠에게 지대한 영향을 미쳤던 사도성의 문제를 큉은 사도의 정체성으로부터 설명해 나간다. 사도란 부활하신 분을 목격한 사람이고, 부활하신 분의 증인이다. 그러므로 사도는 주님으로부터 선교와 선포를 위임받은 자인 것이다.

부활하신 그리스도를 목격했다는 것은 현존하시는 그리스도를 체험하는 것이나 역사적 예수님을 만나는 것 이상의 가치를 지니고 있는 것이다. 그러나 새로운 사도들이 계속 나타날 수는 없었다. 부활하신 그리스도는 곧 승천하셨고, 승천을 통해 그리스도는 우주적으로 현존하시게 되었지만, 보이지 않는 분이 되셨다. 그리스도께서 부활하시고 승천하신 후에는 그 누구도 사도들처럼 그리스도를 온전하게 이해할 수 없었으며, 새로이 사도가 될 수도 없었다.

"그러나 큉은 사도의 사명만큼은 계승될 수 있었으며, 이 사명을 계승하는 자를 사도의 후계자라고 부를 수 있게 되었다고 말한다. 그러면 누가 이러한 사도성을 계승하는가? 큉은 단언한다. '교회밖에 없다.' 특정한 개인들이 아니라, 교회 전체가 사도의 후계자라는 것이다. 따라서 사도적 사명을 가진 교회가 사도적 교회이며, 이러한 사명은 특정한 직무가 아니라 전체 교회에 계승된다"고 하였다.[9]

이러한 주장은 가톨릭교회의 핵심교리인 교회의 사도성에 대해 이의를 제기한 것이고, 그가 강조한 사도성의 개념변화는 사도직 계승에 파문을 일으켰다.

바티칸은 1979년 12월 18일 한스 큉이 더 이상 가톨릭 신학자가 아니라는 성명서를 발표했다. 그렇다고 해서 큉의 교회론이 개신교의 교회론을 의미하는 것은 아니며, 단지 그가 교회의 본질을 탐구하는 방법론에 있어서 개신교의 교회론과 유사성이 존재하며, 개혁교회가 추구하는 교회의 본질과 닮아 있는 것은 사실이다. 어쨌든 옥한흠은 큉의 교회론을 통하여 참된 교회의 본질과 특성과 더불어 제자훈련의 신학적 정당성을 확인할 수 있었다.

훗날 한국 교회에 엄청난 영향력을 미칠 교회론적 깨달음을 옥한흠은 바로 그 책에서 발견하였다. 이러한 각성은 그가 유학생활에서 발견한 귀한 보화였으며, 그의 말대로 "미국에 3년 동안 혼자 와 있었지만, 굉장히 유익한 시간이었다."[10] 그는 제자훈련에 대한 성경적이고 신학적인 근거를 큉의 교회론을 통해 재확인했으며, 교회론의 본질인 평신도의 사도성이 무엇인지를 명료하게 깨달았다. 이 책을 통해 옥한흠은 자신이 왜 제자훈련에 미쳐야 하는지, 평신도를 왜 제자로 깨워야 하는지, 이것을 왜 목회 철학으로 삼아야 하는지에 대한 확고한 신학적 해답을 얻었다.

이러한 감격을 체험했던 그는 "마치 어둠 속에서 빛을 발견한 기분이었다"고 언급했다.[11] 그가 그렇게 뒤지고 찾았던 답이 큉의 『교회론』 안에 있었다. 그 순간을 말로 표현하자면, "가슴이 뻥 뚫린 것" 같았고, 또한 "바로 신학생으로 거듭난 순간"이었다고 회고하였다.[12] 이 경험은 옥한흠에게 있어서 "교회론의 코페르니쿠스적 패러다임의 전환"이라고 보아야 할 것이다. 옥한흠은 큉의 저서를 통해 "제자훈련을 하는 것이 목회본질이다"라는 신학적 해답을 재확인했고, 유학생활을 하면서 신학연구에 매진하다가 또 다른 전기를 마련하게 되었다.

"신학을 연구하다가 제 인생에서 두 번째로 미치게 된 것입니다. 그것은 제 가슴 속에서 제자훈련의 뿌리가 더 단단하게 되는 계기가 되었습니다."[13]

옥한흠의 공헌 중의 하나는 바로 평신도나 성직자 구분 없이 성도는 모두 사도성을 계승한 자들이며, 교회를 통해 전해오는 복음을 전파하고 모든 족속으로 제자 삼는 사역에 부름 받았다는 사실을 한국 교회에 효과적으로 각인시켰다는 사실이다. 이러한 신학적 깨달음을 옥한흠은 웨스트민스터 유학 시절 큉의 저서를 통해 발견하게 되었다. 큉에 의하면, "사도직"은 사도들의 죽음과 더불어 소멸되었지만, "사도의 과제"는 계속되며 모든 교회가 사도의 후계자라고 할 수 있다. 그리고 모든 교회는 사도들의 복음 선포를 통해 모인 새로운 하나님의 백성인 것이다.[14]

이러한 주장은 이미 종교개혁가들이나, 개혁주의 신학자들을 통해서 이미 선포된 내용이었지만, 로마 가톨릭 신앙을 신봉하는 큉에 의해 제창된 것이 더 큰 의미가 있다고 하겠다. 큉의 신학적 공헌에는 이론의 여지가 없으며, 분명한 것은 그의 "교회론"에서 피력하는 사도성의 원리가 성경적인 가르침이고, 이미 개혁주의적 교회론에서도 강조되고 있는 교리였다. 이러한 특성 때문에, 개혁주의 교회는 평신도들을 통해서 널리 확장되었음을 역사는 말해 주고 있다.

칼빈은 먼저 하나님의 말씀을 존중했기 때문에 "목사직을 교인의 공동체보다 우선하는 것"은 분명하지만, "평신도들에게 동등한 자격으로 교회 일을 할 수 있는 길을 터놓은 것"도 부인할 수 없다.[15] 옥한흠이 큉의 『교회론』을 통해서 새롭게 인식한 이 원리는 성경적이고 개혁신학의 입장에서도 부합되는 것이었으며, 로마 가톨릭 신학자에 의해 주창된 것이 더 극적으로 다가왔다. 그러한 원리가 큉의 저서에서 재발견되었다는 것이 의미 있는 것이지, 그것 자체가 아주 새로운 혁신적인 가르

침은 아니었다.[16]

쿵의 책을 통하여 옥한흠은 평신도들도 사도의 계승자이며 세상으로 보냄을 받은 제자요 소명자라는 사실을 분명하게 각인할 수 있었다. 이러한 사도성의 원리는 옥한흠의 눈을 활짝 열어 주었을 뿐만 아니라, 그의 가슴에 열정의 불이 타오르게 하였다. 그는 왜 평신도를 그리스도의 제자로 깨워야 하는지, 이것이 왜 자신의 필생의 목회 철학으로 삼아야 하는지에 대한 신학적 해답을 발견하였다.

이 발견은 옥한흠에게는 "한 줄기의 밝은 빛"이었고, 그 빛은 한국 교회의 평신도와 목회자를 깨워야 하는 등대가 되었다. 이것이 지난 3년간 칼빈과 웨스트민스터신학교에서 유학하며 얻은 값진 수확이었다. 그는 제자훈련의 신학적 토대와 그것을 장년목회에 접목할 수 있는 가능성을 발견했으며 짧은 이민목회 경험을 통해 현장목회에 적용될 수 있음을 확인하였다.[17]

옥한흠은 유학생활을 통해 얻은 교회론적 깨달음을 나름대로 정의하고 있다.

"지상 교회란 세상으로부터 부름 받은 하나님의 백성이요, 동시에 세상으로 보냄 받은 그리스도의 제자이다. 그래서 특권이 있으면 소명이 있다."[18]

그의 교회론은 이 명제로 확연히 드러났으며 그것이 그의 목회 철학의 핵심이 되었다.

제2부 옥한흠 설교의 신학적 배경

4장. 설교학 개론

5장. 성경관과 성경 해석 원리

6장. 설교의 신학적 기반

7장. 설교 자세

* * * * * * *

　목사 옥한흠은 제자훈련 목회자이기 전에 진실한 설교자였다. 그가 평생 가장 많은 시간과 희생을 쏟아 부어 나온 결과가 그의 주옥같은 설교들이다. 설교자로서 옥한흠의 직분인식은 예수 그리스도의 전도 대사명과 제자훈련 목회와 철저하게 직결되어 있었다. 그의 모든 사역의 초점은 예수님의 제자 됨이 무엇인가에 온전히 집중되었으며, 제자훈련을 통해 평신도를 깨우는 것을 그의 목회 철학으로 확정한 후 곁눈질 한 번 하지 않고 설교자로서 외길을 달려왔다.

　그는 평생의 사역 동안 줄기차게 "예수님을 닮는 제자가 되자"라고 설교했고, "제자 됨은 우리를 구원하신 하나님의 소원이며 궁극적인 목적이다"라는 사실을 결코 등한시하지 않았다. 그는 누구보다도 모든 족속을 제자 삼으라고 명령하신 주님이 "내가 너희에게 분부한 모든 것을 가르쳐 지키게 하라"라고 엄명하셨기 때문이라고 강조하였다. 옥한흠은 설교자로서 "나는 이 일을 위해 직분을 받았다"고 외치면서 "바울이 말한 것처럼 억지라도 말해야 하고 가르쳐야 하는 것"을 평생 잊지 않았다.[1]

제 4 장

설교학 개론

옥한흠은 구원의 진리를 선포하고, 그리스도의 참된 제자가 되기 위해 노력해왔으며, 제자 됨을 이루어가기 위해 설교를 통해 불을 뿜어냈다. 그런 면에서 마틴 로이드 존스(Martyn Lloyd Jones)의 설교의 정의에 대한 주장은 매우 적절하다.

> 설교란 무엇인가?
> 그것은 불붙는 논리(Logic on fire)이다!
> 웅변적인 이성이다!
> … 설교는 불붙는 신학이다. 불을 붙이지 못하는 신학은 무엇이 부족한 신학이거나 적어도 신학을 잘못 이해하고 있는 것이다. … 설교란 불붙는 사람을 통해 나오는 신학이다.[1]

옥한흠은 평생 제자훈련이라는 열정의 불을 수많은 설교를 통해 뿜어냈던 설교자였다. 옥한흠은 사역 초기부터 예수 그리스도께 미쳐 있었고, 사역의 기반도 예수 그리스도의 지상사역에 근거를 두었다. 그의 목회 사역이 제자훈련 목회로 드러나면서 그 속에는 세 가지 요소가 균형을 이루며 아름다운 하모니를 내게 되었다. 그는 설교 사역과 제자훈련의 연관성에 대해 이렇게 주장했다.

> 제자훈련에 있어서 다음의 세 가지 요소는 균형을 이루어야 합니다. 무엇을 전해도 모든 제자훈련의 내용에는 복음이 스며들어야 합니다(Preaching). 어떤 공부를 하여도 깨달음과 깊이가 있어야 합니다(Teaching). 그리고 그것들이 개인의 삶에 적용될 때 치유와 회복과 변화의 역사가 일어나는 것입니다(Healing). 이런 의미에서 제자훈련은 종합예술이라고 말할 수 있습니다.[2]

목회자 옥한흠은 제자훈련 사역에 집중하면서도 설교를 매우 중시하였다. 왜냐하면 교회의 건강이 설교에 달려 있다는 사실을 잘 알고 있었기 때문이다. 교회사에서 발견되는 역사적 사실은 교회의 위기는 강단의 위기와 직결되어 있다는 것이다. 왜냐하면 교회는 하나님의 말씀으로 살고 자라나며 번성하지만, 말씀이 없으면 교회는 시들고 말라버릴 수밖에 없다. 그러므로 교회는 끊임없이 하나님의 말씀을 들어야 하며, 그래서 공적 예배에서 설교는 중심이 될 수밖에 없다.

이러한 본질적인 이유 때문에 존 스토트(John Stott)는 다음과 같이 언급하면서 진지한 성경적 설교의 회복을 강조하였다.[3]

"하나님의 음성이 들리게 하고 하나님의 백성들이 그분을 순종하게끔 신실함과 민감함으로 영감 된 본문을 열어 보이는 것이 설교이다."

설교는 목회자의 절대적인 사명이며 가장 신성한 특권이다. 그러기에 설교자는 하나님의 백성들로 하여금 하나님의 음성을 듣도록 어떤 상황에서도 하나님의 도우심을 구하면서 진실하게 설교의 직무를 감당해야 할 것이다.

  이런 이유 때문에 종교개혁가들은 교회에 집중되었던 권위를 성경으로 옮겨놓았고, 성경을 해석하고 설교하는 것이 예배의 중심에 위치하도록 하였다. 설교는 성경의 진리와 기독교 신앙을 매개하는 거의 독점적인 채널이 되었으며, 교회의 개혁과 부흥을 도모할 수 있는 결정적인 도구로 여겼다. 그러나 시대가 흐르면서 항상 하나님의 말씀에 대한 기근이 반복되어왔으며, 오히려 하나님 말씀의 가르침과 선포에 대한 갈급함이 해마다 계속 증가하고 있다. 월터 카이저(Walter C. Kaiser Jr.)는 이 시대의 영적 기근을 이렇게 언급하였다.

> 사람들이 자신의 생각을 아무리 유창하게 말하거나 주장을 하더라도, 그 사상만 갖고는 살 수 없다. 오직 모든 성경 말씀을 한 줄 한 줄, 한 단락 한 단락, 한 장 한 장, 한 권 한 권씩 끈기 있게 읽고 설명해 주어야만 한다. 어디서 그런 해설자를 찾을 수 있으며, 또 그들의 스승은 어디에 있을까?[4]

  현재 한국 교회의 강단은 성경적이고 바른 신학적 토대 위에서 말씀을 선포하는 경우보다는, 설교자 스스로도 말씀의 절대성과 우위성뿐만 아니라 설교에 대한 믿음마저 상실하고 있는 실정인, 그야말로 하나님 말씀의 기근이자 설교의 위기를 경험하고 있다. 또한 한국 교회는 내부적인 부패와 외부적인 비난에 직면하고 있으며, 이러한 상황은 한국 교회의 설교를 다시 되돌아보게 만든다. 한국 교회는 일반적으로 1960년대부터 1980년대까지는 성장했지만, 1990년대에 들어서는 성장이 둔화되고 정체되었던 것이 사실이다. 그러나 옥한흠이 교회를 개척하여 은퇴하는 시기까지 사랑의교회는 꾸준하게 성장해왔다.

이러한 상황 속에서 사랑의교회가 변함없이 그리고 중단없이 성장일로를 달려온 배후에는 열정적인 제자훈련이 있었지만 옥한흠의 설교라는 중요한 요인을 간과해서는 안 된다. 옥한흠의 사랑의교회 목회는 제자훈련 사역과 설교라는 두 개의 수레바퀴를 통해 움직여왔다. 그의 설교는 성도들로 하여금 성경을 사랑하게 만들었고, 그 성경의 진리를 삶에 적용하게 하는 탁월한 능력을 내포하고 있었으며, 예수 그리스도의 제자의 길로 나아가게 하는 원동력이었다. 그의 설교는 교회를 깨울 뿐만 아니라, 실제로 참설교가 무엇인지를 깨우는 역할도 하였다.

그리고 그는 그 깨움의 말씀 선포를 자신에게 먼저 외쳤다. 그는 바쁜 중에도 하나님의 말씀을 묵상하고 읽는 일을 지속해왔다. 설교를 통해 성도들을 지적하고 그들에게 외치기 전에, 자신의 문제로 알고 자신을 먼저 깨웠기에 그의 메시지에는 깊은 울림이 있었다. 이렇게 "옥한흠은 설교로 먼저 자신을 깨우고, 또한 교회를 깨우면서, 동시에 설교로 설교를 깨운 설교자"라고 평가할 수 있다.[5]

1980년대 이후 본격적으로 한국 교회에 모습을 드러낸 사랑의교회는 새로운 시대의 목회적 비전과 소망을 제공하는 신선하고도 확실한 본분을 다해왔다. 한국 교회는 일제 치하와 해방 그리고 6·25전쟁 등 엄청난 변화를 경험하였고, 근대화 과정을 거치면서 성령운동을 통한 교회 성장과 부흥회 중심의 목회가 자리 잡았다. 하지만 옥한흠은 제자훈련을 이론화하고 한국 교회 목회 현장에 효과적으로 정착시킴으로 한국 교회의 성숙과 갱신에 크게 기여하였다. 이러한 결과, 사랑의교회는 "한국 교회가 모델로 삼고 싶어 하는 교회, 평신도를 깨우는 교회"로 그리고 옥한흠은 "평신도를 깨운 제자훈련의 대가"로 한국 교계와 사회에 널리 알려졌다.[6]

그러나 그의 삶과 사역을 고찰해 보면, 옥한흠이야말로 "한국 교회의 각성과 갱신을 외친 설교자"였으며, 설교에 생명을 걸었던 목회자였음을 발견할 수 있다. 옥한흠의 설교적 영향에 대해 많은 언급들이 있지만, 거의 반세기 동안 그와 격의 없는 교제를 나누어왔던 송용걸은 옥한흠의 설교에 대해 "말씀으로 설교를 듣는 청중들을 웃게 만든 설교자"요 "설교로 성도들의 가슴에 불을 붙이는 목회자"라고 회상하였다. 그는 "옥한흠 목사야말로 한국 교회에 강해설교가 무엇인지를 몸소 적용하며 그 가치를 널리 파급시킨 설교자"라고 주장하였다.[7] 성도교회 출신이자 이 시대의 탁월한 설교가인 박영선도 이런 말을 남겼다.

> 그런데 김성환 목사님이 나타나셔서 성경 본문을 강해했죠. 강해라는 걸 처음 부딪쳐 봤습니다. 이게 이런 말씀이다라고 설명을 하는 거예요. 그 전에는 그 말씀을 잘 써서 액자를 한다든가 그 말씀을 교훈화해서 교훈으로 기억을 한다든가 하는 시기였지 그게 이런 뜻이라고 해석을 해서 현실에 녹여내야 된다는 그런 이해와 그런 설명을 받아본 적이 없다가 너무 놀랐죠. 그런데 그분이 너무 일찍 돌아가셨거든요. 그 뿌린 씨가 옥 목사님에게서 풍성하게 결실해서 옥 목사님이 그 설교를 강해설교로 하셨죠. 어떤 의미에선 한국 교회에서 드물게 선구적인 역할을 하신 거예요. 제자훈련 때문에 그게 가려져 있죠.[8]

옥한흠이 지난 30여 년 동안 제자훈련과 함께 수많은 설교들을 사랑의교회를 향해, 그리고 한국 교회의 성도들을 향해 뿜어낸 외침이 이제는 우리 모두의 신앙적 유산이 되었다. 옥한흠이야말로 "우리 한국 교회의 가장 저명한 설교가"로, 그리고 "아주 예외적인 훌륭하신 설교자요 존경받는 이 시대의 목자"로 인정받을 뿐만 아니라, 그의 설교가 남긴 교훈들은 우리 한국 교회의 가치 있는 신앙적 유산으로 자리매김 되었다

고 교회사학자 민경배는 평가한 바 있다.[9]

이제 옥한흠의 설교는 개인만의 소유도 아니고, 또한 사랑의교회만의 것도 아니며, 모든 신앙인들에게 그 귀한 의미를 던져야 할 한국 교회의 영적 유산이 되었다. 이러한 이유로 그 설교의 내용과 사상을 통해 한국 교회와 사회에 어떤 영향을 발휘했는지를 고찰할 뿐만 아니라, 세계 교회 역사의 흐름 속에서도 반추해 보아야 할 필연성이 존재한다. 왜냐하면 영향력 있는 설교야말로 교회뿐만 아니라, 시대의 흐름을 변혁할 수 있는 영적인 원동력이 되기 때문이다.[10]

옥한흠은 누구보다도 설교자의 삶과 자세를 중시하는 목회자다. 그는 "설교의 진정성을 강조한 설교자"였다.[11] 옥한흠의 설교론은 그의 인간론에 근거해 있다. 그는 다음과 같이 고백한다.

"설교란 인간에게 있어서 전혀 어울리지 않는 일이며, 사람이 할 수 없는 일이라는 것이다. 또 어떤 면에서는 인간이 해서는 안 될 것을 하는 것같이 느껴진다."

"그래서 설교에는 대가(大家)가 없고, 설교에는 완성이라는 것이 없으며 졸업도 없다. 그저 평생 싸우고 고통하면서 만분의 일이라도 하나님의 뜻을 이루고 갔다면 그것으로 만족해야 된다."[12]

이러한 자세는 곧 설교 준비에 "절대적인 시간투자"로 이어졌다. 그의 설교의 전개력과 묵상력, 적용성과 논리성은 그러한 설교 준비에 들인 노력의 결과들이며, 그의 "삶 자체가 설교의 중심"이었다. 그의 삶 속에서 "내가 제대로 준비하지 않으면 사랑의교회는 죽는다"는 인식은 단순한 머릿속의 관념이 아니라, 굶주린 사자와 같은 생명을 건 생존본능처럼 그의 의식을 사로잡고 있었다. 그런 면에서 그의 삶이 곧 설교의 중심이라는 말 속에는 "집중력과 항시(恒時)성"이 상존한다.[13]

그리고 옥한흠은 예수 그리스도의 지상사역을 설교와 목회의 모델로 삼는데, 그것은 바로 "진리를 매개로 하여 하나님과 인간을 만나게 하는 사역"이라는 것이다. 그러므로 "설교는 선포되는 하나님의 말씀을 통해서 전하는 자와 듣는 자가 다 같이 하나님과 깊이 만나게 되는 채널"이 된다. 이런 면에서 옥한흠 설교론의 핵심적인 요소는 두 가지가 있는데, 그 하나는 설교자는 하나님의 대변자로서 "진리를 정확하게 알고 전할 수 있는 전문가"가 되어야 하며, 또 하나는 설교를 듣는 청중에 대해서도 깊은 이해와 지식이 있어야 한다는 사실이다.[14]

옥한흠의 설교는 "하나님의 필요"(real need)를 출발점으로 시작되지만, 청중들의 "현장의 필요"(felt need)도 채워주면서 마무리되곤 한다.[15]

옥한흠은 권성수와의 인터뷰에서 그의 설교관과 설교 준비에 대해 아래와 같이 피력한 적이 있었다.

> **권성수**: "설교가 무엇이라고 생각하십니까?"
> **옥한흠**: "설교는 현대의 청중으로 하여금 성경의 계시를 통해서 하나님의 음성을 듣게 하는 것입니다."
> **권성수**: "설교 준비는 어떻게 하십니까?
> 히브리어 원문과 헬라어 원문을 사용하십니까?
> 한 편의 설교에 어느 정도 시간을 투자하십니까?"
> **옥한흠**: "저는 성경 원문을 사용하지 않습니다. 원문으로 성경을 읽을 실력이 없습니다. 오래 전에 헬라어와 히브리어를 배웠지만 잊어버렸습니다. 그러나 주석들, 헬영 히영 사전들, 기타 전문적인 학자들의 연구서들을 참고합니다.
> 설교 준비는 월요일부터 시작해서 주일까지 계속됩니다. 보통 원고는 금요일이면 준비가 되지만 때로는 주일까지 갑니다. 아주 드물게는 주일 아침에도 원고 준비합니다. 준비하면서 매일 기도합

> 니다. 이런 의미에서 설교 준비는 설교를 끝낼 때까지 완료되지 않습니다."
>
> 설교 준비에 다섯 단계를 사용합니다.
>
> 첫 번째는 본문선택입니다.
>
> 두 번째는 학적인 연구를 합니다.
>
> 세 번째는 존경할만한 설교자들(칼빈, 스펄전, 알렉산더 맥클라렌 및 한국 설교자들)의 설교를 듣습니다. 찰스 스펄전의 경우는 그의 설교를 읽으면서 마치 그의 숨소리를 듣고 그가 메시지를 전하려고 애쓰는 모습을 보는 것 같습니다.
>
> 네 번째는 본문에서 직접 들은 메시지 체계화합니다.
>
> 다섯 번째는 청중의 입장에서 메시지를 교정합니다.
>
> 저는 설교자로서가 아니라 교인으로서 제 설교를 미리 듣습니다."[16]

또한 옥한흠의 설교자론은 그가 성도교회 대학부를 지도하면서 깨닫고, 유학과 교회개척 후 고수해온 "광인공식"의 실천에서 보듯이, 예수님의 인격과 삶을 지향하는 태도를 줄곧 지켜온 것과 연관성이 있다. 그 자신이 설명하듯이, 평신도를 예수님의 제자로 변하게 하려는 사람은 우선 남보다 먼저 자기가 예수님을 닮으려고 끊임없이 노력해야 한다는 소신을 지금까지 지켜왔기에 그의 설교에 대한 경청 역시 설교자에 대한 신뢰와 밀접한 연관성이 있다.[17] 그는 설교 사역에 심혈을 기울였고, 설교에 생명을 거는 자세로 설교에 임했다. 그는 항상 "설교는 십자가"라는 생각을 지니며 설교를 준비하고 선포하였다.[18]

"십자가"라는 의미는 그리스도께서 십자가에서 완성하신 대속적 사역이라기보다는, "하나님의 음성을 듣기" 위한 그의 끊임없는 영적 전투의 장면을 연상시킨다. 마치 예수 그리스도께서 고통스러운 십자가이지만 하나님의 뜻을 이루기 위해 기꺼이 십자가를 지셨듯이, 설교자도 단순히 성경 구절들을 인용해 가며 자기의 이야기가 아닌, 하나님께서 설교자와 청중, 그리고 그 시대를 위해 주시는 메시지인지를 확인하기 위해 하나님의 음성을 들어야 한다는 것이다.

옥한흠은 설교를 준비하면서, 늘 그 설교가 하나님이 오늘 우리 모두에게 주시는 그분의 음성이라고 확신하고 "선지자적 사명을 갖고 외칠 수 있는 확고한 신념"이 생길 때까지 노력해야 할 것을 강조한다. 그는 평생 예수 그리스도의 제자 됨에 대한 지대한 관심과 열정을 갖고 목회 사역에 임해왔지만, "제자 됨이 어떤 인격과 삶을 요구하는 것인가를 명쾌하게 보여주는 원전(原典)"이라 할 수 있는 마태복음의 산상수훈에 대한 강해설교는 그의 사역 후기까지 엄두도 내지 못했다.

자신이 목사였지만 산상수훈에 부응할 수 있는 삶을 살지 못하면서, 삶에 육화되지 못한 내용의 설교를 듣는 성도들에게 강요한다는 것은 그에게 용납하기 쉬운 일은 결코 아니었다. 늦게나마 그가 산상수훈 강해설교를 연속적으로 선포하기로 한 것도 한 성도의 간청에 의해서였다. 그 요청이 옥한흠에게는 "마치 주님의 음성처럼" 들렸으며, 설교하기로 작정하고 산상수훈의 내용을 펴서 묵상하기 시작한 그날까지 그의 마음에서 사라지지 않았다.[19]

설교자로서의 분명한 양심과 신념을 중시하는 옥한흠에게서, 우리 시대의 설교자들에 대한 비판적 인식과 더불어 미국 청교도 설교자들의 시대적 사명을 일깨우는 선지자적 설교였던 "제레미아드"(Jeremiad)가 연상된다.[20] 옥한흠의 설교 초두에는 거의 현실의 문제들을 예리하고도 냉혹하게 파헤치면서 어두운 면이 많이 부각되는 것이 사실이다. 그러한 문제들을 부각시킨 후, 옥한흠은 성경의 진리에 입각하여, 하나님의 시각에서 그 문제들을 바라볼 수 있는 안목을 제공하고 해결할 수 있는 대안

들을 제시하면서, 자연스럽게 적용 부분으로 청중들을 이끌어 나간다. 그런 면에서, 옥한흠의 설교는 제레미아드의 특성과 공통되는 부분이 분명히 있으며, 그의 설교 기저에는 일종의 "비관론적 혹은 선지자적 낙관주의"가 자리 잡고 있다고 볼 수 있다.[21]

옥한흠의 설교 세계 안에는 설교자의 에토스(ethos), 파토스(pathos), 그리고 로고스(logos)가 균형을 이루면서도 역동적으로 존재한다. 에토스는 설교자의 삶이고, 파토스는 설교자의 마음이며, 로고스는 설교자의 말이다. 그런데 "옥 목사는 삶과 마음, 말에 있어서 설교자의 모델이었다."[22] 설교자, 옥한흠에는 평생을 통해 유지해온 삶의 "한결같음"과 "올곧음"이 있었고, "가슴앓이를 하는 '마음'"이 있었다. 그의 마음속에는 죄에 대한 아픔, 한국 교계에 대한 아픔, 그리고 민족과 세계에 대한 아픔이 항상 서려 있었다. 그래서 그의 설교는 "아픈 가슴의 토설"이 되어 선포되었다.

"깊은 바다가 깊은 바다를 부르는 것처럼, 그의 설교를 듣노라면 아픈 가슴이 아픈 가슴을 부르는 것을 느낄 수 있었다."[23]

그의 설교는 애통하는 선지자의 외침이었다.

> 예수님의 제자답지 못한 삶에 대한 아픔이 그의 가슴에서 터져 나왔다. 모든 성도들이 제자로 훈련받아 세상으로 보내심을 받아야 한다는 안타까움이 그의 설교 전체에 피처럼 흘렀다. 모든 성도들이 예수님의 제자로서 세상으로부터 부르심을 받은 소명(召命)과 세상으로 보내심을 받은 사명(使命)을 감당하도록 하기 위해 그는 아픈 가슴을 쏟아놓았다. 그는 파토스가 살아 있는 설교자였다.[24]

그리고 옥한흠은 깨끗한 "삶"과 안타까운 "마음"을 담아내는 "말"을 했다. 그는 청중의 환심을 사기 위해 화려한 수사나 달변을 통해서 설교를 선포하지 않았다. 그는 진솔한 말로 청중을 자연스럽게 움직여갔다.

"그는 다소 메마르고 지루한 언어, 그러나 성경과 현실에 충실한 언어로 청중의 깊은 가슴에 파고들었다."

그러면서 그의 설교를 듣는 청중의 "생각의 덩어리인 신념을 바꾸는 말"로 선포하였다.[25]

설교는 설교자들을 통해 하나님의 말씀을 전하는 것이다. 그렇기 때문에 설교자는 "이것이 하나님이 주시는 메시지라는 확신이 있다"는 감정이 생기고, "이 메시지가 하나님의 말씀에서 절대 빗나가지 않았고 내 말을 보태지도 않았다"는 확신을 갖고 설교해야 한다. 그래야 그 설교가 강력하게 선포되고, 듣는 성도들 안에 하나님이 진정으로 원하시는 변화가 일어나는 것이다.[26]

이러한 완벽지향적인 성향 때문에, 옥한흠은 집회약속을 해 놓고도 설교를 적당히 할 수 없다는 부담감과 스트레스 때문에 설교를 취소하는 경우들도 있었다. 이런 그를 이해하지 못한 목사들은 예기치 못한 설교 취소 소동으로 인해 감정이 상하고 관계가 악화되기도 했다.[27] 그의 사역 초기에는 설교 초청에 응하기도 했지만, 제자훈련 목회가 확장되면서부터는 아주 중요한 상황이 아니면 나가지 않았다.

옥한흠이 지난 40여 년을 설교를 해오면서 주목한 것이 있다면, 과연 설교를 들은 성도들의 삶 속에서 어떤 변화가 일어나고 있는가라는 것이었다.[28] 그에게 있어서, 성경이 말하는 변화는 말씀을 듣고 순종하는 자리까지 가는 것이다.

내가 너희에게 분부한 모든 것을 가르쳐 지키게 하라(마 28:20).

마태복음 28장 20절의 말씀대로 청중들이 살아가는 것이고, 변화는 말씀을 듣고 순종함으로써 예수님의 제자가 되는 성숙한 지경에까지 이르는 것이다. 말씀을 들어 순종하고 주님을 닮아가는 것, 각자의 처지에서 온전한 자리에 이르는 것이 변화라고 그는 주장한다. 그런 면에서 옥한흠에게 성경을 해설하는 설교와 성경을 적용하는 것인 제자훈련의 목적은 동일했다.[29]

그렇기 때문에 옥한흠의 설교와 제자훈련은 긴밀하고도 유기적으로 연관되어 있다. 그는 설교를 통해 제자훈련이 근거하고 추구하며 지향해야 할 목적이 무엇인지를 선포했고, 제자훈련은 그 내용을 구체적으로 훈련하고 적용시키는 과정이요 전략이라고 할 수 있다. 다르게 표현한다면, 설교가 옥한흠의 목회에 있어서 본질이요 "내용적 원리"라면, 제자훈련은 그것을 동력화하는 "형식적 원리"였다. 이러한 옥한흠의 목회적 특징들을 고찰하면, 그만큼 종교개혁의 유산을 한국 교회 상황에 잘 적용한 이가 없을 만큼 목회의 여러 요소들이 철저하고도 조직적으로 연계되어 있음을 알 수 있다.

① 오직 성경으로!

② 오직 예수 그리스도로!

③ 오직 믿음으로!

④ 오직 은혜로!

⑤ 오직 하나님께 영광!

이런 신학적 특성들이 그의 설교 속에 녹아내려, "만인제사장" 원리에 접목시키는 과정이 그에게는 제자훈련으로 실현되었다. 이렇게 종교개혁의 유산들이 옥한흠의 설교와 제자훈련의 주된 신학적 기반으로 자리 잡고 있다.³⁰ 목회에는 항상 가변적인 요소가 있게 마련이지만 본질은 바뀔 수 없다는 전제로, 옥한흠은 예수 그리스도가 원하시는 목회, 즉 예수님의 제자로 만드는 것에 역점을 두어 평신도로 하여금 교회의 주체로 거듭나게 하는 것을 그의 일관된 목회 철학으로 삼았다.³¹

옥한흠의 설교와 목회의 근저에는 항상 한 영혼을 뜨겁게 사랑하는 구령의 열정이 자리 잡고 있다. 그는 강단에 설 때마다 그것이 말씀을 전하는 마지막이라는 생각을 갖고 임했고, 설교를 듣는 사람 또한 하나님의 복음을 들을 수 있는 유일한 기회가 될지도 모른다는 긴박감을 갖고 하나님의 말씀을 선포하였다. 만약 옥한흠에게 설교할 수 있는 "단 한 번의 마지막 기회"가 주어졌다면, 그는 주저 없이 청중들을 향하여 묻는다.

"예수 그리스도가 당신에게 어떤 분입니까?"

"하나님 앞에서 당신의 죄를 완전하게 해결 받았습니까?"

이렇게 도전할 것이다. 그리고 예수 그리스도께서 우리 대신 십자가에 희생제물이 되심으로 우리의 모든 죄를 용서해 주신 그 구원의 복음과 감격을 전할 것이다.³² 인간의 죄를 바라보는 하나님의 시각이 결코 가볍지 않으시며, 하나님의 심판과 지옥은 실제적으로 임할 것이라는 사실을 직시하고 있기에, 옥한흠은 구원의 심각성과 중요성을 그의 사역과 설교의 중심으로 삼았다. 이 중심 때문에 그는 올곧은 자세를 지니고 한국 교회를 깨우는 데에 심혈을 기울였다.

옥한흠에게는 "성경 말씀을 전하는 설교자의 존엄성, 즉 복음을 선포하는 설교자로서의 지극히 엄격한 태도"가 있었으며, 성경이 설교자에 의해 제대로 전해지지 못하거나, 편의적으로 해석되거나, 가볍게 다뤄지는 것을 참지 못했다. 그렇게 설교에 임하는 설교자들에 대해 분노했다는 표현이 적절할 정도로, 그는 하나님의 말씀을 전하는 "설교자로서의 절대적 존엄성"이 어떤 경우에도 훼손되지 않기를 원했다.³³

제5장

성경관과 성경 해석 원리

앞에서 언급한 대로 옥한흠은 총신 재학 시절 성경관에 대한 중요한 두 편의 논문을 번역하여 「신학지남」에 기고한 바 있다. 그중 하나는 웨스트민스터신학교의 변증학 교수였던 코넬리우스 반틸(Cornelius Van Til)이 개혁주의 신학의 거두 벤자민 B. 워필드(B. B. Warfield)와 헤르만 바빙크(Herman Bavinck)의 영감론을 소개한 내용이고, 다른 하나는 호주 개혁주의 신학자 클라스 루니아(Klaas Runia)가 쓴 칼 바르트(Karl Barth)의 성경관을 비판한 내용이다. 번역자의 입장에서 그는 이 두 편의 글이 개혁주의 입장에서 볼 때 가장 적절한 성경관의 본질적인 내용을 담고 있다고 여겼고, 본인이 동의하는 바를 한국 신학계와 목회자들에게 소개하고자 번역하였다. 그런 면에서 이 두 글에 옥한흠의 기본적인 성경관이 담겨 있다고 보아도 무방할 것이다.[1]

옥한흠은 워필드의 영감에 관한 교리를 "역대 교회교리"(Church-Doctrine)로 번역하면서, 성경을 하나님께서 말씀하신 바로 그 말씀을 의미한다는 관점에서 "신탁(神託)의 책"으로 인식하였다. 이런 사실을 인정하고 믿게 되면, 기독교를 믿는 자들은 자연스럽게 "성경의 모든 말씀을 전적으로 신뢰하는 태도"를 지닐 수밖에 없다. 옥한흠은 이러한 신앙에 근거를 둔 초대 교회 교부들과 종교개혁가들의 성경관에 대한 워필드의 견해를 소개했다. 위대한 교부 어거스틴을 비롯한 종교개혁가 루터와 칼빈도 모두 정경(正經)인 성경에만 최대의 존경과 영광을 돌린다.

워필드는 성경을 기록하는 과정에서 무슨 잘못을 범하지 않았으며, 성경의 전부는 성령에 의해 기록되었으므로 기록상 어떤 오류도 있을 수 없다는 입장에 동의하면서 그 성경의 가르침을 예외 없이 겸손하게 받아들여야 한다는 종교개혁가들의 성경관에 전적으로 동의한다.[2]

성경은 무엇보다도 성령의 영감으로 기록된 하나님의 말씀이기 때문에 그것이 참된 교리로서 모든 세대를 통하여 교회에 천거된 것은 바로 이런 단순한 사실 때문이었다. 영감에 관한 교리를 역대의 교회교리라고 명명했지만, 그것은 교회적 교리이기 전에 성경교리였다. 그리고 그것이 성경교리라는 이유에서만 교회적 교리가 된다는 사실을 상기시키고 있다.[3] 또한 성경의 영감사상은 만전적(plenary) 영감, 혹은 문자적 영감을 성경이 가르치고 있으며, 하나님의 신탁의 말씀은 "인간의 입술과 펜을 통하여 이야기하신" 사실, 즉 "성경은 인간의 방편을 통하여 주어졌다"는 사실을 잊지 말아야 한다.

성경은 단순한 계시의 기록만이 아니라, 그 자체가 계시적이다. 성경은 구원하시는 구원활동의 기록만이 아니라, 그 자체가 이 구원활동의 하나이다.

"그 이유는 성경 자체가 하나님 나라를 완성하고 건설하는 위대한 사역에 있어 한몫의 역할을 담당하고 있기 때문이다."

성경을 하나님의 구속활동의 하나로 인정하게 된 이유는 광의적인 의미로 보아 섭리적이고 은혜로우며, 특히 초자연적인 모든 신적 작용을 포괄한 그 신적 기원 때문이다. 바로 이와 같은 신적인 기원에 의해 성경이 조성되었기에 성경은 구원 얻기에 지혜롭게 하며 하나님의 사람을 온전하게 하기에 유익케 하는 기록인 것이다. 워필드의 『성경론』을 번역한 옥한흠은 이러한 성경영감론에 로마 가톨릭 신학이나 알미니안 신학, 신정통주의 신학, 그리고 자유주의 신학은 절대로 동의할 수 없음을 분명하게 인식했다. 워필드는 "성경의 영감을 역사 안에서 전개된 구속과정의 클라이맥스"로 간주했으며, "그것은 포인트 하나하나마다 하나님의 구속적 섭리의 지시를 받고 있기 때문"이라고 진술하였다.[4]

또한 성경의 유기적 영감론이라는 입장을 통하여, 성령께서 인간들의 수단을 사용하시는 데에 그들을 취급하시되 모든 점에서 영감사건에 합당하도록 준비시킨 하나님의 일반섭리와 보통 은혜에 의하여 고용된 자들로 간주한다. 이러한 사실에 근거하여 "인간이 한 말은 동시에 하나님의 말씀이 될 수 있다"고 인식했으며, 인간 저자들이 하나님의 뜻에 전적으로 복종하는 자들임도 함께 강조했다. 개혁주의 관점에서 본다면, 인간이 하나님의 권고 안에서 활동할 때를 제외하고는 자의적이거나 자유스러울 수 없다. 그런 면에서 하나님의 계획에서 독립된 자유 관념은 헛된 자유가 되는 것이다.

이렇게 워필드의 성경관 속에는 하나님의 구속적 섭리라는 전제를 기반으로 하고 있으며, 이러한 견해를 반대하는 모든 공격과 비판의 기저에는 인간의 자율성에 대한 공통적인 전제가 있음을 명확하게 인식했다. 더 나아가 하나님의 계시를 떠나서 성경을 자신들의 이해력으로 이해될 수 있는 것처럼 주장한다면, 그것은 공허한 것이 되고 말 것이며, "자율적인 자기해석을 가정하는 것은 특별계시의 필연성을 부인하는 것"이라면서 비(非)개혁주의적 성경관의 오류를 지적했다.[5]

워필드나 반틸도 같은 입장에 섰으며, 이러한 견해를 번역 소개하고 있는 옥한흠도 이에 충분히 공감했을 것이다. 이런 면에서 옥한흠의 신학적 입장은 총신 시절부터 철저하게 개혁주의에 그 기초를 공고하게 뿌리내렸으며, 설교할 때에 "성경 본문은 다 하나님의 말씀이고, 살아 계신 하나님의 음성"이라는 확신 속에서 선포하였다.[6] 성경이 하나님의 영감으로 기록되었기에 그는 "일점일획도 거짓이 없는 하나님의 말씀"으로 믿고 그렇게 설교해왔다.[7]

워필드가 그랬듯이 바빙크도 이러한 성경관을 "교회적 교리"로 인정하였고, 개혁주의자들은 성경과 그 영감을 역대 교회가 그들에게 전해 준 그대로 받아들였으며, 후대에 계승해야 할 귀한 신앙의 유산으로 여겼다. 지금도 성경은 "하늘과 땅 사이에서 그리스도와 그의 교회 사이에서 하나님과 그의 자녀 사이에서 매일 접촉한다. 성경은 우리를 과거에다 묶어놓을 뿐만 아니라, 현재와 미래까지 다 결정하시는 하늘에 계신 하나님께 묶어준다"는 사실을 각인시키고 있다.[8]

이러한 개혁주의 신학자들, 특히 워필드, 바빙크, 그리고 반틸의 견해를 통해서 옥한흠은 하나님의 계시인 성경은 유기적이고 그리스도 중심적이며, 또한 구속적이라는 사실을 받아들였다. 그것은 그의 신학형성 뿐만 아니라, 목회 사역, 특히 설교와 제자훈련 목회의 기반이 되었다. 그리고 이러한 사상이 참된 것은 "우리를 위해 역사 안에서 이루신 그리스도의 구원 사역이 성령의 중생의 능력에 의해 오늘날 우리가 그에게 신뢰할 수 있도록 우리 심령에 적용되고 있기 때문이다."[9]

옥한흠은 개혁주의적 성경관에 깊은 관심을 두면서, 평신도들의 귀에 들리고 마음을 열 수 있는 설교를 작성하기 위해 평생 노력해왔다. 옥한흠은 설교 준비를 위해서 많은 주석서와 서적들을 참고했지만, 특히 윌리엄 바클레이(William Barclay)의 주석을 호평하였다. 그 이유를 우리는 옥한흠이 바클레이 주석을 평가하는 데서 읽을 수 있다.

"평신도를 위한 주석가로 우리에게 소개되고 세계적인 호응을 얻고 있는 바클레이가 끼친 공헌은 주경 면에서 가장 필요한 것만을 일반화시켜 평신도들의 영적 구미를 돋워주었다는 점일 것이다."[10]

옥한흠은 평신도들을 위해 자신의 성경관을 이렇게 요약적으로 설명한 바 있다.

> 성경은 살아 계신 하나님의 말씀이다. 성경은 모두 성령의 영감으로 기록된 진리로서 거짓이나 잘못이 하나도 없다. 신구약 66권은 최종적인 계시이며 그 이상의 계시는 존재하지 않는다. 성경은 인간을 구원하고 하나님의 뜻을 따라 거룩한 생활을 하게 하는 규범으로서 온전하며 충족하다. 성경 말씀의 권위는 하나님 자신의 권위로서 독자적이다.[11]

옥한흠은 성경을 거의 매일 지속적으로 연구하고 개인적인 묵상의 시간을 가졌으며, 그러한 습관에서 성경을 해석하고 설교를 준비하였다. 그는 매주 "설교 한 편을 준비하는 데 수십 시간을 진통해야 끝이 나는" 과정을 평생 반복적으로 계속했으며, 하나님의 말씀을 대할 때 마음이 "교만하려야 교만할 밑천이 아무것도 없습니다"라는 자세로 일관하였다.[12] 하나님의 말씀 앞에 자신을 철저히 낮추고, 거룩하고 영광스러운 하나님의 말씀을 제대로 전달하기 위해 자신의 모든 것을 쏟아 부었다.

모든 영혼은 그리스도를 닮아가는 도상에 있든지, 아니면 끔찍한 타락을 향하여 가고 있다고 굳게 믿었던 옥한흠은 성경 말씀을 흡수하여 받아들이는 것이 예수 그리스도의 제자가 영적 자양분을 공급받을 수 있는 원천이라고 생각했다. 이러한 이유 때문에 옥한흠은 성경을 개인적으로 묵상하고 연구하는 습관을 평생 유지하며, 성경을 통해 하나님의 음성을 듣는 것이야말로 그 개인의 영성이 살아 움직이고, 하나님을 더욱 깊이 알아가며, 설교의 귀한 영적 자산이 될 뿐만 아니라, 제자로 성숙되어가는 필수적인 과정이라고 이해했다.

다시 말하면, 옥한흠의 성경읽기와 묵상은 하나님과의 깊은 교제, 개인의 경건성 함양, 설교 준비, 그리고 그리스도의 참 제자가 되는 과정 등을 포괄적으로 통전(通典)하는 특성을 지니고 있었다.

그가 날마다 기도하고 성경을 읽는 것은 단지 목사로서 의무감에서 한 것도 아니었고, 율법주의의 멍에를 할 수 없이 진 것도 아니었다. 그것은 그리스도의 제자로서 왕 되신 그분께 대한 헌신이요 순종이었다. 그가 성경 말씀으로 점점 더 그 마음을 충만케 하고 기도에 깊이 침잠(沈潛)함에 따라, 그의 영혼은 점차 그리스도를 닮은 형상으로 변화되어갔다. 그는 자기 죄와 허물에 매우 민감했고, 하나님 앞과 사람 앞에서 자신의 잘못을 깨닫는 대로 즉각 회개하고 용서를 구하는 자세가 몸에 배었다. 실제로 그는 사람이 그리스도에 의해 그분을 닮은 모습으로 점점 더 많이 변화되어가면 갈수록 그 사람은 자신의 죄 된 성향을 점점 더 크게 깨닫게 된다는 사실을 분명하게 알고 있었다.

성경과의 깊은 만남 속에서 뿜어내는 옥한흠의 설교나 제자훈련을 비롯한 사역의 영향은 그래서 강한 파급효과를 낼 수 있었다. 그가 기도에 전념하고 성경에 깊이 몰입하면 할수록, 하나님께서는 그를 위해 예비하신 일들을 하기에 더욱 적합한 모양으로 그의 영혼을 빚어가셨다.

옥한흠은 매일 성경 말씀을 깊이 묵상하는 가운데 깨달은 진리를 설교로 준비하는, "설교를 위한 성경 해석"에 충실한 설교자였다. 그는 문법적 해석, 역사적 해석, 그리고 신학적 해석적 원리에 따라 성경을 성실하게 풀었다. 그에게는 하나님의 말씀만이 설교의 근본 구조였으며, 그 구조 속에서 말씀의 언어를 말씀의 문장 속에서 말씀의 문법에 따라 해석하고 설교하려고 부단히 노력했다. 그는 성경 본문의 말씀 자체의 뜻이 무엇인지 풀어 알리는 설교를 했으며, 본문의 말씀이 말하지 않은 것은 스스로 은유적으로 해석하여 선포하지 않으려 했다.

그러나 때때로 풍유적 해석을 하기도 했지만, 거의 하지 않았고, 주로 "개혁주의 성경 해석의 원리를 설교로 실천했다."[13] 그는 먼저 개혁주의 성경 해석의 원리에 따라 성경을 해석한 다음, 성경의 지평과 현실의 지평을 설교의 다리로 연결했다. 특히 본문의 역사적인 배경을 밝힘으로써 청중으로 하여금 본문 당시의 역사적 지평을 수용할 수 있도록 시야를 넓혀주었다. 옥한흠은 "본문 속에서 핵심적인 개념을 포착하면 그는 그 개념의 밑바닥까지 파고 내려가서 회중으로 하여금 본문의 외부에서 구경하는 것이 아니라 본문 내부인의 시각을 가지고 본문을 이해하도록 노력했다."[14]

그런데 설교의 다리를 통해 성경과 현실의 지평을 융합하는 것은 곧 성령의 역사하심이었다. 그렇기 때문에 옥한흠은 복음서에 기록되어 있는 예수 그리스도의 이적 기사들이 21세기에 사는 우리의 현실에 적용되는 원리와 의미는 성령께서 말씀에 역사하심으로써 그러한 신비를 깨닫게 된다고 역설했다.

> 성경 말씀의 신비와 능력은, 과거에 한 번 있었던 예수님의 기적 기사를 믿음으로 읽고 받아들이고 묵상할 때마다 성령님이 오늘을 사는 우리에게 주님의 음성을 듣게 하시는 것입니다. 하나님은 우리에게 은혜를 주십니다. 이것이 성경이 갖는 신비입니다. 다시 말하면, 성령님이 2천 년 전 갈릴리 바다 현장으로 우리를 인도하시고 제자들이 처했던 자리에 우리를 있게 하심으로, 우리가 제자들과 동일시해서 우리 자신을 보게 만드십니다. 그래서 우리가 베드로가 되고 요한이 되고 야고

보가 되는 것입니다. 우리 자신이 제자들처럼 바로 지금 힘들게 노를 저으면서 풍랑과 싸우고 있는 것입니다.[15]

옥한흠의 성경해석학적 원리는 그리스도 중심적이며 종말론적인 특성을 지니고 있음을 인식해야 한다. 그는 자신의 성경 해석의 기본적인 원리에 대해 이렇게 고백했다.

> 모든 진리는 예수 그리스도에 집중되고 또한 그분의 빛에 비추어서 모든 진리는 해석되어야 한다. 구약도 신약도 이미 계시의 완성 자이신 예수 그리스도의 빛에 비추어서 해석되지 않으면 전부 다 잘못 해석되는 개념과 진리라고 보아야 한다. 예수 그리스도가 이 세상에 오심으로 이제는 하나님 나라가 시작되었고, 이 세상은 말세에 돌입하였다. 그러므로 모든 것은 하나님 나라와 종말론적인 입장에서 하나하나를 해석하지 아니하면 잘못되어 버린다.[16]

이렇게 그는 자신의 성경 해석 원리를 언급만 한 것이 아니라, 실제적으로도 예수 그리스도를 중심으로 성경을 해석하고 선포했다. 지금이 은혜의 시대이기 때문에 구약성경은 큰 의미가 없다고 생각하고 신약성경만 열심히 읽는 성도들을 지적하면서 "이런 식의 태도는 하나님의 말씀을 대할 때 예수님처럼 하지 않은 것"이라고 비판했다. 그리고 "만약 우리에게도 이런 태도가 있으면 고쳐야 합니다"라고 외쳤다.[17] 그는 설교를 통해서 어거스틴의 다음과 같은 유명한 말을 여러 번 인용하면서 그리스도 중심적으로 구약과 신약성경을 이해해야 한다고 성도들을 일깨웠다.

"신약성경은 구약성경 속에 감추어져 있고, 구약성경은 신약성경 속에 드러난다."

예수님은 구약성경에 있는 율법과 선지자의 예언을 완전케 하기 위해서 오셨으며, 예수님의 오심으로 율법이 완성되었고, 우리는 자유라는 큰 복을 누리게 되었다.[18]

제6장

설교의 신학적 기반

옥한흠의 신학적 특성에 대한 본격적인 언급은 박용규가 그의 저서 『한국 교회를 깨우는 복음주의 운동』에서 "복음주의"라고 명명한 데서 비롯된다.[1] 또한 박명수의 "옥한흠 목사와 한국 교회의 새로운 복음주의 운동"이라는 논문에서도 옥한흠의 신학적 입장을 "열린 복음주의"로 주장하고 있다. 이러한 근거들로서 박명수는 현대 복음주의의 네 가지 특징들인 회심주의(conversionism), 십자가 중심주의(crucicentrism), 행동주의(activism), 그리고 성서주의(biblicism)를 제시하면서, 옥한흠의 생애와 설교에서 이러한 특성들을 발견하기는 어렵지 않다고 언급한다.

또한 옥한흠은 장로교 합동 측에 소속되어 있지만, 교단이 표방하는 개혁신학의 범주 아래 머물러 있지 않다고 주장하면서, 개혁교회의 교회론이 사도적인 교회를 지향하지 못할 뿐만 아니라, 신자를 위한 공동체에 안주한다고 비판한다. "선교를 위한 구조로 교회구조"를 갱신해야 한다는 옥한흠의 견해를 고려해 볼 때, 박명수의 평가는 힘을 얻는다.[2]

물론 이러한 주장에 근거가 전혀 없는 것은 아니지만, 복음주의와 개혁신학의 입장을 대립적으로 보기보다는 공통되는 특성들을 감안하여 이해할 필요가 있으며, 역사적 개혁신학에 대한 적절한 인식이 필요하다. 그뿐만 아니라, 옥한흠은 신학생 시절부터 개혁신학에 대한 자의식이 분명했고, 그러한 신학적 입장이 그의 설교와 제자훈련을 비롯한 목회 전반에 영향을 미쳐왔기에 더욱 그러하다. 이런 이유로 옥한흠의 전반적인 신학적 입장을 복음주의로 명명하는 것은 광의적 의미에서는 적합할 수 있어도, 그의 설교나 신학적 정체성을 직시해 볼 때 재고의 여지가 많은 평가다. 더군다나 소위 "복음주의 4인방"의 일원이었고, 여러 복음주의 단체들과 연계해서 사역했다는 이유로 그의 사상과 사역을 복음주의로만 특징화하는 것은 적절하지 못한 언급이다.

서중석이 밝히고 있듯이, 옥한흠은 종교개혁적 전통을 계승하고 있는 정통주의 및 경건주의의 교리적 입장에 철저하게 서 있는 인물이다. 굳이 복음주의와 연계하여 그의 신학적 입장을 범주화하자면, 개혁신학에 근거한 복음주의에 속한다고 말할 수 있다. 그는 성경을 하나님의 영감으로 기록된 하나님의 말씀으로 받아들이고, 말씀으로서의 성경이 지닌 궁극적 권위를 분명하게 인정하며, 그리스도 중심적인 성경 해석에 역점을 둔다.

> 성경을 하나님의 말씀으로, 성경의 중심을 그리스도로 그리고 성경을 푸는 열쇠를 성령의 역사하심으로 인정하는 것은 정통기독교의 일관된 입장일 뿐만 아니라, 능력 있는 설교를 위한 최소한의 요구 조건이다.[3]

이러한 신학적 입장을 분명하게 유지한 옥한흠의 "진정한 강점은 그의 열린 사고"에 있다고 보아야 할 것이다. "하나님 중심적 사고를 든든한 울타리로 정한 뒤 그 안에서 새로운 시각의 해석을 시도"하는 특징이

그의 설교 전반에 나타난다.[4]

이러한 신학적 특성과 기반은 옥한흠으로 하여금 "성경강해설교"를 선호하면서 "철저히 성경 중심적이면서도 한 가지 주제에 집중"하게 하였다. 그의 설교는 보통 40분 정도 소요되는데, 도입부(3-5분)에서 설교의 주제에 관한 설명이나 주제에 접근하기 위한 서론적 작업을 한 뒤에 성경 본문에 관한 관찰과 소개(20-25분) 그리고 회중들에 대한 복음의 구체적인 적용(10-15분) 등으로 이루어졌다. 그는 본문의 단어들을 그 문맥에 맞춰 연구하고 핵심적인 개념을 집중적으로 주석함으로 본문에 대한 불확실성을 철저히 제거한다. 그런 후에 본문의 역사적 배경을 밝힘으로써 청중들로 하여금 본문 당시의 역사적 지평을 수용할 정도로 넓은 시야를 갖도록 해 준다.

옥한흠은 1972년 「신학지남」에 기고한 한 서평에서도 다음과 같이 자신의 견해를 피력한 바 있다.

"기독교가 칼빈주의 입장에서 세속 문화를 긍정하고 있는 이상 문화 전반에 대한 진단과 수술을 과감히 시도하는 것은 그 사명의 하나라고 보아야 할 것이다."[5]

또한 그의 모든 사역의 기저(基底)에는 "말씀을 바탕으로 청중의 인격을 바꾸고 인격을 변화시켜 그들로 하여금 보다 영적으로 육적으로 하나님께서 그들에게 원하시는 모든 선한 일을 할 수 있는 성숙한 사람으로 준비되도록 도와주는 것"에 역점을 두었다.[6]

칼빈이나 그의 신학적 후예들인 청교도들에게서 나타나는 문화변혁적인 자세가 옥한흠의 설교 속에서도 발견되는 것이다. 그는 그리스도인들이 사회 속에서 역동적으로 살아가야 함을 강조하면서, 영적 각성과 사회개혁을 수반하는 메시지를 선포했다. 옥한흠의 설교의 기반에는 확고한 개혁주의적 사상이 자리 잡고 있으며, 그런 면에서 그를 "고백적

복음주의자"라고도 부를 수 있으며, "실천적 개혁주의자"라는 명칭도 상통할 수 있을 것이다. 그의 사상과 사역 속에는 이러한 신학적 기반이 든든하게 자리 잡고 있다. 그런 면에서 옥한흠은 "목회자이면서도 분명히 신학자"였으며, 한국 교회의 대표적인 "신학적 목회자"들에 속한다고 볼 수 있다.[7]

최근 알리스터 맥그래스(Alister E. McGrath)가 주장했듯이, 현대 복음주의의 발흥에는 개혁신학이 신학적 기반을 공고히 하고, 신학적 신뢰성을 제공했기에 가능했다고 주장한 것에 근거해 볼 때, 양 신학을 대립적인 관계로 보기보다는 공유되는 부분과 차별되는 부분을 함께 보아야 할 것이다.[8] 그런 면에서 옥한흠의 신학적 입장은 "개혁신학에 근거하면서, 복음주의 운동에 적극적으로 참여한 목회자"였다고 말할 수 있다. 옥한흠이야말로 "선교단체의 전유물로 여겨지던 제자훈련을 개혁주의 교회론의 큰 틀에서 창의적으로 재해석하여 교회에 적용하고, 성공적으로 정착, 폭발적으로 활성화시킨 교회 제자훈련사 30년의 산증인"이라는 주장은 그래서 더 설득력이 있다.[9]

옥한흠은 교회가 하나님의 나라를 이루어가기 위한 비전에 그 지향점을 두어야 하고, 성도는 교회뿐만 아니라 이 세상을 변화시키는 비전을 품고 나아가도록 격려하고 도전해야 할 책임이 있음을 누구보다도 확실하게 제시하였다. 그는 하나님의 일과 세상의 일을 구분하는 일은 이원론적이요, 성경적인 사고의 결과가 아님을 강조하면서, 성도들이 이 세상의 모든 분야에 뛰어들어 사회 각 분야에서 활동해야만 이 사회가 변혁될 수 있음을 역설한다.[10] 이러한 옥한흠의 지적은 현재 한국 교회가 사회와 유리된 채 따가운 시선과 비판에 대한 예언자적 대안이라 할 수 있다. 이상훈은 옥한흠의 설교에 대해 이렇게 평가한다.

신앙 따로 장사 따로, 믿음 따로 정치 따로 식의 좁은 신앙의 그리스도인을 양산하는 오늘의 강단과 그를 부추기는 신학은 설 자리가 없다는 점을 강조한다. 이 같은 옥 목사의 인식은 칼빈과 그 추종자들이 '하나님께만 영광'(Soli Deo Gloria)의 기치 아래 특유의 개혁교회 신학을 형성했던 전통의 연장선상에 자리하고 있다는 관찰을 가능하게 한다.[11]

밖으로 드러나고 공개적으로 밝혀진 사실을 토대로, 그 기저에 무엇이 옥한흠으로 하여금 교회갱신을 위한 제자훈련의 길을 가게 했는지를 천착해 보면, 그의 설교 속에 자리 잡고 있는 개혁신앙의 두터운 뿌리에서 솟아남을 발견할 수 있다.

결국 그의 제자훈련이나 평신도 중심의 목회를 가능케 했던 내용적 원리는, 그가 강하게 밝히지는 않았지만 면면히 흐르는 개혁주의적 유산임을 부인할 수 없다. 옥한흠은 "한국기독교목회자협의회"(한목협) 모임에서 행한 설교에서 자신의 신학적 입장을 "칼빈주의자"로 확실하게 밝힌 바가 있으나, 그렇다고 해서 근본주의적이고 배타적인 자세로 다른 신학적 입장을 대한 것은 아니었다.[12] 이러한 신학적인 기반에서 그의 설교는 작성되고, 성도들의 귀에 들리는 설교로 선포되었음을 분명히 인지해야 한다.

옥한흠은 개혁주의 신학전통을 존중하면서도 그것의 취약한 부분을 성경을 통해 보완해 나갈 줄 아는 신학적 설교자였다. 그는 "누구보다 철저히 개혁주의 노선에서 자라왔고 교육을 받았고 그 위에 목회를 해 온 분"이지만, 개혁주의 노선 안에만 안주하지 않았다. 오히려 개혁주의 정신으로 성경에 좀 더 근접하고자 씨름하였다. 그 결과 개혁주의 전통이 갖고 있는 취약점을 더욱 설득력 있는 성경적 논리로 보완하였던 것이다. 그뿐만 아니라, 온전한 기독교 신앙을 선포하는 동시에 기독교 신앙을 오해하는 자들에게 명료하게 설득하는 "변증적 설교"(apologetic preaching)를 통해 교회의 본질을 강화시키고자 부단히 노력하였다. 본질상 변증적 설교는 목회자가 "교회를 위한 신학자의 망토"를 입어야만 가능한 것이 사실이다.[13]

그는 신학적으로 질문하고 목회적으로 대안을 제시한, 교회를 위한 목회자요 설교자였다. 그런 면에서 옥한흠은 제자훈련과 변증적 설교를 융화시켜 나가면서, "신학적 목회자"로서의 면모도 강하게 부각되었던 설교자였다. 그는 성령의 역사하심에도 관심이 많았으며, 복음에 충실하면서도 그 복음을 교회뿐만 아니라 사회적 지평으로까지 확대되어야 함을 강조하는 가운데 "교회는 항상 개혁되어져야 한다"는 개혁교회의 정신을 가장 잘 구현한 한국의 목회자 중의 한 사람이라고 할 수 있다.[14]

조직신학자 이승구도 옥한흠의 설교야말로 "성경과 기독교의 기본적 교리를 잘 드러내는 설교"이며, 특히 성경을 정확무오한 하나님의 말씀으로 강조하는 점에서 "성경적 복음주의에 충실한 입장"이 뚜렷하다고 평가한 바 있다. 특히 요한복음과 로마서 강해설교들을 분석해 보면, 옥한흠의 신학적 기반과 특성은 "단순한 복음주의가 아닌 참으로 구원론적으로 개혁파적인 복음주의를 주장하고 있음을 잘 알 수 있다."[15]

그는 고통에 대한 설교를 하면서, 우리는 "피조물이기 때문에 모든 생각을 하나님의 뜻에 일치시키는 예속적인 사고를 해야 합니다"라고 주장하며, "그리스도인은 예수님을 모르는 사람보다 많은 생각을 해야 합니다. 생각을 하되 건전한 믿음의 생각을 해야 하고, 그 모든 생각을 은혜의 기도의 방으로 가지고 가야 합니다"라고 전한다. 옥한흠의 계시의 존사색이 분명하게 드러나는 대목이다.[16]

설교에 생명을 걸고 준비하고 외쳤던 옥한흠은 남의 설교를 칭찬하는 일이 매우 드물었다. 10여 년을 국제비서로 옥한흠을 보필하고 통역하는 일을 했던 고성삼에 의하면, 옥한흠이 다른 목회자의 설교를 칭찬하는 것을 딱 한 번 들었다고 한다. 그 설교는 1996년 사랑의교회를 방문했던 웨스트민스터신학교의 역사신학 교수이자 총장이었던 사무엘 로간(Samuel T. Logan Jr.)[17]이 히브리서 11장을 본문으로 한 "믿음의 초점"(The Focus of Faith)이라는 메시지였다. 로간은 과연 믿음이란 무엇인지를 설명하면서, 초반에 나오는 믿음의 영웅들의 믿음은 주로 가시적인 승리를 얻었을 때를 언급하고 있는 데 비해, 후반에 나오는 믿음의 내용은 어려운 가운데서도 믿는 것, 그리고 믿음의 초점은 가시적인 결과물이 아니고 예수 그리스도이심을 선포하고 있다고 전하였다.

이 설교 후에 옥한흠은 모든 교인이 이 설교 테이프를 다 구입해 들으면서 무슨 내용인지를 이해해야 한다고 강조하고 이 설교야말로 명설교라고 극찬을 아끼지 않았다. 릭 워렌(Rick Warren)의 설교도 통역했지만 그 설교에 대한 칭찬은 없었다고 한다. 이러한 그의 반응을 통해서도, 옥한흠의 신학적 배경은 철저히 그리스도 중심적이고 개혁주의 신학에서 주창하는 하나님의 주권을 강조하는 신학적 특성이 배어 있음을 확인할 수 있다. 그런 면에서 옥한흠은 "개방형 칼빈주의자"이며 "신학적 배경이 강한 목회자"라는 인상을 강하게 느꼈다고 고성삼은 언급했다.[18]

이러한 신학적 기반을 염두에 두고 옥한흠의 설교를 분석해 보면, 그는 철저하게 성경 본문에 바탕을 두면서도 "주어진 본문의 신학적인 맥락까지 깊게 파고든다." 그러면서도, "충실하게 본문에 착념하고, 자신과 청중을 거기에 붙들어 맨다. 그리고 설교의 마지막 부분에서는, 회중을 포위하고 사로잡아서, 본문 속에서 말씀하시는 하나님의 음성에 변명이나 망설임 없이 굴복하게 만든다."[19]

옥한흠의 설교 속에는 성경(Bible), 교리(doctrine), 그리고 적용(application)이라는 세 가지 요소들이 균형 있는 조화를 이루면서, 성경의 계시와 설교를 청중들의 현실을 효과적으로 연결시키는 특성이 매우 탁월하다. 그는 "본문 말씀을 성도의 구체적인 생활에 적용시켜줌으로써, 성경 본문의 지평과 청중의 지평을 융합하려고 노력하는 것"에도 매우 뛰어나며, 이러한 작업을 위해 설교자는 말씀의 권위를 청중들의 삶 속으로 내려가는 성육신의 과정을 거쳐야 한다고 주장한다.[20]

한국 교회의 수많은 설교자들 가운데 옥한흠만큼 하나님의 말씀의 권위가 회복되어야 함을 강조하는 이는 찾아보기 힘들 것이다. 그의 설교는 무엇보다도 성경의 궁극적 권위에 근거하고 있다. 또한 그의 설교에서, 해설과 더불어 처음 시작되는 성경 본문은 이해와 모든 궁극적 진리의 원천으로서 성경의 우선성을 확증해 준다. 이러한 성경의 권위에 근거한 옥한흠의 설교기반은 무엇보다도 종교개혁 신학에 기인하고 있다고 볼 수 있다.

옥한흠의 설교에서는 성경의 절대적 권위를 인정하고, 성경은 성경으로부터 해석되어야 한다는 입장을 견지하면서, 성경의 중심을 그리스도로 보는 그리스도 중심적 성경 해석, 성경 해석에서의 성령의 활동, 그리고 신앙의 경험과 실천을 강조하는 경건주의적 요소들도 자주 발견된다. 옥한흠은 자신의 병과 신음하는 중에 욥기를 중심으로 고통에 대한 설교를 하면서, 성경학자들 간의 많은 논의에도 불구하고 철저하게 욥이라는 인물의 역사성을 성경 자체의 증거를 제시하며 전한다. 그는 욥이 실제로 생존했던 사람임을 에스겔 14장 14절을 인용하며 강조한다.

> 비록 노아, 다니엘, 욥 이 세 사람이 거기 있을지라도 그들은 자기의 의로 자기의 생명만 건지리라 나 주 여호와의 말이니라(겔 14:14).

옥한흠은 노아와 다니엘이 역사상 실존인물인 것을 의심치 않는다면, 성경의 언급처럼 욥의 실존도 사실로 믿어야 한다고 역설하였다.[21]

성경의 궁극적 권위를 강조하는 옥한흠은 무엇보다도 강해설교를 선호하였다. 그는 강해설교를 주일 낮 강단에서 과감하게 선포할 만큼 성경의 진리를 전하고자 하는 종교개혁가들의 설교전통을 준수했으며, 강해설교를 가급적 더 많은 청중이 듣도록 배려하였다.[22] 그는 설교를 철저히 주석적으로 준비하고 선포하면서, 설교 내의 주요한 주제들을 지지하는 근거들을 대부분 다른 성경 구절들을 인용하고 대비하면서 전개해 나간다. 이렇게 강해설교를 위해 주석 작업을 해 나가면서, 옥한흠은 원어 연구를 병행한다. 이런 면에서 그가 "그리스어를 적극적으로 고려하여 자신의 주석 작업의 필수 단계에 놓은 것은 한국 교회 강단의 현황을 살펴볼 때 크게 찬사받을 만한 것이다"는 평가는 결코 과장된 언급이 아니다.[23]

옥한흠의 설교 주제는 성경적인 근거를 분명히 갖고 있으며, 그 본문의 내용을 전개하며 설득해 나가는 과정에서 교리적인 설명과 적절한 예화를 사용하지만, 필수적인 논거는 대부분 다른 성경 구절에서 찾는 노력을 게을리하지 않는다. 다시 말하면 성경, 교리, 그리고 적용으로 구분될 수 있는 구성적 요소가 그의 설교 속에 반복적으로 재연되고 있다. 때로는 성경 본문 해석에 대한 다양한 학설들을 소개하면서, 자연스럽게 청중들도 그 논의에 참여할 수 있도록 그들의 눈높이에서 적절하게 제시한다.

이러한 현상은 강해설교에서 많이 등장하는데, 이러한 옥한흠의 시도가 한국 교회 설교에서 "여러 경쟁하는 이론의 소개와 논쟁의 도입"이라는 새로운 차원을 열었음이 확실하다. 자칫 "강의"로 전락할 수 있는 위험성에도 불구하고 그가 이러한 점을 활용하는 것은 "설교가 사람을 변화시켜야 하고, 이 변화는 단지 감정적인 측면이나 영적인 부분뿐만이 아니라, 지적인 영역에서도 일어나야 한다는 확신" 때문이라고 할 수 있다.

서중석의 다음의 언급은 타당한 주장이 아닐 수 없다.

> 곧 복음을 받아들이는 일은 지적인 동의와 복음 앞에서의 지성의 승복 및 변화를 의미한다는 확신에 근거한 옥한흠의 설교 철학이 반영되어 있다. 고학력 사회를 맞이한 한국 교회가 옥한흠의 선구자적 작업을 깊이 음미할 필요가 여기에 있다.[24]

제7장

설교 자세

1. 바로 하는 설교자

옥한흠에게 설교는 "현대의 청중으로 하여금 성경의 계시를 통해서 하나님의 음성을 듣게 하는 것"이다. 설교자는 하나님의 음성을 청중에게 전하는 도구였으며, 그는 설교자야말로 "하나님의 손에 들려진 조그만 나팔"이라고 여겼다.[1] 그는 설교자로서 평생 성경의 계시와 오늘의 현실과 성도의 삶을 연결하기 위해 부단히 고민하고 노력해왔다. 설교는 하나님의 말씀을 근거로 하여 하나님의 음성을 듣기 위한 설교자의 해산의 수고이며 거기서 비롯된 생명력이 넘치는 준비된 말씀이라는 소신을 갖고 목회 사역에 성실하게 임했다.[2]

설교는 불변의 진리를 가변적인 인격을 가진 설교자가 전달하는 것이라고 보았기 때문에, 옥한흠은 설교자가 하나님의 말씀을 더 잘 받아낼 수 있도록 주야로 말씀을 묵상하며 말씀대로 살기 위해 몸부림치는 작업이 선행되어야 한다는 것을 몸소 실천했다.

옥한흠은 자주 "우리는 지체 없이 설교를 잘하겠다는 인간적인 욕심보다는 바로 하겠다는 소명자적인 양심을 회복해야 한다"고 강조하곤 했다.³ 불완전하고 가변적인 인격이 완전한 말씀을 전한다는 것은 고통이며 짐이기 때문에 설교자는 부단히 노력을 기울여야 한다는 자세를 견지하였다. 그래서 옥한흠은 성도들에게 한 번 전한 설교를 재탕하거나, 다른 설교자가 선포한 말씀을 표절한다거나, 청중들과 동떨어진 예화나 내용을 다루지 않았다. 그의 설교는 늘 새롭고 신선했으며, 후배들에게 "식은 밥은 절대로 내놓지 않는다"라는 말을 종종 했다.⁴

그리고 자신이 이미 했던 설교를 재탕하는 날이 온다면, 그날은 바로 자신의 은퇴 날이 될 것이라는 말도 자주했다. 그만큼 설교에 대한 자세가 매우 비장했고, 그러한 설교 철학을 평생 유지하려고 노력해왔다. 그래서 그는 설교 준비에 절대적으로 시간을 투자했으며, 그의 삶 자체가 설교를 중심으로 전개되었다고 보아도 무방할 것이다. 설교에 대한 자신의 자세가 흐트러지는 순간이 목회의 위기의 시작이라고 인식했기에 그의 모든 목회는 설교 준비와 맞물려 있었으며, 모든 날이 설교 준비의 날이라고 해도 과언이 아닐 것이다. 아무리 바쁘더라도 설교 준비만큼은 설교자 스스로가 철저하게 하지 않으면, 목회자뿐만 아니라 교회의 영적 위기가 도래할 수밖에 없음을 누누이 강조했다. 특히 결코 적지 않은 목회자들이 쉽게 빠져드는 설교 표절에 대해서도 개탄하였다.⁵

설교에 대한 이런 태도는 옥한흠의 목회 초반부터 일관되게 강조되고 지속적으로 시행해 온 자세였다. 1980년대 중반 그의 외삼촌 이기진 목사가 경남 진영읍교회를 떠나 서울의 영천교회로 부임했을 때, 그는 설교 준비를 따로 하지 않고 예전에 했던 설교를 반복하곤 했다. 전에 목회했던 교회에서 설교를 했었는지 현재 목회하고 있는 교회 성도들이 알 리도 없었고, 게다가 표절도 아닌 자기 설교를 재탕하는 게 크게 문제될 일도 아니었다. 하지만 조카인 옥한흠은 외삼촌에게 그러면 안 된다고 언급했다. 옥성호는 이렇게 당시를 회상했다.

> 아버지는 몇 번이고 그러면 안 된다고 말했지만 고집에서는 그 누구에게도 지지 않는 할아버지가 조카의 말을 들을 리 없었다. 그러던 중 할아버지 서재에서 불이 났고 진영읍교회에서 했던 그 소중한 설교 원고 전부가 다 타버렸다. 아버지는 이 소식을 듣고 하나님께서 할아버지에게 경고를 보내심과 동시에 은혜를 베푸신 것이라고 말했다.[6]

옥한흠은 교회의 위기와 영적 침체의 배후에는 설교의 문제, 즉 설교자의 문제가 자리 잡고 있다고 진단하였다.

"오늘날 영계가 이렇게 혼란한 이유는 어디에 있는 것일까?

이른바 고급설교를 즐기는 청중의 수가 그렇게 많은데 왜 그들의 삶에는 짠맛이 나지 않을까?

화려한 교회, 화려한 설교자들이 한둘이 아닌데 이 잠든 세대를 깨울 수 있는 천상의 우레 소리는 왜 들리지 않는 것일까?"[7]

이러한 질문은 한국 교회 설교자들의 본질적인 문제의 핵심을 예리하게 지적하고 그것을 해결하지 않으면 소망이 없음을 강조하였다.

"이 모든 의문에 대한 대답을 우리가 설교에서 찾아야 한다면 너무 지나친 말일까?"

이렇게 스스로 자문하면서, 우리 주변에서 생기는 영적 신학적 혼란을 보면 거의가 설교를 바로하지 않는 데서 생긴 것이라고 판단했다. 즉, 설교의 형식이나 방법에서 오는 것이 아니라 내용에서 오는 피해라고 하면서 설교자로서 우리가 자성해야 할 문제가 많은 것이 사실이라고 지적하였다. 설교는 잘하는 것이 아니라 바로 해야 한다는 말은 설교자가 청중을 의식하지 말고 하나님을 의식하라는 의미다.

존 크리소스톰(John Chrysostom)도 설교자들에게 다음과 같은 중요한 설교학적인 지침을 제공했다.

> 설교의 가장 중요한 과제는 하나님의 말씀을 전달하는 것으로, 설교자는 인간적인 찬사나 칭찬에 대해서는 무관심한 대신에 하나님께서 인정해 주기를 기대해야 한다. 성직자들은 다른 설교자들의 자료를 훔쳐서도 안 되고, 도둑질했다는 의혹도 받는 것조차 안 되었다.[8]

그러나 692년의 트룰로 회의에서 이러한 지침을 뒤엎어 버리고, 설교자들에게 자신들의 설교를 구상하거나 작성하지 말고, 그 대신에 크리소스톰과 두 사람의 카파도기안 교부들인 나지안주스의 그레고리(Gregory of Nazianzus)와 바질(Basil)을 모방하라고 지시를 내렸다.[9] 이들의 설교집이 중세에 걸쳐 폭넓게 사용되었고, 결국은 이러한 처사가 설교자의 타락으로 이어졌고, 중세 교회의 변질로 나타난 것은 결코 이상한 일이 아니었다.

옥한흠은 "잘하는 설교보다는 바로 하는 설교"를 지향해야 할 것을 자신에게 적용하면서 한국 교회 설교자들을 깨우기 위해 이렇게 지적했다.

> 주님의 마음에 드는 말씀의 종이 되는 것을 최우선으로 여기는 자는 '잘하는 것'보다 '바로 하는 것'에 마음을 더 많이 쓰게 된다. 설교를 바로 한다는 것은 주님이 전하라고 말씀하시는 메시지만 전하겠다는 종으로서의 충심 어린 태도를 의미하기 때문이다. 이상하게도 설교를 잘하겠다는 의욕이 강하게 발동하는 사람일수록 설교를 바로 하는 문제에 이상이 생기는 것을 자주 볼 수 있다. 누구나 인정하는 바와 같이 청

중이 선호하면 그것은 틀림없이 잘하는 설교다. 그러나 잘하는 설교가 곧바로 하는 설교냐고 묻는다면 대답을 주저할 때가 많다는 것이 사실이다. … 이런 의미에서 우리 모두가 자신의 관심이 '잘하는 것'과 '바로 하는 것' 가운데 어느 것에 더 많이 기울고 있는지 양심적으로 살펴보아야 할 시점에 서 있다고 생각한다. 우리가 설교를 잘하지 못할 때보다 바로하지 못할 때 그 피해가 더 심각함을 이미 기독교 역사가 가장 믿을 만한 증거를 가지고 경고하고 있기 때문이다. 그러므로 우리는 지체 없이 설교를 잘하겠다는 인간적인 욕심보다 바로 하겠다는 소명적인 양심을 회복해야 한다고 생각한다.[10]

이러한 지적 속에서 발견하는 더 놀라운 사실은 설교자들의 설교 속에 성경이 침묵하고 있다는 사실이다. 설교자는 많으나 말씀은 적은 이 현실에서 다음과 같은 주장은 한국 교회 강단의 회복을 위한 획기적인 선언이 아닐 수 없다.

> 성경 자체가 침묵을 깨기 위해서는 설교자가 먼저 말씀 자체 안에서 하나님의 음성을 듣는 기쁨을 가져야 한다. 기쁨이 없는 설교자는 자신이 못 들은 설교를 하는 자다. 말씀을 받는 것은 곧 기쁨을 받는 것이다. 이때에 비로소 설교의 기적을 기대할 수 있다. 설교자와 청중이 다 설교에 기대를 가질 수 있다.[11]

옥한흠의 설교관은 그의 교회론과도 매우 밀접하게 연관되어 있다. 그는 먼저 교회의 기원과 사역을 종말론적인 차원에서 이해하고 있다. 성령의 강림으로 말미암아 오순절에 세워진 이 지상의 교회와 사역에 대해 이렇게 언급했다.

> 말세의 교회는 추수기에 들어 있는 교회이다. 이 말세 교회는 성령이 오순절에 강림하심과 동시에 시작되었다. 말세에 임하신 성령은 구약적인 교회를 완전히 새로운 성격의 교회로 바꾸어놓았다. 구약 교회는 제사가 중심이 되는 교회였다. 그래서 성전이 중요하였고 제단과 제사장과 제물이 중요했다. 그러나 성령이 오셔서 시작된 이 말세의 신약 교회는 제사 중심의 구약 교회에서 복음 선포를 중심으로 하는 선지자적 교회로 바뀌어졌다. 선지자직을 감당하는 교회가 바로 말세에 처한 신약 교회이다. … 교회를 능력 있는 증인으로 준비시키는 일이 말세에 오신 성령의 중요한 일이다. 이 말은 신약 교회는 복음을 전파하는 것이 주 임무라는 말이다.[12]

옥한흠은 사도행전 1장 8절의 의미를 종말론적으로 새로운 시대에 세워진 교회의 성격을 본질적으로 바꾸어놓은 사건이요 계기로 인식할 뿐만 아니라, 성령이 거하는 교회라면 "예수님을 증거하고자 하는 본능적인 충동"을 항상 갖게 될 수밖에 없다고 보았다. 어느 교회든지 성령이 임하시면 "자연적으로 하나님의 증인"이 된다는 것이다. 또한 방언의 의미도 은사적인 차원에서만 이해한 것이 아니라, 사도행전 2장 11절을 근거로 "교회는 하나님의 큰 일을 말하는 집단"이 된 사건으로 인식하였다.[13]

그는 이러한 교회의 시작과 본질을 구속사적이고 종말론적인 면에서 이해할 뿐만 아니라, 교회론과 전도와 선교적 사명, 그리고 제자훈련의 필요성을 연관시켜 목회에 적용했다.

2. 하나님 말씀의 대언자

옥한흠은 목사야말로 교회를 위한 하나님 말씀의 대언자라는 확고한 인식을 갖고 있었다. 그래서 그는 자주 자신을 "질 그릇"에 비유하곤 했다. 하나님의 거룩한 말씀을 대언하기 위해, 그는 한 편의 설교를 위해 산고(産苦)를 치르는 항상 노력하는 설교자였다. 그런 면에서 다양한 설교 정의들 가운데 제임스 패커(James I. Packer)의 견해에 주목해 볼 필요가 있다.

그는 설교가 "하나님이 그의 대언자가 전한 말들을 통하여 성경에 기초하고, 그리스도와 연관된, 그리고 삶에 영향을 미치는, 하나님 자신으로부터의 교훈과 지시의 메시지를 청중에게 전하는 사건"이라고 주장하면서 신학적 정의의 중요성을 강조하고 있다.[14] 한 인간이자 목사로서 하나님의 말씀을 대언한다는 사실이 옥한흠에게는 매우 중요하고도 심각한 과제가 아닐 수 없었다.

옥한흠은 그의 주변 사람들에게 "잘 잤니?"라고 자주 묻곤 했다. 이러한 질문에는 그가 항상 설교를 마음 깊이 품으며 밤새 깊은 잠을 이루지 못하면서 어떻게 하면 성도들이 하나님의 사랑을 잘 이해하고 받아들일 수 있을까 고민하며 기도했던 흔적이 배어 있다.[15] 그는 평생 설교자로서 진지한 고민과 지속적인 기도로 말씀을 준비하고 선포했던 목회자였기에 일상의 모든 삶은 설교를 작성해 나가는 데에 집중되어 있었다. 설교자 옥한흠의 주목할 만한 자세는 그의 진지성이다. 마치 십자가를 지는듯한 무거운 부담감을 감내하면서도 때로는 벗어버리고 싶은 충동도 느꼈겠지만, 그는 묵묵히 설교라는 고난과 생명의 십자가를 짊어지고 한평생을 살아왔다. 하나님의 말씀을 대언하여 죽어가는 영혼들을 살리는 메시지를 전해야 했기 때문이다.

설교를 앞두고 그가 이처럼 중압감을 가졌던 것은, 한갓 사람인 그가 전하는 말씀이 과연 하나님의 바른 말씀인가라는 근본 질문에서 오는 본질적인 고통이었다.

옥한흠은 이 근본적인 문제를 진지하게 고민하고 말씀을 준비하며 선포했던 설교자였다. 설교자로서 끊임없이 자문자답하고 고민하며 그로 인해 고통스러워했기에 그의 설교는 균형 잡힌 모범 설교의 전형이 되었다. 그의 설교 속에서 묻어나는 그만의 독특한 고민, 그리고 말씀과 치열하게 전투하는 진지한 태도가 그의 설교를 설교 되게 하는 가장 근본적이고 중요한 요소가 아닐 수 없다. 또한 옥한흠은 연약하고 부족한 자신을 하나님의 자녀로 삼으실 뿐만 아니라, 목회자로 부르시고 사용하시는 하나님의 은혜에 대한 감격의 눈물이 마르지 않았던 설교자였다. 성도들 앞에서 이런 말을 하기도 했다.

> 강단에 올라가면 눈시울이 뜨거워질 때가 많습니다. 기도를 할 때나 두 손을 들고 성도들과 함께 찬송을 부를 때 마음속에 이런 음성이 자주 들려오기 때문입니다.
> '내가 너를 사랑한다. 그러니까 너같이 더러운 자도 사용하지 않니?'
> 그때마다 저는 감격에 벅차서 솟구치는 눈물을 억제하지 못하곤 합니다.[16]

이런 진지한 고민과 하나님 앞에 선 설교자의 모습을 유지하려고 애썼던 그를 통해 이 시대의 참된 설교자로서의 기품도 느낄 수 있다.

"이 기품이란 본질적으로 그의 신앙적 인격과 투명한 삶에서 나오는 것"이며, "그에게서 배어 나오는 진지함과 장중함은 범접할 수 없는 '하나님의 사신(使臣)'으로 그를 각인시킨다."

설교자로 옥한흠의 이와 같은 진지하고 엄숙한 태도는 최근 강단을 희극화하고 가볍게 만드는 일부 "코미디형 설교자"와는 확연히 구별되는 모습이다. 그리고 자신의 업적이나 인간적 요소들을 부각시키는 일부 대형교회의 목사들과도 판이하게 다른 모습이다. 그는 강단에서 결코 자신을 과장하지 않을 뿐더러, 청중의 귀를 즐겁게 하지도 않는다. 오히려 그는 지나치다 싶을 정도로 청중을 몰아붙이고 성도의 치부를 드러내기를 마다하지 않았다. 이런 접근은 일부 과도하다는 인상을 주기도 하지만, 설교자를 하나님의 말씀 전달자로 자각하고 온전한 삶과 균형 잡힌 인격을 모토로 하는 것이라 할 수 있다.[17]

옥한흠은 설교자로서의 긴장감을 결코 떨쳐버리지 못하고 평생을 살아갔다. 설교자의 특권이 존귀한 것임에는 틀림없는 사실이지만, 설교를 선포할 때마다 그 말씀에서 은혜받지 못하는 설교자의 긴장에 대해 안타깝게 생각한 적이 많았다.

> 저는 이따금씩 설교를 듣는 일반 성도들이 참 부럽습니다. 저는 설교하는 입장에 있는 사람이기 때문에 이 은혜로운 말씀을 전하면서도 긴장할 수밖에 없습니다. 긴장은 감정을 억제시킵니다. 긴장은 말씀을 마음으로 전하기보다 머리로 전달하게 하는 독소를 가지고 있습니다. 설교를 듣는 사람들은 그런 긴장이 없기에 "선한 목자 되신 주님께서 자기 생명보다 나를 더 사랑하셨다"는 말씀 앞에 가슴이 뜨거워지면 눈물을 쏟을 수 있고, 감격에 겨워 마음껏 찬양할 수 있는 자유를 누리지만, 저는 그렇게 하지 못합니다. 말씀을 듣는 청중은 은혜를 받아도 설교자는 은혜를 못 받을 때가 자주 있습니다. 긴장하고 있기 때문에 그렇습니다.[18]

설교자 옥한흠은 목사로서 또 인간으로서도 고독했다. 설교자라는 의무감과 부담감은 하나님의 은혜에 대한 갈급함으로 이어졌고, 그를 필연적으로 고독하게 만들었다. 어떻게 보면 이 고독은 그가 스스로 초래한 측면도 많았는데, 하나님의 은혜를 더 알지 못해 더 큰 하나님의 은혜를 사랑하는 성도들에게 풍성하게 전하고, 말씀을 은혜롭게 선포하지 못하는 자신에게 사람들과 어울려 놀 만한 여유조차 허락지 않는 냉정함이 그의 평생의 삶에 서려 있었다. 이것은 분명 자신에게 가하는 채찍질이었으며, 하지 않아도 될 자기 학대였다고도 할 수 있다.

항상 자신의 부족함과 연약함을 늘 염두에 두고 살았던 아버지를 곁에서 보았던 옥성호는 안타까운 심정을 토로했다.

> '자신은 능력이 뛰어나지 않다'라고 말씀하시던 아버지는 하나님과 단 둘이 대면하는 인간적 고독의 시간을 통해 자신을 채찍질할 수밖에 없었습니다. 그가 자신을 하나님 앞에서 지키기 위해 찾은 답이 어떤 의미로 아버지에게는 '고독'이었는지 모르겠습니다.[19]

이런 목회자의 고독이 사라질 때, 그리고 "날마다 죽는 목회자"의 모습이 사라질 때, 결국은 교회가 커지면서 목회자가 대단한 인물로 부각될 수밖에 없다. 그리고 담임목사에게 여러 가지 요구들을 하게 될 것이고, 목회자를 사방에서 끌어당기다 보면 목회자 본연의 자세에서 떠날 수밖에 없음을 옥한흠은 누구보다도 잘 알고 있었다. 그리고 오늘날 한국 교회의 문제는 결국 하나님 앞에 홀로 서는 고독의 시간이 점점 줄어드는 목회자들 때문이라고 확신했다.

그래서 그는 "교회를 살리는 가장 중요한 대안은 목회자가 날마다 죽는 것"이라고 과감하게 지적하였다. 목회자가 자기를 낮추지 않고 자기

절제에서 멀어지면, 정신없이 자기 과시하는 데에 더 애쓰게 될 수밖에 없다. 그러면 설교의 약화와 변질은 눈에 본 듯 자명한 현실로 다가오는 것이다. 그는 이렇게 목회자의 약점을 드러냈다.

> 양 떼를 돌보고 그리스도의 제자로 세우고 설교 준비를 하는 데 집중해야 하는데, 생명을 짜는 설교 준비가 아닌 설교를 위한 설교 준비를 하게 됩니다. 그러면 사람은 없어지고 건물만 남는 교회가 됩니다. 교회가 병들지 않기 위해서는 목회자가 날마다 죽어야 합니다. 설교 준비에 죽어야 하고, 밖으로부터의 유혹, 권력으로부터의 유혹, 인기에 대한 유혹을 철저히 끊고 자기가 죽을 때, 교인들의 숫자가 많아져도 그것을 커버할 수 있는 만큼의 큰 품이 생기게 됩니다.[20]

어린 시절부터 하나님의 은혜를 체험하는 가운데 숱한 육체의 질병과 고난을 헤쳐 왔던 옥한흠은 목사로서의 고독한 삶에 이력이 난 생을 살아왔다. 그래서 주위에서 그를 본 가족과 친지들, 그리고 사랑하는 교우들의 눈에 비친 목회자 옥한흠은 동굴 속의 고독한 "수도사"(monk)로서의 면모도 보였다. 옥성호는 그러한 삶을 살았던 아버지에 대해 품었던 안타까운 소회를 이렇게 표현했다.

> 나는 개인적으로 아버지가 좀 더 사람들과 어울리고 인생의 다양한 재미들을 즐기며 살기를 원했습니다. 그러나 하나님께서는 아버지에게 육체의 병이라는 가시를 통해 더욱 사람이 아닌 하나님만을 향하게 하셨습니다. 아버지의 고독과 병을 보며 나는 약함 가운데 능력이 되는 예수님을 생각합니다. 아버지의 질병이 그의 설교를 듣는 누군가에게 치료의 원인이 되었고 그의 고독이 누군가에게 예수님과 동행하는 기

쁨의 원천이 되었음을 잘 알기에 우리는 하나님을 찬양합니다.[21]

3. 영혼의 깊은 곳을 건드리는 설교자

생전의 옥한흠의 설교를 가장 많이 들은 사람 중 한 사람인 강명옥은 그의 설교를 한마디로 "영혼의 깊은 곳을 건드리는 설교"라고 언급했다. 강명옥은 옥한흠의 설교 스타일을 이렇게 분석했다.

> 인간의 내면을 건드리는 설교입니다. 설교를 통해 근본적인 죄의 문제를 지적하면서 영혼의 깊은 부분을 건드립니다. '당신은 죄인'이라고 말할 때 좋아할 사람이 없겠지만 사람의 비위를 맞추지 않고, 하나님의 사자로서 분명하게 지적합니다. 가슴속 깊은 곳의 문제점을 끄집어내서 메시지로 깨끗이 씻어주고 싸매주고 치료해 주는 설교를 하지요. 설교를 통해 통회하고 결단할 수 있도록 하십니다.

그리고 옥한흠의 설교 준비에 대해 이렇게 전했다.

> 다른 일로도 몹시 분주했지만 설교 준비를 정말 힘들게 하시는 걸 많이 봤습니다. 피와 살과 뼈를 깎는다는 표현이 적당할 정도로 설교 준비에 최선을 다하십니다. 20년 가까이 사랑의교회에 몸담고 있지만 한 번도 똑같은 설교를 들어본 일이 없습니다. 끊임없이 연구하기 때문이죠. 그리고 다양한 책을 섭렵하고 미국에서 나온 지 얼마 안 된 책을 원서로 읽을 정도로 독서광입니다.[22]

강명옥은 옥한흠 목사가 설교할 때 훈련과 성경 공부, 기도생활을 강조하지만 헌금은 강조하지 않는다고 일러준다.

> 훈련받은 성도는 저절로 십일조를 한다는 생각 때문이지요. 그래서인지 우리 교회 십일조 비율이 상당히 높습니다. 질병 치유는 특별히 강조하지 않습니다. 설교를 통해 정서적인 안정을 찾으면서 육체적인 질병에서 해방되는 경우를 많이 봤습니다.

또한 그는 옥한흠은 큰 교회를 만들겠다는 야망보다는, 한 사람을 위해 생명을 거는 일에 관심이 많은 목회자라고 말했다.

> 미국 유학 중에 제자훈련 세미나에 참가했을 때 강사인 빌 행크스 씨가 한국으로 돌아가 개척교회를 하겠다는 옥 목사님에게 "한 사람을 위해 생명을 거시오"라고 말했답니다. 그 말이 가슴에 깊이 각인되었다는 말씀을 자주 하시죠.[23]

사랑의교회 개척 시절부터 옥한흠의 설교는 청중들의 영혼을 울리는 영적인 자명종의 역할을 해왔고, 예수 그리스도께로 인도해 주는 길라잡이 기능을 해왔다. 아내에게 끌려온 남자 성도들은 어쩌다 들어본 옥한흠의 설교에 매료되어갔고, 마침내 "옥한흠 설교중독증 환자"가 되어 참석한 주일설교뿐만 아니라 예전의 설교 테이프들도 들으면서 말씀의 은혜에 침잠되어갔다. 그래서 차를 운전하면서 설교를 듣는 가운데 도로가 막혀도 설교를 통해 누리는 기쁨과 감격 때문에 전혀 지루하지 않고, 오히려 "자동차가 움직이는 교회"가 되는 경우도 많았다.[24] 옥한흠은 종종 후배 목회자들에게 이렇게 말했다.

> 준비 없이 설교하지 말라. 설교 준비가 되어 있지 않으면 강단에 서지 말라. 준비 없이 설교해도 설교가 되고, 듣는 성도들의 반응이 그런대로 괜찮다 보면 목사는 설교에 생명을 거는 자세가 약화되고 '그 소리가 그 소리'인 영적으로 메마른 의례적인 설교를 할 수밖에 없다. 이것이 바로 목사들이 쉽게 걸리는 덫이다.[25]

옥한흠은 사랑의교회에서 청소년 사역을 성실하게 수행하다 2002년 분당우리교회를 개척하여 혼신의 힘을 다해 제자훈련 목회를 감당하고 있는 이찬수에게 "내가 네 설교 잘 듣고 있다"라는 말로 격려했다. 설교의 정신과 생명력을 계속 유지하도록 권면한 그 짧은 말 속에 후배 목사에 대한 기대와 애착이 배어 있다. 10여 년간 사랑의교회에서 사역하면서 옥한흠 목사의 목회를 지켜본 이찬수는, 옥한흠의 설교는 철저하게 복음적인 설교, 예수 그리스도의 십자가 구속적 은혜에 대한 일관된 강조와 설교에 성실하게 준비하는 자세가 매우 돋보였다고 회상하였다.[26]

권성수는 옥한흠은 마치 "노루목"을 지키는 사냥꾼처럼 보인다고 말한다.

> 청중이 말씀을 피해 도망하면 노루목에서 지키다가 그들을 잡아 다시 하나님의 말씀 앞에 세우는 설교를 한다. 하나님으로부터 도망하는 청중을 하나님의 말씀으로 '교훈하고 책망하고 바르게 하고 의로 교육한다'(딤후 3:16).[7]

그는 계속해서 말하였다.

옥한흠 목사야말로 "노루목 전문가"라고 할 수 있을만큼 "인간 노루들이 도망가는 길목"을 너무도 잘 알고 있었으며 설교를 통해 하나님의 말씀의 덫으로 잡아 효과적으로 변화시켰다. 옥한흠은 여러 가지 주제를 동시에 다루지 않았고 "이것저것을 집적거리는 스타일로 설교하는 것이 아니라 한 가지 중요한 주제를 찾으면 조각가가 돌에 조각품에 새기듯 청중의 마음에 각인하는 경향을 가지고 있다."[28]

그런 면에서, 옥한흠은 "교회를 깨운 설교자"였을 뿐만 아니라, "설교자를 깨우는 설교자"였다고 할 수 있다.

제3부 옥한흠 설교의 개요와 주제들

8장. 설교의 개요

9장. 초기 설교 주제들

10장. 중기 설교 주제들

11장. 후기 설교 주제들

✳ ✳ ✳ ✳ ✳ ✳ ✳

옥한흠은 한국 교회의 역사를 대략 세 단계의 과정으로 인식하였다. 1884년 첫 선교사 호레이스 알렌(Horace. N. Allen)이 입국한 이후 1930년까지 복음이 한국 땅에 파종되던 약 46년간 한국 교회는 어려운 상황에서도 성장했으며, 1930-1945년 사이에는 일제의 가혹한 핍박으로 인하여 성도 수가 급감하여 해방까지 교회는 그 명맥만을 유지해왔으나, 해방 이후 다시 지펴지기 시작한 부흥의 불꽃은 1985년 전후까지 약 40년 동안 지속된 것으로 보았다. 그는 자신의 목회도 한국 교회의 부흥기와 침체기를 고루 경험한 가운데 전개되었다고 언급하였다.

1980년대 중반을 지나면서 한국 교회의 성장이 멈추고 침체기에 들어섰다는 여러 가지 징후가 감지되었는데, 그는 이것을 수십 년 동안 이어진 폭발적인 성장이 가져다준 심각한 후유증과 그로 인해 생긴 만성적인 교회의 질환들에서 비롯된 것으로 파악하였다. 그러나 이러한 상황에서 사랑의교회는 한국 교회의 부흥기와 침체기를 거의 반반씩 경험하면서 달려왔지만 양적으로나 질적으로 어떠한 침체의 징후를 발견한 일이 없다고 평가하였다.[1]

제8장

설교의 개요

옥한흠은 한국 교회가 수십 년 동안 지속된 경제적 번영과 교회의 폭발적인 부흥을 경험하면서 본의 아니게 떠안게 된 후유증 가운데 하나로 목회의 균형을 상실했다는 점을 지적한다.

한국 교회 목회자들의 균형감각 상실은 두 가지의 "편중 목회"로 드러났는데, 그중 하나는 "설교 편중 목회"요, 또 다른 하나는 "약속 편중 목회"라는 것이다. 근대화와 경제개발 붐으로 인해 한국 사회는 그 어느 시기보다도 "성장"에 편중하는 추세가 강해졌으며, 교회도 물량주의의 제물이 되어 대형교회 지향적인 목회로 치중하면서 교회가 세상을 구원하고 변화시킬 능력을 잃기 시작했다. 성장 일변도에 있던 한국 교회는 무엇보다도 교회당을 크게 지어야 많은 성도를 끌어 모을 수 있기에 억지로라도 많은 헌금을 거두어야 한다는 강박감에 시달리게 되었고, 교회의 크기로 목사의 인격과 능력이 결정되고 있다.

"기막힌 현실을 아주 당연하게 생각하는 병든 교회 문화가 자리 잡게 되었다."

그래서 주일예배에 몇 명이 모이느냐가 초미의 관심사가 되었고, "자연히 사람들을 끌기 위한 전천후 수단은 설교"라는 생각이 만연했다. 다시 말해서, "설교를 평신도의 영적 성장을 위한 절대적인 수단으로 과신하였다"는 것이다. 이 결과 대부분의 목회자들은 설교만 잘하면 평신도들의 영적 요구를 만족시켜주고 교인들이 증가할 것이라는 망상에 사로잡히게 되었다.

"설교가 평신도를 무력한 군중으로 변질시키는 심각한 원인 제공자가 되어버린 뜻밖의 사태가 발생한 것이다."[1]

설교에 편중된 목회는 자연히 제자를 만들라는 예수 그리스도의 말씀에 순종하지 못하게 했고, 가르치기는 했지만 평신도를 그리스도 안에서 온전한 제자로 만드는 데에 시간과 열정을 쏟으려고 하지 않았다. 그 결과 그리스도를 따라가는 헌신된 제자를 만들어가는 목회보다는 대중적인 예배를 중심으로 설교하는 것을 더 중요한 목회의 본질로 착각하는 현실이 당연시되었다.

이러한 목회는 얼마 동안은 한국 교회를 양적으로 부흥시키는 데에 일조한 것이 사실이지만, 예수님을 배우고 닮고 따라가려는 열정을 가진 제자들을 만드는 데는 실패하고 말았다. 이로써 상당수의 한국 교회 평신도들이 사복음서에 등장하는 무리들과 별 차이가 없어 보이고, 세상 속에 쉽게 물들고 동화되며, 교회의 세속화를 부채질하는 데에 앞장서는 결과를 낳았다.

또 다른 후유증의 결과는 "약속 편중 목회"로 드러났는데, 성경에 언급된 보배와도 같은 귀한 약속들과 마음을 다하고 뜻을 다하며 순종하지 않으면 안 되는 추상과도 같은 엄한 명령들을 경시하는 방향으로 나아갔다. 약속과 명령을 동일하게 살아 계신 하나님의 말씀으로 받아야 하는데, 한국 교회의 메시지는 대부분 믿고 구하기만 하면 얻을 수 있다는 기복적 약속에 지나치게 편중되고 말았다. 본의 아니게 "교회는 '주시옵소서'를 반복하는 앵무새의 새장 같은 인상"을 남기고 말았다. 더 심각한 일은 "하나님의 명령에 불순종해도 회개할 줄 모르는 간 큰 예배자들을 양산하게 되었다는 것이다." 이것이 오늘날 한국 사회에서 믿는 자와 불신자가 어떻게 다른지를 자신 있게 보여주지 못하는 근본 원인이 되었음을 부인할 수 없을 것이다. 결과적으로 한국 교회는 도덕적 권위를 상실하게 되었고, "사회악을 견제할 수 있는 마지막 보루로서 그 기능"을 다하지 못하는 상태로 추락하고 말았다.

이러한 결과는 "하나님의 달콤한 약속에만 매달리게 만들고 하나님의 준엄한 명령에 대해서는 바로 가르치지 못한 목회자의 잘못 때문"임을 그 누가 아니라고 부정할 수 있겠는가?[2]

옥한흠이 기독교 역사의 예를 통해서 지적했듯이, "교회의 본래 모습은 세상의 악에 대해 확실한 견제력과 강력한 치료력을 가진 거룩한 공동체"였는데, 그러한 기능과 역할을 상실하게 되면 교회는 침체에 빠지고 사회로부터 비판받는 것을 피할 수 없을 것이다. 그는 교회사가 필립 샤프(Philip Schaff)의 말을 빌려 "기독교가 참 종교라는 사실은 계시된 진리만 갖고 증명되는 것이 아니라 예수 그리스도께 순종하는 도덕적 행위로써 입증되는 것"이라고 경고한다. 그 당시 한국 교회의 영적 방향이 "주시옵소서"에만 익숙해져 있었는데, 옥한흠은 "순종하겠나이다"라는 방향으로의 전환이 매우 시급한 과제임을 누구보다도 절감하고 있었다.

이러한 한국 교회의 자화상을 제대로 파악하지 못하고 있는 목회자들은 영적 둔감함으로 인해 부흥 다음에 따라오는 침체를 예방하지 못했다. 20년 가까운 침체를 벗어나지 못하는 영적 중병의 원인은 바로 신앙과 삶이 분리된 이원론적 신앙생활을 방치하는 데까지 이르게 된 것이다. 그런 면에서 한국 교회에 절실한 것은 부흥이나 민족복음화가 아니라, 오히려 하나님의 명령에 순종하지 못하는 삶을 철저하게 회개하는 것이라는 옥한흠의 예언자적 외침은 이 시대의 모든 목사와 성도가 곱씹어야 할 고언이 아닐 수 없다. 그의 주된 목회생활은 한국 교회가 전반적으로 침체기로 들어선 가운데 이루어졌기에, 그는 성장보다 "회개의 영이 임하여 교회를 정화"시키는 갱신이 전제되지 않은 부흥과 성장은 오히려 교회를 더 타락하게 만들고 더 큰 하나님의 심판을 자초할 수 있다는 절박감을 갖고 목회의 본질에 대해 더욱 심각하게 고민하면서 목회에 임하였다.³

한국 교회의 역사적 흐름에 대한 정확한 시대적 인식은 옥한흠으로 하여금 편중 목회를 지양하고 목회의 균형을 지향하며 추구하도록 하였다. 그는 "무엇이 목회의 본질인가?"를 규명하고 그것을 발견한 후에는 그것을 실현하는 데에 목회의 초점을 집중하였다. "사람을 세상에서 구원하여 예수 그리스도를 닮고 따르는 제자를 만드는 것이다. 그래서 세상으로 보냄 받은 소명자로 살게 하는 것"이 그의 목회 본질이요 철학이 되었다. 다시 말해서 "편중 목회"의 후유증을 벗어나려면, 목회의 본질을 제대로 파악한 후에 그것에 "집중[하는] 목회"를 해야 한다는 것이다. 이러한 깨달음으로 옥한흠은 사랑의교회를 비롯한 한국 교회를 각성시키고 목회의 본질로 돌아서게 하기 위해 제자훈련 목회와 더불어 설교 사역을 최선을 다해 감당하였다.

옥한흠의 사역기간 동안 출판된 설교는 650여 편에 달하고, 국제제자훈련원에서 출간한 『옥한흠 목사 강단메시지, 1980-2008』에 의하면, 1084여 회에 걸쳐 말씀을 선포한 것으로 나타난다.⁴ 후자의 자료에 의하면, 옥한흠은 주로 주일과 수요예배를 통해 718회, 강해설교 307회, 그리고 새생명축제 등 집회에서 행한 주제에 맞춘 설교를 59회에 걸쳐 행하였다. 이 기간에 선포한 주일과 수요예배 설교들을 분석해 보면, 신약을 본문으로 467회, 구약을 본문으로 251회를 설교했으며, 비율로는 신약설교가 65%, 구약설교가 35%를 차지한다.

옥한흠은 누구보다도 강해설교를 선호했다. 개척교회를 설립한 지 얼마 되지 않은 1979년 4월 5일 저녁예배를 시작하면서부터 본격적으로 성경강해설교를 선포했다. 주일 저녁에는 요한계시록을, 수요일 저녁에는 창세기 강해설교를 했다.[5] 『옥한흠 목사 강단메시지, 1980-2008』에 근거한 자료에 의하면, 옥한흠은 아래와 같이 강해설교를 선포해왔다.

① 사도행전 강해(1984. 3. - 1986. 7. 64회)
② 데살로니가전후서 강해(1986. 9. - 1987. 6. 23회)
③ 에스더 강해(1987. 6. - 1987. 10. 7회)
④ 시편 강해(1987. 10. - 1989. 10. 29회)
⑤ 주기도문 강해(1989. 1. - 1989. 2. 9회)
⑥ 로마서 강해(1991. 9. - 1992. 12. 52회)
⑦ 욥기 강해(1993. 1. - 3. 11회)
⑧ 요한일서 강해(1994. 4. - 1994. 12. 17회)
⑨ 요한복음 강해(1995. 9. - 1999. 5. 65회)
⑩ 산상수훈 강해(2000. 2. - 2001. 6. 30회)[6]

그런데 옥한흠이 그의 사역 후기에 예수 그리스도의 산상수훈 강해설교를 심혈을 기울여 준비하고 주일마다 선포했다는 것은 시사하는 바가 크다. 그는 산상수훈의 내용이야말로 예수님의 인격과 성품인데 그러한 경지에 이르지 못한 자신이 이 본문을 설교한다는 것은 너무도 가증스럽고 어려운 일이라 설교하기를 피했다고 고백했다.

이런 이유로 오랫동안 부분적이고 간헐적으로 산상수훈을 설교하다가 일정기간 이 본문을 강해설교하기로 결심하게 된 것은 성도들의 간절한 요청 때문이었다. "산상수훈 강해설교"는 그가 설교자이기 전에 한 사람의 예수 그리스도의 제자로서 지향했던 목적이 무엇이었는지를 웅변적으로 보여준다. 특히 "팔복"은 바로 예수님이 그의 제자들과 성도들에게 제시한 그의 성품이자 인격이었다.[7]

옥한흠이 선포한 강해설교 횟수를 살펴보면, 요한복음 강해설교를 65회에 걸쳐 제일 많이 했고, 그다음 사도행전 강해설교 64회, 그리고 로마서 강해설교를 52회에 했다. 그가 선택한 성경 각권별 강해설교는 그의 설교에 등장하는 주제들과 밀접한 연관성을 지니고 있는데, 가장 빈도수가 높은 주제 순서들이다.

① 예수 그리스도
② 신앙생활
③ 그리스도인
④ 전도, 교회
⑤ 구원과 믿음[8]

또한 그의 신구약 각 권을 설교한 내용을 분석해 보면, 주로 신약을 본문으로 한 설교가 많지만, 구약 39권 중 31권에서 본문을 선택했고, 신약 27권 중에서는 20권에 있는 말씀을 근거로 설교했다. 이로써 그가 편중됨 없이 거의 모든 성경을 설교 본문으로 삼았다는 것을 확인할 수 있다.

구약 중에서는 시편, 창세기, 이사야, 출애굽기, 잠언, 신명기 등의 순서로 본문을 선택해 설교했으며, 모세오경, 역사서, 시가서, 그리고 선지서에서 고르게 설교 본문을 택한 것을 알 수 있다.[9]

신약에서는 사복음서와 바울서신을 주로 성경 본문으로 삼았고, 그 순서는 마태복음, 누가복음, 고린도전서, 요한복음, 에베소서, 사도행전,

그리고 로마서 등으로 나타난다.

　일반서신이나 요한계시록에 대한 설교는 상대적으로 적은데, 한국 교회 초기에 계시록과 종말론에 대한 설교가 많았던 것을 상기해 보면 고난과 위기 중에 종말론적 소망을 불러일으키는 설교보다는 구원과 신앙생활, 그리고 교회론에 역점을 둔 설교를 많이 한 것으로 볼 수 있다.[10]

제9장

초기(1978-1988) 설교 주제들
(영혼구원, 부흥, 영적 각성, 그리고 제자훈련 등)

　옥한흠의 사역은 1970년대에 시작되고 전개되었다. 이 시기는 한국 교회에 대중집회가 성행하던 시대로 양적인 성장이 이루어졌다. 1973년 빌리 그래함(Billy Graham) 목사의 전도집회를 위시하여, 엑스폴로 74 등을 비롯한 대형전도집회가 대내외적인 주목을 받았고 대부분의 교회는 개교회 성장에 전력을 기울였다. 또한 수많은 초교파 선교단체들이 한국에서 왕성한 활동을 시작했고, 각 대학의 캠퍼스에는 한국대학생선교회(CCC), 한국기독학생회(IVF), 네비게이토선교회와 같은 선교단체들이 젊은 청년들을 기독교 신앙으로 양육하고 교제하며 비전을 제시하는 가운데 캠퍼스 복음화의 원동력이 왕성하게 움직이던 시기였다.
　또한 1970년대에 경제개발이 본격적으로 시작되었고, 1980년대부터는 근대화와 경제성장 정책이 성과를 거두면서 한국 사회는 가난의 그늘을 벗어나서 경제적 번영을 경험하는 변화가 가시화되었다. 또한 이 시기에 한국 교회는 그 유례를 찾아보기 힘들 만큼 부흥의 전성기를 맞이했다. 그러나 이 시대의 한국 교회 성장과 부흥에 대한 옥한흠의 견해는 비판적인 긍정론을 취한다. 즉 "부흥보다 교회의 건강을 먼저 체크해야 한다"는 입장이었다. 목표를 달성하기 위해서라면 과정상의 윤리는 큰 문제를 삼지 않는 태도로 인하여, 한국 교회는 여러 가지 면에서 영적인 중병을 앓을 수밖에 없었다고 진단한다.

옥한흠은 부흥 혹은 성장이라는 개념을 지나치게 양적 개념으로만 인식한다든지, 목회 윤리마저 쉽게 파기되는가 하면, 세상적인 마케팅 전략을 비판 없이 교회 안으로 도입하고, 심지어 무속적인 요소마저 유입되는 지경에 이르렀음을 지적한다. 이러한 차원에서 옥한흠은 한국 교회야말로 기독교의 본질에서 벗어나고 있다는 사실을 자각해야 하고, 진정한 교회부흥을 도모하기 위해 교회지도자부터 회개하는 특단의 조치가 없이는 영적 혼란을 극복할 수 없다고 그의 견해를 피력한 바 있고, 그러한 입장이 그의 목회 사역과 설교에 반영되었다고 볼 수 있다.[1]

특히 1980년대는 한국 기독교 100주년을 맞이하는 기간으로, 그 어느 시기보다도 영적인 활력이 외부적으로 강하게 드러났다. 이 기간에 사랑의교회가 위치한 강남 지역은 서울을 비롯한 한국 전체에서도 중산층이 두텁게 자리 잡으면서, 여러 가지 면에서 새로운 문화를 창출해 나가는 데에 주도적인 역할을 했다. 이러한 시대적 상황 속에서 한국 교회는 1980년대 중반까지 계속해서 부흥되고 있었다.

옥한흠은 한국 교회의 부흥을 두 시기로 구분한다.

첫째, 1910년부터 1930년대까지 일어난 부흥으로 이 시기 부흥의 화두는 "회개"였다.

둘째, 1950년대 후반부터 시작해서 1980년대 중반까지의 부흥의 화두는 "복"과 "형통"이라고 지적하였다.

이러한 옥한흠의 비판적인 인식 속에는 한국 교회가 가시적이고 양적인 교회 성장에 역점을 두고, 세속화의 도전에 무너지면서 신앙과 교회의 본질도 상당히 변질되었다는 판단이 자리 잡고 있다. 해방과 6·25

전쟁, 그리고 근대화 과정을 거치면서, 한국 사회와 교회는 어느 시기보다도 급격한 변화를 겪을 수밖에 없었다. 그럼에도 옥한흠은 세속화의 물결에 쉽게 무너지는 한국 교회를 향하여 이러한 시기에 생명을 주의 제단에 올려놓겠다는 "필사각오"의 자세가 없이는 위기상황을 극복할 수 없다고 판단했다.[2]

한국 교회의 문제점을 분석한 옥한흠은 많은 목회적인 고민을 하면서 그 시대의 한 목회자로 본분을 다하고자 몸부림쳤다. 그는 한국 교회가 6·25전쟁이 안겨준 인생고의 쓴잔을 마시는 가운데 1950년대 중반부터 불어 닥친 오순절 성령운동의 파고를 대수롭지 않게 여기다가, 그 신학적 정당성이 어떠하든 간에 이제는 교파를 초월하여 상당수의 목회자들과 평신도들이 이 운동의 동조자가 되었고, 신학적·교리적 비판의 칼날도 많이 무뎌져버렸다고 여겼다. 그리고 지금은 성령운동 자체가 무시할 수 없는 상황에 이르게 되었고, 문제시하는 내용도 거의 지엽적인 현상에만 치중하는 면이 다분하다고 확신하였다.

성령운동이 한국 교회에 끼친 영향은 아무도 부인할 수 없을 정도다. 신학적으로는 한국 교회로 하여금 성령에 대한 새로운 자각을 갖게 했고, 목회적으로는 기성 교회가 크게 각성할 수 있는 자극제 역할을 했으며, 교회 성장 면에서는 교회와 성도의 수를 증가시키는 데에 상당한 기여를 했다. 그러나 옥한흠은 1950년대 이후 오순절 성령운동이 한국 교계에 끼친 해악에 대해 분명한 인식을 하면서 다음과 같이 비판한다.

> 기독교 신앙에 무속(巫俗)신앙의 요소를 혼합시켜 교인들의 영성(靈性)을 흐려놓았으며 성경 말씀보다 체험을 우위에 두는 감정적인 신앙 풍조를 조성시켜 놓았다. 현실주의에 뿌리를 둔 기복신앙이 전통적인 경건주의 신앙을 크게 오염시켜놓았다고 할 수 있다.[3]

이러한 시대인식과 상황 속에서 옥한흠은 제자훈련에 대한 목회적 비전과 전략을 토대로 "평신도훈련을 통한 전교인 동력화, 각 대학과 직장의 젊은이 선교, 공산권을 향한 특수선교"라는 교회창립 비전을 내세우며, 서서히 좋은 교회에 대한 꿈을 실현하기 위하여 목회 사역을 전개해 나갔다. 교회개혁과 회복에 대한 간절한 염원과 희구를 품고 있었던 옥한흠은 그의 사역 초기부터 한국 교회의 약점을 누구보다도 예리하게 간파하고 있었고, 한 영혼을 뜨겁게 사랑하는 복음에 대한 열정과, 성숙과 양육의 필요성을 간과하고 있는 한국 교회에 갱신이 절실하게 필요하다는 사실을 분명히 자각하고 있었다.

> 참된 부흥이 양적인 성장을 가져다주는 것은 사실이다. 기독교의 역사 가운데서 일어났던 진정한 부흥이 반드시 수적으로 증가하는 것과 일치하지는 않았다고 할지라도 양적 성장이 결코 나쁘거나 잘못된 것은 아니다. 분명히 하나님의 나라는 겨자씨처럼 자라 세계 속에 가득하게 될 날이 올 것이기 때문이다. 그러나 정말 나쁜 것이 하나 있다. 그것은 물량주의에 눈이 어두워져서 한 영혼의 가치와 가능성을 소홀히 여기는 교회 지도자가 될 수 있다는 것이다.[4]

이 시기에 옥한흠은 한 영혼에 대한 지극한 관심과 복음에 대한 열정을 품고서 제자훈련의 기초를 마련해 나가는 것에 사역의 방향을 설정하였다. 그가 성도교회 대학부를 사역하면서 네비게이토선교회를 통해서 발견한 "복음과 양육, 그리고 비전"을 자신의 목회 현장에 철저히 적용했고, 이로써 영혼구원과 제자훈련을 통해 한국 교회를 새롭게 하는 원동력이 서서히 가시화되었다. 일대일 제자양육을 통하여 한 사람 한 사람을 그리스도의 제자로 만드는 것이 제자훈련의 가장 중요한 원리이며, 한 사람에 대한 관심, 이것이 오늘의 사랑의교회를 일구어가는 중요한 요인이 되었다.

옥한흠의 사역과 설교가 초기부터 적지 않은 반향을 일으킬 수 있었던 요인들 중 하나는 그가 속한 장로교 합동교단의 신학적 성향과 그의 사역의 방향이 교회개척 시절부터 잘 부합되었다는 사실을 들 수 있다. 옥한흠이 속한 교단의 보수적 성향이 그의 교회개척 사역에 긍정적인 영향을 발휘했고, 이러한 신앙적 특성은 한국 사회의 정신적 변화에 보수적이었던 중산층이 밀집한 강남 지역에 중요한 변수로 작용하였다. 전통적으로 한국 교회 교인들은 보수신앙에 친숙하며, 실제로 교인들의 90퍼센트 이상이 보수교단이 표방하는 신앙과 신학을 신뢰하고 있다.[5]

그렇다고 해서 이 시기에 행한 옥한흠의 설교가 단지 교회부흥과 개인 영혼의 구원만을 지향했던 것은 아니었다. 그는 당대의 어떤 설교자보다 청중이 처해 있던 사회적 상황에 대해 민감하게 인식하였고, 모든 삶의 영역에서 하나님의 영광을 도모할 수 있는 교회와 성도의 자세가 어떠해야 하는지를 분명히 자각하면서 말씀을 선포했다. 백종구는 옥한흠의 설교에 대해 이렇게 평가했다.

> 옥 목사의 설교에서 특별한 것은 청중이 살아가는 현장의 범위에 대한 이해이다. 1970년대 옥 목사가 소속된 장로교 합동교단에서 사회 문제는 관심 밖의 주제였다. 강단의 설교에서 청중의 상황은 주로 교회 안의 개인의 신앙생활에, 교회 밖의 경우에는 가정생활에 한정되어 있었다. 옥 목사의 설교에서 청중의 상황은 교회 안의 개인적 신앙생활을 넘어 교회 밖 교인들이 일하는 직장, 경제, 정치 등 사회 전체 영역으로 확대된다. 성경 본문과 청중이 일하는 현장의 상황이 서로 연결되어 청중은 설교를 통해 그가 현장에서 어떻게 살아가야 하는가를 실

제적으로 경험한다.⁶

이 시기에 제자훈련과 더불어 선포된 옥한흠의 설교들을 고찰하면서 그 주요한 특성들을 추출해 보면 영혼구원과 제자훈련에 역점을 두면서도, 고난당하는 성도들을 향한 위로와 소망을 선포하고, 강해설교를 통한 신앙과 교회의 본질회복을 강조하며, 영적 각성과 전도 및 선교열정을 고취했음이 발견된다.

1978년 7월 23일 사랑의교회의 전신인 강남은평교회 설립예배 때 옥한흠은 마태복음 9장 35-38절을 본문으로 "왜 이 교회를?"이라는 제목으로 말씀을 선포하였다. 교회가 시작되는 그 순간에 설교자로서 옥한흠은 예수 그리스도의 구속 사역을 목회 비전으로 삼으며 "전파하는 교회, 가르치는 교회, 그리고 치유하는 교회"로서의 사명을 성도들에게 각인시키면서 이 땅에 복음의 고동을 울리기 시작했다.

그러나 설립예배 후 얼마간 강남은평교회를 찾아오는 성도 수는 예상보다도 매우 적었다. 그는 이러한 상황에 실망하기보다는 오히려 "한 사람을 바라보는 비전과 소그룹을 통해 평신도를 깨우는 제자훈련의 정신을 처음부터 일깨워주기 위해 주님이 예비하신 시작의 장"이었음을 인식해 가는 과정으로 삼았다.⁷ 이렇게 초기부터 사람에게 관심을 두는 목회, 사람의 변화에 초점을 두는 사역이 옥한흠의 주된 목적이 되었다.

그리고 옥한흠은 1978년 강남은평교회를 개척한 후 몇 주간 동안 아브라함의 믿음에 대해서도 여러 차례에 걸쳐 설교했다.

"이삭이 죽더라도 다시 살리실 하나님을 믿고 모리아산을 향하던 아브라함"의 믿음에 대해 강조하면서, 자신을 비우고 희생하며 순종하는 결단이 없이는 참 교회를 이룰 수 없음을 외쳤다. 그가 그의 삶과 목회 사역에 구현하고자 했던 신앙이 바로 "아브라함의 신앙"이었고, 하나님

의 말씀에 순종하면 분명히 하나님의 뜻이 이루어질 것을 확신했다.[8]

이렇게 한 사람에 대한 지극한 관심과 사랑 때문에, 옥한흠은 목회 전반부 설교부터 평신도를 깨워 예수 그리스도의 제자로 삼는 일을 비롯하여, 성도들이 삶에서 겪는 고통과 시험의 의미, 그리고 이를 극복하는 길로서 기도생활 등에 대한 내용을 강조했다. 그는 시대적인 고통과 함께 다양한 개인적인 시련으로 고민하며 슬퍼하는 성도들의 삶에 가까이 다가서기 위해 지대한 노력을 기울였다. 이때 행한 설교들은『고통에는 뜻이 있다』라는 저서로 출판되었다.

그 후 옥한흠은 고통의 문제를 주제로 다시 설교했으며, 그렇게 나온 책이『고통을 다루시는 하나님의 손길』이다. 1994년에 출판한 욥기 강해서인『나의 고통, 누구의 탓인가?』라는 설교집을 통해서도, 그가 얼마나 고통의 문제를 갖고 오랫동안 씨름하고 있었는지를 드러냈다. 옥한흠은 어느 목회자보다도 성도들의 고난과 시련에 처한 현실에 매우 민감했으며, 고통의 문제를 해결해 나갈 수 있는 신앙적 안목을 제공하는 데에 지대한 관심을 갖고 말씀을 전하였다.

옥한흠은 처음에는 고통을 잘 이해하지 못해도 성경이 가르치는 대로 말해야 한다고 하다가,[9] 나중에는 "고통을 이해하지 못하는 사람은 강단에서 설교를 하지 말아야 할 것이다"라고까지 언급했다.[10] 그러나 그가 진정으로 말하고자 했던 메시지는, 당대 수많은 목회자들이 고난을 부정적으로 설교하는 것과는 달리, 예수 믿는 성도들에게도 다양한 고난이 있다는 것이었다. 그는 "핍박은 정상(正常)이다"라고 외쳤고,[11] 흔히 예수 잘 믿으면 잘된다고만 설교하는 자들과는 다르게 성경적으로 믿는 이들에게도 고난이 있음을 반복적으로 언급했다. 이러한 설교는 고난에 대한 성경의 가르침에 충실한 면도 있지만, 그가 목회했던 성도들의 고통에 대면한 한 목회자의 외침이요, 자신의 삶을 고통으로 살아낸 살아 있는 메시지이기도 했다. 그래서 그는 이렇게 외친다.

"고통이 크면 클수록 하나님의 은혜는 더욱 넘친다는 것을 믿으십시오."[12]

옥한흠은 누구보다도 고통의 문제를 심각하게 고민하고, 고통에 대해 성경적이고 기독교적인 이해를 하고 있었던 설교자요 목회자였다. 그는 하나님은 "고통을 아시는 분이며 고통당하는 자들을 위로하시는 분이며 고통을 통해서 자기 자녀를 유익하게 하시는 분"[13]이라고 믿었다. 그렇기 때문에 고난을 결코 가볍게 취급하지 말아야 한다는 사실을 강조하면서, 결국 고난은 "변장하고 찾아오는 하나님의 축복"이며,[14] "고난은 문제가 아니라, 기회이며 훈련이며 축복이다"라고 주장하였다.[15]

옥한흠은 갖은 박해와 핍박을 받는 성도들에게 남다른 애착을 보이며, 위로하는 말씀을 기회가 있을 때마다 외쳐왔다. 그는 후에 산상수훈 강해설교를 하는 중에 주를 위해 당하는 핍박을 언급하면서, 지난 한 세기 동안 한국 교회가 낳은 가장 위대한 인물은 손양원 목사라고 주장하였다. 그의 마음속에 심겨져 있는 손양원 목사에 대한 남다른 존경의 마음을 엿볼 수 있는 대목이다. 옥한흠은 어린 시절부터 극한 고난 속에서도 올곧게 살아간 손양원 목사의 순교적 신앙과 사랑의 사도로서 살았던 신앙의 유산에 대해 고향 교회에서 숱하게 들어왔다. 그는 사랑하는 성도들에게 손양원 목사의 신앙적 자세를 설명하면서, 핍박당하는 성도들에게 강조한 것은 바로 외딴 소록도, 애양원 속에 감추어진 하나님의 마음을 한국 교회 성도들이 읽어내야 한다고 역설했다.

이러한 사실은 전술한 바와 같이, 옥한흠의 목회 전반부의 설교집들을 통해서 확인할 수 있으며, 그는 어떤 목회자보다도 더욱 힘써 설교 사역에 심혈을 기울였다는 점을 발견할 수 있다. 이상훈은 다음과 같이 초기 옥한흠의 설교의 특징을 평가하였다.

1990년대 초반까지 발표된 그의 여러 설교집에는 그리스도인이 삶에서 겪게 되는 고통과 시험의 의미, 그리고 이를 극복하는 길로서의 기도생활 등에 대한 설교가 실려 있다. 이 설교들에서 옥 목사는 시대적 아픔, 경제적 궁핍, 그리고 다양한 형태로 상처받고 신음하는 이들의 삶에 가까이 다가서려는 노력을 보여준다.[16]

그뿐만 아니라 옥한흠은 고통을 설교할 때, 자신을 설교자의 위치에 분리시켜 놓은 채 일방적으로 회중을 설득하는 것이 아니라, 설교자 자신도 "상처받은 치유자"로 말씀을 선포한다.[17]

옥한흠은 자신도 많은 고난을 받았지만, 일방적으로 고난을 당할 수밖에 없는 성도들을 향한 시선이 남달랐다. 쾌락은 인간이 능동적으로 선택할 수 있는 것이지만, 고통은 당하는 것일 수밖에 없다. 어쩔 수 없는 형편에 처해 있으며, 더구나 힘없고 나약한 입장에서라면 그 고통에 더욱더 수동적일 수밖에 없다.[18] 그러한 처지에 있는 성도들에게 옥한흠은 관심과 사랑을 더욱 쏟을 수밖에 없었다. 설교자로서 그는 시대적 상황과 청중의 입장에 따라 다양하고 효과적으로 설교하려고 부단히 노력하였다.

존 크리소스톰도 설교자라면 자신의 설교에 칭찬하는 말이나 비난하는 말에 무관심할 수 있어야 하며, 설교자는 무엇보다도 바른 신학을 토대로 말씀을 선포해야 한다고 누구보다도 강조하였다.[19] 그리고 그는 설교를 듣는 청중의 입장에 따라, 불신자들에게 예수 그리스도를 영접하여 구원을 얻도록 "선포적인 설교"(kerygmatic preaching)를, 신자의 삶에서 나타나야 할 성화를 강조하는 "교훈적인 설교"(didactic preaching)를, 슬픔과 고난에 처해 있는 성도들을 치유, 위로, 격려하는 "목회적인 설교"(pastoring preaching)를, 그리고 하나님의 공의가 사회 전반에 나타나도록

깨우치고 유도하는 "예언적인 설교"(prophetic preaching)를 선포하였다.[20]

옥한흠 역시 사랑의교회 성도들의 입장에 따라 적절한 형태로 선포하다가, 그의 사역 후기에는 시대적 상황 때문에 교훈적이고 예언적인 설교에 더 많은 노력을 기울이며 그 시대에 필요한 메시지를 선포했다.

옥한흠은 1970년대 후반 한국 사회와 교계의 문제들에 대해 심각하게 고민하며 설교한 목회자였다.

"그의 설교 속에는 항상 시대의 아픔을 안고 있었다."

1979년 박정희 대통령 시해 사건이 벌어지고, 그가 속한 합동교단은 주류와 비주류로 분열되는 아픔을 겪는 가운데, 총신대학교 채플에 초청된 적이 있었다. 그런데 옥한흠이 설교하는 중에 갑자기 중단하고 강단을 내려가 버리는 일이 벌어졌다. 하나님 앞에서 설교자로서 양심이 찔렸고, 마음에도 없는 설교를 해서 뭐하나 하는 마음으로 설교 도중에 나가 버린 것이다. 시국과 교계의 상황과 그의 설교에 대한 강한 부담감이 복합적으로 작용하여 이러한 일이 벌어지지 않았는지 추정해 본다.[21]

하지만 옥한흠을 비롯한 한국 교회의 목회자들의 설교에는, 비인격적인 세력들로부터 초래되는 더 파괴적이고 개선의 여지가 거의 희박한 집단적인 악의 세력에 대한 인식이나 경고의 소리가 크지 않았던 점은 부인할 수 없다. 설교자는 이러한 문제에 대해서도 예리한 의식을 갖고 말씀을 선포해야 한다. 왜냐하면 "이런 현상이 현대 사회에서의 윤리적 판단을 매우 어렵게 만들고 복잡한 현대 사회에서 고통을 당하는 사람들에게 더 큰 좌절감을 가져다준다. 항의와 분노의 대상이 분명하지 않은 고통은 그만큼 더 아픈 것"이기 때문이다.[22]

옥한흠은 자신의 설교를 듣는 청중들의 입장에 대해 깊은 관심과 민감함을 갖고 설교를 준비하고 선포하면서도, 한편으로는 설교가 기반으로 하고 있는 본문 자체가 의미하고 있는 바가 무엇인지를 파악하는 데에 더 많은 강조점을 두었다. 이러한 까닭에 그는 개척교회 시절부터 강해설교에 깊은 관심을 갖고 선포해왔다. 목회 초기부터 실시한 강해설교를 통해서 옥한흠은 교인들에게 지대한 영향을 발휘하였다. 일례로 그가 요한계시록과 사도행전을 선택한 이유는 성도들이 종말에 대한 신앙을 분명하고도 견고하게 확립할 필요가 있었고, 초대 교회에 역사하신 성령의 역동성과 어려운 고난 중에서도 복음을 전파해 나가는 살아 있고 움직이는 신앙을 개척한 교회에 접목시키고 싶었기 때문이다.

옥한흠의 설교는 처음에 얼마 되지 않는 본 교회 성도들뿐만 아니라, 다른 교회를 다니면서도 사랑의교회 저녁집회에 참석하는 성도들에게도 적지 않은 영향을 미치기 시작했다. 초기부터 옥한흠의 설교는 강남 지역에 새로운 반향을 일으켜 나가고 있었다. 그의 설교는 매우 실제적이고 듣는 성도의 마음에 강한 찔림을 주었다.

"설교를 들을 때마다 메스로 상처를 째고, 피고름을 도려내는 것 같은 아픔을 느꼈습니다."[23]

이 시기에 옥한흠의 설교를 들은 한 성도는 이렇게 회고한다.

> 교인 수가 적었기 때문에 지금과는 다른 가족적 분위기였고, 따뜻했어요. 복음과 신앙생활을 확실하게 정립해 주는 옥 목사님의 설교에 은혜가 넘쳤구요. 사모님도 시종여일하고 착한 분이에요.[24]

옥한흠은 주일 및 수요예배 시에 강해설교를 했을 뿐만 아니라, 초기부터 실시한 전교인수양회에서도 성경을 강해하면서 집회를 이끌어 나갔다. 1980년 8월에 열린 수양회에서도 요나서 강해를 통해 참석한 성도들에게 거룩한 공포를 느끼며 죄에 대한 참된 회개를 통해서 용서의 메시지를 전하였다.[25]

이 수양회에 참석하여 큰 은혜를 받고 변화된 성도들 중에는 기독교 복음침례회 구원파와 몰몬교, 그리고 지방교회에 10년간 빠져 삶의 구심점을 상실하고 헤매고 있었던 정동섭 부부도 있었다. 정동섭은 주한 미 대사관의 홍보전문위원으로, 당시 미국 대사였던 윌리엄 글라이스틴(William H. Gleysteen, Jr.)의 통역을 주로 맡고 있었지만 그의 영적으로 혼돈상태에 빠져 있었다. 마음에 평안이 없고 방황하던 중에 그는 평생을 한국의 기독교 지성운동을 위해 헌신하며 문서선교에 애쓰고 있었던 IVF 소속 자비량 선교사인 웨슬리 웬트워스(Wesley Wentworth)를 만나게 되었다.

교회 부근인 극동아파트에 거주하고 있었던 정동섭은 그의 아내와 함께 1980년 8월 10일, 집에서 가장 가까운 교회를 나가보라는 웬트워스의 권유로 강남은평교회(1981년부터 사랑의교회로 개칭)를 찾아가 주일예배에 참석했다. 그가 이단의 올무에서 최종적으로 떠날 수 있었던 것은 사랑의교회로 발걸음을 옮긴 것에서 비롯했는데, 처음으로 정동섭의 마음을 열게 한 것은 옥한흠이 설교 중에 간간히 언급하는 영어였다. 정동섭은 옥한흠에게 유식한 목사라는 좋은 이미지를 가졌고, 그가 찬양을 은혜롭게 인도하며 혼신의 힘을 다해 부르는 모습에 마음이 녹아 내렸다고 한다.[26]

옥한흠의 감동적인 설교와 뜨거운 찬양에서 새로운 희망을 발견한 정동섭 부부는 1980년 8월 14일부터 16일까지 충현기도원에서 열린 강남은평교회 개척 2주년 기념 여름 수련회에 참석하였다. 그리고 옥한흠의 설교를 통해 극적으로 회심하는 사건이 8월 15일 광복절에 일어났다. 이러한 정동섭의 회심 사건은 불신앙에서 뿐만 아니라, 오랜 세월 구원파를 비롯한 이단에 빠져 있었다가 참된 신앙으로 회복되었다는 면에서도 지대한 의미가 있었다.

그날이 정동섭과 그의 가족에게는 그야말로 "영적인 광복절"이었다. 그의 이러한 감격적인 경험은 누구보다도 이단에 대해 경각심을 알리고, 이단에 빠진 불쌍한 영혼들을 구원하는 데에 최선을 다하는 삶으로 이어졌다. 그 수련회 집회는 마치 그들을 친히 "만나주시기 위해 하나님이 배설하신 천국잔치"였다. 그 당시 설교를 들은 정동섭은 자신의 깨달음을 이렇게 회고했다.

> 옥한흠 목사님은 요나서를 강해하셨는데 선포되는 말씀을 통해 성령님은 내가 얼마나 흉악한 죄인인가를 처음으로 깨우쳐주셨다. 구원파에서 아담의 범죄로 말미암아 내가 죄인으로 태어났다는 사실은 깨달았으나, 하나님 앞에서 나의 자범죄에 책임을 져야 하는 죄인이라는 사실을 깨달은 적이 없었다.[27]

정동섭 부부는 참석한 첫 예배 때 옥한흠에 대한 인상이 너무 좋게 다가왔고, 무엇보다도 죄와 구원의 개념에 대해 성경적으로 분명하게 인식하도록 선포한 은혜로운 설교에 깊은 감화를 받았다고 한다. 그리고 자신들의 영적 상태가 회복될 뿐만 아니라, 가정도 안정과 평화를 찾아가는 귀한 계기가 되었다. 정동섭 부부는 말씀뿐만 아니라 은혜로운 찬양과 성도들의 따뜻한 환영 분위기 속에서 변화되었다. 그 후 2년간 사랑의교회에서 집사로 주님을 섬기며 "마치 병원에 입원한 환자처럼" 두 내외는 "영적으로 정서적으로 많은 부분에서 치료를 받았다."

정동섭의 회심은 당시 교회 내에서도 여러 교인들에게 회자되는 중요한 뉴스였다. 그의 간증이 영어로 주보에 게재된 적도 있었고, 청년들에게 간증한 것이 가르치는 은사가 자신에게 있음을 발견하고 인생의 새로운 길을 걸어가게 한 전환점이 되었다. 이러한 변화를 주시하고 있었던 옥한흠은 정동섭에게 특별한 관심을 갖고 목회상담자나 가정사역자로 훈련시키려고 계획하고 있었고, 이단의 덫에서 빠져나와 참된 신앙을 회복한 그에게 남다른 사랑의 마음을 갖고 있었다.

하지만 정동섭은 주님의 인도하심을 따라 정든 교회를 떠나, 이동원 목사의 권고에 따라 1982년 침례신학대학교 대학원에 입학하기 위해 대전으로 거처를 옮겼다.[28] 침례신학대학교에서 미국인 교수들의 강의를 한국말로 통역하는 동시에, 기독교교육 석사 과정 학생으로 공부할 수 있는 특전이 주어졌다. 이렇게 떠나가려는 정동섭 부부를 한사코 말리는 옥한흠에게 그는 이렇게 말했다.

> 우리가 중환자로 사랑의교회에 입원했었는데 2년 동안 치료해서 퇴원할 정도의 건강을 회복했습니다. 그래서 침신으로 일하러 가는 거니까 허락해 주세요. 불만 있어 떠나는 것도 아니고 사랑의교회는 종합병원인데 병원에 와서 치료받고 갑니다.[29]

옥한흠은 하는 수 없이 그를 떠나보냈다.

또한 옥한흠의 출애굽기 강해설교를 들으면서 은혜를 많이 받았던 구자관 장로는 옥한흠 목사야말로 역사적 안목이 분명한 목회자라고 언급하였다. 구자관은 제자훈련을 통해 중생의 의미가 무엇이고 예수 그리스도를 영접하는 것이 무엇인지를 확실히 깨달았을 뿐만 아니라, 가치관이 완전히 변화되었다고 술회하였다.[30] 이러한 고백을 통해서 옥한흠의 강해설교는 성경 각 권의 말씀을 주석하고 해석해 나가면서도 구속사적인 맥락을 충분히 인식하며 선포된 것임을 확인할 수 있다. 그렇다고 해서 옥한흠이 강해설교만을 선호한 것은 아니었다.

설교는 다양성과 유연성을 지니는 것이 좋다고 인식하면서, 그는 설교는 우선 본문에 충실해야 하고, 그다음에 현실 적용력을 갖추어야 하며, 그리고 성령의 영감을 통한 호소력을 지녀야 한다고 주장한다. 지적으로, 정적으로 분명히 조화가 잘 이루어진 설교는 제목설교든지 강해설교든지 어떤 틀에 매일 필요는 없다는 소신을 가졌다. "중요한 것은 그 설교가 성경적이냐에 있지 무슨 형식의 설교냐에 있지 않다"는 것이고, 설교의 형식은 메시지의 주제에 따라 유연성을 갖는 것이 좋다는 것이 옥한흠의 입장이었다.[31]

옥한흠은 개척 초기부터 제자훈련을 하는 교회는 성경 공부를 하는 데 익숙해져서 자칫하면 지적이고 논리적인 방향으로 기울어지기 쉽기 때문에 교인들의 영적인 편식현상을 염려하였다. 그래서 전도의 열정을 고취시키고, 또한 자신이 메우지 못하는 공백을 부흥회 강사를 통해 메워주고자 기성 교회들이 실시하는 부흥회를 열기도 했다. 하지만 두 차례 실시한 부흥회가 교인들에게 호소력을 잃으면서 그 대안으로 도입한 것이 "대각성전도집회"였다.[32]

사랑의교회는 교회 이름을 바꾼 바로 다음 해인 1982년 처음으로 대각성전도집회를 계획하면서, 옥한흠은 주일 저녁예배 때에 역사적인 영적대각성운동을 주제로 연속으로 설교했다. 이때에 조나단 에드워즈(Jonathan Edwards)의 영적대각성운동을 비롯한 역사적인 부흥운동을 고찰하면서, 영적 각성을 촉구하고 전도에의 열정을 고취하는 그의 설교를 통해서 사랑의교회 성도들은 새로운 각오를 다지게 되었다.[33]

옥한흠의 주된 관심은 예수 그리스도를 모르는 자들이 주님을 구주로 고백하는 계기를 갖는 것이었지만, 다른 한편으로는 구원의 감격을 상실한 성도들에게 은혜를 재충전하는 기회가 되기를 바라는 마음으로 말씀을 전하였다.[34] 대각성전도집회를 통해서 옥한흠은 전 교인이 복음을 선명하게 이해하고 영적으로 깨어나게 하는 영적 각성에 더 강한 초점을 두고 설교하였다. "대각성"과 "전도집회"를 함께 이어 붙인 이유는 각성의 수단이 전도이며 또한 각성의 열매가 전도라는 인식 때문이었다.[35]

"당신은 구원이 필요한 사람입니까?"

이런 설교에서 그는 죄인인 인간이 구원이 필요한 존재인 것을 깨닫지 못하는 "무지의 어두움"을 각성시키기 위해, 그리고 하나님의 심판과 지옥의 실재성을 분명하게 각인시키기 위해 성경의 증거들을 제시했다. 아직도 예수 그리스도를 믿지 않고 있는 모든 사람 앞에 다가올 최후 심판에 대해 깊이 숙고하는 일이야말로 "우리에게 있어서 그 무엇보다도 심각한 문제요, 또한 엄숙한 과제"라고 선포하였다.

더 나아가 "지옥을 우습게 보는 사람이 되어서는 절대 안 됩니다. 모른다고 그저 덮어두고 안심할 문제도 아닙니다"라고 간곡히 외쳤다. 왜냐하면 인간은 전적으로 부패하여 그리스도를 통하여 구원받지 않고서는 영원한 생명을 얻을 수 없으며, 하나님의 심판을 모면할 길이 없기 때문이다. 옥한흠은 인간의 원죄와 전적타락이라는 교리를 "하나님이 우리에게 주신 진단서에는 '병명: 죄, 상태: 중태, 치료 가능성: 거의 불가능'"이라고 기록된 "절망적인 진단서"를 죄인이 받았다는 비유적 개념을 통해 효과적으로 설득하고 있다.[36]

이와 함께 1980년대 옥한흠의 사랑의교회 목회 사역은 독특하고도 의미심장한 목적을 갖고 전개되었다. 특히 옥한흠은 1982년 할렐루야교회에서 개최된 제4회 강남 지역 연합신앙강연회에서 그의 성경해석학적 주요한 원리를 제시하며 당시 한국 교회의 현세지향적 기복신앙에 대해 신랄하게 비판했다. 그는 성경을 해석하는 기본적인 토대가 그리스도 중심적이어야 하며, 또한 신구약 성경 전체를 바라보는 시각이 종말론적 입장을 견지해야 할 것을 촉구하였다. 그렇지 않으면 성경 해석과 설교, 그리고 신앙생활도 잘못된 축복과 은사 중심으로 함몰할 수밖에 없음을 예리하게 경고했다.

> 말세를 사는 교인들은 위기의식을 가지고 살아야 한다. 주인을 기다리는 청지기의 생활이다. 우선권을 바로 적용해야 한다(고전 7:29 이하). 하나님 나라를 위해 희생자가 되어야 한다. 이런 자들에게 어떻게 구약적인 물질관이 일방적인 축복으로 대두될 수 있느냐는 말이다. 어떻게 구약적인 물질의 축복을 하나님이 모든 신자에게 주시는 축복인 것처럼 가장하여 교인들을 유혹할 수 있느냐는 말이다. 예수 그리스도 그분의 진리에 비추어 구약의 물질관을 보면 그것은 전부 다 그림자다. 현세적인 축복을 부흥사들이 많이 강조하는데 과연 그와 같은 주장을 뒷받침할 만한 말씀이 신약 안에 몇 개나 될까?
> 아무리 생각해도 참을 수가 없는 일이다.[37]

1970-80년대 한국 교회의 중요한 화두 중의 하나였던 소위 "삼박자 구원"에 대해서도 옥한흠은 공정하면서도 비판적으로 평가했다. 먼저 오순절 교파 교회들을 통해서 한국 교회에 널리 회자된 삼박자 구원은 요한삼서 2절에 나오는 말씀을 현실적인 감각으로 재표현한 것으로 여겼다. 이런 그릇된 해석의 배경에는 오랄 로버츠(Oral Roberts) 목사 등의 소위 번영신학의 영향이 자리하고 있는데 "축복을 받고 싶으면 신앙의 씨앗을 심으라. 그러면 하나님께서 반드시 갑절을 주신다"라는 것이 이들의 기본원리다.

옥한흠은 그러한 신앙에 빠진 성도들의 소박한 믿음 자체를 나무라기보다는 그 믿음의 동기와 의도가 너무 현세적인 축복으로 편향되어 있다는 것을 지적했다. 믿음의 씨앗이 헌금이고 그것을 바침으로 더 큰 축복을 받을 것이라는 잘못된 개념에 대해 결국 한국 불교의 시주신앙과 무엇이 다른지 의문을 제기한다.

 아울러 옥한흠은 이 시기에 여의도순복음교회와 상당수의 부흥사들을 통해 한국 교회 전체로 확산된 은사주의 운동에 대해서도 비판적인 입장을 드러냈다. 일부 한국 교회의 목회자들과 부흥사들에 의해 당시의 한국적 상황과 미국 교회의 부정적인 영향이 신학적인 여과 없이 그대로 수입되어 너무도 무분별하게 퍼지고 있음을 안타까워했다. 사도행전에 나오는 성령의 역사하심과는 전혀 다르게 인식되고 은사주의적 성령운동으로 치닫는 한국 교회를 향한 경고 메시지가 그의 입에서 터져 나왔다.

> 상당한 부흥사들이 오순절 신학에다 로버트 슐러의 적극적 사고방식이라는 요법을 가미하고 거기에 한술 더 떠서 예수님을 부자 방망이로 무조건 인식시키는 기복신앙까지 뒤섞어 무엇이 무엇인지도조차 분별하기 어렵도록 오늘날 교회를 끌고 가고 있는 것 같다. 이것은 마치 사람들의 인기에 영합할 수 있는 것이면 예수라는 상표를 붙여서 무엇이든지 진열하는 슈퍼마켓같이 보인다. 이것이 바로 건전한 신학이 없다는 이야기이다. 그런데 다른 교단에서 그렇게 하는 것은 괜찮다고 하자. 소위 개혁주의 신학을 배경으로 하고 있다는 장로교에 몸을 담고 있는 지도자들이 신학적으로 용납할 수 없는 이 같은 우왕좌왕의 상황을 빚어낸다는 것은 정말 한심한 이야기이다.[38]

 옥한흠도 실토했듯이, 축복을 희구하는 한국 성도의 자세나 적극적인 사고방식이 무조건 잘못되었다는 것이 아니라, 문제는 성경의 진리를 토대로 해석하고 적용해야지, "유행적인 인기사상으로 각색을 해서 가르치면 안 된다는 것이다. 하나님의 뜻을 흐리게 하는 어떤 소리를 해서는 안 된다는 것이다. 기복사상으로 가득 찬 '축복성회,' 이런 말로 사람들을 유도할 때, 그 자체는 별 것 아닌 것 같고 큰 모순이 없는 것 같지만 그 밑바닥에는 심각한 문제를 야기시키고 있다는 것을 염두에 두어야 한다"는 데 있었다.[39] 결국은 "기복신앙에 물든 사람은 모든 신앙생활이 하나님 중심이 아니고 자기 중심이 되어버리고 만다. 자기도 모르게 그렇게 되어버리는 것"이라고 외치면서, 이것이 바로 한국 교회의 기독교 신앙의 세속화된 한 단면도라고 지적한다. "자기 중심적인 신앙은 자연적으로 하나님 나라 중심의 신앙보다 세상 나라 중심의 신앙, 즉 세속화로 흘러가고 만다"는 사실을 설파했다.[40]

근대화 과정 속의 한국 사회는 온통 "잘 살아보세!"를 외치고 있었고, 교회에서는 "삼박자 축복"이라는 메아리를 외치면서 현세적 기복신앙으로 치닫고 있었다. 이 시기에 옥한흠도 경제윤리에 대해 심각한 고민을 한 흔적이 분명히 있었다. 그가 자주 인용하는 역사적 사실이 하나 있었는데, 그것은 바로 제정 러시아의 혼란기 때 러시아 정교회가 어떤 역할을 했는지를 언급한 것이었다. 옥한흠은 레닌이 기독교를 대중의 아편이라고 말한 이유가 있다고 하면서, 당시 러시아 정교회가 귀족층과 돈 많이 버는 부자들이 편안히 잠을 더 잘 수 있도록 자장가를 불러주는 역할을 했다. 착취당하고 빈한한 자들에게는 귀족층과 상류층에게 더 굽실굽실하고 순종을 잘할 수 있도록 길을 잘 들이는 역할밖에 하지 못했다. 그 결과가 어떻게 나타났는지를 성도들에게 자주 언급하였다.

그는 수단과 방법을 가리지 않고 돈만 잘 벌면 그것이 축복이요, 헌금만 많이 바치면 믿음이 큰 성도라고 부추겼던 목회자들과 부흥사들의 잘못이 얼마나 심각한지를 줄기차게 지적하였다. 이러한 시기에 옥한흠은 건전한 축복의 개념을 성도들에게 각인시키기 위해 나름대로 많은 몸부림을 쳤다. 고난과 가난도 저주가 아니고, 성도에게는 하나님의 은혜와

축복을 체험할 수 있는 통로가 된다고 외쳤다.[41]

이런 의미에서 옥한흠은 고난과 핍박에 대한 성경적 의미를 잘 이해하고, 그가 살았던 시대의 풍조에 휩쓸리지 않으면서 그 진의를 바르게 선포하려고 애썼던 선지자적 설교자의 기품을 소유했다. 현세지향적인 기복신앙으로 편향되는 한국 교회의 신앙에, 그는 바른 자세를 유지할 수 있는 균형추의 역할을 다했다. 단순히 고난의 문제를 소극적으로 대면하는 것이 아니라, 오히려 적극적으로 그리스도를 위한 고난의 감수를 시사하며 제자로서 살아야 할 성도는 결코 고난을 두려워해서는 안 된다는 사실도 역설하였다. 옥한흠은 다음과 같이 말한다.

"하나님 편에 서려면 누구나 고통을 감수해야 합니다."[42]

그런 면에서 옥한흠은 "부와 번영과 형통과 건강의 신학"을 적절하게 비판하고 있다.[43]

또한 한국 교회가 교파를 초월해서 은사집회에 몰두하고 있었을 때에, 옥한흠은 "은사집회"라는 말 자체가 성경적인 근거가 없는 것이라고 단호하게 비판했다.

> 사도행전이나 초대 교회를 아무리 훑어보아도 은사집회를 했다는 곳은 없다. 있을 수 없는 일이다. 은사는 성령께서 합당하다고 여기는 자들에게 주권적으로 주시는 은혜다. 그것은 달라고 아우성을 쳐서 얻는 것이 아니다. 물론 사모는 해야 된다. 그러나 어디까지나 성령께서 자기 주권에 따라 자기 마음대로 주시는 것인 만큼 은사라고 하는 타이틀을 걸어놓는 부흥회를 인도할 수는 없는 것이다. 이것은 성령께서 기뻐하지 않을 것이다. 왜냐하면 은혜보다 은사가 더 강조되는 것은 성령의 뜻이 아니기 때문이다.[44]

1980년대의 옥한흠의 설교와 목회 방향은 당시 한국 교회의 전반적인 방향과는 사뭇 다르게 나아가고 있었다. 그는 개혁신학의 관점에서 신학적 변질과 목회적 탈선을 지적하였다. 예수 그리스도의 구속 사역과 구원론적 차원에서 성령의 사역을 이해하고 적용하였다.

"예수님보다 성령이 더 우대를 받는 것은 성령의 뜻이 아니라는 것이다."

성령은 어디까지나 예수 그리스도를 증언하기 위해 오셨으며, 스펄전 목사가 주장했듯이, "성령을 일방적으로 우대한다거나 성령과 가장 매치가 잘 되는 감정만 앞세우는 감정위주의 신앙을 강조하면 성령을 적그리스도가 되게 하는 것이라는 의미의 경고"에 주의를 환기시켰다.

옥한흠이 볼 때, 당시 유행했던 은사집회는 "성령의 은혜집회"라는 용어가 더 타당하며, 하나님의 은혜를 더 받도록 그리고 예수 그리스도가 우리를 위해 해 주신 일을 더 깊이 체험하고 깨닫도록 하는 데에 초점이 집중되어야 함을 힘주어 강조했다. "그리고 은혜를 받아 이 세상에서 주의 제자로 일하려고 하는 자들에게 능력으로 일하도록 하기 위해 필요하면 은사를 허락하는 것이 성령의 뜻"임을 잊지 말기를 촉구했다.[45]

그런 면에서 옥한흠의 성령론이나 은사주의에 대한 견해는 개혁신학적 입장을 견지하고 있다. 대부분의 한국 교회 목회자들의 견해와는 달리, 그는 사도행전의 성령강림과 방언의 사건을 단회적인 사건으로 인식하고 있다. 즉, 그것을 구속사적인 맥락에서 이해하고 있는 것이다. 그는 "성령과 방언"이라는 강연을 통해서 방언 사건의 단회성에 대해 성경적인 근거와 논리를 전개하면서 다음과 같이 자신의 견해를 명확하게 피력하였다.

> 따라서 사도행전에 나타난 방언의 사건은 그 시대로 끝난 것으로 보는

> 것이 타당하다. 왜냐하면 오순절은 단회적인 사건이기 때문이다. 성령이 처음으로 신약 교회에 임재하시는 표적으로 방언을 본다면 사도행전의 방언은 이미 끝난 것이다.⁴⁶

물론 그렇다고 해서 옥한흠이 방언 자체를 무시한 것은 결코 아니었다. 오순절 성령강림 사건의 구속사적 독특성과 연관성이 유지되어야 하는 것이 개혁주의적 견해인 것은 사실이지만, 고린도교회에서 있었던 방언의 존재를 지울 수는 없는 것이다. 옥한흠은 사도행전에 나타나는 방언과 고린도교회에서 있었던 방언을 각각 다른 종류의 방언으로 보고 있다.

> 고린도교회가 체험한 방언은 어떤 영적 경지에서 자기도 모르게 쏟아지는 신비의 언어로서 소위 무아경에서 흔히 볼 수 있는 것과 같은 종류의 언어이다.⁴⁷

성령과 방언에 대한 옥한흠의 인식 중 매우 중요하고도 독특한 것은 방언을 새로운 시대의 표적으로 여길 뿐만 아니라, 선교적 차원에서 이해하고 있다는 사실이다. 그가 성령강림을 구속사적 차원에서 이해하는 것은 매우 중요한 의미를 지닌다. 다시 말하면, 한국 교회 대부분의 목회자들이 오순절 식의 은사주의 운동으로 성령강림의 의미를 채색시켜 가는 상황에서, 오순절 사건을 바르게 볼 수 있는 관점을 목회적 차원에서 제공했다는 것은 매우 의미 있는 공헌이다. 그의 견해에 따르면, 모든 족속에게 복음을 전하고 제자를 삼으라는 전도와 선교의 대사명을 부여하시는 새로운 시대가 임했다는 표적(sign)으로 성령강림을 이해해야 한다는 것이다.

"그야말로 오순절은 획기적인 역사가 일어나는 시점"이었으며, 사도행전의 방언은 하나님의 영광을 찬미하는 방언이었고, 방언의 의의는 "하나님의 임재를 찬양하는 것"에 있다고 이해한다. 그러면서 "사도행전에 일어난 방언의 표적은 성령의 임하심과 함께 침묵의 시대가 이제 끝났다는 것을 증거하는 데 그 의의가 있다"고 역설한다.

옥한흠은 특별히 사도행전 1장 8절의 말씀을 근거로 교회가 다음과 같은 사실을 각인해야 할 것을 강조하였다.

> 사도행전 시대는 예수 그리스도가 전 세계의 복음이 되는 하나의 출발점이다. 이 복음의 소리 앞에 유대인과 이방인, 사마리아인과 유대인 사이의 벽이 무너져 내리기 시작했다. 처음 이 벽을 깨는 하나의 역사로서 성령은 방언이라는 특별한 표적을 수반하였다.[48]

이렇게 옥한흠은 한국 교회가 교파를 초월해 무분별한 은사주의에 함몰되지 않고, 성령강림의 구속사적이고 선교적 차원을 복음전파와 제자훈련과의 연관성 속에서 이해하고 정진할 수 있는 활로를 열어놓았다.

또한 옥한흠은, 고린도교회에 은사로 주셨던 방언으로 그 교회가 한 몸이 되어 성령의 은사를 따라 세워져갔다면, 방언이 필요할 때는 주님께서 주실 수 있다고 보았다. 즉, 교회론적으로 방언을 이해할 필요가 있다는 것이다. 그는 다음과 같이 피력했다.

> 그러므로 우리는 바울의 자세를 가지는 것이 필요하다. 방언을 긍정하지만 소극적이어야 하고 주의해야 한다. 교회의 덕을 세우는 범위 안에서 긍정할 수 있고, 교회의 덕을 세우지 못하는 상황에서는 절대 용납해서는 안 된다. 또한 방언을 우선적인 은사로 내세우는 것을 금

해야 한다. 방언보다 오히려 예언을 더욱 사모해야 한다고 바울은 말했다.

성경의 원리에서 벗어난 방언은사에 대한 지나친 강조는 한국 교회로 하여금 체험을 갖고 성경을 해석하려는 우를 범하게 하며, "체험이 성경을 보는 영안을 흐리게 하는 불행"을 용납하고, "영적으로 저질화"될 수밖에 없다. 방언에 대한 지나친 쏠림 때문에 "복음의 진리를 말하는 사람을 알아보지 못하는 소경이 되어버렸다"는 옥한흠의 탄식은 오늘날도 유효한 지적이 아닐 수 없다.[49]

옥한흠이 목회자적 혜안을 갖고 당시 여러 가지로 혼란한 한국 교계의 영적인 상황을 헤치고 나아갈 수 있는 길을 예시했다는 점에서, 그의 목회적이며 신학적인 혜량은 두고두고 한국 교회가 깊이 간직해야 할 살아 있는 보고(寶庫)가 될 것이다.

우리가 예수 그리스도의 십자가를 사랑하며 전파하려는 뜨거움보다 어떤 체험을 위해 몸부림치는 것은 영적으로 볼 때 타락 현상이 아닐 수 없다는 옥한흠의 지적은 당시뿐만 아니라 앞으로도 한국 교회의 신앙적 행로에 중요한 목회신학적 이정표를 제시할 것이다.

이 시기에 한국 사회가 개발과 근대화를 향하여 숨 가쁘게 달리고 있을 즈음, 한국 교회도 교회 성장 신화에 몰입되어 수단과 방법을 가리지 않고 성도들만 모이게 할 수 있다면 세심한 신학적 검증 없이 서구 교회, 특히 미국 교회의 목회 스타일을 그대로 받아들일 뿐만 아니라, 무속적이고 토착적인 요소들도 그대로 수용하는 것이 다반사(茶飯事)였다. 그런 상황에서 옥한흠은 부흥 위주의 집회에 익숙한 당시의 한국 교회에 가장 절실하게 필요하고 중요한 것은 다름 아닌 "회개"임을 한국 교회에 뼈아프게 고지(告知)시켰다. 또한 이 시기에 주목해야 할 사실은 공산권 선교의 열정을 고취시키는 사역과 설교가 이미 시작되었다는 것이다.

사랑의교회는 설립 때부터 평신도훈련과 젊은이 선교와 더불어 공산권 선교를 주요한 세 가지 비전으로 선포하였다. 그 시기 국제질서는 여전히 냉전시대였고 공산국가들을 자유롭게 방문할 수 있는 형편은 아니었지만, 공산권이 열리리라는 전망 속에서 한국 교회가 감당해야 할 일종의 시대적 사명을 일깨우는 선구적 역할을 잘 감당하였다.

1985년 사랑의교회 건축과 1986년 목사위임 이후, 옥한흠의 설교에 큰 변화가 나타났다. 그는 이전까지의 설교 스타일을 포기하고 새로운 방향으로 말씀을 선포하였다. 설교 준비에는 만전을 기하면서도 교인들이 설교를 듣고 받아들이는 능력에 따라 그 길이를 조정하는 설교의 형태에 변화를 기울였다. 때로는 동일한 설교라도 주일날 다른 시간대에 예배를 드리는 청중의 상황에 따라 설교의 내용을 달리하는 경우도 많았고, 여러 예배 사이의 시간에도 기도로 설교 말씀을 준비하는 데에 흐트러짐이 전혀 없었다.

설교 중에도 예배당 안에서 설교를 듣는 성도들뿐만 아니라, 비디오를 통해 설교를 들을 수밖에 없는 성도들에 대한 배려를 결코 잊지 않았다. 설교하는 중에 질문을 하면서도 그의 눈에 보이는 청중들에게만 관심을 보이는 것이 아니라, 보이지 않는 성도들도 배제하지 않았다.

이 시기에 옥한흠은 사랑의교회가 나날이 성장해 폭발적으로 증가하는 성도들이 주는 내적 고민을 해결할 수 있는 돌파구를 심혈을 기울인 설교 준비에서 찾았다. 그는 그나마 그들을 제대로 섬길 수 있는 "유일한 길은 설교"를 통해 풍성한 말씀의 은혜를 끼치는 것이라고 생각하고 있었다.[50]

하지만 옥한흠은 사랑의교회가 한창 성장하고 제자훈련 목회가 탄탄히 뿌리 내리던 시점인 1980년대 한국 사회가 직면했던 민주화에 대한 열망이나 인권탄압에 대한 비판의식이 고조되는 상황과는 다소 거리를 두었다. 이는 그가 정치적인 문제에 무관심했거나, 시대적 문제에 아예 눈을 감아버렸거나, 아니면 자기의 주관이 없어서 그런 것은 전혀 아니었다. 더군다나 공포심에서 그런 것은 더더욱 아니었다. 그는 교회나 목사가 정치에 참여하거나 불필요한 언행을 삼가야 하는 가장 중요한 이유는 예수님이 그러하셨듯이 목회자에게 정치적인 문제가 일차적인 관심사가 아니라는 데 두었다. 또한 민주화를 추구하는 자들이나 권력을 독점하여 군부독재를 연장하고 정당화하려는 자들이나 모두들 나름대로 "이데올로기적인 우상"에 빠져 있는 현상이 한국 사회에 만연해 있었기 때문이기도 했다.[51]

1970-80년대 한국 교회 내에서는 여러 다양한 교파가 우후죽순처럼 생겨났고, 군사독재에 항거하여 민주화운동이 한창일 때 일부 대형교회 목회자들은 소위 어용적 처세로 비판의 대상이 되기도 했다. 이 시기에 옥한흠은 조용히 제자훈련에 매진하여 한국 교회를 깨워 나가며 목회의 정도(正道)를 걸어갔다. 하지만 그는 결코 민주화 과제에 무관심하거나 침묵으로 일관하지는 않았다.

1980년대 초, 한국 사회가 민주화의 진통을 겪던 무렵, 교회든지 신학교든지 크고 작은 어려움을 많이 경험하였다. 이 기간에 합동교단과 총신 내의 갈등과 분열의 아픔을 감수할 수밖에 없는 상황에서, 남서울교회에서 합동신학교가 개교되고 박윤선의 요청으로 옥한흠도 강사이자 때로는 경건회 인도자로 초빙을 받아 신학생들에게 말씀을 전하곤 했다. 그 당시 옥한흠의 설교를 들었던 이만열은, 사무엘상 22장 1-2절의 평범해 보이는 역사적 사실을 기록한 이 본문을 놀라운 영성으로 재해석하여 많은 사람들에게 큰 감동을 주었다고 회고하였다.

> 그 설교에서 다윗 당시 의지할 곳이 '아둘람 굴'이었듯이, 신군부에
> 의해 고난당한 자들이 찾아가 위로를 얻어야 할 곳이 바로 교회여야
> 한다는 것을 강력하게 시사했다. 복음주의권에서 그런 설교가 쉽지 않
> 았던 때에 그는 말씀을 시대 상황에 비춰 성육화(成肉化)했다.[52]

그 시대에 양심적인 선언과 행동으로 숙명여대 교수직을 해직당하고 신학을 공부하고 있었던 이만열의 눈에 비친 옥한흠은 "역사를 앞서 준비한 선견자" 중의 한 사람이었다. 물론 옥한흠이 목회자로 그리고 설교자로 주요한 이슈를 다 언급하거나 그 이슈에 신앙적인 원칙을 제시할 필요는 없었을 테지만, 선지자적 자세를 견지하려고 애쓴 흔적은 역력했다. 어떻게 보면 사랑의교회라는 동굴의 우두머리가 되어 사람을 키우는 제자훈련 사역에 전념하면서 시대를 변화시키는 인재를 양성하기 위해 진력을 쏟았던 것이다.[53]

1987년 1월 14일, 민주화 시위에 참여했다가 공안당국에 붙잡혀 치안본부 남영동 대공분실에서 조사를 받던 23세의 서울대생 박종철 군이 지독한 고문과 폭행으로 사망한 사건이 터졌다. 한국 사회는 공분(公憤)했고, 일반 국민들도 군부독재정권과 공안당국을 향해 끝 모를 분노를 터뜨렸다. 이러한 상황에서 옥한흠은 나름대로의 견해가 있어서 침묵하긴 했지만, "박종철 군 사건 때도 한마디도 안 하고 엉뚱한 설교만 한다는 비판의 소리"를 교회 안에서 자주 들어야 했다. 후에 자신의 입장이 당시 "너무 점잖았다는 생각"을 지울 수 없었다고 고백했지만, 그 당시는 그냥 그대로 지나갔다.

그 후 일 년이 지난 1988년 3월 3-5일 동안 강변교회에서 "현대 교회와 국가"라는 주제로 개최되었던 제11회 강남 지역 연합신앙강좌에서 옥한흠은 "평신도의 정치참여"라는 주제로 강연하였다. 그때 그는 "이

릴 때 목사는 신학적으로, 성경적으로 만족할 만큼은 못되어도 성도들이 신뢰할 만큼의 어느 정도의 원리적인 면에서 가이드를 제시해 주어야 합니다"라고 자성적인 고백을 하였다.[54] 그러나 그의 설교를 평생 들어온 김영순 사모는, 남편이 설교에서 시대적인 문제나 정치적인 이슈들에 대해 직접적인 언급은 가능한 한 자제했지만, 교회와 성도로서 취해야 할 판단과 자세에 대해서는 원칙과 기준을 제시하고, 때로는 비판적인 언급을 설교를 통해서 해왔다고 전한다.[55]

옥한흠의 설교나 목회 사역의 목적이 사회개혁이나 정치변혁 자체에 두지 않았으며 또한 두어서도 안 되지만, 그는 하나님의 말씀을 선포하고 가르치는 가운데 변화가 일어나고, 그 변화의 파장이 결국은 교회의 문턱을 넘어 사회 속으로도 파급될 수 있다고 확신하였다.

옥한흠은 개혁적인 성향과 기질이 강했지만, 정치적이고 사회적인 문제들에 대해서는 안정을 지향하는 입장을 고수한 것처럼 인식되었다. 그의 아들 옥성호는 이러한 부분에 대해서 아버지 옥한흠과 사랑의교회, 그리고 대부분의 한국 개신교회를 향하여 쓴 소리를 서슴지 않는다.

> 찢어질 듯한 가난과 전쟁을 겪었던 아버지는 그 세대 대부분의 사람들과 마찬가지로 여러 사회적 이슈들에 대해 보수적 입장을 견지하고 있었습니다. 사랑의교회는 말도 안 되는 전두환 정권의 '평화의 댐' 모금운동도 앞장서서 참가하기도 했습니다. 아버지는 당시만 해도 북한의 댐이 무너져서 서울이 물에 잠긴다는 소리가 '상식적으로 말이 되는가 아닌가'의 여부를 질문할 만한 사회적 비판의식을 갖고 있지 않았습니다.[56]

그렇다고 해서 옥한흠이 당시 보수 기독계의 지도자들처럼 권력층 인사들을 위해 축복을 빌어주고 친해 보려고 애썼던 그런 부류의 지도자는 아니었다. 그는 정치와 경제, 그리고 모든 분야에 종사하는 사람들이 최선을 다해 그 분야에서 기여하면 사회적 발전을 도모할 수 있다는 신념이 강했다.

옥한흠은 목사로서 항상 제자훈련과 설교 준비에 전력하면서 사랑의교회를 통해 인재를 배출하고 세상을 바꿀 인재양성에 초점을 두었다. 제자훈련 목회에 전념하고 있었던 그에게 "어쩌면 사회를 향해 시선을 돌리라는 요구는 애초에 씨알도 먹히지 않을 말"이었을 것이다. 그러나 1990년대를 거쳐 2000년대로 들어오면서 옥한흠의 시대인식과 사회 속의 교회의 역할에 대한 시각은 분명히 변화의 기색이 역력히 나타났다. 옥성호는 이렇게 지적한다.

> 자신의 시선을 사랑의교회라는 하나의 교회를 넘어 한국 교회와 사회 전체를 향해 넓히려는 노력을 많이 기울였습니다. 그러나 아버지는 여전히 '옥한흠이라는 그릇이 가진 몫'은 여기까지라는 강한 울타리, 다른 사람이 깰 수 없는 자신만의 확고한 경계선을 버리지 않았습니다.[57]

1987년 5월경, 옥한흠은 성도교회 대학부 시절부터 제자였고 합동신학대학원대학교를 거쳐 미국 리폼드신학교에서 유학 중인 박성남에게 사랑의교회 청년부와 젊은이 선교를 담당해달라고 편지를 보냈다. 그는 "크리스천의 사회적 책임"에 대해 깊은 관심을 갖고 공부했던 박성남을 주목했다. 여기서 청년들의 고민을 외면하지 않고, 박성남을 통해 당시의 시대를 살아갔던 젊은 세대들을 배려한 옥한흠의 지혜와 용기를 읽을 수 있다. 거의 모든 보수교회 목회자들이 당시 시대적 문제들을 애써 외면하거나 침묵하는 상황에서, 옥한흠은 비록 어느 정도의 한계는 있었지만 당시 점점 팽배해 가는 교회의 사회적 책임 불이행이라는 비판에 맞서 나갔다. 이런 기대에 부응한 박성남을 많은 청년들이 따랐다.

박성남에게는 특유의 유머와 날카로운 지성이 있었으며, 사회적 고민을 간과하지 않았다. 그는 청년부를 지도하며 대통령선거 감시단을 꾸려 청년들과 함께 공명선거운동을 펼치면서 나름대로 교회의 사회적 참여를 위해 노력했다. 이런 그의 사역은 1994년까지 사랑의교회에서 펼쳐졌고, 그 후에는 이랜드 부사장이 되어 사회 속의 크리스천의 역할을 강조하는 활약을 계속했다.[58]

1990년대에 들어서면서 옥한흠의 설교의 폭이 확대되고 교회갱신과 교회와 성도의 사회적 책임을 설교에서 자주 언급한 것을 목격할 수 있다. 평신도를 깨우는 데에 전력해온 그가 이 시기에 이르러 "마침내 평신도보다 깨워야 할 더 중요한 사람들이 이 땅의 목사들임을 절감"하기 시작했다. 그는 그의 사역 중반을 넘어서면서 제자훈련원을 통해 목사들을 깨우고 교회를 깨우는 일에 몸을 던지고자 했다. "그는 한국 교회가 깨어나고 한국 교회를 통해 세계 교회를 깨우는 일에 하나님께 붙잡힌 나팔수"가 되었다.[59]

제10장

중기(1989-1998) 설교 주제들
(구원의 감격, 복음의 능력, 로마서, 요한복음 강해 등)

    설립 10주년을 맞이한 1988년 전후로 사랑의교회는 그 어느 때보다도 사역의 열매들이 아름답게 맺혀갔고, 이미 구축된 제자훈련과 옥한흠의 탁월한 설교, 그리고 교역자들의 협력사역은 교회부흥의 견인차 역할을 충분히 잘 감당해냈다. 1988년에는 전 세계가 주목하는 하계 올림픽 경기가 한국에서 개최됨으로, 한국 교회나 사회는 성장과 번영의 절정기에 도달했다. 그러나 이 시기 옥한흠은 과로로 인한 건강악화와 영적침체라는 혹독한 시련의 터널을 통과해야만 했다. 그의 말대로 "모든 것을 손에서 놓아야 하는 사망의 골짜기"를 넘어가야만 하는 순간이었다.[1]

    사랑의교회가 성장일로를 달리고 있을 때에 옥한흠은 기뻐하고 즐거워하기보다는 "교회가 커지는 고민"에 빠져 있었다. 성도 한 사람 한 사람에 대한 그의 지극한 관심과 사랑의 정도는 엷어져만 갔고, 제자훈련에 그토록 심혈을 기울였지만 많은 성도들이 자기가 추구했던 교회론에 입각한 교회상과 멀어지는 아픔을 느끼고 있었다. 그래서 그가 돌파구로 붙잡은 것이 바로 "목숨을 건 설교 준비"였다. 설교 준비야말로 "나날이 늘어나는 성도가 주는 내적 고민을 해결할 수 있는 길"이자 많은 성도

들을 제대로 섬길 수 있는 유일한 길이라고 여겼다.[2]

이런 중에서도 제자훈련 목회는 여전히 계속되어야만 했고, 자기가 미처 돌보지 못한 부분들을 설교를 통해 메우고자 하는 그의 열망이 커지면 커질수록 그의 몸은 점점 약해져갔다. 아울러 사랑의교회의 성장과 함께 목회의 영역은 점점 더 다양하게 확대되어갔다. 사랑의교회가 커갈수록 목사 옥한흠에게 더 많은 "피와 눈물, 그리고 땀"이 요구되었다. 그리고 이즈음 아내와 아들들과의 대화와 소통의 문도 좁아지고 있었다.

옥한흠의 건강이 악화되기 직전인 1988년 2월, 설립된 지 10년을 맞이한 사랑의교회는 교회의 방향을 다음과 같이 선포했는데, 그는 이미 10년 후에 한국 교회가 직면할 문제와 위기를 예감한 것 같다.

> 우선적으로 해야 할 일은 교역자들이 비록 인기를 잃더라도 강단에서 성경에 기초한 바른 설교를 해야 된다고 생각합니다. 다시 말해서 교회가 사회로 흩어질 때 성경대로 바로 살아야 할 책임이 있다는 것을 엄히 가르쳐야 합니다. 사람들의 인기에 영합하여 그들이 좋아하는 설교를 계속하다 보면, 윤리에 관한한 교회는 점점 능력을 잃게 될 것입니다. 결국에는 사람들에게 짓밟히는 맛 잃은 소금으로 전락할지 몰라요. 현대 한국 교회의 윤리문제는 강단 메시지부터 윤리적 책임을 회복하는 데서 시작해야 합니다.[3]

1988년을 기점으로 옥한흠의 설교나 사랑의교회의 사역의 방향은 개교회적인 차원에서 벗어나, 한국 교회와 사회에 대한 시대적 사명을 다하기 위한 책임의식에 맞춰졌다. 그뿐 아니라 앞으로 심각하게 불어닥칠 기독교회에 대한 비판과 반감에 대해 분명하게 예견하면서, 설교의 회복과 함께 도덕성과 윤리적인 책임을 회복하지 못하면, 교회가 사회적 영향력을 상실할 것이라고 엄숙하게 경고했다.

사랑의교회 설립 10주년을 맞이하여 옥한흠은 자신의 목회를 자평한 적이 있는데, 제자훈련은 많은 열매가 맺혔지만 그 일에 집중한 나머지 사회적 봉사와 실천을 이끌지 못했다는 것이다. 1988년은 사랑의교회를 비롯하여 개교회 성장에 몰입해온 한국 교회 목회자들이 다시 한 번 성경대로 돌아가는 개혁이 무엇보다도 시급했던 시기였다. 그런 면에서 옥한흠이 교회설립 10주년을 맞이한 그해 2월 28일에 성경에 기초한 바른 설교와 그에 따른 삶의 변화를 촉구한 것은 사랑의교회뿐만 아니라, 한국 교회에 꼭 필요한 메시지였다.

이런 문제의식을 심각하게 생각하고 있었기에 옥한흠은 성경적인 진리에 근거한 설교와 그에 따른 삶의 결실들을 강조하면서 제자훈련을 통해 준비된 성도들이 자신의 삶뿐만 아니라 사회 각 분야에서 윤리적 책임을 다하도록 심혈을 기울였다. 시간이 지남에 따라 제자훈련의 열매가 더욱 가시화하면서, 교회 밖, 사회에서 헌신적으로 봉사하는 열정이 강하게 분출되었다.

"사랑의교회는 1988년부터 기존의 사회봉사 활동을 전 교회 차원으로 넓히기 시작하고, 소년소녀 가장 돕기, 이웃사랑선교회, 공단선교, 우물가선교회, 장애인선교회, 호스피스 등 다양한 사회봉사 활동의 영역을 마련하여 교인들의 사회봉사 활동을 극대화시켜 나갔다."[4]

이러한 중차대한 시기에 그리고 목회 사역의 절정기에, 옥한흠의 건강은 극도로 악화되고 있었다. 어떻게 보면, 그의 탈진은 새로운 도약과 전환점을 마련하기 위한 사역의 쉼표였는지도 모르지만, 본인과 교회로서는 크나큰 고난의 순간이 아닐 수 없었다.

이 시기에 옥한흠의 제자훈련 사역은 그야말로 급속한 성장일로에 있었다. 사랑의교회 "평신도를 깨운다" 제자훈련 지도자 프로그램인 CAL(Called to Awaken the Laity) 세미나에서 미주 CAL 세미나로, 이어 브라질 CAL 세미나, 일본 CAL 세미나로 그 폭은 점점 넓어져갔다. 사랑의교회도 엄청나게 부흥되었고 제자훈련 사역의 지경도 프랑스로까지 확대되고 있었지만, 그 이면에는 성장에 따른 피로감도 가중되고 있었다. 그중의 하나가 일본 CAL 세미나의 실패였고, 그 파장은 옥한흠의 쓰러짐으로 나타났다.

김영순 사모는 그가 제자훈련 목회 사역을 시작한 이래 "제대로 쉬는 시간은 주일 저녁밖에 없었다"라고 증언한다.[5] 특히 옥한흠은 평소에 일본 선교에 지대한 관심을 가졌기에 그의 건강상태가 허락하지 않는데도 일본 제자훈련 세미나를 인도하였고 이로써 무리가 따르자 결국 쓰러지고 만 것이다. 그의 아들 옥성호도 아버지가 1989년에 쓰러진 직접적인 계기는 다름 아닌 일본 제자훈련 세미나 인도였다고 언급했다.[6]

대부분의 목회자들처럼 옥한흠도 "거룩한 쉼이 생략"된 목사의 삶과 사역에 너무도 익숙해져 있었다. 그리고 "침묵하기를 거부"하고, "비어 있음을 강박적으로 회피하는 것이 문제"인 줄 모르고, 그저 목회 사역에 미쳐 살아왔던 것이다.[7] 이 시기에 옥한흠은 목회자 자신에게 주어진 일과 해야 할 일보다, 오히려 "하나님의 하시는 일"에 더 주의를 기울였어야 했다. 어떻게 보면 옥한흠과 사랑의교회에게는 이 시기가 절정기에 도달한 때였지만, 그의 영적인 내면과 건강은 가파르게 하강곡선을 그으면서 위기로 치닫고 있었는지도 모른다.

그러나 이 시기에 불어닥친 영적 위기와 병고는 그의 생애와 사역에서 대전환점이 되었다. 특히 그는 병상에서 로마서를 통해 진정한 영성의 출발점은 예수 그리스도의 대속적 은혜를 순간순간 믿는 것이라는 사실을 발견했다. 한순간이라도 그리스도의 은혜를 경험하고 의존하지 않고서는 존재할 수 없다는 영혼의 절규를 그는 몸소 체험하였고, 이러한 계기는 그로 하여금 진정한 의미의 "실존적 유형의 복음주의" 신앙을 체득하는 통로가 되었을 것이다.[8]

옥한흠이 본래 병약했던 것은 아니지만 그의 생애와 사역은 투병생활로 점철되었다. 어린 시절에는 가난으로 끼니를 제대로 먹지 못해 위병으로 고생했고, 젊은 시절에는 폐결핵으로 고통을 당했으며, 목회하면서는 철저한 설교 준비로 인한 수면장애로 괴로워했다. 그리고 1989년 10월에는 제자훈련 목회를 본격적으로 전개하면서 과로로 쓰러졌다. 그는 이러한 투병생활을 해오면서도 목회 사역에 대한 열정과 헌신이 약화되기보다는 오히려 확산시켜 나가는 영적인 불사조의 모습을 보여주었다.

무엇보다도 설교에 대한 열정과 준비는 식을 줄을 몰라, 토요일 저녁이면 온 식구가 설교 준비하는 아버지에게 방해가 되지 않으려고 숨죽이며 자기 방 밖으로 나가지 않을 정도였다. 이런 답답한 분위기를 하루 속히 벗어나고자 했던 마음이 장남 성호에게 있었음도 사실이다.[9]

1989년 과로로 쓰러지고 건강으로 심각한 어려움을 겪는 가운데 가족들과 많은 성도들의 기도와 격려로 옥한흠은 큰 힘을 얻었다. 쓰러진 그 날, 김영순 사모와 함께 옥한흠을 강남성모병원으로 모시고 갔던 최석범은 이렇게 회상했다.

> 목사님의 손을 붙잡고 통곡을 하며 기도했다. 하나님께서 한국 교회를 바꾸시려고 옥 목사님을 세워주셨는데, 이제 시작인데 이렇게 쓰러뜨리시면 어떡하냐고 하면서 회복시켜달라고, 일으켜달라고 사모님과 함께 복도에서 보냈던 기억이 있다. 이것이 쓰러지셨을 때의 모습이셨다.

그리고 담임목사의 병고가 위중함을 알고 전 교회적으로 "특별새벽기도회"가 시작되었다.[10] 옥한흠은 때때로 자신의 약함을 감추지 않고 드러낼 뿐만 아니라, 부교역자들에게도 기도 부탁을 했다. 특히 토요일 밤을 하얗게 새우고 나서 주일날 교회에 나오거나 CAL 세미나를 앞두고 불면증으로 고생할 때야말로 옥한흠의 육체적인 고통은 극심했다. 그래서 만나는 부교역자들에게 자신을 위해 기도해달라고 신신당부를 하곤 했다.[11]

옥한흠은 병고의 아픔을 겪은 후에 많이 변했다. 이 사건 이후에 옥한흠의 행보에도 큰 변화가 일어났다. 그는 "제자훈련에 미친 열정적인 광인"에서 한결 부드럽고 깊어진 "은보"(恩步)로 바뀌어갔다. 그리고 이러한 변화의 본질적인 모습은 그의 로마서 강해와 욥기 강해를 통해 확연히 표현되었다. 이 강해설교들이야말로 옥한흠의 정신적이고 영적인 변화를 극명하게 보여주는 단면도라고 할 수 있다. "거의 1년을 폐인"처럼 지낸 후, 강단에 올라 첫 번째로 설교한 내용이 로마서였고, 이어 욥기를 강해했다.

1991년 그의 몸이 어느 정도 회복되어 선포한 로마서와 욥기 강해설교는 옥한흠이 "개인적으로 엄청나게 힘든 과정과 시간을 거친 후에 나온 설교였다."[12] 옥한흠의 설교 스타일은 교회개척 때부터 예배당을 건축해서 봉헌할 때까지는 주로 요약원고로 설교를 했고, 예배당을 봉헌한 후 수년 동안은 원고를 잘 작성해서 설교하곤 했다. 이때까지 설교의 형태는 주로 성경 본문에 충실하긴 했지만 주제설교 위주였다. 하지만 병고를 치른 후에는 "성경과 삶을 보다 더 효과적으로 연결"시키고자 로마서부터 강해설교를 시작했다.[13]

옥한흠의 투병생활과 그 이후에 나타나는 변화는 설교에만 국한된 것이 아니라, 그의 삶, 특히 가정에 대한 인식에 큰 변화를 주었다. 어릴 때부터 받아온 "교회가 가정보다 우선"이라는 일방적인 생각과 더불어 신학생 시절부터 "제자훈련에 미쳐" 자신의 몸과 가정을 돌보지 않고 매진 해오다 쓰러진 옥한흠은 그 고통 속에서 "조용히 가슴을 저미어 오는 아픔"을 느끼게 되었다.[14] 그리고 자신을 되돌아보며 이런 회한을 남겼다.

> 내가 결혼한 후 자립할 능력이 없던 수년 동안 처가에 아내를 떼어놓고 버틸 수 있었던 것이나, 대학생들을 지도하는 5년 동안 처자를 데리고 코앞에 있는 남산에 한 번 올라간 적 없이 제자훈련에만 몰입했던 일이나, 유학 가면서 눈물 한 방울 안 보이고 냉정하게 처자를 시골로 보낼 수 있었던 것이나, 미국 생활 3년 동안 매주 보내는 편지 외에는 전화 한 통 하지 않았던 것이나, 개척교회를 시작하면서도 아내의 마음을 달래주려는 성의 없이 독불장군 식으로 밀어붙인 것이나, 제자훈련에만 미쳐서 아내와 오순도순 이야기 나누며 서로의 존재를 확인할 시간 한 번 제대로 만들지 않았던 일들이, 이제 머리가 센 아내 곁에 앉아 눈이 부시도록 푸른 바다를 바라보고 있는 나의 마음에 파도처럼 밀려오고 있었다.[15]

이런 고통 속에서 몸이 무너지고 마음이 깨어지는 순간에 가장 먼저 그에게 일어난 변화는 "주님을 진심으로 사랑하는 사람일수록 아내를 내 몸처럼 사랑할 수 있는 영혼의 공간은 더 넓어져야 하고, 제자훈련에 미치면 미칠수록 가정을 더 소중히 여겨야 한다"는 교훈이었다. 그는 이러한 귀한 자각을 자기처럼 너무 늦게 깨닫지 말아달라고 동역자들에게 간곡히 부탁하였다.

"목사에게 있어서 자기 목회의 기본단위는 가정이요, 가장 먼저 제자로 만들어야 할 평신도는 자기 아내며 자녀다"라는 사실을 수없이 그의

입에 되뇌며, "나는 처자에게 죄인이라는 가책을 종종 받는다"고 고백하였다.[16]

남편이 교회에 미쳐 가정에는 마음이 없었다고 생각했던 그의 아내도, 남편이 병상에서 그 고통을 치른 후에는 아내와 가정에 대한 "마음 자세"가 확연히 달라졌다고 화답하였다. 물론 제자훈련 목회에 생명을 걸었던 그이기에 가족을 위해 시간을 내지 못한 것은 여전했지만 말이다.[17]

그렇다고 제자훈련을 향한 옥한흠의 열정이 이 시절에 약화된 것은 아니었다.

"그가 목회 중에 겪었던 육체적 질병과 죽음의 고비들은 그를 '완전히 예수님에 미친 세계'로 더욱 깊이 떠나보냈다."[18]

그에게 병고는 제자훈련 목회의 통전성을 보게 하는 계기가 되었다. 이러한 경험 이후 옥한흠의 설교와 제자훈련 사역에는 "목회의 기본 단위는 가정!"이라는 확고부동한 토대가 탄탄히 놓였고, 그의 모든 목회 사역의 깊이와 넓이가 더욱 깊어지고 넓어지는 아름다운 변화가 일어나게 되었다.

또한 사도 바울의 고백처럼 "약할 때 곧 강하다"라는 말씀의 위로와 함께 사역의 원리를 몸소 배우게 되었다. 몸이 약한 것이 그래도 싫었고, "설혹 하나님의 강함이 나의 약함으로 인해 온전해진다 할지라도 그것을 위해 내가 약해지고 싶지 않았다"라고 말할 만큼 혹독한 와중에서도 옥한흠은 그와의 싸움을 계속하고 있었다.

옥한흠의 중기 설교는 그가 건강이 나빠져서 1989년부터 2년 동안 투병생활을 한 뒤 선포한 것이라 더욱 의미가 깊다.[19] 이 기간에 옥한흠은 고난을 통해 하나님의 크신 은혜를 깊이 깨닫게 되었고, 가정의 소중함을 새삼 느끼며, 자신의 고통을 통해서 다른 사람들의 고통을 바로 볼 수 있는 안목이 회복되었다.

대학 시절에 투병을 경험하며 어두운 터널을 지나야 했던 그였지만, 바쁜 목회생활 속에서 소외되고 고통당하는 자들, 약한 자들, 그리고 말 못할 고민을 숨긴 채 가슴앓이를 하는 자들을 보면서도 그들의 처지로 내려가서 함께 울어주지 못하는 "냉정한 목회자"로 변모해버린 자신의 모습을 심각하게 되돌아보게 되었다.

옥한흠은 "목회와 병이라는 거인 둘을 상대로 힘겹게 씨름"을 계속해 나가면서, 하나님께서 그의 "귀를 열어 교회 이 구석 저 구석에서 들리는 신음소리"를 듣게 하셨고, 더 나아가 한국 사회의 어두움을 밝혀야 할 교회의 사회적 책임에 대해서도 눈을 크게 뜨게 하셨다.[20] 옥한흠은 개인의 고난을 통해서 자신을 돌아볼 뿐만 아니라, 더욱 하나님의 은혜에 감사하며 하나님을 의지하게 되었다. 또한 고통 받고 소외된 자들과 사회적 문제에 대해서도 더욱 깊은 관심을 갖는 계기가 되었다. 물론 그 이전에도 그런 마음이 없었던 것은 아니었지만, 그의 병고는 옥한흠의 사역에 새로운 전환점을 제공한 셈이었다.

그 뿐만이 아니었다. 그의 몸의 약함이 사역의 염려거리가 되었을 때, 그는 억누를 수 없는 죄책감에 괴로워했었다. 하지만 그 공백을 채우기 위해 부교역자 시스템을 강화하고 팀 사역으로 발전시켜 나감으로 사랑의교회 사역체제가 더 견고해졌다.[21] 옥한흠이 안식년을 마치고 목회에 복귀했을 때 건강이 완전히 회복된 것은 아니었지만, 사랑의교회는 이전보다 영적으로나 제도적으로 훨씬 더 건강해져 있었고 사역도 잘 진행되고 있었다. 교인 수도 수백 명이 더 늘었고, "역시 제자훈련하는 교회는 다르다"라는 것을 보여주었다.[22]

그러나 옥한흠이 이 시기에 놓친 것이 있다면, 그것은 제자훈련 목회의 결과를 너무 긍정적으로 평가한 나머지, 그가 그토록 추구해왔던 교회론적 본질이 무엇인지를 깊이 숙고하지 못했다는 점이다. 이러한 병고를 치르고 20년이 흐른 후에 그는 자신의 "교회론과 제자훈련 목회와의 엇박자"를 탄식한 바가 있는데,[23] 그가 1989년도에 쓰러진 사건은 그에게 있어서나, 사랑의교회에 있어서 목회의 본질과 궤도를 심각하게 재고해 볼 수 있었던 계기였다고 생각되기 때문이다.

목회자의 건강을 해치는 병고는 자칫하면 성도들에게 시험거리가 될 수도 있는데, 목회자 옥한흠의 질병을 바라보는 성도들의 눈에는 그의 "약함 중에 드러나는 하나님의 영광"을 목격하며 감동의 눈물이 고였다. 옥한흠은 사랑하는 제자들이나 성도들의 방문도 거절해야 하는 고통을 겪었고, 목사의 생명이 설교라고 믿었지만, 육체의 약함 때문에 그마저 하지 못할 때 오는 심적인 아픔도 삭여야만 했다. 이처럼 질병과 처절하게 투쟁하는 모습을 보면서 "하나님의 가시"가 그의 몸에 있음을 믿음의 눈으로 발견하고, 그의 약함과 겸손 속에서 드러나는 하나님의 강하심을 바라보게 되었다. 이러한 갈등 속에 몇 달을 보내다 결국 하나님의 섭리로 그의 마음에 갑자기 로마서 말씀이 생각났다. 그리고 로마서가 그를 살렸다.[24]

옥한흠은 육신의 연약함으로 극한 고통 중에 있었지만 그 속에서 체험한 복음의 감격을 로마서 강해를 통해 성도들에게 뿜어내기 시작했다. 몸의 질병이 그를 쓰러뜨린 것보다 더 심각한 질병은 영적으로 탈진되면서 구원의 감격과 기쁨마저 상실했다는 것이었다. 그런데 복음으로 의롭다 함을 얻었다고 하는 구속적 진리를 로마서를 통해 재발견한 것이다. 그는 로마서 강해설교의 동기를 이렇게 고백했다.

> 로마서가 나를 살렸다. 내가 다시 소생하기 위해, 그리고 나로 인해 교회가 병이 들지 않기 위해서는 로마서로 돌아가 그 속에서 도도하게

흐르고 있는 은혜의 강물에 뛰어드는 것 외에 다른 길이 없다는 생각이 들었다. 그 은혜의 강물에서 다시 한 번 황홀한 구원의 감격과 복음의 능력을 체험할 수 있다면, 나도 살고 교회도 살 수 있다는 확신이 생겼다.[25]

그 이후에도 옥한흠이 이런 육체적 가시를 몸에 품고 십자가를 지고 버틸 수 있었던 것은 결국 그의 마음속에 넘치는 "구원의 은혜"였다. 이것이 그가 존재할 수 있었던 기반이요, 그의 목회의 중요한 경험이었다.

옥한흠은 이 시기에 주일 낮 예배에서 로마서를 강해설교하기로 결심했다.[26] 그는 종교개혁가들에게 구원론적 진리를 바르게 깨닫게 했던 로마서 강해를 통해, 자신뿐만 아니라 "한국 교회의 갱신"을 염두에 두고 사랑의교회에서 선포했다. 로마서가 "교회갱신의 성경"이라는 사실을 잘 알고 있었기 때문이었다.[27] 이때 옥한흠은 로마서가 어거스틴으로부터 시작하여 마틴 루터(Martin Luther), 존 칼빈(John Calvin), 그리고 존 웨슬리(John Wesley) 등에게 어떤 영향을 미쳤는지를 분명히 의식하면서 설교했다.[28]

후에 로마서 연속 강해설교는 세 권의 설교집으로 묶여 출판되었다.

- 1권, 『내가 얻은 황홀한 구원』(1992)
- 2권, 『아무도 흔들 수 없는 나의 구원』(1993)
- 3권, 『구원받은 자는 이렇게 산다』(1994)

각각의 제목이 암시하듯이, 옥한흠은 로마서의 중심 주제를 구원으로 보았다. 구원은 그에게 황홀한 경험이며, 그 어떤 조건과 상황에서도 흔들리지 않으며, 따라서 그런 구원에 참여한 사람의 삶은 변화될 수밖에 없다는 것이다. 정용섭은 다음과 같이 주장하였다.

> 황홀한 구원은 기독교 신앙의 초월적 차원을 가리키며, 흔들리지 않는다는 것은 인격적인 의지와 결단이 요청된다는 의미이고, 변화된 삶은 신앙과 삶의 일치를 가리킨다. 다시 정리하면, 옥 목사의 설교는 구원의 초월적 신비에 참여한 그리스도인이 부단한 노력을 통해서 새로운 삶의 변화에 도달하는 것을 목표로 한다.[29]

서중석은 옥한흠이 선호했던 강해설교들을 분석해 보면, 대체적으로 세 가지의 특성들이 발견된다고 주장한다.

> 첫째, 기존의 통념적인 본문 이해와는 판이한 새로운 관점을 제시한다.
> 둘째, 본문을 주석해 나가면서 설교의 한 기둥을 세운다.
> 셋째, 체험과 적절한 예화를 통해 자신과 성경, 그리고 청중들 사이를 연결하는 공감의 도구로 활용하면서 또 다른 기둥을 세움으로 성경의 본문이 청중의 삶으로 체득되어질 수 있도록 선포한다.[30]

구원의 감격을 새롭게 회복한 설교자 옥한흠이 체득한 진리가 고난을 통과하면서 더욱 영적으로 영글어 선포되었기에 이때 전한 강해설교들은 많은 감동을 자아냈다.

그렇다고 그의 설교가 개인적인 경건성 회복이나 구원의 체험을 강조하는 방향으로만 선포된 것은 아니었다. 그가 그토록 염원했던 삶의 철저한 성화와 거룩한 제자로의 변화, 그리고 젊은이 선교와 공산권 선교에 관심을 갖고 선교열정을 고취시키는 설교도 많이 선포했다. 그는 제자훈련 목회를 통해서 내적으로 다져진 영적인 능력을 바탕으로 교회 밖의 사회적 문제들도 사역의 대상으로 삼았다. 그래서 이 기간은 사역의 외연이 확대되는 기간이기도 했다.

병고를 치른 후, 옥한흠의 사역의 분수령은 로마서 강해를 필두로 여러 방면으로 파급되었다. 무엇보다도 "로마 교회는 복음을 다시 들어야 했다"라는 제목의 설교를 통해 그가 강조하는 주제를 잘 요약해냈다. 그는 "복음"의 의미를 재발견하며 그것이야말로 그의 생각과 삶을 관통하는 기반임을 다시 한 번 확인했다. 복음에 대한 감격과 능력에 대한 확신은 오직 복음만이 세상을 바꿀 수 있다는 소망을 갖게 했다. 오직 복음을 품은 교회만이, 그리고 오직 예수 그리스도만이 이 세상을 변화시킬 수 있는 유일한 대안이라는 사실을 전혀 의심하지 않고 복음의 열정을 쏟으며 목회 사역에 매진하였다.

옥한흠은 극한 육적인 고통 속에서 깊은 영적 몸부림을 쳤던 것이다. 이 기간에 그는 자신의 신앙과 주님에 대한 헌신의 기초를 재검토했다. 병상에서의 고통을 통해서 그는 하나님의 말씀에 전적으로 순종하고 하나님의 실재를 확신하며, 완성된 그리스도의 사역과 성령의 현재 사역을 중시하는 진정한 그리스도의 제자로, 그리고 복음에 토대를 둔 삶의 자리를 찾아냈다. 특히, 로마서 말씀을 비롯한 성경의 진리에 깊이 헌신할 뿐만 아니라, 순간순간 그리스도께 전적으로 의존할 실존적 필요성을 절감하며 확신했다. 한마디로 말해서, "신앙의 실존적 차원"을 확인하는 과정을 뼈아프게 거쳤다.

예수께서 실제 인간 역사에서 이루신 일이 현재의 실재를 가능하게 만들었으며, 당시와 지금의 현실 세계 속에 하나의 연속성이 있음을 재발견하는 귀한 순간이었다. 완성된 그리스도의 구원 사역이 지각적이고 교리적으로 인식될 뿐만 아니라, 그의 실제 삶과 생각의 변화로 이어졌던 것이다. 이 사건은 그야말로 옥한흠에게 "진정한 영성"의 의미를 깨닫게 했던 것이다. 프란시스 쉐퍼(Francis Schaeffer)의 말에 의하면 진정한 영성의 핵심이란, "현존의 삶, 곧 완성된 그리스도의 사역과 성령의 능력에 힘입어 사는 삶의 중요성"을 깨닫는 것이다.[31]

옥한흠은 죽음의 문턱까지 다다르는 고통을 경험하면서, "죽음에 대한 준비"가 곧 "사는 법을 배우는 첫 단계"임을 배웠다. 그리고 죽음에 대한 이해도 청교도적으로 공유할 수 있었다. 청교도들은 그리스도인으로서의 삶을 "체력을 연마하는 체육관 내지는 천국에 들어가기 위하여 준비하는 탈의실"과 같은 것이라고 이해했다. 이 땅에서의 삶이 결코 영속적이지 않고, 잠시 지나가는 일과성(一過性)을 갖는다는 이 고전적인 기독교적 강조는 현대 복음주의에서 상당 부분 상실되었고, 한국 교회에서도 현세적 기복주의 신앙으로 편향된 지 이미 오래였다.

그런데 옥한흠은 자신이 겪는 육체적 병고의 아픔 속에서 진정한 유일의 위안이 되는 천국에 시선을 주목하고 고정시키며 살고자 몸부림 쳤다. 그는 "죽음에 대하여 생각했기 때문에, 매일 연장되는 생명의 고귀함을 절절히 느꼈던 것이다."[32] 어렸을 때부터 질병과 싸워왔던 옥한흠은 죽음의 그림자를 하나님의 구원의 은혜와 천국의 소망으로 걷어냈기에, 그의 삶과 사역에는 엄숙성과 진정성, 그리고 집중성이 존재할 수밖에 없었다.

옥한흠은 극한 고통의 터널 속에서, 주님이 평가하는 강함은 약할 때 나타나며, 진짜 강함은 인간의 약함 속에서 채워진다는 사실을 절감하였고, 그러한 능력을 로마서 강해설교를 통해서 체험하였다. 그는 훗날 이렇게 고백했다.

> 바울처럼 죽을 각오를 하면, 몸소 십자가를 체험하면 부활의 능력이 성도들에게서 나타날 것입니다. 강대상에서 말씀을 전할 때에 죽을 사

람이 죽어가는 사람들을 향해 마지막으로 설교한다는 마음으로 전하면, 생명과 부활의 능력이 성도들에게서 나타날 것입니다. 제 경우 로마서 강해가 그러하지 않았나 생각됩니다. 그때가 제게는 가장 어려운 시기였습니다. 사역은 하지만 내일을 기약할 수 없는 한 해였습니다. 성도들에게는 전혀 내색하지 않았지만 제게는 넘지 않으면 안 될 고비가 있었습니다.[33]

옥한흠이 건강을 회복해 가면서 몰입했던 로마서 강해설교를 통해서 그의 목회와 사역의 지평이 상당히 넓어졌다. 1992년 10월 25일, 그는 로마서 15장 22-29절을 본문으로 "선교 비전 땅 끝까지"라는 제목의 설교를 했다. 사도 바울의 선교적 관심이 끝없이 펼쳐진 본문의 내용을 소개하면서, 그의 가슴속에 품고 있었던 "땅 끝까지 복음을 전하겠다는 비전"이 사랑의교회 성도들 가슴속에도 있기를 희구하였다. 이러한 선교적 비전을 품으면, 성령의 역사하심과 임재로 우리 마음에 예수 그리스도를 주로 고백하며 자발적으로 증인의 삶을 살도록 인도하시고 바울의 꿈과 비전과 환상을 품게 된다고 선포하였다.

사랑의교회가 지역 사회를 복음화 시키는 일에 머물러서는 안 됩니다. 땅 끝까지 복음을 전해서 우리 예수님의 이름을 높이는 사람들이 온 세계에 가득하도록 만드는 것이 우리 모두의 꿈이요 소원입니다. 세계를 가슴에 품고 기도해야 합니다. 유능한 선교사들을 계속 발굴해서 파송해야 합니다. 우리가 쓰고 싶은 것 좀 아껴서 절약했다가 선교비로 지원해야 합니다. 그리고 우리 세대에게만 이 일을 맡겨서는 안 됩니다. 다음 세대에 하나님이 더 큰일을 하기 위해서 어린 자녀들의 교육에 정성을 기울여야 합니다. 이것이 우리 모두에게 주어진 과제입

> 니다. 해마다 목회자와 평신도 선교사들을 파송해야 할 것입니다. 뿐만 아니라 사업상 나가서 공장을 차리고 일하는 분들 또 파견근무를 하시는 분들이 자비량 선교사로서 우리는 많이많이 내보내야 합니다. 우리 교회는 앞으로 몇 명의 선교사를 내보내느냐 이 숫자 가지고 게임을 하고 싶지 않습니다. 숫자가 중요한 것이 아닙니다. 정말 허드슨 테일러처럼, 언더우드처럼 선교사들이 발굴이 되면 우리는 뒤에서 집중적으로 지원할 생각입니다.[34]

한국 교회가 선교적 과제를 감당해야 할 상황과 시점에 놓여 있음을 강조하면서, 옥한흠은 땅 끝까지 선교의 비전을 품고 나아가야 하지만, 동시에 주변의 가난하고 소외된 자들을 향한 구제와 봉사, 그리고 선교적 책임을 다해야 할 것을 촉구하였다. 사랑의교회와 한국 교회가 선교 행진에 나서면서 잊어서는 안 될 사항이 있다면, 그것은 바로 우리에게 복음을 전해 준 미국과 영국 교회의 선교사들에게 "신령한 빚"을 졌다는 사실이다.

그리고 하나님께서 한국 백성들과 성도들에게 베푸신 경제적 성장의 이유는 신령한 빚을 갚으라고 하는 시대적 요청임을 각성시켰다. 예수 그리스도의 구원의 은혜를 진정으로 경험한 성도라면 하나님이 그렇게도 원하시고 기뻐하시는 생명 살리는 일에 베풀어주신 교회의 부흥과 성장, 그리고 경제발전을 드려야 할 것을 촉구하였다. 하나님의 꿈은 세계를 복음화하는 것이기에 그 꿈을 이루기 위해 전심으로 헌신하도록 독려했다.[35]

이 시기에 한국 교회에는 장애우들과 환우들을 돌보는 사역에 대한 관심이 급증했다. 사랑의교회가 그동안 간헐적으로 해왔던 호스피스 사역을 1990년대 초반 본격적으로 시작했다. 옥한흠은 하루 24시간 절망적인 병을 안고 처절하게 죽어가는 환자들을 돌보는 사역자들과 봉사자들에 대해 늘 고마움과 존경의 마음을 갖고 바라보았다. 교회가 커져가고 수많은 성도들의 형편을 다 보살피지 못하는 가운데, 다양한 분야에 부름 받은 탁월한 부교역자들과의 동역이 얼마나 중요한지도 절감하였다.

자신이 육체의 병고를 경험하면서, 특별한 소명이 없이는 감당할 수 없는 어려운 사역을 감당하는 부교역자들에 대한 소중함을 "24시간 불침번 목사"라는 말로 칭찬했지만, 그들의 건강이 걱정되어 조심하라고 말해야 하는 안타까움이 그의 마음에 깊게 깔려 있었다. 그는 자신의 병고와 이러한 특별한 사역을 통해 생명의 소중함을 다시 한 번 깨닫고 "죽음의 요단강을 건너는 믿음의 사람들에게 부어주시는 하나님의 독특한 은혜"가 무엇인지를 발견하는 기쁨을 누렸으며, 또한 그런 공감의 폭이 더 넓혀지기를 원했다.[36]

병고와 많은 고난을 경험하고 나서 옥한흠은 설교자로서 갖추어야 할 거의 모든 자질을 구비할 수 있었다. 새뮤얼 홉킨스(Samuel Hopkins)는 조나단 에드워즈가 탁월한 설교가가 될 수 있었던 세 가지 자질들을 "설교를 작성하기 위해 그가 경험해야 했던 고통들," "영적인 문제에 대한 폭넓은 경험과 지식, 그리고 성경에 대한 지식," "자신의 마음을 확실히 이해했을 뿐만 아니라 영적 진리에 대한 기쁨"이라고 말하며, "진실되고 실험적인 태도" 또한 잃지 않았다고 진술한 바 있다.[37]

옥한흠이 설교자로서 탁월한 자질과 영향력을 갖추게 된 것은 병고를 겪고 하나님의 은혜를 더 철저히 인식한 후였다고 보는 것은 결코 과장이 아니다. 옥한흠이 하나님의 말씀을 선포할 때에 듣는 성도들에게 확신을 주고 영혼을 일깨우는 결과가 나타났으며, 설교의 메시지가 청중들의 마음과 양심에 파고들어 영혼들을 겸손하게 하고 말씀을 듣게 만드는 역사가 일어났다. 그의 병고 이후, 사랑의교회 성도들이 설교자 옥한흠을 통해 변화되는 역사가 더욱 현저하게 나타났다.

담임목사와 함께 이러한 고난을 경험했던 성도들의 상황은 이 시기에 부임한 이찬수의 회고를 통해 감지할 수 있다. 1992년 12월에 교육전도사로 사역을 시작한 이찬수에게 사랑의교회의 첫 인상은 세 가지였다고 한다.

> 첫째, 모든 주일학교 교사들의 헌신도가 매우 강했고, 교사뿐만 아니라 일반 성도들이 신앙적으로 성숙한 모습이었다.
> 둘째, 목회자와 교회에 대한 긍지가 매우 높았고 긍정적인 태도가 돋보였다.
> 셋째, 순장을 하면서 주일학교 교사나 부장을 하는 분들의 자세가 마치 목양하는 작은 목자와도 같았다.

시간이 지나면서 알게 된 것은, 이런 분들이 제자훈련을 통해 한 사람의 철학을 깊이 이해하고 철저한 훈련을 통해 성숙하고도 겸손한 평신도 지도자로 배양되었다는 사실이다.[38]

1990년대, 한국 교회는 문민정부 시대를 맞아 그전에 비해 예언자적인 사명을 많이 상실한 것은 부인할 수 없다. 이러한 변화의 배후에는 문민정부에다, 장로 대통령이 탄생했고, 민주화 노력에 대한 가시적인 성과가 어느 정도 이루어졌기 때문일 것이다. 그러나 우리 사회 거의 모든 분야에 만연한 부패의 고리들은 별로 잘려지지 않았다.

"한국 교회의 예언자적 비판력이 약화된 데에는 다름 아닌 사회에 대한 교회의 책임을 기피하는 것에 있었다"는 기독교 역사학자 이만열의 지적에 대해 한국 교회는 부인할 수 없을 것이다. 예레미야 선지자는 이렇게 언급하였다.

> 이 땅이 기괴하고 놀라운 일이 있도다. 선지자들은 거짓을 예언하며 제사장들은 자기 권력으로 다스리며 내 백성은 그것을 좋게 여기니 그 결국에는 너희가 어찌하려느냐(렘 5:30-31).

이 말씀은 곧 "예언자적 기능이 사라진 사회의 모습"을 대변해 주고 있다. 그 시절에 교회가 참 예언자적 사명을 잘 감당했더라면, 정치, 재계, 사회, 언론 등 여러 분야에서의 개혁과 부패척결을 통한 사회발전이 현저하게 나타났을 것이다.[39]

옥한흠은 이즈음 로마서 13장 1-7절을 "그리스도인과 정치적 책임"이라는 제목으로 설교하면서, "통치자의 권세가 하나님으로부터 왔기 때문"에 존경해야 하며 "통치자의 권력을 존중하지 않으면 권력을 주신 하나님을 멸시하는 것이나 다름이 없다"고 언급하였다.[40]

이 세상의 권력자들을 인정하는 것은 그들에게 권력을 주신 하나님을 인정하는 것이다. 그러면서 그는 "민주화라는 미명 아래 권위를 경멸하는 풍조가 만연하고 있는 것"을 탄식하였다. 그렇다고 해서 맹목적으로 통치자들의 권세를 인정하고 권위에 순복하라는 것은 아니고, "자유민주주의 국가에서는 얼마든지 시민불복종운동을 전개할 수 있는 것"을 강조하였다.[41] 옥한흠은 워터게이트 사건의 주범이었던 찰스 콜슨(Charles Colson)이 예수 믿고 변화된 뒤에 주장한, 시민불복종을 할 수 있는 경우 네 가지를 인용하면서 다음과 같이 역설했다.

> 정부가 교회의 역할을 대신하려고 하거나 하나님께만 드려지는 충성을 빼앗아 가려고 할 때 우리는 불복종할 수 있다고 했습니다. 국가가

> 양심의 자유를 제한할 때 우리는 불복종할 수 있다고 했습니다. 국가
> 가 하나님께서 명령하신 생명을 지키고 질서와 정의를 보존하라고 하
> 는 책임을 기만하고 무시할 때 우리는 불복종할 수 있다고 했습니다.
> 그리고 불복종한 결과에 대해서 책임을 질 수 있을 때 우리는 불복종
> 할 수 있다고 했습니다.[42]

옥한흠은 교회와 성도의 정치적 책임에 대해 가능한 한 성경적인 가르침에 근거하여 공정하게 전하고자 노력하였다. 아무리 정치나 경제나 사회의 여러 방면에서 실망스러운 점이 많아도, 이 나라의 권세는 하나님으로부터 오는 것을 믿기 때문에 절망하지 말자고 독려하였다. 또한 그는 현대의 문제들에 대해서도 적절하게 대응하는 설교를 외쳤다. 과거 어느 시대보다 경제적으로 윤택해진 삶을 누리고 있었던 그 시대의 성도들을 향하여 "성도들은 모두 예수님의 종이고, 예수님의 종이면 사치할 수 없고 과소비할 수 없다. 근검절약해야 한다"고 강조했는데, 그런 설교를 하기가 결코 쉽지 않았다.[43]

또한 기업을 운영하는 성도들이 많이 있는 교회에서 그는 과감히 이렇게 외쳤다.

> 예수님의 종 된 기업가가 어떻게 이익분배를 제대로 하지 않고 들어오
> 는 대로 제 주머니에 집어넣으면서 노동자를 직접 간접으로 착취할 수
> 있겠습니까?
> 절대 못하는 것입니다. 내가 싫어서 못하는 것이 아니라, 나의 주인 되
> 신 주님이 좋아하시지 않기 때문에 못하는 것입니다.[44]

"현대 산업 사회에서의 기업 경영자들의 바른 태도를 복음에 근거해

서 복음에 헌신된 종의 모습에 비추어 권면한 것"은 설교자로서 "매우 중요한 기여"가 아닐 수 없다.[45] 또한 우리 사회에서 "가진 자의 횡포, 기득권의 끝없는 욕망"을 지적한 것도 용감하고 귀한 일이었다.[46]

옥한흠은 성도들에게 두말할 나위 없이 모든 이들이 정직하고 거짓말하지 말아야 한다는 점을 강조했다.[47] 또한 그는 세금납세 문제,[48] 부동산투기 문제,[49] "유산안남기기운동"을 적극적으로 홍보하며 추천하는 일,[50] 동성애 문제,[51] 뇌사 문제,[52] 그리고 과소비 및 환경오염의 심각성[53] 등을 적절하게 부각시키며 그리스도인의 의식을 새롭게 각성시키는 선지자적 메시지를 선포하였다. 이러한 문제들은 모든 성도가 여전히 귀 기울여야 할 귀한 메시지다. 이외에도 성도가 국가와 정치 문제에 대해서도 바른 의식과 깊은 관심을 갖고 기도할 것을 촉구한 것은 매우 중요하고 귀한 일이라 할 수 있다.[54]

1990년대 중반에 이르면서 옥한흠은 성령의 은사에 대한 관심이 매우 많아졌다. 그는 제자훈련 목회와 성령의 사역을 어떻게 연결시킬 것인지에 대해 숙고했고, 제자훈련을 통해서 올바른 성령충만을 추구하고 더 집중하였다. 그리고 얼마 지나지 않아, 1998년과 1999년에 『다시 쓰는 평신도를 깨운다』를 마무리하였다. 당시 옥한흠은 전립선 때문에 고생이 심해 자신의 건강이 악화되는 상황에서 그리고 제자훈련 사역의 발전을 위해 여러 가지로 고민하던 가운데 성령의 은사 문제에 관심을 집중했다. 이때부터 세계화와 더불어 미국 교회에 대한 관심도 부쩍 늘어났다.

1997년에 옥한흠은 고성삼 목사에게 미국의 윌로우크릭교회와 새들백교회를 방문하고 사역을 보고하라는 과제를 부여했다. 그는 어떻게 하면 기존 신자들뿐만 아니라, 새신자들에게도 복음을 새롭고 효과적인 방법으로 전할 수 있는지에 대해 고민하고 있었다. 고성삼에게서 두 교회의 사역에 대한 보고를 들은 옥한흠은 새들백교회의 사역이 좀 더 성경적인 원리를 충실하게 반영하고 있고, 사랑의교회 상황에 적용가능하다고 판단하였다. 이로써 "새생명축제"를 시작하고 새들백교회의 사역을 새로운 상황에 적용하려고 부단히 노력하였다.[55]

성령의 은사에 대한 관심이 많아지자 조용기 목사와의 교제와 만남도 이루어졌다. 옥한흠과 조용기 사이에는 신학적인 차이가 있음을 충분히 숙지하고 있었지만, 옥한흠은 제자훈련을 발전시키기 위해, 자칫 지식적인 배움의 차원에만 머물게 되는 것을 피하려고, 자신이 갈급해하는 부분을 채우기 위해 과감히 조용기 목사를 만나 교제하게 되었다. 개인적인 교제만이 아니라 옥한흠과 조용기는 강단교류도 시도했고, 두 교회의 사역의 주된 특징이라고 할 수 있는 제자훈련과 성령 은사를 서로 접목시키고자 했다.

순복음교회의 제자훈련화를 위해서 500명이 넘는 교역자들에게 제자훈련을 실시하기도 했다. 이 일에 명성훈이 다리 역할을 하면서 많은 노력을 기울였지만, 고성삼에 의하면 이 시도는 결국 실패했다. 이러한 상황을 보면서 고성삼은 순복음교회나 조용기, 그리고 타교단의 교회들, 목회자들과 함께 한국 교회가 하나 됨을 추구한 것 자체는 큰 의미가 있지만, 본의 아니게 부정적인 결과도 생겼음을 부인할 수 없다고 밝혔다.

> 본인의 의도와는 다르지만 가서 설교하고 하나의 일치됨을 위해서 교류를 통해서 서로 싸우지 않고 하나 되는 긍정적인 결과를 얻었다면, 부정적으로는 어떤 면에서 장로교, 개혁주의, 그리고 복음주의에 속한 교역자들로 하여금 잘못된 은사주의를 건전한 비판 없이 무방비 상태로 받아들이는 계기를 제공하지 않았나 그렇게 생각한다.[56]

옥한흠이 1990년대 중반부터 후반에 이르기까지 지대한 관심을 갖고 사랑의교회 성도들에게 선포한 설교는 요한복음을 중심으로 한 강해설교였다. 그는 자신의 영어 이름도 "요한"(John)이라고 지을 만큼 예수님의 제자 요한을 좋아했고, 요한복음 메시지를 평생 사랑하고 애독하고 설교하였다. 그 이유를 그는 이렇게 언급했다.

> 요한복음을 펼 때마다 살아 계신 하나님의 아들 예수 그리스도의 생생한 음성을 들을 수 있기 때문이다. 요한복음에는 어느 복음서보다 더 풍성한 예수님 자신의 육성이 기록되어 있다.[57]

그렇지만 실제적으로 요한복음에 대한 본격적인 강해설교는 다소 늦게 준비되어 선포되었다. 그 이유는 "요한복음처럼 말씀이 간결하고 단순하게 표현된 진리일수록 설교하기가 훨씬 어렵다는 것을 경험적으로 알고 있었기 때문"이었다. 그리고 설교를 준비해 가는 과정에서도 그는 항상 "설교자의 미련함과 무지함으로 하나님의 아들의 영광을 가리지 않을까 하는 두려움을 떨쳐버리지 못한 것"도 한 이유로 작용했다.[58]

옥한흠이 65회에 걸쳐 행한 요한복음 강해설교 모두 주옥같은 말씀이지만, 요한복음 3장 14-21절을 본문으로 한 "이처럼 사랑하사"라는 설교는 특히 주목할 만하다. 그는 성경 전체의 요약이라고 할 수 있는 본문의 핵심인 "하나님이 세상을 이처럼 사랑하셨다"는 것을 주제로 하여, 이러한 사실을 좀 더 구체적으로 실감하도록 사도 바울의 에베소 교인들을 향한 애절한 기도(엡 3:18)에 표현된 사랑의 공간개념을 도입하여 설명하였다. 하나님의 사랑 자체가 초자연적이지만 그 "사랑의 넓이와 길이와 높이와 깊이"라는 4차원의 공간개념을 빌려서 그 의미를 효과적으로 전달하였다.

> 이제 초자연적인 사랑을 우리가 눈으로 보고 손으로 만질 수 있는 공간을 만들어 그 속에다 한번 넣어보자는 것입니다. 그렇게 해서라도 우리가 하나님의 사랑을 알고 체험할 수 있어야 합니다. 바울처럼 우리도 공간개념을 빌려 사랑의 높이와 깊이를 그리고 넓이와 길이를 재 볼 수 있다면 좀 더 쉽게 그 사랑을 가슴으로 느낄 수 있을 것입니다.[59]

그리고 적절한 예화들을 소개한 후에, 설교자는 우리를 향한 하나님의 사랑을 이렇게 표현했다.

> 하나님은 이처럼 사랑 때문에 우리가 하나님 나라에 들어가 하나님 자신이 누리고 계시는 그 영생과 복락을 함께 누리는 그날이 오기 전까지는 절대 행복하시지 못할 것입니다. 탕자가 돌아오기를 문 밖에서 날마다 기다리는 아버지의 비유나 한 마리의 잃어버린 양을 찾아 들을 헤매고 다니는 목자의 비유에서 이 사실을 충분히 확인할 수 있습니다. 이것이 바로 하나님의 이처럼 사랑입니다.[60]

그는 인자도 들려야 할 십자가에서의 죽음이야말로 하나님의 사랑의 극치라고 강조하면서, 누구든지 예수님을 믿기만 하면 "이처럼의 사랑"을 받을 수 있다고 독려하면서, 이 사랑이야말로 세상을 이길 수 있는 힘을 제공한다고 역설하였다. 하나님이 자기 사랑을 체험하라고 성령을 우리에게 부어주셨음을 로마서 말씀을 인용하여 설명한다.

> 우리에게 주신 성령으로 말미암아 하나님의 사랑이 우리 마음에 부은 바 됨이니(롬 5:5).

마지막 설교 부분은 말씀에 감격한 성도들과 함께 복음성가를 소개하면서 설교 메시지에 대한 성도들의 감성적 호응을 이끌어냈다.[61]

> 예수님 날 위해 죽으셨네. 왜 날 사랑하나. 죄 용서 받을 수 없었는데,
> 왜 날 사랑하나. 왜 주님 갈보리 가야 했나. 왜 날 사랑하나.

옥한흠은 이렇게 우리를 향하신 하나님의 지극한 사랑과 은혜를 주제로 수많은 설교를 했지만, 1997년에 불어 닥친 경제위기(IMF)로 고통 중에 있을 때, 그 어려운 연단의 시기가 왜 왔을까 영적으로 고민해야 한다고 하면서 자신부터 가슴을 치는 회개의 말씀을 선포하였다.

> 그동안 한국 교회 지도자들은 자아가 죽지 못해 주님을 따라가지 못한 일이 많았습니다. 교회가 성장하여 은과 금이 풍성해지고 자기 명성이 드러나다 보니 교회 지도자들의 자아가 오히려 되살아나, 하나님의 뜻을 위하여 자기를 드리기보다는 자기 뜻을 위해 뭔가를 해 보려고 이리저리 몸부림쳤습니다. 그래서 저는 하나님께서 우리를 이 어려운 지경에 몰아넣으신 것에는 이와 같은 고통스런 시간을 통해 우리를 산산이 깨뜨리시고, 한국 교회 지도자들을 산산이 깨뜨리셔서 그 깨어진 틈바구니로 하나님의 은혜의 샘이 솟아나게 하시려는 선하신 뜻이 있다고 믿습니다.[62]

회개를 촉구하는 대상은 비단 목회자들에게만 국한되지 않았다. 옥한흠은 성도들도 이 세상의 복을 추구하며 신나게 살아온 나머지, 주님의 뜻이 무엇인지 그리고 "주여, 어디로 가시나이까"에는 별 관심이 없고, 그저 "내가 어디로 갈 것이냐," "내가 무엇을 할 것이냐"에만 정신이 팔

려 정신없이 살다보니 "자아가 살아서 하나님의 일을 방해하는 일"이 너무나 많아졌음을 지적하였다. 그리고 옥한흠은 다음과 같이 말하였다.

> 그러므로 이런 IMF 한파를 통해서 우리 모두가 철저히 깨어질 수만 있다면 이 고통은 오히려 하나님께 감사할 고통이라고 생각합니다. 불평할 고통만은 아니라는 말입니다.[63]

하나님의 뜻을 이루기 위해서는 자아가 깨지고 죽어야 하고, 그 깨어진 자아에 깃드는 하나님의 은혜가 임하기에, 지금 당하고 있는 고통은 결국 불평의 요인이 아닌 감사의 조건이라고 위로하였다. 경제 위기로 고통당하는 현실을 영적으로 고찰하고 회개의 필요성을 강조하면서 하나님의 은혜를 사모하는 그의 설교는 정확하게 10년 후인 2007년에, 1907년 평양대부흥운동 100주년을 기념하는 예배에서의 설교를 예시하고 있다.

경제적 위기로 인해 한국 사회가 심각한 어려움을 겪는 시기에, 옥한흠은 무엇보다도 탐욕의 문제를 철저하게 경고하였다. "돈을 좋아하는 마음이 지나치면 그것만큼 불행한 일이 없다는 사실을 우리에게 엄중히 교훈하는 증인"이자 "하나님의 뜻보다 자기의 뜻을 고집하다 망한 사람"으로서 가룟 유다를 제시하며, 아무리 많이 쌓아놓고 있어도, 아무리 많이 누리며 살아도 인간의 욕심은 끝이 없는 법이라고 외쳤다. 탐욕이란 무섭고 끈질긴 것으로 우리로 하여금 "조금만 더… 조금만 더…" 하면서 주님이 기뻐하시는 일은 가능한 한 뒤로 미루어놓은 채 돈과 쾌락에만 관심을 갖게 하고, 결국 파멸로 빠뜨림을 뼈아프게 지적하였다.

> 이와 같은 탐욕은 결국 영혼의 파산으로 치닫게 된다는 사실을 분명히 기억하시기 바랍니다. 회사만 부도나는 것이 아닙니다. 가룟 유다처

럼 우리의 영혼도 부도날 수 있습니다. 국가만 부도가 나는 것이 아닙니다. 우리의 신앙생활도 파산할 수 있습니다.[64]

옥한흠은 IMF 경제적 한파를 통해 사랑의교회 성도들이, 아니 한국교회 전체가 "철이 들 때"가 되었다고 다음과 같이 반문했다.

> 지금처럼 사람이 떡으로만 사는 것이 아니오, 하나님의 입에서 나오는 모든 말씀으로 산다는 말씀이 진리라는 것을 고백할 수 있는 호기가 또 어디 있겠습니까?

그는 탐욕의 노예이면서 마치 그리스도의 제자인 것처럼 살아가는 우리의 이중적인 모습을 지체하지 말고 청산해야 한다고 외치면서 진실하고도 철저한 회개의 필요를 강조하였다. 단순히 위기를 벗어나게 해달라는 간청이 아니라, 또는 어려운 상황 속에서 피할 피난처를 제공해달라는 호소가 아니다.

> 하나님 앞에서 무엇을 달라고, 어떻게 해달라고 구하기에 앞서 과연 우리 자신이 그동안 하나님 앞에 바로 살았는지를 돌이켜 보고 잘못된 것들에 대해 마음을 찢고 머리에 티끌을 쓰고 재에 앉아서 하나님 앞에 회개해야 한다는 사실입니다. 달라고 하기 전에 진실로 회개부터 해야 합니다.[65]

옥한흠은 이처럼 기회가 있을 때마다 "적당한" 회개가 아닌, "철저한" 회개를 외친 선지자적 설교자였다.

옥한흠은 이 시기에도 참된 제자라면 어떤 삶을 살아야 하는지를 주제로 변함없이 설교했고, 이는 다수의 설교집들로 출판되었다. 그는 그리스도를 믿는 참된 성도로서 그리고 제자로서의 "거룩한 자존심"을 회복하고 이 세상에서 변혁적 삶을 살도록 촉구하였다.『그리스도인의 자존심』이라는 설교집 서문에 그는 자신의 생각을 이렇게 밝혔다.

> 우리가 잘 아는 것처럼 누구든지 예수님을 구주로 고백하는 것은 곧 자기 자신을 세상 사람과 차별화시키는 엄숙한 결단을 의미한다. 이 차별화는 즉시 거룩한 자존심으로 자리매김을 하여 우리의 마음과 언동을 지배하는 원리로 작용하게 된다. 따라서 이 세대를 본받지 않고 하나님의 뜻에 순종하고자 하는 강한 의지를 가지게 된다. 그러므로 그리스도인은 자신의 거룩한 자존심을 해치는 일을 함부로 할 수 없게 된다.[66]

옥한흠은 이 세상에 살면서도 다르게 살아가야 할 제자의 삶의 시작은 바로 자기 신분에 대한 자각에 있다고 생각했다. 자신의 신분을 자각하면 거룩한 자존심을 회복할 것이고, 거기에 따른 삶의 변화가 수반될 것이라는 확신이 있었다. 그는 사도행전부터 요한계시록까지 예수 믿는 사람에 대한 호칭이 "믿는 자"에서 "제자," "그리스도인," 그리고 "성도"순으로 바뀌고 있음을 주목하면서, 성경 전체가 성도의 정체성을 "세상과 구별된 거룩한 사람"으로 언급하고 있다는 사실에 주의를 환기시킨다.

"우리 예수 믿는 사람은 다른 사람과 반드시 구별되어야 한다."[67]

그러므로 신자와 불신자 사이에 그어놓은 선이 희미해지면 하나님의 심판이 따라오게 되어 있으며, 현재야말로 이러한 구별이 매우 모호한 시대임을 지적하였다.

이 시대의 믿는 자들이 직시해야 할 사실은 세상 사람들이 그리스도인을 개인적으로 평가하기보다는 집단적으로 평가하고 있다는 것이다. 그는 "교회는 가장 큰 응집력을 가진 집단"이기에 기독교의 진면모가 무엇인지를 보여줄 수 있어야 한다고 언급하였다.[68] 그렇기 때문에 성도는, 개인적인 차원에서뿐만 아니라 교회적인 차원에서도 세상 사람들과 분명하게 구별되는 삶의 회복이 절실하다는 사실을 각인시킨다. 그는 성도들의 신분을 당당히 밝히지 못하고 세상 속에 적당히 숨어 사는 성도들을 향하여 준엄하게 질책하였다.

그것은 출세지상주의나 이기주의 등의 이상한 모자를 눌러써서 이마에 있는 하나님과 예수님의 이름을 가리는 행위입니다. 우리 사회가 건강하고 우리 민족이 바르게 살아가려면, 각 곳에 흩어져 있는 모든 성도들이 그 모자를 벗고 자신의 신분을 분명히 밝힐 수 있어야 합니다.[69]

제11장

후기(1999-2003) 설교 주제들
(제자 됨, 사회적 문제들, 교회갱신과 연합 등)

사랑의교회 설립 20주년을 맞이하는 1998년 이후부터, 옥한흠의 사역의 테두리와 설교의 폭이 상당히 넓어졌다. 이 시기에도 "예수님을 닮는 제자가 되자"라는 설교는 여전히 계속되었지만,[1] 옥한흠은 한국 교회의 갱신과 연합, 그리고 일치에 적극적으로 나서기 시작하였다. 물론 그는 변함없이 기독교 신앙의 주요한 내용을 설교하고 선교를 비롯한 다양한 과제를 강조했다. 다만 그 이전의 설교들과 비교될 수 있는 변화는 교회의 갱신과 개혁에 대한 지대한 관심이 급증했다는 것이다.

그는 당시 사회적인 문제로 부각되었던 목회자의 세습, 교단의 부패상, 그리고 각종 비리 사건에 기독교인들이 연루되는 현실을 바라보면서, 한국 교회가 위기에 처해 있음을 심각하게 인식하게 되었다. 하나님 나라의 관점에서 볼 때 한국 교회가 새롭게 변화되지 않고서는 세상의 빛과 소금의 역할을 할 수 없음을 절감하였다. 이때부터 그는 "강하게 한국 교회를 의식"하면서 호소하였다.

"교회 안에서만 좋은 크리스천이 아니라, 좀 더 세상에 나가서 사회생활 잘하고, 구체적으로 세상의 빛이 되고 하나님의 주권 영역을 많이 강조하였다."[2]

1990년대 후반, 옥한흠은 한국 교회의 성도들이 교회 내의 삶과 교회 밖의 삶이 다른 소위 "이중적 삶으로 인한 '영적 분열증'"을 앓고 있어 생명력을 상실한 무기력의 위기에 있음을 심각하게 인식했다. 그는 특히 기독교인들이 사회로부터 지탄을 받는 안타까운 현실을 목격하면서 그 원인이 목회자들이 교인들에게 "기독교의 개인적인 책임과 공적인 책임을 균형 있게 가르치지 못했기 때문"이라고 판단했다.

"교인들은 개인적인 구원에 대해서는 귀가 아프도록 들었지만, 공동체의 일원으로서 사회적인 책임과 의무에 대해서는 그렇게 충분한 가르침을 받지 못했다"는 자책감을 마음에 품고 있었다.[3] 기독교는 개인의 구원을 위한 종교이면서 동시에 이 세상을 위한 종교인데도 불구하고, 한국 교회의 현실은 "기독교가 개인의 전유물"처럼 되어버렸고, "예수님이 '만유의' 주요 '온 세상의' 구주가 아니라 '나의' 구주로 소인화"되었기 때문에 "교회는 더욱더 무기력해졌고, 이 사회에 아무런 영향력도 미치지 못하는 비참한 존재"가 되어버린 상황을 몹시도 안타까워했다.[4]

예수 그리스도의 제자로서 바로 살면 세상은 바뀔 수밖에 없는데, 기독교를 "나"만 위한 종교로 사유화하니 교회가 공적으로 이 사회와 국가를 위해 담당해야 할 책임을 등한시 하게 되고 신앙과 삶 사이의 심각한 괴리가 이러한 지경에 이르게 됐다는 것이다. 옥한흠은 이때부터 한국 교회의 회개가 절실히 필요하다는 사실을 깨닫게 되었다. 그는 이렇게 외쳤다.

> 그러므로 우리가 그동안 정직한 의인으로 살지 못했던 죄를 회개하고 돌이켜야 합니다. 한국 기독교계에 일대 회개운동이 일어나야 합니다.[5]

그래야 점점 더 부패해져가는 사회를 변혁시킬 수 있는 교회의 예언자적 사명을 회복할 수 있다고 확신했다. 이 시기에 옥한흠은 목회자로서 심각한 고민을 하고 있었으며, 사랑의교회의 영적 상태를 점검하면서 사역에 임하였다. 그는 2000년 초반에 산상수훈을 강해설교하면서 이런 고백을 했다.

> 지난 몇 년간 심적 고통을 겪을 때가 많았습니다. 조금만 잘못해도 성도들의 영혼이 병이 들고, 교회가 엉뚱한 길로 가기 때문에, 하나님의 교회를 목양할 책임을 맡은 자로서 성도들을 볼 때마다 두려움에 휩싸였습니다. 그리고 제 자신의 연약함으로 인해 고통스러웠습니다. 그럴 때마다 제가 보는 하나님은 불쌍히 여기시는 하나님이었습니다. 기도할 때마다, 찬송할 때마다 제 눈앞에 나타나시는 하나님은 불쌍히 여기시는 하나님이었습니다.[6]

당시 사랑의교회는 외형적으로 보면 성장일로에 있었고, 설립 20주년을 지나면서 한국 교계뿐만 아니라 대사회적인 영향력도 증가하고 있었다. 하지만, 목회자 옥한흠은 수년간 자신의 내면을 돌아보면서 성도들에 대한 두려움과 교회에 대한 걱정, 그리고 자신의 연약함 때문에 고통의 시간을 보냈다. 이러한 영적인 점검이 있었기에 예수 그리스도의 산상수훈 강해설교를 하면서 자신과 사랑의교회를 향하여 외치고 제자도의 본질에 충실하게 된 것으로 보인다. "불쌍히 여기시는 하나님"을 바라보면서 그는 계속 정진하였다.

성도와 교회의 진정한 본질과 사회적 영향력은 결국 예수님의 참된 제자 됨에서 시작된다는 사실을 옥한흠은 변함없이 강조했다. "예수님을 믿는 사람의 진짜 자화상"은 산상수훈 속에 명쾌히 드러나 있으며, 산상수훈을 조금이라도 아는 불신자들이 "예수님을 믿는다는 소리를 하려면 '적어도 이 말씀과 엇비슷한 인격과 삶을 보여야 돼'"라고 생각하고 있다는 사실을 그는 누구보다도 잘 인식하고 있었다. 그리고 아무리 세상이 악해도 그들이 "산상수훈대로 사는 성도들이 있는 교회"를 간절히 기대하고 소망하고 있음을 직시하고 있었다. 그렇기 때문에 옥한흠은 그의 목회 사역 후기에 산상수훈에 대한 강해설교를 선포하기로 작정하고 이렇게 언급했다.

> 산상수훈은 한국 교회가 살고 우리가 다시 빛을 발할 수 있는 길이 어디에 있는지를 대답하고 있습니다. '우리가 흠이 없는 자가 되어야 한다'는 말이 아닙니다. '우리가 오를 정상이 어디인가를 분명히 하자'는 것입니다. 그 정상은 '작은 예수'가 되는 것입니다.[7]

작은 예수가 된다는 것은 하나님의 은혜로 거듭난 성도들이 예수님의 거룩한 성품을 소유하고 닮아가는 것을 의미한다. 산상수훈 속에 나타나는 "팔복은 예수님을 닮아가는 한 사람의 온전한 성품"을 가리키며, "이 여덟 가지는 사실 예수님 자신의 성품"이며, 이런 이유 때문에 "팔복을 예수님의 초상화"라고 부르는 것은 결코 이상할 것이 없다고 옥한흠은 설교하였다.[8]

진정한 구원은 단순히 천국에 들어가고 내세적 구원만을 의미하는 것이 아니라, "작은 예수가 되는 것이다. 예수님을 믿고 구원받았다는 말은 예수님을 따라가는 자요, 예수님을 닮은 자요, 결국에는 예수님과 똑같은 사람이 된다는 것을 의미한다"고 외쳤다.[9]

이렇게 예수님을 닮으면 닮을수록 성도들의 진정한 행복의 순도는 더 높아질 것이며, 그러한 성품이 삶으로 드러나면 결국은 세상 속에서 성도의 빛됨과 소금됨은 더욱 진가를 발휘할 것이다.

설교자 옥한흠은 평생 자신을 철저히 돌아보며 교회를 마음에 품고 목양일념으로 달려왔지만, 항상 그의 시선은 하나님께 고정되어 있었다. 하나님을 더욱 깊이 알아가고, 하나님을 더욱 가까이서 보는 사람은 마음의 병을 치유 받을 수 있음을 경험했기에 하나님을 향한 믿음의 발걸음에는 조금도 지침이 없었다. 그에게 신앙의 본질은 그리스도의 은혜로 인하여 하나님께 더 가까이 다가가는 것이었다. 그는 이렇게 성도들에게 외쳤다.

> 건강한 신앙생활이란 거룩하신 하나님을 보고자 하는 열정의 연속입니다. 건강한 신앙생활이란 하나님을 더 많이 알고자 하는 갈망의 연속입니다. 우리는 하나님을 알기 위해서 창조되었습니다. 우리는 거룩하신 하나님을 알기 위해서 살고 있습니다.
> 영생은 무엇입니까?
> 하나님을 아는 것입니다.[10]

수많은 교인들이 사랑의교회로 몰려드는 상황에서 옥한흠은 상당한 부담감을 안고 있었다. 그는 자신을 비롯하여 대형교회의 유명세를 타는 목사들과 그들의 설교가 부각되기를 원치 않았다. 그는 성도들에게 하나님을 만나고, 하나님을 신령과 진정으로 예배하기 위하여 신앙의 초점을 맞추라고 신신당부하였다.

> 여러분! 저를 보고 교회에 오시면 안 됩니다. 제 설교를 듣기 위해서 교회 오시면 안 됩니다. 하나님 앞에 예배하기 위해 오셔야 합니다.[11]

그는 참설교자이자, 그리스도의 제자였으며, 진실한 한 성도의 자세를 견지했다.

1990년대 후반에 옥한흠은 다양한 사회적 문제들에 대해서도 선포하였다. 이 시기에 옥한흠은 목사의 설교는 단지 교인만을 상대로 해서 전하는 것이 아니라, "사회와 국가를 향해 외치는 하나님의 진리요, 선지자의 외침"이라는 사실을 새삼 깨닫고 한국 사회의 부패 문제를 지적하는 선지자적 외침을 토해냈다. 그러한 각오를 그는 이렇게 언급했다.

> 저는 부패한 이 사회를 놓고 교회가 어떻게 해야 할 것인가를 가르치기 위해서라도 뇌물에 대해 설교를 해야겠다고 생각했습니다.[12]

그리고 이 시기에 옥한흠의 마음속에는 교회의 거룩성 회복과 교회갱신에 대한 관심이 점증하고 있었다.

부정부패와 뇌물로 인해 공권력이 흔들리고 양심이 마비되어가는 이 마당에 다음과 같은 질문이 옥한흠의 마음에서 떠나지 않았.

"교회가 어떻게 해야 병든 사회를 치료하고 이 나라를 위기에서 구출할 수 있을까?"

그러나 이러한 상황에서 분명하게 말할 수 있는 것이 있다면, 그것은 바로 예수 믿는 사람들의 영향력을 극대화해 나가는 것밖에 없다는 것이 그의 대안이었다.

> 다시 말해 우리가 더 밝은 빛이 되고, 더 짠맛을 내는 소금이 되어서 기독교의 영향력이 이 사회 구석구석에까지 미치게 만들어야 한다는 것입니다. 이것 외에 다른 길은 없습니다.[13]

이 시기 남북 문제도 옥한흠의 주요한 관심사 중의 하나였다. 2000년 6월 13일, 한국 사회는 분단된 남북의 최고 통치자들이 평양 순안공항에서 함께 만나 활짝 웃으며 서로 반기는 모습에 벅찬 감격을 경험하였다. 군인과 민간인을 합쳐 450만 명 이상의 인명피해를 냈던 악몽 같은 6·25전쟁이 발발한 지 50년을 보내면서 옥한흠도 그동안 그의 마음 속에 깊게 자리 잡고 있었던 "우울한 감정을 한꺼번에 날려버릴 정도로 엄청난 충격과 벅찬 감격"을 맛보았다고 설교에서 언급하였다. 그는 남북정상을 향하여 "틀림없이 그 순간 그들은 하나님의 아들"이었다고 언급하였다.

> 화평케 하는 자는 복이 있나니 저희가 하나님의 아들이라 일컬음을 받을 것임이요(마 5:9).

이 말씀에 비추어볼 때, 두 정상뿐만 아니라 이 일을 위해 수고한 모든 사람이야말로 하나님의 아들이라고 생각하지 않을 수 없다고 고백했다. 남북 간의 화해를 위해 노력한 자들을 높이 평가하면서, 사랑의교회 성도들로 하여금 남북의 화해와 통일에 대해 더욱 깊은 관심을 갖도록 촉구했다.[14]

이러한 화해의 기초는 결국 가정과 교회가 그 본질적인 기능에 충실할 때에 견실하게 이루어진다는 사실도 결코 잊지 않았다. 교회가 제구실을 하고, 교회에 출석하는 사람들이 하나님의 말씀대로 살려고 할 때에는 웬만한 갈등이나 충돌은 교회 안에서 서로 기도하면서 해결해왔는데, 이러한 기능이 상실되면서 한국 사회, 특히 교회마저도 갖가지 소송들이 봇물 터지듯 만연해 가고 있는 현실을 통탄해했다. 그래서 이러한 분열과 분쟁을 어떻게 하면 화평케 하는 사명을 통해 극복해 나갈 수 있느지를 선포했다. 그것은 원수된 것을 소멸시킬 능력이 담겨 있는 십자가의 복음을 확실하게 믿고 그 복음을 전하는 것으로, 복음은 거듭난 삶에 용서와 화해의 바탕이 된다.

그는 이 사건으로 화해의 사도가 될 뿐만 아니라, 평화를 깨지 않으려고 있는 힘을 다해 노력해야 그 화해가 유지된다는 것도 강조했다. 6 · 25전쟁이 발발한 지 반세기가 지났지만, 여전히 남북분단의 상태가 계속되고 있는 조국의 현실을 바라보면서 옥한흠은 "화평케 하는 자가 하나님의 아들"이라는 설교를 이렇게 마무리했다.

> 남북이 반세기가 넘도록 갈려 있는 이 땅, 동서가 지역감정으로 깊은 골을 안고 씨름하는 이 불행한 나라에 예수님을 믿는 우리가 하나님의 아들로서, 피스 메이커로서의 모습을 보여주지 못한다면 이 땅에 무슨 소망이 있고, 평안이 있겠습니까?
> 우리 모두가 하나님의 아름다운 피스 메이커가 되어야 합니다. 이 사명을 가지고 이 사회를 치유하고 이 나라를 치유합시다. 그러면 하나님이 이 땅을 복 주실 것입니다.[15]

2000년대에 들어서면서 한국 사회는 여러 면에서 풍요로워졌다. 그러나 부(富)와 향락의 문제로 인하여 개인과 가정 윤리가 무너지고, 사회 기강도 허물어졌다. 이 시기에 옥한흠은 누가복음 12장 16-21절을 중심으로 "어느 부자의 생각"이라는 설교를 통해 부에 대한 신앙인의 바른 자세를 촉구했다.[16] 예수님을 믿게 되면 성령을 주시고, 성령은 우리의 옛 생각을 청소해버리고 "새로운 생각, 거룩한 생각, 하나님이 기뻐하시는 생각"을 우리 마음에 심어준다고 역설하였다. 육체의 소욕대로 사는 사람은 결국 사망으로, 성령의 소욕대로 사는 사람은 결국 생명과 영생으로 인도한다는 사실을 강조하였다.

옥한흠은 사랑의교회와 성도들의 신앙에 대해서도 변함없이 지대한 관심을 갖고 있었지만, 교회 밖의 이슈들에 대해서도 많이 선포했다. 이렇게 그의 설교 주제는 다양화하고 넓어져갔지만, 그 중심에는 여전히 한 영혼이 하나님께로 돌아옴으로 말미암아 하나님께서 가장 기뻐하실 그것을 위해 매진해야 할 것을 강조했다.

그는 "영원한 것을 얻기 위하여 영원하지 못한 것을 버리는 자는 결코 바보가 아니다"라는 짐 엘리어트(Jim Elliot)의 말을 인용하면서 하나님께서 가장 기뻐하시는 영혼구원에 대한 초점을 결코 잊지 않고 그의 설교와 제자훈련 목회를 전개해 나갔다.[17] 구원의 확신을 소유하고 하나님의 놀라운 사랑과 은혜에 흠뻑 젖은 자들, 하나님의 사랑에 매료된 자들, 그리고 자신의 뜻보다 하나님의 뜻을 앞세우는 자들이 되어야 "작은 자가 천을 이루는 교회"가 될 수 있다는 선교적 비전을 사랑의교회 성도들에게 불어넣었다.[18]

2002년 12월 8일, 그는 사랑의교회 주일예배 설교에서 "나라에 의인이 많아지려면"이라는 제목으로 한국 교회와 성도의 사회적 역할과 책임을 강조했다. 가장 중요한 전도에 교회가 역점을 두어야 사회변화의 기반이 조성된다는 기존 입장을 견지하면서도, 옥한흠은 좀 더 적극적으로 사회에서 교회의 역할을 다해야 사회의 변화가 일어날 수 있음을 힘주어 역설했다. 사회봉사에 더 큰 참여를 요구하면서, 사회참여 없이는 사회변혁은 요원할 수밖에 없다고 하는데, 이는 그의 인식의 변화를 암시하고 있다. 그는 다양한 방법과 수단을 동원하여 성도들의 좀 더 적극적이고 실제적인 사회참여를 독려했다. 이러한 과정에서 교회를 통해 건설적인 변화가 일어나지 않는 요인들을 열거하면서, 기독교인들이야말로 근대화와 경제번영의 혜택을 가장 많이 누리고 있는 계층이 아닌가라고 반문하고, 이미 기득권층이 되어버린 기독교인들이 누구보다도 개혁과 사회변혁을 꺼리는 대상이 되지 않았는지를 힐문한다.[19]

바야흐로 한국 교회가 개혁과 변혁의 대상이 되어버렸다는 옥한흠의 외침은 지나친 진단일까?

한국의 기독교가 초기부터 개화와 항일운동, 그리고 근대화에 미친 영향을 긍정적으로 평가하면서도, 오히려 교회가 이제는 새로운 변혁을 향한 노력에 장애가 되고 있다는 옥한흠의 진단과 비판은, 한국 교회와 성도가 깊이 새겨야 할 것이며, 자기쇄신을 위한 몸부림 없이는 교회갱신과 사회변혁은 실현되기 어려운 우리 시대 과제임을 부인할 수 없다.

1970년대 이후 근대화와 경제번영이라는 시대적 흐름 속에서 한국 교회는 교파를 초월하여 현세적 기복신앙에 매몰되어 갔고, 감각적인 신앙이 우세한 특징으로 자리 잡으면서, 한국 기독교의 개혁적 성향이 약화된 것은 아무도 부인할 수 없을 것이다. 기독교인들이 이제 한국 사회에서 경제적·사회적 기득권층의 주요한 일부가 되면서, 변화에 미온적인 입장을 취하고 있는 현재의 모습은 반드시 개혁되어져야 할 요소다.

이렇게 한국 사회에 만연한 도덕적 부패 문제, 사회윤리의 타락 현상, 그리고 강남 문화 속에 배어 있는 많은 부정적인 문제들에 대해 과감히 지적하는 수많은 설교를 했다는 점에서 옥한흠은 "가히 용감한 설교자"라고 할 수 있다.[20] 그는 우리나라의 정치의 문제점들, 특히 지역주의와 금권주의, 그리고 유익하면 어떤 것이든지 다 이용하는 문제점을 지적하기도 했고, 그리스도인들이 어떻게 대처해야 하는지에 대해서도 때때로 설교에서 언급했다. 이러한 설교들은 단지 설교자로서 사회적 문제들을 지적하는 차원에서만 선포한 것이 아니었다. 그 설교는 자신도 설교한 메시지대로 살고자 노력하면서 선포한 설교이기에 더욱 의미가 있다.

예를 들면, 젊은이들에게 앞으로 어떤 일을 하다가 물러날 때에 잘 물러날 것을 강조하고, 자신도 그런 다짐을 하는 설교를 했으며,[21] 시간이 흘러 실제로 그 말씀대로 실천한 것을 보면 그가 입술로만 설교한 것이 아니었음을 보게 된다. 이러한 사실은 "기독교의 영향력이 사회 곳곳에까지 미치기를 원하는 한 설교자의 설교와 실천을 잘 보여주는 것이다. 그런 의미에서 그의 설교는 대사회적 설교의 특성도 있다고 할 수 있다."[22]

옥한흠은 이렇게 외쳤다.

> 우리는 선지자의 목소리를 내야 합니다. 교회는 세상에서 비상벨 역할을 해야 합니다. 나쁜 것은 나쁘다고 말해야 합니다. 위험하면 위험하다고 소리쳐야 합니다.[23]

이러한 변화의 배후에는 옥한흠의 종말론적인 균형 인식을 꼽지 않을 수 없다. 옥한흠은 내세지향적인 특성과 함께 현실 중심적인 특성을 균형 있게 설교를 통해 선포했다. 성도로서 그리고 교회로서 항상 내세를 사모하고 미래적인 종말론적 소망을 지향해야 하지만, 그렇다고 해서 현실 도피적이거나 현실에 몰입하는 태도 역시 지양하면서 현실의 문제들에 대해서도 지대한 관심을 가져야 함을 역설했다.

그는 특히 한국 교회가 근대화와 민주화를 동시에 수행해 나가는 과정에서 보여준 그릇된 태도를 개선해야 함을 그 누구보다도 강조했다. 특별히 역사를 책임져야 할 지도자들이 그 과제를 소홀히 할 때, 그리고 진실을 규명해야 할 사건들에 침묵할 때, 한국 교회를 향하여 선지자적인 직언도 유보하지 않았다.[24]

옥한흠의 사역 후기에는 환경과 생태계에 대한 관심이 많아졌고, 이와 관련된 내용이 설교에 종종 언급되었다. 제자훈련에 몰입하다 보면, 자칫 관심사가 개인적이고 사적인 영역에 제한될 수 있는 여지가 농후한 것이 사실이다. 하지만 제자도는 하나님과 이웃에 대한 의무를 더 넓은 시각으로 볼 수 있도록 관심의 폭을 넓혀준다. 그중의 하나가 "창조된 환경을 돌보는 일"이라고 할 수 있다.[25]

옥한흠은 하나님의 창조된 세계를 보존하고 자연질서 보존을 통한 인류사회의 번영을 21세기 최대의 과제로 인식하고 있었다. 사실 이 주제에 대한 설교는 많지 않지만, 그가 깊은 관심을 갖고 선포한 것은 사실이다.

그는 말씀 선포를 통해서 환경오염과 자연파괴 문제가 얼마나 심각한지, 그리고 우리의 일상생활에서 환경보호를 위한 노력들, 자연과 인간을 향한 하나님의 의도를 얼마나 잘 이행하는지를 설득하고 독려한다. 특히 "오병이어의 기적"이 기록되어 있는 요한복음 6장 8-13절을 근거로 선포한 "희망은 있습니다"라는 설교에서, 옥한흠은 한국 교회 목회자들의 전형적인 헌신의 자세를 강조하는 설교와는 다르게 "남은 조각을 거두어버리는 것이 없게 하라"는 주님의 말씀을 통해 21세기 최대의 이슈인 자연보호 문제를 설득해 나간다. 예수님의 절약정신을 살려 "병든 한반도를 치료하여 금수강산을 만들어가자!"는 옥한흠의 외침은 심각한 자연파괴와 환경오염으로 중병을 앓고 있는 우리의 국토와 미래의 후손들을 위한 예언자적 소리가 아닐 수 없다.

옥한흠은 이러한 선포에만 만족하지 않고, "기독교환경운동연대"에 참여하여 시대적 과제에 대해서도 매우 적극적인 입장을 취한다.[26] 이러한 면에서 옥한흠은 단순히 경건주의적이거나 복음주의적인 차원에만 머무는 것이 아니라, 인류와 세계의 모든 영역을 향한 하나님의 의도를 파악하고 수행하려고 하는 "개혁주의적인 세계관을 철저하게 신봉하고 있는 설교자"였다고 말할 수 있다.

옥한흠은 예수님의 산상수훈을 설교하면서도, "자연보호에 앞장설 수 있어야 소금과 빛이 될 수 있습니다"라고 외쳤다. 굳이 미래를 우려하는 학자들의 연구를 인용하지 않아도, 우리의 주변에 환경오염과 파괴가 얼마나 심각한지를 환기시키면서, 당면한 현실을 고발한다.

> 세상이 변해 20년 전에 남의 이야기같이 들리던 것들이 오늘날 우리 발등에 떨어진 불이 되었습니다. 더 잘 먹고, 더 많이 즐기기 위해 자연을 함부로 파괴한 결과, 대기 온도는 점점 올라가고 날씨는 어떻게 변할 줄 모르는 공포의 대상이 되었습니다.[27]

그러면서 현재 한국 사회가 당면한 환경 문제에 대해서도 경고했다.

> 우리나라만큼 환경 파괴를 예사로 하는 나라가 또 있는지 모르겠습니다. 우리 민족만큼 후손의 내일을 걱정하지 않는 무책임한 백성이 또 있는지 모르겠습니다. 매사에 '나 하나 잘살다 가면 그만'이라는 식이 의식이 밑바닥까지 팽배해 있습니다.[28]

설교자 옥한흠은 자연파괴와 환경오염 문제를 경고만 하고 지나가지 않았다. 그는 환경운동의 정신적 스승이라고 불리는 레스터 브라운(Lester Brown)의 인터뷰 기사 내용 중에 다음과 같은 말이 그의 마음에 화살처럼 깊이 박혔다고 언급했다.[29]

"만일 우리가 지금처럼 환경을 계속 파괴해 가면 우리 후손은 우리를 절대로 용서하지 않을 것입니다."

그리고 성도들을 향하여 권면하며, 자신도 이 문제를 해결하기 위해 작은 실천부터 실행해 나간다고 고백한다.

> 지금부터라도 파괴되어가는 자연 앞에 심각한 고민을 안고 씨름해야 합니다. 하나님이 6일 동안 창조하시고 우리에게 주신 이 아름다운 자연, 하나밖에 없는 지구를 살리고 보존하기 위해서, 그리고 우리 자손에게 아름다운 땅으로 물려주기 위해서 어떻게 해야 빛이 되고 소금이 될 수 있는가를 고민해야 합니다.[30]

생태계와 환경 문제에 대한 관심도 절제의 미덕이 보편화되었을 때에 해결할 수 있다. 절제는 자신의 야망과 욕심에 노예가 되지 않고, 그것을 통제할 수 있는 마음의 여유와 여백이 있을 때 가능하다. 세상 속에서의 우리의 신분은 결코 감출 수가 없다.

> 너희는 세상의 빛이라 산 위에 있는 동네가 숨기우지 못할 것이요
> (마 5:14).

우리 주님도 말씀하셨듯이, 제자의 삶은 숨길 수가 없고 드러나기 마련이다. 그러므로 "우리는 이 노출성을 최대한 이용해야 합니다"라는 옥한흠의 외침은 너무도 강하게 우리의 마음에 와 닿는다. "좋아, 어디 가도 우리 자신을 숨길 수가 없다면 빛으로서 살자, 소금으로서 살자"는 우리의 각오는 굉장한 파급효과를 가져올 수 있다는 그의 제안은 더 이상 연기할 수 없는 가장 시급한 시대적 과제가 되었다. 그는 이 문제의 중요성과 심각성을 이렇게까지 언급했다.

하나님이 만약에 지금 성경을 쓰신다면 이 말을 반드시 첨가하셨을 것입니다.
첫째는 하나님을 사랑하라.
둘째는 네 이웃을 네 몸과 같이 사랑하라.
셋째는 자연을 네 몸과 같이 사랑하라.
틀림없이 그렇게 덧붙이실 것입니다."[31]

또한 우리가 진정한 성도요 제자라면, 무엇보다도 육체의 소욕이 아닌, 성령의 소욕대로 살아갈 때 절제의 미덕은 우리의 삶의 현장에 또렷한 모습으로 드러날 것이다. 이러한 열매가 결국은 우리 세대가 사용하고 개발할 수 있는 산천을 우리 후손들의 삶의 터와 칭의의 시험장으로 유보할 줄 아는 마음을 갖는 것이 현재를 절제할 수 있는 아름다운 미덕인 것이다. 우리의 현재를 절제해야 우리 후손의 미래가 풍성해진다.

사랑하는 후손에게 물려줘야 할 바로 그 산천이 지금은 갖은 공해와 환경파괴의 희생물이 되어가고 있다. 그 주범은 다름 아닌 부패한 인간의 향락과 사치, 무절제와 낭비로 표출되는 과소비다. 공해와 환경파괴로부터 삶의 터와 후손들의 보금자리를 보호하는 길은 결국 "절제의 묘약"밖에는 없다는 사실이 이 시점에서 한국 사회와 교회가 심각하게 고민해야 할 가장 시급한 당면과제다.

옥한흠은 이 문제를 간과하지 않고 대면하여 외쳤으며, 우리가 빛으로, 소금으로 살아가는 "아름다운 환상"을 갖게 될 때, 우리나라를 도덕 선진국으로 만들고 국민 전부를 복음화시키며, 이 땅을 아름다운 금수강산으로 우리 후손에게 넘겨줄 수 있다고 독려했다. 이렇게 할 때 이 세상 사람들이 우리를 보고 하나님께 영광을 돌리는 놀라운 일이 일어날 것을 확신했다. 이처럼 옥한흠이 품은 제자도의 꿈은 온 세상을 담고 있었다.³² 예수님의 진정한 제자는 교회뿐만 아니라, 사회에서도 영향력을 발휘해야 한다는 것을 주지시켰다.

이렇게 옥한흠의 설교가 사회적인 문제들과 자연파괴와 환경오염 문제들까지 포함한 것은 한국 교회 설교사에서도 그 의미가 결코 작지 않다. 설교학자인 폴 스코트 윌슨(Paul Scott Wilson)은 다음과 같이 언급한 적이 있다.

> 오늘날 설교에서 개인의 경험을 너무도 빈번하게 강조함으로써 사회 정의에 대한 관심이나 혹은 학문적인 연구에 대한 관심이 사라지는 결과가 발생하는 것 같다. 이것은 최근에 전개되어 가는 특이한 현상이다.³³

옥한흠의 사역 후기에 강조되는 또 다른 주제는 교회갱신을 통한 한국교회의 일치와 연합운동이었다. 그는 1996년 제1차 교회갱신협의회(교갱협) 영성수련회에서 다음과 같이 교회갱신의 의미를 언급했다.

> 저는 갱신과 개혁이라는 말을 구별해서 썼으면 합니다. 기독교에서 말하는 개혁은 교리와 신앙의 문제를 바로잡는 것이고, 갱신은 교리적인 문제보다 교회의 질적인 문제를 바로잡는 것입니다. 교회의 질적인 문제란 교회의 세속화입니다. 도덕적 위기를 경고하는 일이고, 무력해지는 교회를 바로 세우는 것입니다.³⁴

옥한흠이 주장하는 "진정한 교회갱신은 경건운동"에서 출발한다. 이러한 경건운동의 핵심은 그가 오랫동안 강조해왔고 자신과 목회에 적용하기를 원했던 신앙의 균형과 조화였다. 즉, 경건운동이란 말씀과 실천,

신앙과 삶이 일치되는 것이다.

그러한 갱신은 피할 수 없는 시대적 요청이 되었다. 옥한흠은 그러한 시대적 요구에 부합하지 못할 때, 한국 교회는 그야말로 풍전등화의 위기 속에서 방황할 수밖에 없음을 누구보다도 예리하고도 심각하게 간파하고 있었다. 한국 사회는 부정직과 금전만능주의, 그리고 권력제일주의가 만연했고, 한국 교회도 이러한 풍토를 관행이라는 미명하에 정당화했다.

이러한 행태가 그가 속한 교단에 만연해 있음을 그 누구도 부인할 수 없을 만큼 심각한 형편에 놓여 있음을 강조하였다. 또한 이해관계에 의한 이합집산, 지방색, 교권지향의식, 그리고 세대 간의 갈등을 극복하기 위해서는 새 옷으로 갈아입을 때가 이미 왔고, 그렇지 않으면 급변하는 변화의 소용돌이 속에서 설 자리조차 잃고 말 것이라는 긴박감을 갖고 옥한흠은 교회갱신에 매진하였다.[35]

교갱협에서 선포한 설교에서 옥한흠은 목회자는 야망이 아닌 소명을 위해 진력해야 하며, 무엇보다도 실추된 목회자의 신뢰도의 심각성을 제대로 깨달아야 한다고 역설하였다. 그는 목회자들의 인격이야말로 깊이 숙고하고 회복해야 할 과제임을 간과해서는 안 된다고, "표준을 낮게 잡으면 망한다"라는 설교를 통해 외쳤다. 그뿐만 아니라, 목회자는 인격적인 신실성을 회복하고, 성도들에게 따르고 싶은 삶의 표본이 되어야 함을 일깨웠다.[36]

목회자가 자기를 철저하게 부인하고, 예수 그리스도를 닮는 데에 전심전력하지 않으면 목회자는 성도들에게 본받을 대상이 결코 될 수 없다. 제자도의 철저한 헌신과 교회갱신의 열정은 밀접하게 닿아 있음을 이 설교를 통해서도 재확인할 수 있다.

옥한흠은 교갱협에서 외친 수많은 설교들을 통해서, 교회의 갱신이 목회자의 고결한 인격 속에서 삶과 외치는 메시지를 통해 이루어지며, 바른교회운동이 확산된다고 역설했다.

또한 그는 그러한 교회들이 연합되어 하나님이 원하시는 교회상을 이 땅에 이루어가게 하려고 부단히 노력하였다. 설교자 옥한흠은 2003년 은퇴한 이후에도 하나님의 말씀을 여러 집회에서 선포했으며, 건강이 악화되기 전까지 설교 사역은 계속되었다.

제4부 옥한흠 설교의 특성과 영향

12장. "들리는" 설교

13장. "들어야 할" 설교

14장. 설교와 제자훈련 목회

15장. 설교의 영향과 의미

* * * * * * *

옥한흠 목사는 설교자로서 먼저 말하기 전에 듣는 것이 선행되어야 함을 인식하고 있었다. 청중에게 말씀을 선포하기 전에 하나님의 음성을 듣고 그것이 자신에게 분명히 메시지가 되어야 전할 수 있다고 믿었다. 그래서 그는 "듣는 자만이 말할 수 있다"는 신념을 가지고 설교에 임했다. 설교자가 깨닫는 것이 없으면 말에 힘이 없고, 행동에도 일관성이나 견고함이 없기 때문에 "말하는 것보다 듣는 것에 더 집중하고 시간을 내는 것이 필요"함을 강조하곤 했다.

그는 진정으로 "들음의 중요성"을 깨우친 설교자였으며, 시간적으로, 공간적으로, 그리고 사역적으로 하나님께로부터 "듣는 여유"를 가지려고 부단히 노력했던 목회자였다.[1] 또한 옥한흠은 청중들의 말에 귀를 기울일 줄 아는 사람이었다. 그가 세상을 떠날 때까지 그의 국제제자훈련원 집무실에는 모교인 웨스트민스터신학교 로고와 그의 이름이 새겨진 참나무(Oak) 의자가 놓여 있었다. 그가 앉아 쉬기도 하고 웃으며 이야기도 하던 의자였다. 그는 그 의자에 앉아 이야기도 하고 남의 소리도 들었다. 때로는 동역자들에게 의자를 내어주고 그들의 이야기를 진지하게 경청하고 자신의 생각을 나누었던 그 의자는 옥한흠의 경청의 모습을 대변하는 아주 좋은 상징이 아닐 수 없다.[2]

제12장

"들리는" 설교

옥한흠은 성도들뿐만 아니라, 사회 각계각층의 사람들의 소리에도 민감했다. 옥한흠은 자기가 말하고자 하는 바를 효과적으로 전할 줄 아는 사람이었다. 이것은 아마도 그가 젊은 시절 탐닉했던 프란시스 쉐퍼의 영향 때문일 것이다. 쉐퍼는 "들을 수 있는 마음"을 소유한 사람이었다.[1] 이러한 마음을 소유했기에, 그는 설교와 기도의 내용이 결코 추상적이지 않았다. 그의 대화의 내용은 구체적이며 직접적이고 인격적이었으며, 이런 것들은 목회의 대화법으로 발전하여, 옥한흠이 들리는 설교를 할 수 있는 중요한 토대가 되었다. 설교는 선포이고, 예수님을 통해 계시된 하나님의 말씀이지만, 그것이 대화 속에, 듣는 귀와 반응하는 입술에 뿌리를 박아야 비로소 복음의 능력을 드러내게 한다.[2]

그래서 옥한흠은 사랑의교회 성도들, 특히 새가족 모임을 마친 성도들의 간증과 제자훈련반에서 함께 나눈 삶의 많은 이야기들에 대해 깊은 관심을 가졌다. 또한 사랑의교회 소식지인 「우리」지에 실린 성도들의 구체적이고 다양한 이야기들은 그가 면밀히 읽고 설교 중에 인용하는 예화의 단골메뉴가 되었다.[3]

옥한흠의 설교에 구체적인 실화들이 풍부한 이유가 바로 여기에 있다. 그는 끊임없이 자신이 외친 설교와 듣는 성도들의 반응에 깊이 주목하면서 성도들의 귀에 들리는 설교, 그리고 성도들의 삶에 녹아들어가는 메시지를 선포하려고 평생 노력해왔다. 설교자와 청중들의 사이는 매우 긴밀했고, 그 거리는 매우 가까웠다. 이렇게 설교자와 청중이 함께 말씀으로 은혜를 받은 후, 옥한흠은 자주 설교 주제와 잘 맞는 찬송이나 복음성가를 함께 부르면서 하나님의 은혜를 한 번 더 되새김질하곤 했다.

그리고 옥한흠은 설교를 들은 성도들 중에, 자신이 전한 메시지의 주제나 내용을 오해하거나 자의적으로 해석한 것이 확인되면, 바로 그다음 주 설교를 시작하면서 설교의 요지를 다시 한 번 더 강조하고 바르게 인식시키는 노력도 게을리 하지 않았다.[4] 그만큼 그는 성도들의 설교에 대한 이해와 반응에 대해 깊은 관심을 갖고 있었다.

팀 켈러(Timothy J. Keller)에 의하면, 위대한 설교, 즉 "신령한 웅변은, 복음 진리 자체를 향한 사랑과 그 진리를 듣는 사람들을 향한 설교자의 절박한 사랑에서 나온다. 그 진리를 받는 것이 청중에겐 곧 삶과 죽음의 문제임을 알기 때문이다"라고 전제하면서 다음과 같이 주장하였다.[5]

> 결론적으로, 설교가 염두에 두어야 할 두 가지 근본 대상은 '성경 말씀'과 '듣는 사람'이다. 밀을 추수하는 것만으로는 충분하지 않다. 사람이 먹을 수 있는 형태로 준비하지 않으면, 양분을 공급할 수도 기쁨을 줄 수도 없다. 이렇게 건강한 설교는 두 가지 사랑에서 나온다. 하나님의 말씀을 향한 사랑과 사람들을 향한 사랑인데, 양쪽 모두 사람들에게 하나님의 영광스러운 은혜를 보여주고픈 열망이 솟아나게 하는 원천이 된다. 오직 하나님만이 듣는 이의 마음을 여실 수 있음이 분명하지만, 전하는 자도 진리를 정확하게 제시하고, 듣는 이의 마음과 삶에 깊

숙이 새겨지게 하기 위해 많은 시간을 투자해야 한다.[6]

설교자, 옥한흠은 하나님의 말씀을 뜨겁게 사랑했을 뿐만 아니라, 그 말씀을 듣는 성도들을 향해서도 그렇게 사랑했다. 이런 사랑과 열정이 있었기에 그는 들어야 할 설교를 들리게 전할 수 있었다.

설교학자 류응렬은 다음과 같이 말한다.

"옥한흠 목사는 자신의 설교 철학을 묻는 질문에 한 마디로 '들리는 설교'라고 답한다. 듣지 않고서는 견딜 수 없게 만드는 설교다."[7]

그에 의하면, 옥한흠의 설교가 들려져 청중의 귓전에 강하게 파고드는 데에는 적어도 두 가지 이유가 있다고 한다.

첫째, "그는 설교의 목적이 본문을 통해 청중의 삶에 거룩한 변화를 가져오는 것임을 알고 있는 설교자"이고 "그의 설교는 철저한 본문 주해에 뿌리를 내리고" 있기 때문이다.

둘째, "그는 청중의 삶을 깊이 이해하는 목자의 심정을 갖고 있는 설교자이기 때문이다."[8]

무엇보다도 옥한흠의 설교는 청중의 마음을 이해하고 그들의 삶에 깊숙이 뿌리를 내리는 특성이 있기에 "성육신적 설교"라고 말할 수 있을 것이다.

설교자 옥한흠이 청중에게 "들리는 설교"를 해야 한다고 강조한 것은, 청중들이 반드시 "들어야 할 설교"를 전제로 한 주장이다. 이것은 청중들이 듣기를 원하는 내용을 청중들을 의식하며 들리게 설교해야 한다는 것이 아니라, 그들이 반드시 들어야 할 하나님의 말씀을 그들의 눈높이에 맞춰 효과적으로 전달해야 한다는 의미다. 옥한흠은 교회의 세속화는 강단의 세속화와 깊이 맞물려 있으며, 강단의 세속화는 목회자, 즉 설교자의 변질에서 비롯된다고 생각했다.

옥한흠의 설교를 연구한 김대조에 의하면, "말씀의 성육신을 통해 청중의 변화"를 이끌어내는 것이 주요한 특성 중의 하나라고 할 수 있다.

> 옥한흠 목사의 설교가 청중들에게 영향을 주는 이유는 수사학이라기 보다는 그의 설교 철학인 말씀에 근거한 청중의 삶의 변화를 추구하고 성육화된 적용 중심의 설교이기 때문이다. 더 나아가 청중들을 향한 깊은 통찰에서 오는 가슴으로 전하는 설교, 복음을 향한 뜨거운 열정으로 말미암는 설교, 인간 내면에 대한 깊은 통찰을 가진 가슴으로 부딪쳐(heart preaching) 삶을 변화시키는 설교이기 때문이다.[9]

이러한 특징은 "다 아는 본문이라도 새롭고 신선하게 들릴 수 있도록 하는 것"이 설교자의 책임이라는 옥한흠의 주장을 잘 이해하게 한다. 이 사실은 분명하다.

"한국 교회 설교자들에게는 명확히 자각되지 않았던 부분이며, 동시에 옥한흠의 설교가 청중에게 새로운 감동을 줄 수 있었던 이유이다."[10]

남편의 설교 준비와 선포를 평생 곁에서 지켜보았던 김영순에 의하면, 진을 빼는 설교 준비에 돌입하여 월요일부터 수요일까지는 일단 끝내고, 목요일부터 토요일까지는 "듣는 사람의 설교"가 될 수 있도록 "설교의 성육신" 과정이 이루어졌다고 한다. 준비한 설교 원고를 보완하고 외우며 수도 없이 중얼거리며 반복하는 과정을 거치면서 설교하는 설교자가 원고에 매이지 않고 설교를 듣는 성도들의 귀에 들리고 마음에 울리도록 말씀을 준비하고 전했다.[11] 그리고 이러한 과정을 지켜보았던 세 아들도 "아빠의 설교를 그렇게 좋아한다"고 한다.[12]

김영순은 남편의 수많은 설교들 가운데 지금도 가장 기억에 남는 설교 중의 하나가 1993년 12월 12일 주일에 고린도전서 15장 9-10절을 본문으로 선포한 "'그러나'의 은혜"라고 했다.¹³ 교회를 핍박했었던 바울은 하나님의 주권적이고도 파격적인 은혜로 말미암아 이방인의 사도로 부름을 받았으며, 그래서 사도로서 죄책감, 열등감, 그리고 황송함을 느꼈지만, 그것을 "그러나"의 은혜로 극복하였다. 옥한흠은 바울이 자신의 모든 과거를 돌이켜보면서 하나님의 이와 같은 "파격적인 은혜"가 있었기에 주님을 위해서 더 많이 수고할 수 있었다고 설교하였다.

그러면서도 그리스도의 일꾼으로서 수고를 넘치게 했고, 주를 위해 숱한 고난을 당했지만 조금도 자신을 드러내거나 교만하지 않는, 겸손하면서도 당당한 사역자의 자세를 가졌음을 부각시켰다. 옥한흠은 사도 바울이 은혜에 사로잡혀 고백하는 내용을 자신에게 투영시키면서, 받은 은혜를 성도들에게 이렇게 전했다.

> 바울은 "오늘의 나 된 것이 하나님의 은혜였다. 지금까지 내가 주님을 위해서 수고할 수 있었던 것이 하나님의 은혜였다." 이렇게 그는 고백하면서 감격해합니다. 이 두 가지를 우리가 마음에 담고 연말연시를 보내야 될 것 같습니다. 그러나 여기에서 우리가 중요한 사실 하나를 끌어낼 수 있습니다. 뭐냐 하면 자, 여러분 보세요. 중요한 사실이 있습니다. 우리가 이렇게 은혜의 빚진 자의 심정으로 모든 영광 하나님께 돌리겠다는 심정으로 내 과거를 돌이켜보고 오늘을 돌이켜본다면 그다음에 또 하나 중요한 결론이 있습니다.
> 오늘의 나 된 것이 하나님의 은혜로 된 것이라면 내일의 나 된 것도 무엇으로 가능합니까?
> 하나님의 은혜로 가능합니다. 할렐루야.¹⁴

설교자의 책임을 절감했던 옥한흠은 다 아는 성경의 내용이라도 항상 새로운 관점에서 해석하고 말씀을 전하고자 최선을 다하였다. 그는 요한복음을 강해설교하면서도, 기존의 이해와 해석의 틀을 벗어나 자신이 체험적으로 체득한 새로운 시좌(視座)인 "하나님의 영광"의 관점에서 청중들에게 제시했다. 그는 청중의 입장에서 이해하기 쉽도록 적절한 복음의 다리를 놓아주는 지혜로운 설교자였다.

로마서를 설교하면서도 기존의 "이신칭의"라는 주제에서 해석하여 설교하기보다는, "하나님의 복음"이라는 명제를 강조하면서 신학적 관심을 "하나님"께 두면서 설교해 나갔다. 다시 말하면, 로마서의 기록 목적에 대한 새로운 이해인 바울의 목회적 의도를 재발견하여, 자신의 설교 강단으로 끌어들였던 것이다. 그가 발견한 새로운 관점은 목회적 의도와 연결되면서, 그가 선포하는 강해설교는 구원의 감격을 회복시키는 복음이 능력 있게 선포되었다.

"이렇게 설교를 위한 성경 이해에 새로운 관점을 제공하고 있다는 점에서 옥한흠의 설교는 감동을 주고, 새로운 것을 깨닫게 하며, 나아가 한국 교회 전반에 기여하고 있다고 말할 수 있다."[15]

성경에 대한 옥한흠의 이러한 새로운 통찰력의 근원은 항상 자신과 교회의 필요성에 있었다. 제자훈련을 통해서 성도들이 처한 상황과 형편을 자상하게 인지할 뿐만 아니라, 자신의 영적인 소생을 위해서 설교를 준비하고 선포했기에 들리는 설교가 가능하였다. 그가 병고로 어려움을 겪은 후, 자신과 교회가 소생되기 위해서는 하나님의 은혜의 강물에서 황홀한 구원의 감격과 복음의 능력을 체험치 않고서는 불가능함을 절실하게 깨달으며 로마서 강해를 시작하였다. 옥한흠이 자신과 교회의 필요를 체험적으로 인식하고 설교한 의도에서 그러한 특성을 또다시 감지하게 된다.[16]

서중석에 의하면, 옥한흠의 새로운 통찰은 단지 "통찰"로만 그치는 것이 아니라, 자신의 성경 주석과 체험을 통해 다듬어지고 전개되며 보강되어 청중들에게 제시되었기에 설교의 강점이 있으며, 성경의 진리가 "주석"이라는 지적 과정을 거치고, "체험"이라는 감성적 여과를 통과하였기에 청중들에게 "들리는 설교"가 된다는 것이다.[17] 그러나 이러한 주장은 옥한흠의 설교 해석에 대한 통찰력은 제공하지만, 그의 설교에 배어 있는 교리적 특성들은 간과하고 있다.

옥한흠의 주석 과정은 교리적 기반을 갖고 전개되었다. 그의 설교에는 본문 주석, 교리적 기반, 체험이라는 감성적 여과, 그리고 적용으로 이어지는 유기적 흐름이 있다. 그의 설교에서 모든 교리의 궁극적 원천은 성경으로, 그는 성경에 근거하지 않고는 그 어떤 주제나 주장을 전개하지 않았다. 성경적 토대 위에 교리적 설명을 논리적으로 전개하여 청중들이 이해되도록 최선을 다했으며, 실제생활에 적용할 수 있는 내용들을 선포하였다. 설교가 미치는 영향력의 범위가 귀나 마음에만 머물면 안 되고, 삶의 현장 속에서 실천되고 철저하게 적용되지 않으면서 설교를 하는 것에만 역점을 두는 것은 바른 설교자의 자세가 아닌 것이다.

설교에 대해 이러한 인식을 지녔던 옥한흠은 현대 목회자들의 설교 만능주의에 단호하고 매서운 비판적인 시각을 보이면서 다음과 같이 언급했다.

> 그런데 저와 공감하지 않는 분들이 있는 것 같습니다. 한국 교회 내에는 분명 설교 만능주의에 빠진 분들이 있습니다. 설교 만능주의는 결국 설교의 홍수 시대를 만들었습니다. 설교 하나면 다 된다고 생각하니 너무나 설교가 많은 겁니다. 설교가 너무 많고, 한 목회자가 설교를 지나치게 자주 합니다. 그렇게 하다 보면 질이 떨어질 수밖에 없습니다. 청중들이 자극을 받는 강도가 약해지는 것도 당연합니다. 요즘

처럼 매스컴과 인터넷으로 언제나 설교를 들을 수 있는 시대에는 설교가 없어서라기보다는 너무 많아서 문제입니다. 설교 홍수 시대에 설교자들은 자연스레 청중을 의식하게 됩니다. 사람들이 환호하고 자주 듣게 되는 설교일수록 사람들의 변화를 일으키는 강도는 약해질 수밖에 없습니다.[18]

옥한흠의 청중에게 "들리는 설교"에는 성경에 계시된 실재를 체험적인 방식으로 느끼게 하는 특성이 있다. 그는 "늘 성도들의 삶의 현장"에 귀 기울이는 설교자였다. 뜬구름 잡는 설교가 아니라 자신을 돌아보고 돌이켜 하나님의 백성으로 살게 하는 설교를 위해 늘 깨어 기도하며 준비하였다. 옥한흠의 설교는 "성도들을 이해하는 설교"이고, 말씀을 듣는 청중들을 주님께 "헌신케 하는 설교"로 많은 영향을 미쳤다.[19]

또한 그는 성령이 신자의 마음과 연합하며, 신자를 성령의 성전으로 삼고, 신자에게 새롭고 초자연적인 생명과 행동의 원리로서 역사하시며 영향을 미친다는 것을 확고하게 믿었다. 말씀을 선포할 때에 성령께서 청중의 마음속에 새로운 감각을 주시고, 이러한 마음의 감각으로 청중은 하나님의 진리를 실존적으로 인식하게 된다.

바로 이러한 특성이 설교 속에 살아나도록, 그는 하나님 앞에서 간절히 기도했고 몸부림쳤다. 이렇게 설교 한 편 한 편을 준비하기에, 다른 설교들보다 옥한흠의 설교가 청중들에게 들리게 된 것이다. 바로 이러한 특성을 "체험을 통한 설교의 보강"이라고 말할 수 있을 것이다. 주로 자신의 신앙 체험과 목회 경험을 특징적으로 사용하면서 설교에서 외치는 진리는 "살아 있고 체득된 지식"(lived knowledge)이 되어 청중들에게 생생히 전달된다. 이러한 과정을 통해 옥한흠은 "체험"을 통해 주석 작업을 더욱 보강하고, 근본적으로 자신과 성경, 그리고 청중들 사이를 연결하는 공감의 도구로 사용하였다.

또한 옥한흠의 설교는 "열정을 지닌 설교"일 뿐만 아니라, "너무 잘 흘러가는 설교"가 아닐 수 없다. 그렇게 인식되는 이유 중의 하나는 무엇보다도 그의 설교 곳곳에 나타나는 수사학적 표현 때문이다. 이승구는 옥한흠의 설교에는 "수사학적으로 잘 정돈되어 사람들을 이끌고 가는 이야기 방식"이 잘 나타나고 있으며, 그 호소력도 매우 효과적임을 지적한다.[20] 옥한흠은 그의 대표적인 설교 중에 하나인 로마서 강해설교를 선포하면서 이렇게 외쳤다.

> 사랑하는 형제자매 여러분! 로마 교회가 복음을 다시 들어야 했던 것처럼 우리들도 다시 복음을 들어야 합니다. 우리 모두 복음을 다시 들어야 합니다. 다시 태어나야 되고, 다시 감격해야 되고, 잃어버린 구원의 감격을 회복해야만 합니다.[21]

이와 같은 탁월한 수사학적 표현들로 인해 그의 설교는 청중들에게 감격에 넘치는 호소력을 발휘했으며, 특히 설교 마지막 부분에서는 그들의 마음가짐을 새롭게 다지는 귀한 역할을 하였다. 그는 성도들이 들은 설교 내용을 깊이 생각할 수 있도록 다양한 수사적 의문문으로 설교를 마무리하는 경우도 많았다.

"이제 어린아이와 같은 심정으로 복음 앞에 나오지 않으시렵니까?"[22]

어떤 경우에는 "당신은 이 은혜의 손에 붙잡혀 있는 사람입니까?"

이런 질문을 던지면서 말씀에 대한 반응을 촉구하였다.[23] 결론 방법도 다양했는데, 어떤 때는 권면으로 마치고, 어떤 때는 설교의 중심적인 요절이 되는 성경 구절을 인용함으로 끝내고, 때로는 찬송이나 송영으로 마무리하면서, 성도들의 말씀에 대한 인식을 새롭게 하고 삶에 적용할 수 있는 효과적 방법으로 종결하곤 했다.

이렇게 옥한흠의 설교가 청중들에게 효과적으로 들리고 매끄럽게 잘 흘러가는 설교가 될 수 있었던 배후에는 그가 "학부에서 영문학을 하신 분답게 좋은 문학작품들을 적절히 인용하며 설교하는 것"도 "매력적" 요인으로 작용했던 것 같다.[24] 다양한 문학작품의 내용을 적절히 설교에 용해시켜 활용한 것은 청중들에게 잘 들리도록 설교의 효용성을 증진시켰음에 틀림없다. 그리고 설교 본문과 청중 사이의 거리를 좁히기 위해, 옥한흠은 칼빈, 스펄전, 어거스틴 등을 비롯한 기독교사의 중요한 인물들과 함께 한국 교회사의 주요 인물들도 자주 인용하곤 했다.[25]

그리고 그는 평생 꾸준히 교회역사에 관한 주요 저서들을 탐독하면서 성경 본문의 내용을 철저히 주해하고, 그것에 대한 교리적 입장을 확고히 하면서 2천 년 교회역사 속에서 그 교리가 어떻게 적용되었는지에 대한 역사적 연관성을 조망함으로써 청중들의 마음과 삶 속에 그의 설교의 메시지를 효과적으로 각인시켰다. 또한 기독교사의 여러 사건들이나 인물들의 예들도 아주 적절하게 인용하여 감동을 이끌어 내었고, 많은 선교사들의 사역과 각 분야에서 활동하는 모범적인 신앙인들의 실제적인 삶의 이야기들, 그리고 사랑의교회 성도들의 다채로운 이야기들도 설교에 인용되어 듣는 성도들의 공감을 불러 일으켰다.

옥한흠이 자신의 설교 과제로 인식하며 선포해왔던 "들리는 설교"는 이제 한국 교회 역사와 설교사에 길이 남을 공헌으로 자리매김했다.

> 옥한흠 목사가 기존의 이해에 머물지 않고 새로운 관점을 제시하며, 이를 자신의 주석과 체험을 통해 '들리는 설교'로 청중들에게 제시하고 있다는 점은 아무리 강조해도 그 공헌의 성과를 크게 과장한 것이 아닐 것이다. 한국의 설교자들 역시 옥한흠의 모범을 따라, 새로운 해석

적 시야로 동어반복적인 설교에서 벗어나야 한다는 주장은 설득력 있는 것이라 하겠다.[26]

설교자 옥한흠은 기독교 신앙이 말하는 진리들이 무엇이며, 또 그것이 우리의 삶에 어떠한 상관성을 갖는 것인지에 대해서 명확하고 건설적으로 말할 줄 아는 진정한 커뮤니케이터였다. 그의 설교에서는 다른 설교자들에게서 발견되는 특이한 단점이 눈에 띄지 않는다. 옥한흠의 설교에 대한 이미지를 정인교는 이렇게 언급했다.

> 튀지 않으면서도 모자람이 없는 모범생을 대하는 느낌이다. 미스터 코리아의 근육질은 아니지만 신체 어느 부위 한 군데도 모자랄 것이 없는, 그래서 지성과 영성, 신학과 신앙에서 잘 균형 잡힌 스탠다드형 몸매를 보는 느낌을 그의 설교에서 받는다.

설교뿐만 아니라, 옥한흠은 "여러 가지로 한국 교회사에서 주목할 인물이다."[27]

제13장

"들어야 할" 설교

1. 온전하신 하나님, 예수 그리스도

옥한흠은 설교자로서 청중들에게 들리는 설교에 지대한 관심을 가졌지만, 청중의 요구에만 부응한 것은 아니었다. "그는 청중으로 하여금 맛이 없어 보이지만 양분이 많은 영적인 양식을 섭취하도록 설득"하는 신학적인 해석과 설교에도 역점을 두었다.[1] 그런 면에서 그가 청중이 반드시 들어야 할 주제들이라고 강조하고 선포했던 설교들을 고찰하는 것은 여러 가지 면에서 유익할 것이다.

옥한흠의 설교에서 예수 그리스도와 구원은 메시지의 핵심이었다. 로마서 강해설교를 시작하면서 "인정되셨으니"(롬 1:4)를 설명하는 가운데, 이 말이 "선포되다, 확인되다, 알려지다" 등의 의미를 담고 있음을 언급하면서 "예수님은 부활하시기 전에도 하나님이셨습니다"라고 강하게 선포하였다.[2]

옥한흠은 성경과 기독교의 기본교리를 매우 철저하고도 정확하게 드러내면서 복음의 본질적인 내용을 효과적으로 전하였다. 그의 설교의 기저에는 그리스도의 선재성과 온전한 하나님 되심을 인정하는 확신이 든든히 자리 잡고 있다. 그는 "기독교의 생명은 '예수님이 하나님의 아들 되심'에 있다"고 강하게 외친다.[3]

옥한흠은 예수님의 동정녀 탄생과 부활의 역사성을 강조하면서, 하나님으로서의 전지하심도 분명히 강조하였다.[4] 예수 그리스도는 성육신 이전에도 참 하나님으로서 성부 하나님과 함께 계셨으며, 세상에 계실 동안에도 참 하나님으로서 신성과 인성을 가지셨다고 강조한다. "예수님의 신성과 인성은 구원자로서의 절대 조건"으로, 만약 예수 그리스도께서 "신성과 인성 중 어느 한쪽을 가지지 아니하였다면 그가 우리의 구원자로서 자격을 상실할 수밖에 없다"고 확신하였다. 더 나아가 "예수님의 신성과 인성 중 어느 한 가지를 부인하면 적그리스도"라고 주장했다.[5] 예수 그리스도에 대한 옥한흠의 신앙과 신학적 입장은 역사적 신앙고백에 충실하면서, 그의 설교와 제자훈련 사역에 일관되게 적용되었다.

옥한흠은 설교에서 기독론적 신앙고백의 중요성을 강조했다. 예수님을 유일한 중보자요 유일한 구원자로 제시하면서, 그 누구라도 마음에 예수님을 모시지 않으면 망할 사람이요, 영원히 진노받을 수밖에 없는 사람이라고 주장하였다. 그는 "세상의 모든 문제의 뿌리는 죄"에 있음을 절감하며, "십자가는 인생의 근본적인 문제를 푸는 유일한 열쇠"가 됨을 설교를 통해 역설하였다.[6] 예수 그리스도의 죽음이야말로 우리의 죄를 속량하기 위한 대속의 죽음이요, 유일한 구속의 길임을 철저하고도 일관적으로 선포하였다. 이와 같은 옥한흠 설교의 강조점은 종교다원주의적 경향이 점증하고 있는 이 시대에 곱씹어 마음에 각인해야 할 메시지가 아닐 수 없다.

또한 옥한흠은 "한 번 용서받으면 영원히 용서받는 것"임을 강조하면서, 참으로 믿는 자들은 "흔들릴 수 없는 은혜"를 받았다는 사실을 감격스럽게 선포하곤 했다.[7] 참 성도는 그 구원의 확신이 흔들릴 수 없으며, 하나님께서 영원 전에 구원의 조건을 보시고 선택하신 것이 아니요, 오히려 무조건적인 선택을 강조하였고, 하나님께서 구원하시기로 작정한 자들은 반드시 구원하신다는 사실도 분명하게 선포하였다. 그리고 "믿음은 완전히 자기를 포기하고 예수님을 붙드는 것"이라고 설교를 통해 자주 강조하였다.[8] 그런 면에서 옥한흠은 단순히 복음주의적 구원론에 머물지 않고, 철저하게 개혁주의적 구원론에 입각하여 설교한 것을 확인할 수 있다. 그리고 기도에 대해서도 이렇게 설명한다.

"기도하는 것은 그[하나님]의 뜻을 이루는 일이 됩니다."[9]

우리는 "피조물이기 때문에 모든 생각을 하나님의 뜻에 일치시키는 예속적인 사고를 해야 합니다"라는 주장을 통해 그가 얼마나 강하게 하나님의 주권을 인정하면서 계시 의존적 사색을 강조했는지를 잘 알 수 있다.[10]

또한 옥한흠은 자신의 이해에 변화가 있었음을 진술하였다. 그는 목회 초기에 "구원은 예수 믿고 천국 가는 것"이라는 틀 속에서 가르치고 설교했는데, 시간이 흐르고 성경을 더 깊이 보게 되면서 구원이 그렇게 단순한 것이 아님을 깨닫게 되었다. 그는 그러한 감격을 설교 중에 이렇게 언급하였다.

> 하나님이 우리에게 주신 구원은 단순히 '믿고 천국 간다'는 공식만으로 다 설명되지 않는, 엄청난 차원을 지니고 있다는 사실이 성경을 보면 볼수록 더 분명하게 드러나는 것이었습니다. 성경이 말씀하고 있는 구원은 우리가 하나님처럼 되는 것을 말합니다. 성경의 표현대로 하나님의 형상으로 변하는 것입니다. 즉 하나님처럼, 예수님처럼 되는 것입니다.

> 꼭 기억해야 할 것은 하나님께서는 이 모든 것이 천국에 들어가서 실현될 현상으로 보시지 않는다는 것입니다. 이 세상을 살면서부터 하나님을 닮아가는 것 자체를 구원으로 보고 계신다는 사실입니다. 이런 깨달음은 '하나님이 나를 이처럼 대단하게 보시는구나' 하는 굉장한 감격을 주었습니다.[11]

이러한 감격이 설교자로 하여금, 이렇게 외치게 하였다.

> 그러므로 우리가 예수님처럼, 하나님처럼 온전한 자가 되기 위해서는 하나님이 사랑하신 것같이 사랑해야 합니다. 바로 이 세상에 살 때부터 이 사랑을 실천해야 합니다.

그리고 다음과 같은 자성의 소리도 설교 중에 언급하였다.

> 신학교에 다닐 때 우리가 온전하게 되고 영화롭게 되는 것은 천국에 들어가서야 비로소 가능하다는 식으로 약간 잘못 배웠습니다. 반면 이 세상에 있을 동안에, 우리가 하나님을 닮아 하나님처럼 사는 것이 얼마나 중요한가에 대해서는 깊이 배우지 못했습니다.[12]

이원론적인 세계관에 영향을 받아, 천국에 들어갈 꿈만 꾸면서 이 세상에서 하나님을 닮아가는 거룩한 존재라는 사실을 망각하게 되면, 세상 사람들과 큰 차이가 없는 삶을 살아갈 수밖에 없다. 그는 이러한 이해는 온전한 구원의 개념을 갖지 못한 결과라는 것을 지적하였다.

> 그러므로 하늘에 계신 너희 아버지의 온전하심과 같이 너희도 온전하라(마 5:48).

이 말씀은 이 세상에 있을 때부터 의지적으로 순종해야 할 구원받은 성도의 본분이다.

옥한흠은 부활의 의미에 대해서도 분명하고도 온전한 개념을 선포하였다. 그는 매년 부활 주일을 맞이할 때마다 한편으로는 매우 기쁘면서도, 다른 한편으로는 마음이 썩 편치 않았음을 솔직히 고백하였다. 부활 주일이 연례행사처럼 지켜지고, 예수님이 죽었다가 다시 살아나셨다는 메시지가 부활 주일을 위한 하나의 대사(臺詞)처럼 들리고 있는 이 시대를 안타깝게 바라보았다.

부활의 참의미를 깨닫지 못하는 세대의 교회는 그 등불이 가물가물하게 꺼져갔고 많은 성도들이 세상의 유혹에 빠져 그 생명력을 상실한 채 세상 속에서 표류하게 된다. 그런 면에서 옥한흠의 부활절 메시지는 사랑의교회와 이 시대의 교회를 향하여 부활의 참의미를 깨닫기를 촉구하는 하나님의 경종이 된다.

> 예수 부활을 외칠 뿐만 아니라, 부활하신 주님을 날마다 고백하고 자랑하며 주님이 주시는 은혜를 가지고 사는 성도들이 많이 일어났던 시대에는, 교회의 등불이 이 세상을 환하게 비추어 어두움을 몰아내는 대부흥의 역사들이 많이 일어났습니다. 그러므로 우리는 살아 계신 주님을 날마다 믿음으로 만나고 느끼고 감격하는 체험적인 부활 신앙을 가져야 합니다. 절대 부활 주일을 연례행사처럼 치르고 잊어버리면 안 됩니다.
> 그런 의미에서 우리 모두가 우리의 믿음을 다시 한 번 점검할 필요가

있다고 생각합니다. 예수 부활을 고백하는 나의 믿음이 부활의 주님을 고백하는 나의 믿음과 일치하고 있는가 하는 것입니다. 예수 부활은 역사적 사건입니다. 이에 비해 부활의 주님은 현실적인 사건입니다. 예수 부활은 지적인 내용인 반면에, 부활의 주님은 체험적인 실존입니다. 예수 부활을 이야기하는 자는 예수님이 살아나셨다는 사실에 강조점을 두지만, 부활의 주님을 이야기하는 자는 예수님이 살아 계신다는 사실에 강조점을 둡니다. 예수 부활은 주님이 묻히셨던 무덤을 주목하게 만들지만, 부활의 주님은 지금도 살아 계시는 주님을 주목하게 만듭니다. 그러나 우리가 분명하게 알아야 할 것은 이 둘은 절대 분리된 것이 아니라는 사실입니다. 동전의 양면처럼 예수 부활과 부활의 주님은 우리의 믿음의 양면입니다.[13]

2. 하나님의 주권과 그리스도와의 연합

옥한흠은 하나님의 섭리와 계획에 대해서 분명한 신학적 노선을 갖고 있다. 칼빈의 5대 교리를 철저하게 받아들였던 그는 선택과 유기에 대해서도 분명한 하나님의 주권을 인정하고 있다. 그는 로마서 강해설교에서 "남은 자"와 "하나님의 선택"에 관하여 역설하면서 하나님의 주권과 섭리에 대해서 강조하는 신학적 전통을 확립해 나갔다.[14] 하나님의 주권에 의해서 인간의 삶이 하나님의 통치를 받는 것이 영생의 참된 의미라고 밝히고 있으며, 하나님의 영원한 그 존재가 바로 나의 존재로 돌아오는 것이 영생이라고 그는 말하고 있다.[15]

또한 옥한흠의 하나님의 주권적인 예정에 대한 설교에는 칼빈이 예정론을 구원의 확신과 연관시켰듯이, 그러한 연계성이 분명하게 드러난다. 비록 평범하고 쉬운 언어로 설명하고 있지만 그의 설교 속에는 심오한 개혁주의 구원론의 특성을 잘 반영하고 있다.

> 그런데 세상을 만들기 전에 하나님이 나를 먼저 아셨다니 얼마나 신나는 이야기예요?
> 내 역사가 시작되기 전에 하나님이 나의 역사를 이미 기록하셨다니 얼마나 가슴이 뜁니까?
> 만약 하나님이 어쩌다 나를 구원하셨다면 어쩌다 버릴 수도 있다는 불안에 휩싸이지 않겠어요?
> 내가 예수님을 믿고 하나님의 아들이 된 것은 하나님의 치밀하고 영원한 계획에서 비롯된 사건입니다. 생각만 해도 안심이 됩니다.[16]

옥한흠의 설교의 근저에 개혁주의적 신학이 깔려 있다는 것은 자명한 사실이다. 특히, 그는 여러 설교들에서 우리의 구원은 절대적으로 하나님의 주권에 기인하지만, 회심을 추구하도록 설득하는 데에 심혈을 기울인다. 마치 조나단 에드워즈가 이론적으로 구원은 하나님이 어떤 죄인들을 타락의 구렁텅이에서 구원해 내시는 하나님의 예정에 달려 있지만, 실제적으로는 회심을 추구하지 않는 사람에게는 회심이 거의 일어나지 않는 것을 간파했듯이, 옥한흠도 하나님의 주권을 강조하면서도 회심을 위해 철저하게 은혜의 수단을 사용할 것을 권고한다.[17] 이러한 구원론적 특성이 옥한흠의 에베소서 강해설교집인 『이보다 좋은 복이 없다』에 확연히 드러나고 있다.

옥한흠은 하나님의 선택에 세 가지 특징이 있음을 강조하였다.

첫째, 하나님이 우리를 선택하신 시점이 "창세전"이라는 것이다.
둘째, 하나님은 우리를 "기쁘신 뜻대로" 선택하셨다는 것이다.

셋째, 하나님은 "그리스도 안에서" 우리를 선택하셨다는 것이다.

이처럼 옥한흠은 철저히 성경에 근거를 두면서, 전통적인 개혁신학의 신론과 구원론을 알기 쉽게 설명해 나간다. 그러면서 구원이 인간의 자유의지에 근거한다면, 그것이 얼마나 가변적이고 인위적인지를 지적하고, 우리의 구원이 하나님의 기쁘신 예정 속에 이루어졌다는 사실을 감격해한다.

> 그러니 하나님이 우리에게 의논하고 선택하지 않으신 게 얼마나 다행인지요. 이런 점에서 저는 하나님이 자신의 '기쁘신 뜻대로' 선택하신 것에 감사와 찬양을 올려 드립니다.[18]

옥한흠은 이러한 구원의 모든 과정이 "그리스도 안에서" 이루어졌음을 강조한다. 주지하는 바와 같이, 종교개혁가들, 특히 칼빈과 청교도들에게 "그리스도와의 연합"은 어떠한 교리보다도 중시되고 강조되었던 주제였다. 에드워즈에 의하면, "어떤 사람이 구원받았다는 가장 신뢰할 만한 표지는 언제나 예수 그리스도 안에서 새로운 삶을 사는 것, 즉 성도들이 부활하신 구주와 함께 신비로운 연합의 삶을 사는 것"에 있다. 에드워즈는 종교개혁 이후 스콜라주의적인 신학자들이 라틴어로 "유니오 크리스티"(*unio Christi*)라고 부른 교리에 가장 높은 지위를 부여한 첫 번째 중요한 개혁주의 사상가였다.[19]

옥한흠도 우리 "구원의 서정(序程)"(order of salvation)이 그리스도와 연합이라는 고리로 연결되어 있음을 강하게 암시하면서, 하나님의 자녀로서의 거룩성을 부각한다. 옥한흠은 우리가 그리스도로 말미암아 구원받고 천국에서 영생을 누리는 것이 중요한 것이 아니라, 하나님이 계신 곳이 천국이며, 하나님과 함께하기 때문에 영생을 누리는 것이고, "이 모든 것은 하나님 때문에 우리에게 영광이자 기쁨"이 된다는 사실을 강조한다. 그의 신학의 근본이 지속적으로 "하나님 중심적"인 특성을 유지하고 있음을 알 수 있다. 이러한 전제로, 그는 하나님의 주권적인 선택으로 구원받은 성도로서의 "신분에 걸맞은 자격"을 언급한다. 예수 그리스도를 주로 고백하고 하나님의 자녀로 소생하는 중생의 체험을 통해 신분이 확보되었다면, 이 신분에 합당한 거룩한 열매가 맺어져야 하는데, 이것을 위해 하나님은 귀한 처방을 내리셔서 "그리스도 안에서" 점진적으로 하나님처럼 거룩하고 완전하게 되기 위한 목표를 주시며, "성령의 능력으로" 영적인 전쟁에서 승리하도록 도우신다는 것이다. 그는 우리에게 의로운 신분을 유지하고 거룩한 성품을 향하여 끊임없이 전진하는 "꿈"이 있다는 사실을 상기시켰다.[20]

교리적 특성이 강한 설교는 로마서 강해설교를 비롯한 사도 바울의 서신을 본문으로 한 설교에서만이 아니라, 예수 그리스도의 산상수훈을 강해한 내용에서도 발견된다. 마태복음 5장 27-30절을 본문으로 한 "누가 간음한 자인가?"라는 설교를 통해서 옥한흠은 간음한 여인의 상태를, 인간이 성적으로 타락했을 때 하나님이 인간을 창조하신 것을 후회하고 진노를 내리셨다는 사실과 우리 시대의 성문란의 심각성을 오버랩 시킨다. 그런 후에 간음에 대한 하나님의 새로운 표준을 제시하면서, 거룩한 영이신 성령의 능력으로 육체를 쳐 복종시키기 위한 영적 훈련에 전적으로 나서야 함을 역설하였다. 자칫하면 단순한 도덕적이고 윤리적인 노력의 차원으로 국한될 수 있는 내용을 옥한흠은 "경건에 이르는 연습"과 연결시켜 설명한다.

어느 누구도 선천적으로 타고난 재능이 없는, 그야말로 전적으로 타락한 죄성을 지닌 죄인이기에 하나님의 능력을 힘입어 죽기를 각오하고 경건에 이르기를 연습해야 한다고 선포한다. 경건을 강조하는 목회자의 설교 중에 타락한 인간과 하나님의 전적인 주권을 이렇게 조화롭게 유지하고 성도들에게 경건을 강력히 추구하면서도 균형을 유지한 설교는 쉽게 찾아볼 수 없을 것이다.[21]

옥한흠은 요한복음 강해설교에서 예수님의 십자가에서의 대속적 죽음을 하나님의 영광을 위해 기쁘게 지고자 하는 장면으로 부각시킨다. 다른 설교자들과는 다르게 이 내용을 묘사하면서 믿는 성도들의 신앙적 자세에 대해서도 독특하게 권면한다. 예수 그리스도를 믿고 따라가는 제자들에게도 우리가 짊어져야 할 십자가가 있다.

그런데 예수님은 우리를 대속하시려고 십자가에 달려 돌아가심으로 우리를 대속하기 위한 구속 사역을 완성하셨다. 그 고통의 십자가를 앞둔 예수 그리스도께는 마음의 기쁨이 있었는데, 그것은 바로 하나님께는 영광이 되는 동시에 하나님의 뜻이 이루어지며, 또한 믿는 자들에게는 영생의 축복이 되기에 기꺼이 그리고 기쁜 마음으로 십자가에 달려 돌아가셨다. 그리고 이렇게 성도들을 권면한다.

> 이와 같이 우리는 모든 것이 이 세상을 구원하실 여호와 하나님의 뜻을 이루는 일에 쓰임 받게 함으로써 생의 구심점을 우리 아버지 하나님을 영화롭게 하는 데 두어야 합니다. 우리를 세상에 보내신 주님께서 그렇게 사셨기 때문입니다.[22]

옥한흠은 십자가에 대한 우리의 인식을 바꾸라고 외친다. 그리스도께서 그러하셨듯이, 하나님을 영화롭게 하기 위한 안목으로 십자가를 바라보지 않으면, 그리고 하나님의 영광을 위한다는 구심점이 없으면, 우리에게 "이 십자가는 불평 덩어리요, 하루 빨리 눈앞에서 사라졌으면 하는 애물단지에 지나지 않을 것"이다.[23] 그는 이렇게 그리스도의 대속적 죽음에 대한 성경적 근거들을 적절하게 설명하면서, 그리스도의 제자로 살고, 성도의 삶의 궁극적인 목적이 하나님의 뜻을 이루고 영광을 돌리는 데 있다는 진리를 매우 효과적으로 선포하였다.

3. 칭의와 성화의 균형

종교개혁 이후 개신교회(프로테스탄트)는 칭의를 강조했으며, 설교나 신학에서 이 주제가 두드러지게 부각되었다. 청교도운동이나 대각성운동, 그리고 건전한 신앙운동이 강하게 교회와 사회에 영향을 미칠 때에는 칭의와 성화에 대한 균형 있는 강조가 그 배후에 자리 잡고 있다. 설교자 옥한흠은 그의 목회 사역 기간 동안, 그리고 은퇴한 이후에도 설교할 기회가 주어질 때마다 예수 그리스도의 복음에 대한 강조, 특히 기독교 신앙의 본질적인 교리인 칭의에 대해서 수없이 강조했다. 더불어 오늘날 한국 교회나 미국 교회 강단에서 본질적인 교리를 왜곡하고 있는 현상을 너무도 안타깝게 지적했다.

그는 그리스도의 의를 바울처럼 바르게 이해하고, "내 주 그리스도 예수님을 아는 지식이 가장 고상하기 때문"이라고 외칠 수 있는 참 성도들이 많아지기를 진정으로 희구했다.[24] 칭의에 대한 선포와 함께 옥한흠의 성화에 대한 메시지는 반(反)기독교 정서가 점증하고 있는 한국 교계에 적지 않은 반향을 불러왔다.

> 능력 있는 설교자는 사람을 변화시킬 수 있어야 합니다. 설교를 듣는 사람들이 자신의 죄를 철저히 회개하고 그 자리에서 돌이킬 수 있게 만들어야 합니다. 설교를 듣고 청중들이 주님의 말씀에 순종하려는 결

> 단을 다시금 해야 합니다. 그렇게 결단한 영향이 실제 삶에 나타나고 인격이 자신도 모르게 주님을 바로 따라가는 제자의 모습으로 변해야 합니다. 그런데 현대 설교로는 이런 변화를 지향하기는 어렵다고 생각됩니다. 현대 설교가 안고 있는 본질적인 취약점 때문이지요.[25]

이 설교에서 옥한흠은 설교자의 능력을 강조하고 있지만, 실제로는 교인들을 겨냥한 내용이라고 할 수 있다. 순종이 없는 청중들과 현대인의 심성에 맞추는 설교자들을 향한 비판적인 관점을 적나라하게 노출하면서도, 성화를 추구하고 실현할 수 있는 원동력이 설교를 통해 제공되어야 하고 이러한 과정은 필연적으로 "주님을 바로 따라가는 제자의 모습으로 변해야" 한다는 사실을 강조하고 있는 것이다. 옥한흠에게 설교와 제자화 훈련은 바로 "내가 너희에게 분부한 모든 것을 가르쳐 지키게 하라"는 예수 그리스도의 분부를 실천해 가는 수단이요, 교회를 건강하게 세워가는 과정인 것이다.

옥한흠의 설교 중에서 로마서 강해설교야말로 이신칭의를 주제로 선포한 핵심 메시지라고 볼 수 있으며, 개혁주의 신학의 기반이 매우 확실히 반영된 설교들을 집중적으로 선포하였다. 옥한흠은 로마서 1장부터 11장까지의 강해설교를 두 권의 설교집으로 출판했는데, 그 제목이 각각 『내가 얻은 황홀한 구원』과 『아무도 흔들 수 없는 나의 구원』이다. 그리고 12장부터 16장까지의 내용은 『구원받은 자는 이렇게 산다』라는 제목으로 출간되었다. 각 제목에서 읽을 수 있듯이, 옥한흠은 기독교 복음의 핵심을 구원론적으로 준비하여 선포하는 가운데, 칭의와 성화, 그리고 교리와 실천이라는 측면에서 균형을 강조하였다. 특히 로마서 6장 12절의 "그러므로"와 12장 1절의 "그러므로"를 주목하면서 이렇게 설교하였다.

우리가 예수 그리스도 안에서 예수와 하나 되었다는 것입니다. 주님이 죽으심으로 우리는 죄의 속박에서 벗어났습니다. 주님이 살아나심으로 우리는 새로운 신분이 되었습니다. 우리는 이제 죄의 지배를 받지 않습니다. 왜냐하면 우리가 의의 종이 되었기 때문입니다. 그런데 이것은 교리입니다. 신앙의 이론적인 체계인 것입니다. 만일 우리가 교리를 배우는 것으로 만족하고 끝난다면 우리의 영혼은 병들고 말 것입니다. 교리를 배우는 것은 실천이라는 집을 세우기 위해서 터를 닦는 것이라고 할 수 있습니다. 12절의 '그러므로'는 이제 터가 닦였으니 말씀을 실천하는 집을 세워야 한다는 의미를 담고 있습니다.[26] 이것으로 이제 우리 구원의 터가 만세 반석 위에 완전히 닦여진 것입니다.
터를 닦았으면 집을 세워야 하지 않겠습니까?
그래서 바울은 12장부터 우리가 지어야 할 집이 어떤 것인가를 말하기 시작합니다. 지금까지 복음의 터를 닦았으니 이제 집을 지어야 한다는 의미를 담고 있는 말이 바로 이 '그러므로'입니다. 교리를 배웠으면 그대로 살아야 합니다. 복음을 듣고 구원을 받았으면 반드시 구원받은 자의 삶이 따라와야 하는 것입니다. 진리와 삶은 하나입니다. 말씀과 순종은 일치해야 합니다. 영혼구원과 삶의 구원은 절대 나누어지면 안 되는 것입니다. 이 중차대한 진리를 일깨워주는 말이 '그러므로'입니다.[27]

옥한흠은 하나님의 구원의 은혜에 대한 직설법(indicative)과 거기에 따른 명령법(imperative)을 동시에 역설했다. 그는 오늘날 교회를 무기력하게 만들고, "교회 타락의 주범"이 바로 이 "그러므로"가 없는 생활이라고 주장했다. 하나님의 은혜로 구원을 받았음을 분명히 믿고 감격한다면 거기에 대한 반응이 반드시 나와야 하고, 그 반응은 지금부터 구원받은 자답게 하나님을 위해서 살겠다는 결심과 순종으로 표출되어야 할 것이다. 이것이 "그러므로"의 의미다. 그는 입으로 구원받았다고 하면서 "그러므로"의 응답이 희미하다면 그 사람의 구원 자체를 의심해야 할지도 모른다는 것도 지적하였다.[28]

이러한 메시지의 내용을 옥한흠은 그의 삶에 적용하기 위해 부단히 노력하였다. 그는 복음에 대한 감격과 기쁨이 부족한 것을 느끼면 그것을 회복하기 위해 최선을 다했으며 이러한 구원의 감격이 우리의 병든 세대를 치료할 것이라는 확신도 갖고 있었다.[29]

또한 옥한흠의 설교에서 그리스도와의 연합은 구원의 기초를 인식하고 설명하는 데에 매우 중요한 신학적 주제였으며, 성도의 삶에 성령께서 하시는 역할을 가르치는 것 역시 설교의 중요한 내용이었다. 성령이 구원받은 성도의 삶에 역사하심으로 실제적으로 거룩한 순종의 삶을 살아가게 하심을 누누이 강조하였다. 율법의 제3의 용도를 잘 드러내는 설교에서도 믿음과 삶의 관계를 잘 지적하였다.

"율법은 하나님이 자기 자녀 된 우리에게 거룩하게 살라고 주신 규범입니다."[30]

이것은 믿는 이들이 구원받음에 대해 감사하는 삶을 살아야 함을 강조하는 것이며, "좋은 믿음을 갖고 있다면 누구보다도 더 주를 위해서 헌신하고 충성해야 합니다"라는 언급을 통해서 더욱 분명해진다.[31]

옥한흠은 그의 목회 사역 후반기에 선포한 일련의 산상수훈 강해설교를 통해서도 구원론적인 주제를 종말론적인 차원에서 효과적으로 전하였다. 특히 "서기관보다 나은 의"(마 5:20)라는 제목의 설교에서 "예수님의 재림과 심판은 사람이 천국으로 갈 것인가 지옥으로 갈 것인가를 판가름하는 사건"이라고 전제하면서, "이 세상에서 가장 큰 손해는 천국을 놓치는 것"이고, "가장 큰 비극은 천국 문 앞에서 거절을 당하는 것"

이며, 우리 예수님도 이러한 상황을 "슬피 울며 이를 갈음이 있으리라"(마 22:13)라고 매우 실감나게 표현하셨음을 상기시켰다.

그러면서 예수님이 다음과 같이 선언하셨음을 강조하였다.

> 너희 의가 서기관과 바리새인보다 더 낫지 못하면 결단코 천국에 들어가지 못하리라(마 5:20).

어감이 매우 강한 "결단코 ~하지 않다"라고 하는 용어를 예수님도 단지 두 번만 사용하셨는데 모두 천국에 들어가는 것과 연계하여 말씀하셨다. 본문 이외에 사용된 다른 예이다.

> 너희가 돌이켜 어린아이들과 같이 되지 아니하면 결단코 천국에 들어가지 못하리라(마 18:3).

이 말씀에서 이러한 단호한 표현은 기독교가 그만큼 단순한 종교가 아니며 구원이 그만큼 심각하고도 중요한 문제인 까닭이다.[32]

옥한흠은 이 설교를 통해서 "서기관보다 더 나은 의"라는 말에는 두 가지의 의미가 들어 있다고 주장했다.

첫째, "믿음의 의"라고 선포하였다. 이것은 믿음으로 얻는 의로서, 율법의 행위나 인간의 공로를 통해 천국에 들어가는 것이 아니라, "예수 그리스도를 믿음으로 말미암아 모든 믿는 자에게 미치는 하나님의 의"(롬 3:21-22)를 통해서 이루어짐을 분명하게 외쳤다.

> 하나님이 인정하시는 의가 곧 예수님을 믿는 것입니다. 하나님은 예수님을 통해 이 의를 나타내 보이셨습니다.[33]

둘째, "서기관보다 더 나은 의"는 "순종의 의"라고 언급하면서, "마음과 행동이 일치하는 순종의 삶"을 가리킨다고 강조하였다. 그리스도의 의로 말미암아 믿음을 통하여 구원받아 하나님 앞에서 의로운 사람으로 인정되었다면, 그러한 믿음에는 거룩한 삶의 열매가 맺어져야 참된 믿음이라는 것이다. 그는 계속하여 이렇게 외쳤다.

> 순종의 의는 믿음의 의와 구별되는 것이 아닙니다. 그것은 하나입니다. 마치 나무와 열매의 관계와 같습니다. 믿음으로 의롭게 된 사람은 반드시 순종하는 의의 열매를 따게 되어 있습니다. 성경에 '그로 말미암아 우리가 은혜와 사도의 직분을 받아 그 이름을 위하여 모든 이방인 중에서 믿어 순종케 하나니'(롬 1:5)라고 했습니다. 믿으면 그다음에 순종이 자연스럽게 따라 온다는 것입니다. '순종의 종으로 의에 이르느니라'(롬 6:16하)라는 말씀이 있습니다.
> 믿음으로 의롭게 된다고 앞에서는 말했는데 왜 다시 순종으로 의롭게 된다고 하는 것입니까?
> 모순이라는 생각이 들 것입니다. 만일 이런 생각이 든다면 그것은 믿음을 잘못 이해하고 있는 것입니다. 성경은 분명히 믿음으로 순종케 되고, 순종함으로써 의에 이른다고 말씀하고 있습니다. 그러므로 우리가 말하는 믿음 안에는 주님께 전적으로 순종하는 순종의 자세가 포함된 것입니다.[34]

목회 사역 후반기에 이르면서 옥한흠은 단순히 신자 개인적 차원에서 어떻게 살아야 할 것인가보다는, 오늘날의 현실에 비추어 "예수님을 믿는 사람들"이 더 심각하게 각성하고 변화되어야 할 당위성을 강조하곤 했다.[35] 2000년대 초반의 한국 사회를 바라보는 설교자 옥한흠의 시각은 매우 비판적이었으며, 한마디로 "정직이란 토대가 무너진 세상"에 대한 탄식으로 이어졌다. 목사가 교회개척을 구실로 거액의 채권을 위조해 유통시켰다가 구속된 사건, 서울 경찰청장이 학력을 날조했다가 임명된 지 얼마 안 되어 발각되어 옷을 벗게 된 일, 그리고 대학입시에서 내신비율이 높아지자 학교마다 성적을 부풀리는 기현상 등 그야말로 가슴을 답답하게 하는 사건들이 연이어 터지는 가운데 옥한흠은 산상수훈 강해설교를 계속 이어갔다.

그는 이러한 사회 속에서 자라나는 수많은 젊은이들의 탄식과 좌절을 목격하면서, "세상의 빛과 소금으로 부름 받은 교회이기 때문에 그럴 수 없습니다. 한국 교회 성도 수가 천만 명이 넘는다고 떠벌리며 자랑했기 때문에 더 이상 책임을 회피할 수가 없습니다"라고 외치면서 사랑의교회 성도들뿐만 아니라, 한국 교회의 각성을 촉구했다.[36]

"정직이 퇴색된 교회"가 되어버린 한국 교회에 나타난 현상 중에 하나가 바로 목사의 정직도가 승려보다도 못하고 방송국의 아나운서보다도 뒤떨어지며, 무엇보다도 한국 교회가 내놓는 수치나 통계를 믿으려고 하는 사람이 그리 많지 않다는 사실을 언급했다. 그는 세상의 빛이라고 하는 교회가 이렇게 어두워져서 어떻게 나라의 앞이 보이겠느냐고 탄식하면서, 이렇게 절규했다.

> 교회 지도자 중의 한 사람인 저 자신도 쥐구멍이 있으면 들어가서 숨고 싶은 심정입니다. 내 힘으로는 도무지 바꿀 수 없는 암담한 현실 앞에 차라리 어디론가 사라져버리는 것이 낫겠다는 생각이 듭니다.[37]

"정직하지 못한 한국 사회" 속에서 그나마 이 사회의 빛이라고 하는 교회마저도 정직하지 못하고 세상과 전혀 다를 바가 없는 상황을 직시하면서, "정직하지 못한 한국 교회"를 향한 경고의 메시지를 선포했다.

> 우리 모두가 정직한 사람으로 다시 태어나지 않으면 하나님께서 한국 교회에서 얼굴을 돌리시고 촛대를 옮기실지 모릅니다. 우리가 세상 사람들에게 짓밟히는 맛 잃은 소금이 되어버린다면, 화려한 촛대만 덩그러니 서 있고 불꽃은 꺼져버린 교회가 된다면, 하나님께서 손을 대지 않으셔도 한국 교회는 스스로 무너져 내릴 것입니다. 지금은 위기의식을 가져야 할 때입니다.[38]

그러면서도 옥한흠은 정직을 회복해야 할 성도와 교회를 향한 권면을 잊지 않았다. 우리가 예수님을 따르는 제자이기에 더욱 정직하고 투명해야 함을 강조하였다. 또한 "이런 기가 막힌 세상에서 우리가 정직해야 하는 것은 하나님께서 정직한 자에게 복을 주시기 때문"이며, 끝까지 참으며 거짓을 경멸하고 거짓과의 고리를 끊어내지 않으면 한국 교회와 사회에 희망이 없는 것은 너무도 자명하다고 선포했다.

> 거짓말을 용납하지 않으시는 하나님께서 오늘의 성공이 내일의 실패가 되고, 오늘의 안전이 내일의 벼랑 끝이 되는 사례들을 반드시 보여주십니다. 왜냐하면 하나님께서 거짓을 복주시지 않기 때문입니다.
> 이런 기가 막힌 세상에서 우리가 정직해야 하는 것은 예수 그리스도를 구주로 고백한 우리가 진실해야 세상을 구원하고 변화시킬 수 있기 때문입니다.

어떠한 경우에도, 어떠한 불이익을 당한다 해도 정직하기를 각오한다면 우리 교회는 그리고 이 나라는 새로워질 수 있으니, "정직, 오늘부터

시작합시다!"라고 외쳤다.[39]

평생 제자훈련 목회에 매진해온 옥한흠의 마음속에는 그리스도의 제자 됨과 제자로서의 따름에 대한 조화가 항상 자리 잡고 있었다. 그는 "당신은 좁은 길을 걸어가고 있는가?"(마 7:13-14)라는 설교를 통해서 이렇게 선포했다.

> '좁은 문 들어서기'와 '좁은 길 걸어가기'는 원칙상 하나이어야 합니다. 그러나 교회 안에서도, 좁은 문으로 들어서기는 했지만 걸어가야 할 길의 형세가 만만치 않은 것을 보고 그 길을 기피하려는 경향이 있습니다. 마치 그 둘이 별개인 것처럼 '예수 믿기'와 '예수 좇아가기'가 일치하지 않은 것을 자연스럽게 받아들이며 생활하는 사람들이 있다는 말입니다.
>
> 신앙고백과 신앙생활은 하나로 이어져야 합니다. 한 번 좁은 문으로 들어온 사람은 좁은 길을 걸어가야 합니다. 좁은 길이 겁이 나서 넓은 길을 기웃거리며 적당히 교회만 드나드는 것은 바른 신앙생활이 아닙니다. 그런 식의 신앙생활이라면 영생을 장담할 수 없다는 사실을 분명히 인식하는 신앙생활을 견지해야 합니다.[40]

4. 고통과 핍박이 주는 유익

옥한흠의 설교에 지속적으로 등장하는 주제 중의 하나가 바로 고통과 핍박의 문제다. 그가 처음으로 출판한 설교집 제목도 『고통에는 뜻이 있다』이다. 그 책은 지금까지도 꾸준히 읽히는 스테디셀러 중 하나다. 그가 "고난"을 일컬어서 "변장하고 찾아오는 하나님의 축복"이라고 주장한 것은 사랑의교회뿐만 아니라, 한국 교회 성도들에게도 널리 회자되었다.[41] 그가 외친 수많은 설교들 중에 사랑의교회 성도들의 기억 속에 고이 간직되어있는 감동적인 설교를 꼽는다면, 그것은 아마도 "밤중의 노래"(욥 35:10-11)일 것이다. 각 성도를 향한 하나님의 최상의 목적을 달성하기 위하여 하나님께서 사용하시는 최상의 수단 중의 하나가 밤이었다고 한다. "우리를 죄에서 구원하시는 방법도 밤의 방법"이었으며, "하나님은 밤만 주시는 하나님이 아니라, 밤중에 노래하게 하시는 하나님"이시라는 강력한 메시지는 성도들의 가슴속에 깊이 스며들었다.[42]

또한 옥한흠이 복음서를 중심으로 설교하면서, 제자의 삶을 강조하는 가운데 발견한 진리는 "예수님을 믿는 사람에게 핍박은 정상"이라는 사실이었다. 이런 면에서 "예수님은 대단히 솔직하신 분"이며, 어느 누구도 고난과 핍박을 감수하고 예수 그리스도를 따르려는 마음이 없는 것이 너무도 당연한데, 그럼에도 예수님을 믿으면 핍박당한다는 것을 드러내 놓고 언급했는데, 이것은 놀라운 일이 아닐 수 없다고 주장하였다.

"주님은 사람들의 눈치를 보면서 하나님의 진리를 적당하게 포장하여 말씀하신 일이 없습니다."[43]

"예수님을 믿는 사람에게 핍박은 정상"이고, "그것은 곧 예수님을 따라가는 것을 의미하는 것"임을 옥한흠은 언급할 수 있을 때마다 힘주어 강조했다. 주님을 따르며 한평생 복음을 전하다 순교한 예수님의 제자들, 황제숭배를 강요하는 시대에 살다가 역사적으로 가장 힘든 때를 살다가 지하 동굴로 피신하거나 "세상 사람이 볼 때 가장 바보 같은 인생의 종말을 고한 사람들"이 초대 교회 안에 수없이 많이 있었으며, 공산주의 치하에서 수많은 성도들이 예수 그리스도를 믿는 신앙 때문에 죽어갔음을 상기시켰다. 또한 일제 치하에서 천황숭배를 거부한 주기철 목사를 비롯한 믿음의 선조들의 순교에 대해서도 언급하면서 올곧은 신앙

의 의미를 강조하였다.⁴⁴

옥한흠은 마태복음 5장 10-12절을 본문으로 "주를 위해 핍박받으면"이라는 제목의 설교를 다음과 같이 언급하면서 시작하였다.

> 지금 북한에서는 우리의 예상보다 훨씬 많은 수의 성도가 예수님을 믿는다는 한 가지 이유 때문에 철저하게 인권을 유린당하면서 혹독한 핍박을 받고 있습니다. 어림잡아 1만 명에서 수만 명에 이른다고 합니다.⁴⁵

이러한 핍박은 여전히 전 세계적으로 일어나고 있으며, 특히 우리 동족이 살고 있는 북한에서 벌어지고 있는 사실을 고통스럽게 언급하며 예수님을 믿고 따라가는 신앙의 본질이 무엇인지를 분명하게 선포하였다.

> 분명히 알고 있어야 합니다. 예수 그리스도를 따라가는 길은 그저 품고 있던 소원이 다 이루어져서 편안하게 사는 길이 아닙니다. 핍박을 받을 각오를 하고 예수 그리스도를 믿는 것이 주님을 따라가는 길입니다.⁴⁶

이러한 극한 고통과 핍박 속에서도 주님을 믿고 따라가는 성도들에게 하나님께서는 "가장 최고의 상과 복"을 약속하셨는데, 그것이 바로 "천국이 저희 것임이니라"와 "하늘에서 상이 큼이니라"라는 말씀이다. 옥한흠은 이 본문을 해석하면서 "여기서 천국은 우리의 마음에 임하는 하나님의 임재"이고 "하나님이 내 안에 임하시는 것을 직접 체험하는 데서 오는 신비스러운 기쁨을 누리는 것"이며 "이것이 천국"이라고 선포하였다.

실제적으로도 우리가 혹독하게 핍박을 받다가 막다른 길에 이르게 되면, 오직 한 분을 놓치지 않기 위해 나머지는 다 버려야 하며, 마지막으로 남는 "그 오직 한 분이 바로 예수 그리스도"임을 감동적으로 외쳤다. 예수 그리스도 때문에 숱한 고난과 핍박을 당하다 보면, 예수님 한 분을 끝까지 따라가기 위해서 우리 손에 쥐었던 모든 것을 다 내어버리고 "그렇게 되면 마음이 텅텅 비어 빈 마음"이 되고 "그 빈 마음에 바로 천국이 임하는 것"이다.

그래서 옥한흠은 다음과 같이 강조했다.

> 내 마음에 예수님 외에는 남아 있는 것이 없으면 그 자리가 바로 천국인 것입니다. 하나님이 임하시는 거룩한 천국입니다.[47]

팔복에서 가장 먼저 나오는 말씀이 "심령이 가난한 자는 복이 있나니 천국이 저희 것임이요"(마 5:3)인데, 마지막에 핍박을 받을 때 약속한 복과 동일한 것이다. 그래서 예배 때마다 옥한흠은 많은 찬송 가운데 "주 예수보다 더 귀한 것은 없네"를 수도 없이 불러왔던 것이다. 옥한흠이 이 찬송을 귀하게 생각하고 성도들과 함께 평생 불러온 이유는 누구보다도 고난이 주는 유익을 잘 알고 있었기 때문이었다. 고난과 핍박을 당하면 타의든 자의든 마음을 비우게 되고, 그 빈 마음에 주님만이 남게 되고, 그러면 그곳이 천국이요, 천국이 임하는 곳은 하나님의 임재가 체험되는 곳임을 깊이 인식했다.

그리고 그러한 체험을 설명하면서, 순교역사를 깊이 연구한 마크 갤리(Mark Galli)의 "순교자들 하나하나를 뜯어보고 그들의 발자취를 따라가다 보면 발견할 수 있는 공통점 한 가지가 있는데, 그것은 바로 하나님의 임재였다"라는 말과 함께 "그 순교자들은 죽음의 순간까지 하나님의 임재를 즐기는 사람들이었다"라는 놀라운 고백을 인용하였다.[48] 이렇게 옥한흠은 예수 그리스도를 따라가는 제자도의 당위성만 강조하고 훈련에만 열중한 사역자가 아니다.

그는 그것을 교회론적으로 정립할 뿐만 아니라, 고난과 핍박이 주는 유익을 역사적이고도 실제적으로 탐구하여 성도들에게 그 의미를 생동감 넘치게 전하였다. 그리고 고난당하는 자들, 특히 북녘에 있는 성도들을 위해 하루도 잊지 않고 기도할 뿐만 아니라, 굶주린 그들에게 양식을 보내주고, 헐벗은 그들에게 옷을 보내야 하며, 유린당하고 있는 그들의 인권이 더 이상 짓밟히지 않도록 국제적인 채널을 통해 우리가 할 수 있는 모든 노력을 경주해야 함을 강조하였다. 옥한흠은 고난과 핍박이 주는 유익을 진정으로 알았던 설교자였으며, 천국의 진정한 의미를 터득했던 참 천국인(天國人)이었다.

5. 복음전도의 열정

옥한흠이 평생 설교자로 살면서 설교하기 가장 어려운 주제는 "하나님의 사랑"이었다.[49] 그럼에도 불구하고 이 곤란한 주제를 끊임없이 설교하고 교회 이름도 "사랑의교회"라고 지은 이유는, 그만큼 하나님의 사랑이 가장 귀하고 중요했기 때문이다. 위대한 하나님의 사랑을 바르게 전하기 위한 목적 중의 하나가 복음전도적 설교를 통해서였다. 그래서 옥한흠의 설교 속에는 교회 바깥에 있는 사람들뿐만 아니라, 교회 안에 있는 자들 중에 참으로 중생하지 않은 이들에게 복음을 전하려는 강한 열망이 있다. 그는 믿지 아니하는 자들에게와, 이미 복음을 믿고 있는 이들에게 복음을 다시 전해 구원의 감격을 회복시키기를 갈망하였다.

옥한흠은 이렇게 외친다.

> 예수님을 믿으려면 바로 믿으십시오. … 돈으로부터 해방되십시오. … 구원받은 그 감격으로 자기 자신에게 있는 것으로 하나님께 헌신하고 다른 사람을 위하여 봉사[하십시오]. … 탐욕을 버리십시오. … 참된 회개의 생활을 하십시오.[50]

그리고 그들로 하여금 복음을 전하게 하려는 강렬한 열망을 품고 복음 전도적인 설교를 하였다. 그는 외친다.

> 우리끼리 구원받아 행복할까요?
> 절대 행복하지 못합니다. 우리에게는 구원을 모르는 자들을 위해 쉬지 않고 근심하는 고통이 있어야 합니다.[51]

그는 이미 복음을 믿고 살아가는 성도들이 "보냄을 받은 선교사들"임을 강조하며 그렇게 살아야 할 것을 촉구한다.[52] 옥한흠은 그의 목회 사역을 통해 복음전도와 선교에 열심을 갖고 필요할 때마다 성도들의 영혼을 깨웠다. "어떻게 하면 한 사람이라도 더 구원할 수 있을까 하는 것이 하나님의 최대 관심사"라는 사실을 잘 인식하며,[53] 그것에 매우 충실한 삶과 사역을 살아왔다. 여기에서도 "한 사람"에 대한 그의 지극한 관심이 전도와 더불어 제자훈련의 본질적인 기반이 되어 있음을 확인할 수 있다. 그래서 그는 다음과 같은 심한 언급도 마다하지 않았다.

> 만약 교회가 크다고 해서 예수님을 모르는 자들에 대한 관심이 적어진다면 대교회는 없어져야 마땅합니다.[54]

옥한흠은 사랑의교회가 성장하면 할수록 그의 마음에 안타까운 것은 "영혼에 대한 헝그리 정신"을 잃고 있다는 사실이었다. 그는 "나부터가 분석하고 기획하며 사역을 확장시키는 일에 바쁜 나머지 구원의 감격에 겨워 울었던 그 맑던 초심(初心)을 잊고 살았던 것은 아닌지 두렵다"라고 고백하였다. 그리고 한 영혼에 대한 관심과 전도열정을 회복하려고 부단히 애쓰는 마음으로 제자훈련의 정신과 철학이 이어지도록 노력하였다. 그가 이런 마음으로 평생 목회에 임했다는 것은 높이 평가받아야 마땅하다.

> 외판원이라는 오해를 받으면서 성경책 한 권, 사영리 몇 권을 넣은 가방 보퉁이를 들고 남산 오솔길, 회현동 골목골목, 그리고 서초동 아파트촌을 누비던 열정이 식지 않았나 뒤를 돌아보게 된다. 이 영혼의 헤드헌팅(head hunting)을 통해 제자 하나 얻으면 그게 기뻐서 잠이 안 오고, 순장과 순원들을 붙들고 자랑을 늘어놓던 헝그리 정신에 매너리즘의 더께가 안지는 않았는지 송구스럽다.[55]

또한 옥한흠은 구원받은 성도로서, 그리고 예수 그리스도를 따라가는 제자로서 자신이 구원받은 것에만 만족하고 머무른다면, 그것은 "반쪽 신앙생활"밖에 안 되고 "궁극적인 목적을 상실한 방향 없는 신앙생활"이라고 질타하였다.[56] 그러면서 이렇게 권면했다.

> 일단 내가 구원받았다는 확신을 얻으면 그다음에는 눈을 돌려 세상을 구원하고자 하시는 하나님의 큰 뜻에 주목해야 합니다. 하나님은 나 한 사람 구원 얻게 하는 것으로 절대 만족하실 분이 아니십니다. 하나님의 큰 뜻은 세상을 구원하는 것입니다. 하나님이 나를 먼저 구원해

> 주신 데는 다 이유가 있습니다. 나를 통해서 내 이웃과 내 주변에 있는 사람들이 하나님 앞으로 돌아오게 함으로써 세상이 구원받도록 하시려는 것입니다. 그러므로 우리의 눈을 하나님의 큰 뜻에 돌려야 합니다.[57]

또한 옥한흠은 전도를 교회 성장이나 부흥과 연결시키지 않고, 복음 그 자체와 참된 성도와 제자들의 당연한 사명으로 인식하고 있음을 주목한다. 그는 세상의 소금과 빛의 역할을 효과적으로 감당하는 지름길이 전도임을 강조했다.

> 복음은 그 자체가 부패를 막는 소금입니다. 예수 그리스도의 십자가 복음은 그 자체가 어두움을 몰아내는 빛입니다. 그러므로 우리가 전도할 때 가장 짠 맛을 낼 수 있습니다. 우리가 예수님을 믿으라고 말할 때 불신자들의 세계에 강한 빛을 비칠 수 있습니다. 전도는 소금을 많이 만들어내는 재생산 작업입니다. 한 사람이라도 더 예수님을 믿게 했다면, 그 사람이 소금이 되는 것입니다. 한 사람이라도 더 전도하면, 그 사람이 빛이 되는 것입니다. 그래서 예수님을 믿는 사람이 늘어날수록 이 땅에는 소금이 많아지고 빛이 많아지는 것입니다.[58]

옥한흠은 가능한 한 복음전도에 대한 설교를 많이 했을뿐더러 자신도 전도할 기회를 찾아 복음을 전하고자 하는 간절한 열망을 설교 중에서나 어느 상황에서든지 드러냈다. 그리고 실제로 옥 목사 내외는 전도를 많이 했다.

1980년대 초반에 김영순 사모가 "세차하는 형제"를 전도했는데 그 형제가 교회 출석을 잘할 뿐만 아니라, 그 부인도 예수님을 믿어 믿음이 성장한 것이 대표적인 예다. 어느 날 옥한흠 부부가 함께 차를 타고 가다가 "그 세차장 구석에 다 찌그러져가는 나무의자에서 그 부부가 너무나 행복하게 서로 쳐다보고 웃으며 뭔가 이야기를 하는 장면"을 보았는데, 그것이 매우 기뻤다고 옥한흠은 회고한다.

복음을 통해 경험하는 "참 감격스러운 장면"에 서로 기쁨을 공유하는 그 아름다운 모습에는 복음을 전한 목사 부부나, 그 복음을 받아 그리스도 안에서 가난하지만 행복하게 살아가는 한 성도 부부의 간격이 전혀 느껴지지 않는다.[59] 이렇게 복음전도는 전하는 자나 듣는 자 모두에게 기쁨이요 축복이었다. 옥한흠은 복음전도의 능력과 감격을 알았던 목회자였다.

6. 종말의식, 하나님 심판의 필연성, 그리고 자선 및 선교

옥한흠이 선포한 종말에 관한 설교 중에 대표적인 것을 꼽으라면 베드로전서 4장 7-11절을 본문으로 한 "종말을 위한 카운트다운"을 들 수 있다. 그는 이 설교에서 신약성경에 세상 종말을 언급하지 않는 곳이 한 부분도 없을 만큼 강조되고 있는 것이 예수님의 재림과 세상의 종말에 관한 교리임을 성도들에게 환기시켰다. 그러면서 세상의 종말을 언급하면 냉소적으로 반응하고 종말을 순전히 개인의 죽음 정도에만 국한하거나 역사적으로 신빙성이 없는 진부한 전설로 치부하는 현실을 개탄하였다.

그는 이 설교에서, 지난 기독교 2천 년 역사를 간략하게 회고하면서, 종말과 재림에 대한 믿음이 무시되었던 시대치고 교회가 쇠퇴하거나 부패하지 않은 때가 없었다고 주장하였다. 특히 콘스탄틴 대제가 즉위한 후 기독교가 자유를 얻어 태평성대를 누리기 시작하면서 상황은 완전히 달라졌는데, 종말론이나 재림신앙이 관심 밖으로 밀려나면서 소위 말하는 "기독교의 암흑 시대"의 막이 열렸으며, "1,500년의 암흑기를 놓고 분명히 말할 수 있는 사실은 예수님의 재림과 세상의 종말에 대한 믿음이 철저히 무시되었던 시대였다는 것"을 지적하였다. 이러한 역사적 사실은 결국 "재림과 종말에 대한 믿음이 교회의 생사를 판가름하는 생명지표(生命指標)가 된다는 것"을 방증하면서 성도들로 하여금 종말론적인 삶을 살도록 권면하였다.[60]

옥한흠은 종말이나 재림을 주제로 해서는 비교적 적게 설교해왔음을 인정하였다. 그 이유 중의 하나는 신앙생활을 갓 시작한 성도들에게 재림신앙을 강조하는 것은 자칫 신앙의 혼란을 유발할 수도 있기 때문에 목회적 차원에서 미루어온 것이다. 그렇지만 필요할 때는 종말에 관한 설교를 선포하였다. 그의 마지막 사역기간에 선포되었던 "바다를 주목하자"(눅 21:25)라는 설교를 통해서도 세상종말과 예수 그리스도의 재림과 관련한 신앙의 주요한 내용을 성도들에게 주지시켰다.

그리고 최근 들어 한국 교회 목회자들이 종말론 메시지를 잘 전하지 않는 현상에 대해 "대단히 위험한 침묵"이라고 지적하였다. 현재 지구상에서 빈번하게 일어나고 있는 환경생태계의 변화로 인한 수많은 재난들, 특별히 바다를 통해서 일어나고 있는 태풍 등은 결국 우리로 하여금 예수 그리스도의 재림이 다가오고 있음을 깨우치는 부인할 수 없는 징조들임을 망각하지 말아야 한다고 힘주어 외쳤다. 그가 종말에 대해 설교를 많이 하지는 않지만, "말세불감증"에 빠진 한국 교회와 성도들을 깨우기 위한 예언자적 설교자의 열정이 약했던 것은 아니다.

옥한흠의 종말신앙은 어떤 관점을 갖고 세상을 보느냐 하는 문제와 직결되어 있다. 그림을 볼 때 배경을 모르면 그 그림을 제대로 이해하기 어려운 것처럼, 우리에게 닥쳐오는 문제와 고통을 바라보는 관점이 우리 생각의 배경이 된다고 전제하면서, "하나님이나 내세의 소망이 없이 이 세상 문제를 바라보면 참담하게 느낄 수밖에 없습니다"라고 외쳤다.

> 크리스천이 세상 사람들과 다른 점은 정확하고도 분명한 배경을 갖고 있다는 것입니다. 그 배경은 바로 하나님입니다. 주님을 통해서 발견한 영원한 내세입니다. 보이지 않는 내세가 그리스도인들의 생각의 배후를 좌우하는 것입니다. 이 내세를 배경으로 현실을 바라보기 때문에 문제를 바라보는 관점이 세상 사람들과는 다를 수밖에 없는 것입니다.[61]

옥한흠이 가진 종말론적 관점은 단지 내세지향적인 차원으로만 국한된 것이 아니라, 현실의 문제를 내세의 영광을 위한 수단으로 보는 균형 잡힌 시각을 유지하려고 노력하였다.

옥한흠은 말세를 예수님의 초림부터 재림까지로 정확하게 인식하고 있었음에도 불구하고, 그의 하나님 나라에 대한 언급들 가운데, "장차 하나님 나라에 가서…"라는 표현이 많은 것도 사실이다. 이러한 타계적 특성을 강조하는 언급보다는 하나님 나라의 현재성을 더 명확하게 하면서 미래성을 강조했더라면 하는 아쉬움이 있다.[62]

옥한흠은 청중을 지옥에서 건져내기 위한 구원론적 관심에서, 대각성 집회 때는 물론이고 주일예배 때도 하나님의 심판에 대한 설교를 선포하곤 했다. 설교자로서 "파수꾼"의 역할을 감당하는 것은 너무도 당연한 이치이지만, 그렇지 못한 것이 우리의 현실이기도 하다. 에스겔서에서 보듯이, 백성들이 대면하고 있는 위험에 대해 먼저 경고해야 할 선지자의 사명이 파수꾼의 역할인 것처럼 말씀 선포를 통해서 깨우침을 받지 않으면 영혼을 온전히 보존할 수 없는 것이다(겔 3:17-21).

이 사명은 참으로 중요한 일이며 목회자는 예수 그리스도께서 맡기신 소중한 영혼들을 위해 책임을 다해야 한다. 왜냐하면 하나님은 당신에게 저항하는 모든 자에게 "소멸하는 불"이시기 때문이다. 그래서 하나님께서는 죄에 대한 강력한 설교를 어느 시대나 영적 각성과 부흥을 일으키는 수단으로 사용하셨다.

이러한 각성설교는 초신자들을 향한 메시지이기도 했지만, 복음을 듣고 복음의 빛 아래서 성장했지만 복음에 반응하지 않는 성도들을 위한 메시지이기도 했다. 옥한흠은 하나님의 심판과 이 세상의 종말이 분명히 있다는 의식으로, 불신자와 성도가 어떠한 자세로 살아가야 할지 도전한다. 그래서 옥한흠의 설교 속에는 불우한 이웃들에 대한 사랑 베풂이 매우 강조된다. 개혁신앙을 신봉한다면, 이웃 사랑이 신앙생활의 본질적인 요소가 되어야 할 것이다. 이것은 "불우 이웃돕기는 하나님의 은혜 받는 비결"이며, 사랑의 행위가 그리스도와의 연합에서 자연스럽게 나오는 것이며, 구원의 확신을 얻는 가장 중요한 방법일 뿐만 아니라 그리스도와의 관계를 지속시키며, 더 나은 영적 생활을 체험할 수 있는 가장 좋은 방법이라고 선포한 에드워즈와 맥을 같이한다.[63]

옥한흠은 "북한 선교에 대한 비전"을 품고 설교하고 목회하였다. "원수가 주리거든"이라는 설교에서, 그는 세계가 당면한 인구 및 식량 문제를 언급하면서 자연스럽게 한국 상황을 여러 통계수치를 인용하여 접목해 설교해 나간다. 그는 "먹고 마실" 권리가 하나님께 받은 인간의 가장 기본적인 권리임을 강조하면서, "기근으로 인한 죽음"의 문제가 남의 일이나 다른 나라에서 일어나는 현상이 아니라 우리에게, 특히 북한 동포에게 일어나고 있음을 생생히 묘사한다. 그러면서 이러한 기근의 고통을 자신의 외가도 경험했음을 실존적으로 언급하면서 설교를 단지 자신의 말로만 전하는 것이 아니라, 자신의 삶과 체험 속에 용해시켜 전한다. 먹고 사는 인간의 생존 권리는 하나님께 부여받았으며, 다른 사람의 생존권을 보호해 줄 책임이 우리 모두에게 공동으로 주어졌음을 강조한다.

이에 근거하여 옥한흠은 한국 사회에 만연한 과소비 열풍과 건강에 대한 지나친 관심, 그리고 자신의 돈으로 자신만의 사욕을 채우고자 하는 한국인의 태도에 일침을 가한다. 그리고 나서 성경 말씀을 언급하면서 "원수"처럼 간주하고 있는 굶주리며 죽어가는 북한 동포들에게 식량 원조를 하자고 강력히 촉구한다.

> 네 원수가 주리거든 먹이고 목마르거든 마시우라 그리함으로 네가 숯불을 그 머리에 쌓아놓으리라(롬 12:20).

교회가 먼저 이 일에 앞장서자고 권면한다. 그들에게 그리스도의 사랑으로 먼저 먹을 것을 전하면, 그들의 머리에 숯불이 활활 타올라 견딜 수 없는 감동으로 복음에 마음의 문을 열 것이라고 외친다.[64]

이 설교는 한국의 남북분단 상황극복, 기근과 식량의 위기에 대처하는 바른 자세, 그리고 북한 선교로 이어지는 선교적 과제를 독려하는 주제로 선포되었다. 이 성경 본문을 근거로 특히 원수에 대한 문제를 개인적인 차원으로만 국한하지 않고 국내외적인 시대적 흐름을 직시하면서 사랑을 전하는 자세를 촉구하며 북한 선교를 지향할 수 있는 설교로 선포하는 것은 과연 옥한흠이 아니고서는 행할 수 없는 설교가 아닌가 한다.

7. 교회갱신 및 사회개혁 촉구

옥한흠의 설교는 "성경과 기독교의 기본적인 교리를 잘 드러내는 설교"일 뿐만 아니라, "복음에 근거한 소명감을 강조하는 설교"이기에 자연스럽게 성도의 신앙을 성숙시키는 촉매제 역할을 하면서도 교회갱신과 사회개혁의 자극제로도 기능하였다.[65] 그는 "우리의 생업은 예배당만큼이나 거룩한 장소"라는 사실을 강조하면서 성도들에게 교회와 사회 속에서 바른 소명감을 발휘하도록 독려하였다.[66]

옥한흠은 그리스도의 제자 됨에 대한 강조와 훈련에 매진해오면서도, 제자들의 삶과 성품에 대해서도 수도 없이 강조하였다. 예수님이 팔복을 통해 제자들이라면 어떤 성품을 지녀야 하는지를 언급하신 후에 "너희는 세상의 소금이라. 너희는 세상의 빛이라"(마 5:13-16 참고)라고 말씀하신 이유가 있다는 것이다.

다시 말하면, 제자 됨은 이 세상에서 소금과 빛의 역할을 감당하는 삶으로 이어져야만 한다는 것이다.

"너희들이 이와 같은 성품을 가진 나의 제자가 된다면, 너희는 이 세상에서 소금이 될 수 있고 빛이 될 수 있다."

반대로 "팔복의 요건을 제대로 갖추지 못한다면, 우리는 세상의 소금과 빛과는 아무런 관계가 없을 수도 있다는 말"이다.

참된 성도의 삶과 제자도는 이 세상에서 사회적 영향력을 발휘할 수밖에 없고, 우리들의 착한 행실과 삶의 진실한 모습, 그리고 의로운 행동을 보고 세상이 우리를 소금과 빛으로 보게 된다는 것이다. 이러한 구조 속에서 성도와 제자는 세상에서 도덕적인 기준을 높이며 도덕적인 우위를 견지해야 하고, 이로써 그 영향력은 자연스럽게 사회 속에 나타날 수밖에 없는 것이다.[67]

옥한흠의 설교 속에 사회변혁적 기능이 강하게 자리 잡을 수 있었던 배경에는 그의 개혁주의적 신학과 세계관이 있었다. 그는 "하나님 나라를 위한 설교"의 비전을 품고 있었고, 그의 설교를 듣는 청중들에게 단지 교회 테두리에만 한정하지 말고, 모든 사회 영역으로 나가 변혁을 위한 주체가 될 것을 촉구하였다. 옥한흠은 예수님을 주로 고백하는 성도라면, 먼저 그 나라와 그 의를 구하는 삶에 우선순위를 두며 살아야 함을 강조한다.

다시 말하면 주님께서 "[하나님의] 뜻이 하늘에서 이룬 것같이 땅에서도 이루어지이다"라고 가르치셨듯이, 성도는 하나님 나라의 백성으로서 이 세상에서는 "주변인으로서의 삶"을 살아가야 함을 역설하였다. 주변인의 삶이란 "세상에 살고 있지만, 세상에 속하지 아니"한다는 주님의 말씀을 따르는 삶이다.[68] 이러한 자세는 청교도들이 사회를 변혁하려고 노력했던 특성과도 관련이 있다. 주변인으로 살라는 옥한흠의 설교는 세속화의 도전 속에서 신앙의 정체성을 잃고 신음하는 한국 교회를 향한 준엄한 촉구라 할 수 있다.

> 이처럼 우리도 이 세상에 적극적으로 뛰어들어 하나님의 일을 해야 합니다. 그런데 오늘날 우리 크리스천들이 아무리 이 사회에 적극적으로 참여한다고 할지라도 세상에 동화되어서는 안 됩니다. 적극적으로 세상을 살되 세상과 벗하며 살아서는 안 됩니다. 하나님이 우리에게 무엇을 원하시는가를 분명히 분별하면서 살아가야 합니다.[69]

옥한흠은 경제개발로 인한 사회적 문제들에 대해서도 침묵하지 않았다. "빈자처럼, 부자처럼"이라는 설교에서, 그는 우리가 가진 모든 재물의 원소유주는 하나님이심을 강조하고, 우리의 재물은 하나님께서 우리에게 잠시 맡기신 것일 뿐, 우리의 것이 아님을 언급하면서 신앙과 유리된 기독교인 사주(社主)의 기업윤리를 적나라하게 고발하였다. 근로자들을 가혹하게 대하면서 근로법이 정한 최저 수준에도 미치지 못한 임금을 주고 과도한 노동을 요구하며, 공장 내 여러 곳에 감시 카메라를 설치해 놓고 근로자들을 감시하는 작태를 설교 속에서 고발하였다.

그리고 더욱 분개할 만한 일은 매일 아침 예배를 드리면서 "범사에 감사하고 항상 열심히 일하라"는 반복적인 설교를 하되, 근로자들의 영적인 생활보다는 "일종의 정신교육"에 초점을 맞춰 예배를 자신의 사리사욕을 채우기 위한 도구로 삼는 행위를 비판했다.[70]

옥한흠은 시대적 양심을 가슴에 품고 1980년대 이후에 한국 사회가 당면했던 여러 가지 사회적 이슈들을 선지자의 자세로 고발하고 성경적인 대안을 모색하며 제시하려 했다. 소위 "가진 자들," 특히 기업의 사주들은 기독교 신앙으로 가면을 쓴 채, 자신들의 이기심을 충족하기 위해 신앙을 악용하지 말고 위선의 가면을 벗고, 더 이상 재물을 하나님처럼 섬기지 말라고 촉구했다.

이 시대는 그야말로 근대화와 경제개발의 효과를 보았고, 강남 지역에 사는 교인들은 대한민국의 어느 지역 주민들보다도 상대적으로 더 많은 부의 향락을 누렸다. 옥한흠은 이런 자들을 향해 돈이라는 우상을 과감히 버려야 할 것을 외쳤다. "돈의 위력"에 함몰되어 물질주의에 빠져 변질된 신앙으로 허덕이는 한국 교회를 향하여 진정한 변화와 신앙을 촉구한 사회개혁자적 모습이 확연하게 드러나고 있다. 옥한흠은 종종 사회적 이슈들에 대해 설교하면서, 그 어느 때보다도 더 강하게, 열정을 분출하며 설교했다.[71]

이러한 특성은 그의 대각성전도집회에서도 어김없이 드러났다. 그는 예수님의 제자 된 세리 마태의 변화를 언급하면서, 금전만능주의에 빠져 법의 묵인 아래 많은 백성들의 재산을 착취하고 고리대금을 통해 재산을 불리는 데 혈안이 된 당시의 세태와 한국의 상황을 접목시키면서 회개의 참된 의미를 부각시켰다. 그러면서 그러한 삶의 양태를 포기하지 못하는 자들을 향한 준엄한 분노를 표출했다.

> 부정한 돈으로 인생의 행복을 구가하려는 이 어리석은 사람들이 이 땅에 발붙이지 못하도록 반드시 그들을 깨우쳐야 합니다.[72]

그의 이러한 설교는 세례 요한의 설교처럼 청중들의 양심을 큰 망치로 두드렸다. 교양의 차원에서 적당하게 신앙생활하고 싶어 하는 현대 기독교인들이 들으면 상당히 불편할 정도로 그의 설교는 고도의 도덕성과 책임감을 요구한다. 이렇게 옥한흠은 한국 교회만을 깨우친 것이 아니고, 한국 사회를 향해서도 각성의 메시지를 선포했다.

한국인들의 심각한 병폐 중의 하나가 바로 "마땅히 부끄러워해야 할 이 '땀 흘리지 않은 소득'이 많은 사람들의 선망의 표적처럼 되어 있다"는 사실일 것이다. 이것이야말로 강남 지역을 비롯한 한국의 모든 지역에 사는 사람들이 "혈안이 되어 찾고 있는 지혜의 전부인 것처럼 되어 있다. 이러한 사고와 행동이 가치관과 경제윤리를 어지럽히고, 우리 사회에 나타나는 많은 비도덕적 질서를 빚어내고 있다."[73] 땀 흘리지 않은 소득으로 가장 지탄받고 있는 대상으로 우선 부동산 투기를 꼽지 않을 수 없다. 부동산 투기는 자본주의 체제에서 인간의 부패한 심리를 부추겨 인간을 이익 추구의 동물로 만드는 주범임이 틀림없는데 강남 지역은 이러한 현상의 중심지라고 해도 과언이 아니다.

그렇다면 옥한흠은 이 문제를 어떻게 설교하고 영적으로 지도했을까? 인간의 전적인 부패성을 강조하는 개혁신앙을 신봉하면서 부동산 투기에 대한 관심과 열기가 상대적으로 훨씬 강한 지역에서 목회했던 옥한흠이기에 영적인 처방을 갖고 이 문제를 다룰 수밖에 없었을 것이다. 사실 이 주제는 설교에서 반드시 다루어야 할 과제임은 부인할 수 없다. 땀을 흘리지 않고 쉽게 얻는 소득은 잘못된 소비풍조를 낳게 되고, 타락한 인간의 부패성을 자극하고 만족시키면서 도덕성과 사회적 윤리 기준을 더욱 저급하게 할 것이다. 그 결과는 "퇴폐, 향락 문화"라는 이름으로 전국 방방곡곡 그 영향력을 확대시켜 나갈 것이고, 그러한 현상의 중심지 중의 하나가 강남 지역임을 부인할 수 없을 것이다.

인간의 부패성에는 불로소득하려는 경향을 배제할 수 없기 때문에 땀 흘리지 않은 소득에 대한 거부감이 강해져야 개인과 사회는 건전해질 수 있다. 이러한 재물에는 소비생활에서 절제의 미덕을 발휘할 수 없게 하고, 한국 사회와 교회에 물질주의, 배금주의를 만연시키면서 우리가 추구해야 할 본연의 가치를 퇴색시켜버릴 것이다. 다음과 같은 이만열의 주장은 매우 설득력이 있다.

> 땀 흘리지 않은 소득은 소비생활에 인내와 근검절약을 잃게 하고 낭비를 초래한다. 이러한 소비풍조는 거기에 빠져드는 사람 자신의 인간성을 황폐하게 만들어 가난하고 고통 받는 이웃을 망각토록 하며, 빈부격차를 가시화하여 '더불어 사는' 이상사회의 건설을 저해하는 큰 요인이 된다.[74]

로마제국이 멸망한 가장 큰 이유는 이민족의 침입이 아니라, 사실 내부의 퇴폐·향락에서 시작되었다는 역사적 교훈을 잊어서는 안 될 것이다.

옥한흠은 이 시대를 살아가면서, 이런 풍조에 어떻게 반응했는가?

"고삐 풀린 퇴폐, 향락 '풍조'를 '문화'라는 말로써 수용할 것이 아니라,

더 이상 용납지 못할 망국적 병으로 인식하고, 그것을 추방하기 위한 결연한 의지가 국가정책 차원에서 수립 실천되어야 한다. 개인적으로는 청빈을 미덕으로 추앙하면서 신독(愼獨)의 고독한 투쟁을 끊임없이 전개해야 한다"는 동시대인의 한 역사가의 외침에 옥한흠은 어떻게 반향(反響)했을까?[75]

한국 사회에 만연한 퇴폐 문화의 부작용과 후유증은 결국 사회 전반에 걸쳐 나타나게 되고, 특히 성윤리의 부재는 가정파탄으로 직결되고 있는 실정이다. 옥한흠도 이러한 사회 문제에 대해 민감하게 반응했다. 물론 한국 사회가 이만큼이라도 성적인 윤리를 면면히 유지할 수 있었던 배경에는 교회와 기독교인의 역할이 있었다는 것을 부인할 수 없을 것이다. 하지만 고결한 신앙윤리를 통해 사회정화와 윤리의식 고양에 중차대한 역할을 감당해야 할 교회가 성적으로 허물어져가고 있는 현실도 그는 날카롭게 직시하고 있었다.

"오늘날 교회는, 성직자는 물론이거니와 평신도까지 성 문제의 심각한 위협 속에 직면해 있다."[76]

더 나아가 옥한흠은 가정의 필요성마저 부인되는 이 세대야말로 영적·윤리적인 갱신이 절실하게 필요한 시점에 있음을 고통스럽게 느꼈다. 가정이 깨어진다는 것은 이미 성윤리의 뿌리가 흔들리고 있음을 말해 주는 것이다. 이러한 성윤리의 타락상을 인식하며, 옥한흠은 한국 교회를 향해 세 가지 경고를 발하였다.

첫째, "한국 교회의 성적 오염의 문제"이다.

둘째, "성윤리에 있어서 교회가 세상의 모범이 되지 못하고 있다는 점"이다.

셋째, 한국 교회가 "과중되고 있는 성적 타락의 위험에 적극적으로 대처하는 방안을 준비하지 못하고 있다는 점"이다.[77]

이러한 상황에서 그는 교회가 정말로 제 기능과 역할을 온전히 감당하려면 고통스런 수술을 감행하여 회개하는 역사가 일어나야 한다는 점을 강조했다. 그렇지 않으면 교회가 사회의 모범이 되지 못하며, 사회로부터 지탄받는 대상이 될 것이라는 경고도 잊지 않았다. 바로 이러한 선지자적 경고를 한국 교회는 선교 100주년을 맞이한 즈음에 성장에 도취된 나머지 간과하고 말았다. 그 결과 한 세대가 지난 이 시점에 한국 교회는 뼈아픈 자성의 소리를 이곳저곳에 내보지만 그때 그 소리를 듣고 각성했다면 이 지경까지 내몰리지는 않았을 것이다.

하나님께 영광 돌리는 삶을 살기 위해서는 무엇보다도 개인과 교회의 순결이 유지되어야 한다. 타락한 성윤리를 회복하고 가정을 살리기 위해서는 무엇보다도 십자가의 복음의 능력만이 성적으로 타락한 사람을 구제하고 용서하며 치료할 수 있다는 확신과 소망을 가져야 한다.

옥한흠은 에밀 브루너(Emil Brunner)가 언급한 "결혼 제도가 부패하면 사회 제도도 부패하고 정치적인 혼란이 온다"라는 말을 상기시키면서, 사회가 성적으로 타락한 것을 공동의 책임으로 여기며 사회를 정화하는 작업에 공동의식을 갖고 대처할 것을 촉구하였다. 개개인이 자신의 문제가 아니라고 방관(傍觀)만 한다면 우리는 다 같이 부정적인 상황에 머물 수밖에 없음을 절감하게 될 것이다. 그렇기 때문에 옥한흠은 한 사람의 크리스천이라도 악에 도전하는 적극적인 자세가 절실하다고 강조하면서, 가정과 사회를 정화하기 위해 자신을 먼저 가다듬고 사회의 빛과 소금의 역할을 성실히 감당해야 함을 역설하였다. 빛과 소금은 커다란 영향력을 발휘한다는 사실을 잊어서는 안 될 것이다.[78]

한국 사회에 만연한 과소비와 낭비풍조는 인간이 물질과 돈에 저지르는 죄악일 뿐만 아니라, "낭비하는 이의 심성을 파괴하고 심전(心田)을 황폐하게 만든다. 그래서 낭비로 황폐된 마음밭은 뒷날 기경(起耕)하려 해도 좀처럼 옥토로 변하지 않는다. 절제는 언어, 행동, 시간, 정력(힘) 및 물질생활에서 구체적으로 나타나야 하는 미덕이다."[79] 절제가 몸에 배어 있었던 옥한흠은 설교에서 불로소득, 부동산 투기, 과소비 풍조 등에 대해서도 언급하곤 했다. 이승구도 언급했듯이, "성도들은 모두 예수님의 종이고, 예수님의 종이면 사치할 수 없고 과소비할 수 없고, 근검절약해야 한다고 하는 강조는 강남의 대형교회에서 별로 들을 것으로 기대하지 않았던 귀한 말씀"이라고 할 수 있다.[80]

그런데 옥한흠의 설교에는 이것이 강조되었다. 그가 복음에 철저히 헌신한 성도의 삶의 태도에 나타나야 할 모습을 엄중하게 선포한 것을 보면 그에게 과소비를 일소하고 절약을 강조하려는 생각이 강하게 드러났다고 볼 수 있다.

그러나 옥한흠은 국가를 위해서 좀 더 적극적으로 행동하지 못한 것에 대해 유감을 표명하였다. 그가 사랑의교회를 설립하고 제자훈련에 진력을 다했던 기간은 한국 정치사에서 유례를 찾아볼 수 없는 군부독재로 말미암아 수많은 인사들이 민주화 투쟁을 펼치며 옥고를 치르고 희생을 강요당하던 시기였다. 아모스 2장 1-8절을 본문으로 한 "버려야 삽니다"라는 설교에서 옥한흠은 국가에 대한 성도의 자세가 어떠해야 하는지를 다루고 있다. 그 설교에서 그는 국가를 하나님이 주신 제도로 인식하고 일반 은총의 하나로 간주하면서, 국가가 없다면 교회가 이 세상에 존재하기 힘들 뿐만 아니라 복음전도도 불가능할 것이라는 원론적인 사실을 강조한다. 그는 이렇게 외쳤다.

> 그러므로 우리가 이 나라를 사랑한다면 죄로 인해서 망하지 않도록 죄를 막아야 합니다. 권력을 가진 자들이 죄에서 떠날 수 있도록 바른말을 해야 합니다. 그들을 하나님 앞으로 인도하여 결과적으로 모든 정

치가들이 선한 양심을 갖고 국정에 임하게 만들어야 합니다. 이것이 오늘날 교회가 감당해야 할 책임입니다.[81]

"설교는 교인만을 상대로 해서 전하는 것이 아니다. 사회와 국가를 향해 외치는 하나님의 진리요, 선지자의 외침이기도"[82] 하다고 전했다. 그러나 이러한 주장과는 대조적으로 옥한흠을 비롯한 대부분의 보수적인 목사들은 군사정권하에서 위정자들의 죄악에 대해 선지자적으로 외치는 데에 소극적이었음을 부인할 수 없다.

한국 사회가 어느 정도 민주화를 이루었을 때에야 비로소, 한국 보수 교회가 사회개혁을 비롯한 정치문제에까지 비판적인 소리를 냈지만 때 늦은 감이 적지 않다. 교회가 정치수단으로 전락되어서는 안 되겠지만, 당시 한국 교회 지도자들이 침묵하지 않았더라면, 이 시대에 우리 사회가 겪고 있는 보수와 진보의 양극화나 반(反)기독교 정서가 상당히 누그러졌을 것이다.

8. 성령충만, 성령의 은사와 사역에 대한 강조

옥한흠은 평생 제자훈련 목회에 전념해온 목회자였지만, 성령충만에 대하여 지대한 관심을 갖고 자신의 삶에 적용하며, 기회가 주어지는 대로 선포했다. 그는 "성령의 사람, 곧 예수님을 닮은 사람"이라는 등식을 잊지 않고 살아왔다.[83] 그가 갈라디아서 5장 22-23절을 본문으로 선포한 "인격이 변해야 삶이 변합니다"라는 메시지는 이러한 주제에 대한 대표적인 설교다. 그는 성령의 아홉 가지 열매를 구체적으로 설명한 후에 성령의 열매는 곧 예수의 인격을 가리킨다고 전하면서, "성령의 열매는 단수라는 사실"에 주목한다. 그리고 이렇게 외쳤다.

> 성령의 열매는 여러 종류가 아니라 하나입니다. 왜냐하면 예수님의 인격을 가리키고 있기 때문입니다. 인격은 하나지 둘이 아닙니다. 성령의 열매 역시 한 뿌리에서 나오는 것이므로 단수일 수밖에 없습니다. 이것은 열매의 종류가 아니라 열매의 다양성을 의미합니다. … 이와 같이 예수 그리스도의 모습을 드러내는 신자의 인격은 한 인격이신 그리스도가 우리를 통하여 반사되고 흘러넘치는 성령의 열매라 할 수 있습니다.[84]

옥한흠은 성령의 역사하심이 교회부흥과 직결된다고 이해했다. 그는 교회의 부흥은 무엇보다도 성경 말씀을 통해 하나님께서 그의 백성들을 회개하게 하심으로써 일어난다고 확신하였다. 그리고 성령의 사역을 가장 적절하게 이해하는 방법은 "부활하시고 다스리시는 구세주, 곧 역사의 예수이시며 신앙의 그리스도이신 분의 인격적 임재가 그리스도인 개인 및 교회에 함께 거하시며, 그들 안에 계심을 알려주시는 분이 성령"이라는 사실을 인정하는 것에 있다.[85]

그는 성령에 관한 수많은 설교와 교훈을 성도들에게 전했지만, 성령의 내주하심(indwelling)을 직접 경험하면서 살았던 목회자요 설교자였다. 성부와 성자의 영이신 성령께서 이 세상 끝 날까지 함께하심을 "저는 … 분명히 믿습니다. 그리고 더 나아가 이 사실을 즐깁니다"라고 외쳤다.[86]

옥한흠은 특히 사도행전과 요한복음을 강해설교하면서 성령에 관한 수많은 설교들을 선포하였다.

그는 성령에 대하여 다음과 같이 말한다.

① "천지를 창조하신 하나님의 영"
② "그리스도를 처녀의 몸에 잉태케 하신 하나님의 영"
③ "예수님이 세상에 계실 때 그에게 능력과 권세를 주신 하나님의 영"
④ "예수님이 못 박히시고 무덤에 장사되었을 때 그를 죽음에서 일으켜주신 하나님의 영"
⑤ "선지자와 사도들의 마음을 감동하셔서 신구약 성경을 기록하게 하신 하나님의 영"
⑥ "이 세상에 교회를 탄생케 하시고 그 교회에 생명을 불어넣으시고 하나님의 권세를 입혀주신 하나님의 영이 바로 성령이다."[87]

또한 "성령은 진리를 말씀하시는 진리의 영"이며, "그 진리란 바로 예수 그리스도"이심을 언급하면서, 다음과 같이 깨우쳤다.

> 성령은 예수 그리스도를 나타내고 그의 영광을 드러내십니다. 성령은 사람들에게 오직 예수 그리스도만을 알게 하고 그를 찬송하게 합니다. 이것이 성령이 하시는 특별한 일입니다. 그런 의미에서 성령충만은 곧 예수충만입니다. 많은 분들이 성령충만이 바로 예수충만이라는 진리를 이해하지 못하는 것 같습니다.[88]

성령이 충만하게 제자들에게 임하시자 예수님이 하신 말씀이 다 기억나게 되었고(요 14:26), 예수님을 증거하고 전파하도록 하였다. 옥한흠은 오순절에 제자들에게 성령이 임하셔서 일어난 변화를 간단하지만 의미 있게 표현했다.

지금까지 그들의 마음에 의문사로 남아 있던 것이 감탄사로 바뀌었습니다. 그들은 이전까지 물음표만 달고 있었습니다. 그런데 그 모든 의문들에 대해 해답을 얻게 되자 물음표가 느낌표로 바뀌는 놀라운 일이 일어났던 것입니다. 그들은 그동안 예수님으로부터 들었던 교훈들과 눈으로 보았던 표적과 이적 기사가 무엇을 의미하는가를 환하게 꿰뚫어보게 되었습니다. 예수님이 왜 십자가에 죽으시고 부활하셨는지 설명하지 않아도 그들은 다 이해할 수 있었습니다.[89]

이렇게 오순절에 임한 성령강림에 대한 구속사적 의미와 성경에 근거한 성령론에 대해 설명하면서, 그렇다면 성령과 그 설교를 듣는 청중과의 관계는 무엇인지에 대해서도 구체적으로 언급하는 것을 잊지 않았다. "성령님, 진리를 가르쳐 주옵소서"라는 제목의 설교를 통해서 호소한다.

> 제자들에게 성령이 임하셔서 하신 일을 일컬어서 흔히 신학적으로 '계시'(revelation)라고 합니다. 베일에 가려 있던 것을 하나님이 열어서 보게 하심으로 제자들은 오묘한 구원의 도리를 깨달았습니다.

이와 같은 계시는 제자들에게만 해당되는 성령의 영감이며, 제자들이 이 세상을 떠난 다음 계시를 받은 영감은 지속되지 않음에 대해서도 명료하게 언급하였다. 이미 성경 말씀이 완성되었기 때문이었다. 그렇다면 그 말씀을 듣는 성도는 사도들과 어떠한 차이가 있는지를 이렇게 설명했다.

> 제자들은 자기들이 직접 보고 경험한 것을 토대로 진리를 깨달았지만, 우리는 제자들이 기록해서 남겨놓은 계시의 말씀을 근거해서 성경의 말씀을 깨닫고, 기억하고, 증거하게 되었다는 사실입니다. 이것이 차이

> 점입니다. 우리는 기록된 성경 말씀을 근거로 성령이 가르쳐주시는 대로 배우고, 깨닫고, 기억하고, 증거하게 됩니다. 그래서 우리에게 임하시는 성령의 이와 같은 역사를 놓고 신학적으로 '조명'(illumination)이라고 말합니다.[90]

그리고 옥한흠은 성령강림이 "반복되어 여러 번 일어날 수 있는 일"이 아니라, "예수님이 오신 일이 반복될 수 없는 유일한 사건인 것처럼" 하나님의 구속사적인 사건이라는 사실을 분명히 강조했다. 그는 이렇게 외쳤다.

> 성령도 꼭 같습니다. 한 번 교회에 임하신 성령은 주님이 말씀하신 대로 이 세상 끝 날까지 떠나지 않고 우리와 함께하실 것입니다. … 성령강림은 단 한 번의 사건입니다. 약속된 사건이요, 예수님의 구속 사역이 완성되었기 때문에 뒤따라온 역사이지, 갑자기 일어난 사건이 아닙니다. 사람들이 기도하고 간절히 사모했기 때문에 일어난 사건은 더욱 아닙니다.[91]

또한 옥한흠의 성령의 은사와 사역에 대한 이해는 개혁주의적 입장을 따르고 있으며, 구원론적인 차원과 밀접하게 연관되어 있다. 성령은 오고 오는 세대의 수많은 죄인들을 이끌어 그들의 죄악을 씻고, 그들을 도와 그들에게 능력을 부여하여 하나님의 참모습을 마주 대할 수 있게 함으로써 그리스도를 알리고 그를 사랑하게 하며, 그를 의지하고, 그분께 존귀와 찬양을 돌려드리도록 하는 사역을 하시는 분이다. 옥한흠은 성령을 단순히 종교적 경험을 고양시키는 분이나 혹은 내적 충동을 줌으로써 의사를 전달하는 분으로 보는 것을 거부하고 성령과 예수 그리스도와

제4부 제13장 "들어야 할" 설교 265

의 연관관계를 강조하는 입장에 분명히 서 있다.[92]

그는 성령세례를 중생으로 이해하고 표현했으며, "중생은 하나님이 전적으로 하시는 일"이며, 진정으로 믿는 자들 안에는 성령님이 계심을 강조하면서 다른 역사(役事)를 추구하지 않도록 한다.[93] 옥한흠은 "성령세례는 주님이 모든 믿는 자들에게 주시는 선물"이며, "예수 그리스도를 믿을 때 받는 성령의 은혜가 바로 성령세례"라고 누누이 강조하였다. 이것은 체험적일 수도 있고 그렇지 않을 수도 있음을 역설하면서, "만일 성령세례가 무슨 특별한 체험을 가리키는 것이라면 이것은 대단히 심각한 문제"가 아닐 수 없다는 입장이었다. 그러므로 우리는 체험이 있든 없든 성령으로 세례를 받은 하나님의 소유임을 강조했다.[94]

제14장

설교와 제자훈련 목회

　옥한흠의 목회 철학의 핵심은 평신도를 깨워서 주님의 제자로 만드는 제자훈련 목회라고 할 수 있다. 그런데 제자훈련의 목적은 성경 공부가 아니라 한 사람의 변화와 성숙에 있고 그러한 변화와 성숙이 한 사람의 소명의식과 헌신으로 이어져야 한다. 옥한흠은 제자훈련의 본질에 충실할 수 있는 길은 바로 목회자 자신이 죽는 것이라고 믿었다. 특히 사도 바울의 목회자세를 본받고자 했던 옥한흠은 "부활의 능력을 체험하기 위해서 죽음을 선택한다. 내가 죽을 때 부활의 능력이 나타난다"는 것이 바울의 목회와 설교의 기본 정신이었다고 확신하였다.

　그래서 그는 "정말로 생명력이 나타나는 제자훈련이 되려면, 제자훈련을 통해서 사람을 살리고 채우고 헌신하게 만드는 엄청난 일들이 일어나려면 목회자가 죽어야 합니다"라고 외쳤다.[1] 그의 제자훈련 목회 사역을 한마디로 요약한다면, "죽을 각오를 한 사역"이라고 할 수 있는데 그 이유는 그렇게 헌신해야 제자훈련의 생명이 나타난다고 믿었기 때문이었다.[2] 그는 제자훈련 목회와 설교와의 연관성을 다음과 같이 강조하였다.

> 제자를 만들라는 주님의 명령에 순종하기 위해서는 내가 날마다 죽어야 합니다. 죽을 때 그 명령을 순종할 수 있습니다.
> 그렇다면 내가 죽는 방법이란 과연 무엇입니까?
> 제게 있어서는 강단 설교를 위해서 혼신의 힘을 기울이는 것이었습니다. 제자 훈련을 위해서 양질의 자료를 공급하는 것이었습니다.[3]

그렇기 때문에, 옥한흠은 설교가 예배에서 차지하는 독립적이고 본질적인 위치와 중요성을 중시하면서도, 제자훈련 목회라는 틀 속에서 설교를 준비하고 선포하였다. 보통 30-40분 지속되는 설교가 회중들을 일깨우는 데 중요한 역할을 하는 것은 사실이지만, 설교만으로는 평신도를 예수 그리스도의 신실한 제자로 만들어가는 데 한계가 있다고 생각하였다.

그래서 그는 "설교란 제자훈련이라는 큰 틀 안에서 이루어지는 일종의 '전체 교육'과 같은 의미를 지니고 있다"고 여겼는데, 이러한 특성은 "설교를 예배라는 예전의 맥락에서 이해해온 한국 교회의 전통에서 볼 때 파격적인 발상의 전환"이 아닐 수 없다. 그런 면에서 "설교가 수행하는 교육적 목회적 기능을 염두에 둔다면, 옥 목사는 자신의 목회 철학 안으로 설교를 성공적으로 결합시킨 설교자라고 할 수 있다."[4]

설교자 옥한흠이 가장 좋아한 단어는 "은혜"(grace)였다. 그는 주님의 은혜를 가장 사랑했고, 예수 그리스도의 복음의 은혜에 사로잡혀 "감격"하며 평생을 살았다. 그래서 첫 손녀가 태어나는 큰 기쁨을 맛보면서 할아버지 옥한흠은 손녀의 이름을 주저하지 않고 "옥은혜"라고 지었다. 그는 설교자 이전에 은혜를 사모하는 사람, 의에 주리고 목마른 사람이었다.[5] 그는 예수 그리스도에 미친 광인(狂人)이자 "성령의 능력으로 예수님의 제자를 만들어내는 예수의 장인(匠人)이었다. 그것이 그의 '헌신'

이었고 그의 행복이었다." "은혜, 감격, 그리고 헌신"이라는 세 단어로 요약되는 옥한흠의 평생의 삶은 제자훈련 목회를 지향하였다. 제자훈련이 그의 모토였으며 그의 목회의 대명사가 되었다.

"그가 그렇게 제자훈련을 잘하고, 그렇게 잘 전수할 수 있었던 비결 중의 하나는 그의 설교"였으며, 그 설교를 통해서 하나님의 은혜를 듣는 이의 생활 속으로 옮겨놓았다.

"옥 목사는 설교를 통해서 교인들이 제자훈련을 감심(感心)으로 받을 수 있도록 동기를 유발하는 동기유발지수가 유난히 높았다."[6]

옥한흠의 목회적 특성은 "포괄적으로 균형 잡힌 사역"이라고 말할 수 있다. 사랑의교회를 통한 그의 목회 사역의 테두리는 제자훈련을 비롯하여 어린이 사역, 청소년 사역, 대사회를 위한 복지 사역, 그리고 선교 등 다양한 영역으로 확장된다. 또한 옥한흠의 탁월한 설교와 함께 "전도와 양육, 설교 이 세 가지가 유기적으로 잘 맞물려 사랑의교회가 성장"[7]했다. 사랑의교회는 이 세 가지 이미지가 동시에 유기적으로 연결되어 있다. "평신도를 깨운다"라는 이 한마디 말로써 옥한흠은 한국 교회에 깊이, 그리고 널리 각인되어왔다.[8]

또한 제자훈련이 사랑의교회를 대표하는 이미지로 자리매김 되었지만, 옥한흠의 설교가 뒷받침되지 않았다면 현재의 사랑의교회의 성장이나 발전은 불가능했다. 그의 설교가 청중들을 감동시키고 변화시키며 새로운 비전을 품고 공동의 목표를 향해 달려갈 수 있는 원동력을 제공하지 않았다면, 제자훈련은 그렇게 강한 파급효과를 발휘하지 못했을 것이다.

옥한흠의 사역은 평신도를 깨우는 제자훈련으로 대표되는 것이 사실이지만, 그 사역 중심에는 설교가 자리 잡고 있다.[9] 그의 제자훈련에 대한 가르침은 단지 이론으로만 머무는 것이 아니라, 현장 속에서 시험되고 검증된 결과의 반영이며, 설교를 통해서 선포되었다. 옥한흠의 설교가 청중들에게 들리고, 삶의 변화를 이끌어낼 수 있었던 이유는 바로 그의 설교가 제자훈련과 독립적으로 존재하지 않고, 상호보완적으로 존재하기 때문이었다. 옥한흠은 "말씀의 성육신인 적용"을 통해 청중으로 하여금 자신들을 비추어보게 하고, 실제 삶 속에서 순종하도록 이끌며, 제자훈련은 말씀의 성육화를 돕는다고 믿는다. 이러한 특성에 대하여 김대조는 다음과 같이 주장했다.

> 제자훈련과 설교는 본질적으로 같으면서 서로 보완적인 성격을 가지고 있다. 우리가 모든 족속으로 제자를 삼기 위해서는 주님이 분부하신 말씀을 가르쳐 지키게 해야 한다. 따라서 설교는 가르쳐 지키게 하는 방법의 하나로 보아야 한다. 그러나 설교는 형식과 시간에 많은 제한을 받고 있다. 설교만으로는 만족할 만한 성과를 거둘 수 없는 것이 현실이다. 제자훈련은 현대설교가 지니고 있는 약점을 보완할 수 있는 가장 확실한 방법이다. 그리고 설교와 제자훈련이 효과적으로 보완이 되면 그 둘은 상승작용을 일으키게 된다.[10]

옥한흠의 설교와 제자훈련은 한국 교회를 깨우는 데에 초점이 맞춰져 있다. 이러한 한국 교회의 각성을 촉구하는 설교는 제자훈련과 궤를 같이하면서 선포되었다.

> 오늘 한국 교회의 문제가 어디 있나요?
> 여기, 우리 교회에 예배 보러 오는 어른들만 만 명입니다. 이 만 명이 하나같이 빛이 되어서 만 곳이라고 하는 곳에 흩어져서 가는 곳마다 빛을 비춘다면 세상이 이렇게 어둡지는 않을 것입니다.

> 내가 빛이라는 것을 생각하면서도 세상 사람과 똑같이 행동하여 세상
> 이 이렇게 어두워진 것이 아닙니까?[11]

이러한 지적은 단지 사랑의교회 성도들에게만 해당되는 것은 아닐 것이다. 아무리 한국 교회의 성장을 자랑하고 과신한다고 해도, 한국 사회가 여전히 성도들로 말미암아 변화되지 않는다면, 아무런 영향력을 발휘할 수 없다. 교회가 마땅히 각성하여 회개해야 할 필연성이 존재하는 것이다. 옥한흠은 참 제자로 살기를 촉구하면서 이를 위한 새로운 각성에 이르러야 함을 강조한다.

결국 한국 교회의 갱신과 이를 통한 사회변혁의 힘은 그리스도인들이 자신의 삶의 자리에서 "제사장"으로서의 부르심을 인식하고 이를 실천하는 실행에서 연유할 것이다. 옥한흠의 "한 사람 철학"을 근간으로 펼쳐진 제자훈련과 설교 사역은 사람을 변화시키는 것에 초점이 맞춰져 있으며 가난한 자, 고아와 과부, 그리고 병자와 같이 소외된 사회적 약자들을 향한 깊은 애정과 사랑을 포함하는 동시에 영적이며 사회적인 질병들을 치료하는 데에도 강한 관심을 갖고 펼쳐졌다.

"제자훈련 설교"라는 말은 그리 흔하게 사용되는 말은 아니지만, 옥한흠의 제자훈련 설교는 성도들의 상황을 깊이 고찰하는 목회적인 설교이기도 하다. 옥한흠은 제자훈련의 궁극적인 목적을 다음과 같이 정의했다.

> 제자훈련은 예수님을 닮고 그를 따르는 것이 무엇인가를 배우는 데 그
> 초점이 모아져야 한다. 예수 그리스도의 인격과 삶을 본받는 신자의
> 자아상을 확립하는 것이다. 예수님처럼 되고 예수님처럼 살기를 원하
> 는 신앙인으로 만드는 데 있다.[12]

제자훈련 설교는 설교와 제자훈련의 목적을 동일하게 하며, 제자훈련이 갖는 특성과 장점을 설교에 담는 것이다. 이러한 일련의 설교들은『다르게 사는 사람들: 이것이 제자의 삶이다』라는 주제로 국제제자훈련원에서 시리즈로 출판되었다.[13]

그뿐만 아니라, 마태복음에 기록되어 있는 예수님의 산상수훈을 강해 설교한 것도 "제자 됨이 어떤 인격과 삶을 요구하는 것인가를 명쾌하게 보여주는 원전"이기에 심혈을 기울여 준비하여 선포했으며, "예수님을 믿는 사람의 진짜 자화상"이 무엇인지를 밝힘으로 한국 교회가 살고 다시 빛을 발할 수 있는 길이 어디에 있는지를 모색하기 위함이었다고 볼 수 있다.[14] 이렇게 옥한흠의 설교와 제자훈련은 그 목적에서 동일하며, 예수 그리스도의 사역을 계승해 나가는 각기 다른 수단일 뿐만 아니라, "사랑의교회를 버티는 두 기둥"이었다.[15]

오정현도 설교가 제자훈련의 시작이며 결과라는 사실에 공감했다. 설교 자체가 제자훈련의 목적을 담고 있으며, 제자훈련과 설교는 함께 한 방향으로 향해 가기 때문이다.

> 제자훈련 설교는 제자훈련을 위한 설교이다. 설교는 제자훈련 사역을 성공적으로 수행할 수 있는 방향을 제시하며, 그 사역의 시작과 중심에는 설교여야 한다.[16]

제자훈련의 목적과 설교의 목적이 한 방향을 향해서 갈 때, 교회는 부흥하며 성도들은 예수 그리스도의 사람으로 변화되며 성숙하게 된다. 청중들의 내면 깊은 곳을 이해할 수 있고, 구체적인 적용으로 성도들의 삶의 변화를 촉구하는 제자훈련 설교는 제자훈련이라는 적용의 장으로 나가게 하며, 삶에서 역동적인 그리스도인으로 살아가게 한다.

제자훈련과 설교의 연관성과 동일성은 부흥과 성숙에 미치는 설문 결과를 통해서도 잘 나타난다. 사랑의교회에서 실시한 설교와 제자훈련과의 관계에 대한 설문을 보면, 처음 믿는 사람의 경우 35퍼센트가 옥한흠의 메시지를 통해서 예수님을 믿기로 작정했다고 한다. 또한 "사랑의교회를 생각하면 무엇이 떠오르는가?"라는 설립 25주년 기념 설문조사의 답변[17]에서도 확인할 수 있다.

① "제자훈련 잘하는 교회"(37%)
② "평신도가 살아 있는 교회"(19%)
③ "설교가 은혜로운 교회"(15%)

회심에서 예수 그리스도의 정병으로 서는 성도들의 제자훈련 전 과정이 제자훈련과 설교의 병행적인 사역을 통해서 진행된다. 옥한흠의 평신도를 깨우는 제자훈련 사역도 제자훈련을 강조하는 설교를 통해서 이루어진 것이라고 말할 수 있다. 그래서 그는 은퇴 이후에도, 사랑의교회와 후임 목사가 "강단설교"와 "제자훈련"에 조금도 흐트러짐이 없도록 최선을 다해 기도하고 돕고자 하였다.[18] 왜냐하면 그는 누구보다도 "제자훈련을 잘 해도 실패하는 사례들"이 생기는데, 그 주된 실패 원인은 다름 아닌 "교인들이 설교에 만족하지 못할 때 이러한 현상"이 일어나기 때문이었다.[19]

이렇게 제자훈련 목회는 설교와 깊은 유기적 관계를 갖고 사랑의교회의 기반을 든든히 조성해 나갔을 뿐만 아니라, 성도들로 하여금 진정한 예배자의 모습을 아름답게 심화시킬 수 있는 귀한 계기가 되었다. 옥한흠은 그러한 연계성에 대해 이렇게 주장했다.

제자훈련을 시키면서 발견한 사실이 있습니다. 말씀으로 은혜를 받으면 하나님을 더 잘 알게 되고 하나님을 더 잘 알수록 정성스러운 예배자가 된다는 것입니다. 예배드리는 자세가 달라지는 것입니다. 이런 자가 드리는 예배가 바로 진정한 예배입니다. 우리가 잘 알지도 못하는 하나님, 잘 알고 싶은 관심조차 보이지 않는 하나님을 진정으로 예배드릴 수 있는 망상은 버리시기 바랍니다. 우리는 하나님께 너무나 큰 은혜를 받은 자들입니다.[20]

설교와 제자훈련 목회와의 연관성은 다른 목회자들에게도 공감되었다. 특히 신학자의 지성과 목회자의 영성을 겸비하고, 설교와 제자훈련 목회로 괄목할만한 목회를 하고 있는 권성수도 이런 고백을 했다.

나에게 있어서 설교강단은 훈련목회의 발사대(發射臺)요, 식탁(table)이요, 조종실(control tower)이다. 설교는 제자훈련을 시작할 수 있는 동력을 제공하고, 제자훈련을 받을 수 있는 양식을 제공하며, 제자훈련의 방향을 바로 잡아준다.[21]

그리고 설교와 제자훈련 목회와의 상관성에 대해 다음과 같이 강조했다.

제자훈련이 성공하지 못하는 데는 여러 가지 이유와 변수가 있겠지만, 가장 큰 이유는 설교자가 교인에게 설교를 통해서 은혜를 끼치지 못하기 때문이다. 제자훈련 실패의 가장 큰 이유는 설교의 실패이다. 목회자가 설교를 통해서 교인들에게 은혜를 주지 못한 상태에서 제자훈련을 하는 것은 기름칠하지 않는 기계를 돌리는 것과 같다. 그것은 밥을 주지 않고 고된 일을 시키는 것과 같다. 그것은 예수님이 약속하신 안식(마 11:29-30)은 주지 않고 고된 훈련만 시키는 것이다. 참된 안식이 없는 훈련은 새로운 율법주의이다. 교인들은 율법주의의 무거운 짐을 지기 싫어하는 것이다.[22]

그리고 옥한흠의 목회와 설교에 대해서도 다음과 같이 평가하였다.

> 무엇보다도 먼저, 옥한흠 목사의 설교를 들어 보라. 사랑의교회 목회가 건강한 생명목회의 모델이 된 것이 옥한흠 목사의 설교에서 시작되었다는 것을 보게 될 것이다. 설교와 제자훈련이 상호자극과 상호작용을 일으켰다는 것도 발견하게 될 것이다. 옥한흠 목사에게 설교는 진통이다. 설교 준비는 잉태요, 설교 전달은 해산이다. 옥한흠 목사는 성경을 품고 고뇌하고, 성령에 다이얼을 맞추기 위해 고뇌한다. 옥한흠 목사의 설교에는 생명 잉태의 부담과 생명 출산의 보람과 출산된 생명의 약동이 있다. 설교가 훈련의 모체이다…[23]

옥한흠은 제자훈련으로 유명한 목사이지만, 누구보다도 설교 준비에 철저했던 설교자였다. 그에게는 설교야말로 목사가 성도들을 위해 베풀 수 있는 최선의 섬김이었다. 그가 그렇게 철저하고도 빈틈없이 준비해서 설교했지만 막상 단 위에 올라가 설교가 제대로 풀리지 않으면 찬양을 주로 하고 말씀은 10분만 전하고 내려올 때도 있었다. 옥한흠은 말씀 준비뿐만 아니라, 말씀 선포의 중요성에 대한 강박 때문에 평생 동안 설교에 대한 부담감을 안고 살아갔다.

그렇지만 옥한흠에게 설교와 제자훈련은 그의 사역에 상호보완적인 역할을 하면서 그 영향력의 시너지 효과를 만들어냈다. 이 두 가지는 사랑의교회가 지속적으로 성장할 수 있었던 필수적인 요소들이었다. 옥한흠도 둘 사이의 관계를 이렇게 표현했다.

> 자녀들을 잘 양육하려면 어머니는 자녀들을 끼니때마다 잘 먹여야 하고, 동시에 학교교육을 철저히 시켜야 하는 것과 같은 이치입니다. 이는 설교라는 영양식과 제자훈련이라는 가르침이 잘 조화가 되어야 한다는 말입니다.[24]

그리고 철두철미한 제자훈련 사역은 옥한흠에게 설교자로서 성도의 관점과 입장에서 설교하고, 청중들의 상황에서 "들릴 수 있도록" 도와주었다. 또한 그가 심혈을 기울여 준비하고 선포한 설교는 제자훈련이 움직일 수 있는 엄청난 원동력을 제공한 영적인 원전(元田)이 되었다. 이런 사역의 조화로 인해 옥한흠의 지도력은 강화되었으며, 솟아나는 영적 권위도 얻게 되었다.

옥한흠의 설교 속에는 감화력과 적용성이 있다는 사실은 익히 알려진 바다. 그의 설교가 거의 30여 년 이상을 그 어떤 정형이나 특정 주제로 국한되지 않고 끊임없이 발전해온 배후에는 설교자 옥한흠의 지속적인 "배우려는 자세"가 있다. 물론 그가 많은 선배 목회자들의 설교로부터 깊은 감화를 받고 설교의 중요성을 인식한 것이 사실이지만, 그 스스로가 계속 배우려는 자세를 견지하지 않았다면 그는 설교의 능력을 체험하지 못했을 것이고, 그의 제자훈련 목회도 상당히 위축되었을 것이다. 설교는 하나님의 말씀을 대언하는 거룩한 사명이다. 그렇기 때문에 그는 설교하기 전에 기도할 때마다 "십자가 뒤에 나를 감추어 주옵소서"라는 간구를 잊지 않았다. 이 짧막한 기도 속에는 하나님 앞에서 느끼는 설교자로서의 긴장과 희망이 응축되어 있다.

설교자 스스로도 각고의 노력과 끊임없이 말씀 앞에 엎드리고 배우려는 자세를 겸비해야 한다. 그렇지 않으면, 그 외치는 설교는 공허해질 수밖에 없다. 옥한흠은 "설교는 그 사람만큼 되는 법이야"라는 말을 언급하곤 했다. 하지만 이 말이 설교가 설교자만의 작품이라는 의미는 아닌 것이 분명하다.[25] 옥한흠은 한국 교회의 목회자들을 향하여 설교자의 배우려는 자세가 얼마나 중요한지를, 그리고 목회자가 평생 성장하는 사람이 되는 것이 얼마나 필수적인지를 깨우쳐주었다. 그래야 그 설교가 듣는 청중들에게 신뢰감을 주고, 설득력과 영향력을 확보할 수 있기 때문이었다.

옥한흠은 탁월한 설교자들의 설교를 가끔 들었다. 특히 영국의 유명한 설교자, 알렉산더 맥클라렌(Alexander Maclaren)의 설교를 많이 들었고, 그의 사도행전 3장의 설교가 너무 은혜로워서 평생 단 한번 그의 설교를 베껴서 설교한 일이 있었다고 고백하기도 했다. 맥클라렌은 "강해설교의 왕자"로 불렸으며, 평생 학문을 깊이 연구하고 말씀을 설교하는 일에 전념한 인물로도 유명했다. 외부 강연 등의 초청에 대부분 응하지 않고 연구에 몰두했으며 한 편의 메시지를 전하기 위해 60시간을 준비했다고 전해지는 설교자였다. 또한 옥한흠에게는 설교자로서 귀한 도전과 감동을 준 두 스승이 있었는데, 박윤선 박사와 김성환 목사가 그들이다. 옥한흠은 그들을 "탁월한 설교가"로 지칭하면서 그들로부터 받은 영향과 감동을 평생 간직하고자 노력했다.[26]

옥한흠은 리처드 백스터가 오래전에 언급했던 말에 공감했을 것이다. "하나님께서는 목사들을 개혁시킬 수 있고 그들의 의무를 열을 내어 신실하게 하도록 만드시고자 한다면, 사람들은 분명 개혁되어질 것이다."

청교도 목사 백스터는 계속해서 이렇게 말한다.

> 모든 교회들은 목사들이 성장하거나 타락하는 것에 따라 (세상의 부나 세속적인 위엄이 아닌) 성장하고 타락하며, 목사들의 지식에 있어서나 그들의 임무에 대한 열심이나 그 능력에 좌우(左右)된다.[27]

백스터가 추구하고자 했던 목회자와 목회 사역의 끊임없는 "성장"이야말로 옥한흠이 그의 마음과 사역에 깊이 새겨둔 목양좌우명이 되었을 것이다. 그런 이유로 옥한흠은 평생을 통해 자기성찰을 게을리 하지 않았고, 자기점검과 발전을 위해 부단한 노력을 경주해왔다. 그러한 결과는 설교를 통해서 성도들에게 전달되었다.

그래서 그의 설교는 새로웠고 신선한 충격을 주기에 충분했다. 그는 주일예배 설교를 여러 번 하면서도, 각 예배 중간에 기도하며 묵상하는 가운데 설교를 새롭게 고치고 해서 같은 내용의 설교라도 다르게 선포하는 경우가 많았다. 그만큼 각 예배에 참석하는 성도들과 보이지 않는 영적인 교감 속에서 자기의 말이 아닌 하나님께서 들려주시는 말씀을 전하려고 부단히 노력했다.

옥한흠이 이처럼 한국 교회에 남긴 귀중한 깨달음은 평범한 것 같지만, 사실 엄청난 교훈을 전달해 주고 있다. "한 사람"의 영혼의 가치가 어떤 상황에서도 결코 사역의 그늘로 몰락되어서는 안 되며, 그 한 영혼을 변화시키기 위한 목회자의 철저한 자기성찰과 성장을 위한 몸부림이 중지되면, 목회의 생명력이 금세 떠나가고 만다는 분명한 메시지를 던져주었다.

이와 같이 옥한흠의 설교와 제자훈련은 사랑의교회를 크게 발전시켰을 뿐만 아니라, 한국 교회의 교회론을 바르게 정립하고 강화시키는 데 주요한 역할을 감당하였다. 구원받은 성도는 세상으로부터 "부름" 받은 자이며, 또한 세상으로 "보냄"을 받은 자이기도 하다. 옥한흠은 설교로써 이러한 소명의식을 고취시키고 세상에 나가 영적 제사장직을 수행해야 한다는 거룩한 직업소명 의식과 더불어 복음을 알지 못하는 자들에게 전하는 증인의 사명이 있다는 사실을 새롭게 인식시켜주었다. 옥한흠은 제자훈련과 설교를 통해 교회론적 각성을 불러일으키고, 평신도운동을 활성화함으로 한국 교회에 크게 이바지하였다.

칼빈에 의하면, 가시적 교회는 말씀의 선포, 특별히 말씀을 가르침으로써 그리스도의 나라를 이 세상 가운데 확장시켜 나갈 "사도적이며 천사적인 사명"을 부여 받았음을 강조했다.[28]

옥한흠은 설교와 제자훈련 목회에 전적으로 헌신함으로써 "교회에게 부여된 신적인 사명, 즉 말씀의 선포와 가르침의 사역"을 온전하게 감당하고자 했다. "말씀을 맡은 직무를 충실하게 감당하지 않는 교회는 그리스도의 나라에 속하지 않으며 참 교회로 나타나지 않는다. 그러나 그리스도께서 그의 제자들과 이후 교회의 사역자들에게 동일하게 부여하신 말씀의 사명을 이 세상에서 충실히 수행할 때 이 교회는 참된 교회"라고 할 수 있다.[29] 그런 면에서, 옥한흠의 설교와 제자훈련 목회 사역은 철저하게 교회론적 바탕 위에서 전개되었음을 재확인하게 된다.

제15장

설교의 영향과 의미

1. 청교도 설교의 적용

옥한흠 설교는 대체적으로 세 가지 형태로 선포되었다. 그는 교회를 개척해서 새 예배당에 입당하기까지 목회 초기 약 6년 동안 주로 요점만 적은 "메모설교"를 통해 청중에게 좀 더 직접적이고 감동적인 말씀을 전했다.[1]

강명옥은 이렇게 언급했다.

> 당시 목사님은 원고 없이 설교 요약만을 들고 강단에 올라가셨기 때문에 언제나 생동감 넘치는 말씀으로 우리의 영혼을 흔들어 깨워주셨다.[2]

옥한흠은 그의 목회 초기에 주로 메모설교를 했지만, 미국 칼빈신학교 유학 시에 목회했던 성도들의 요구로 자신의 설교를 테이프에 복사하여 보내곤 했다. 이 일을 계기로 설교를 테이프에 복사하여 원하는 성도들에게 보급하고, 이것을 복음을 전도하기 위한 채널로 활용했다. 다른 교회들이 미처 생각하지도 못하고 있는 상황에서 미디어의 힘을 미리 간파한 듯, 그의 설교는 여러 지역으로 전해져 그의 설교의 감화력의 범위가 넓어져 갔고, 이후 테이프 복사를 염두에 두었기에 옥한흠은 메모설교지만 훨씬 더 정교하고 깔끔하게 설교를 전하는 스타일로 자리 잡게 되었다. 그 후 교인 수가 빠른 속도로 증가하자, 테이프 설교뿐만 아니라 한자리에 앉아 설교를 듣지 못하고 영상매체를 통해 설교를 듣는 성도들을 인식할 수밖에 없었고, 주어진 시간에 효과적으로 말씀을 전하기 위해서는 원고설교가 필요함을 절감하게 되었다.

옥한흠이 설교 원고를 쓰기 시작한 것은 사랑의교회 예배당을 짓고 입당하면서부터였다. 원고를 성실히 작성하면서도 그가 주목했던 것은 성도들의 삶의 현장에 귀를 기울이며, 그들의 삶에 적용될 수 있는 예화를 찾는 것이었다. 그러는 중에 "가슴을 치며 회개하도록 하는 설교, '정말 내 마음을 알고 위로해 주시는구나'를 성도들이 느끼도록 이해하는 설교, '이젠 돌이켜 내 생애를 주님께 드려야지' 헌신케 하는 설교"는 책상 위에서 나오지 않는다는 사실을 주위의 사람들에게 체감케 해 주었다. 이처럼 성도들에게 들려지는 설교의 내용을 써내려가면서 그는 그들의 삶과 적절하게 연결시켜주는 예화의 활용, 그리고 어느 상황에서든지 변치 않고 하나님 앞에 홀로 무릎 꿇고 간구하는 기도의 끈을 놓지 않았다.[3]

교회를 건축하고 교인 수가 엄청나게 증가하자 설교를 정교하게 다듬지 않으면 자칫 한정된 시간을 넘기기가 쉬워지면서 원고설교를 하게 되었는데, 이로써 설교 준비 시간이 더 늘었다. 주일에 동일한 설교를 여러 번 했음에도, 예배당의 수용인원 제한으로 영상으로 설교를 듣는 청중들에게 효과적으로 설교를 전하기 위해 "원고는 철저히 작성했지만, 원고에 매이지 않고 설교"를 하려고 노력했다. 설교 원고를 다 외워서,

원고를 보지 않고 성도들과 그리고 영상을 통해 설교를 듣는 청중들과의 원활한 접촉을 염두에 두면서 말씀을 선포하였다.[4] 이처럼 옥한흠이 메모설교에서 원고설교로, 그리고 원고는 준비하되 원고로부터 자유로운 설교를 하게 된 주요한 요인은 바로 청중들을 위한 배려, 청중들에게 효과적으로 들리게 하기 위한 것이었다. 마틴 로이드 존스는 이렇게 언급했다.

> 설교를 하려면 내용이 있어야 합니다. 설교자는 그 내용을 준비해야 합니다. 그리고 그 설교를 전달하는 '행위'를 해야 합니다.[5]

설교 내용이 빈약해도 소위 좋은 설교를 함으로 청중들에게 감동을 줄 수 있는 것이 우리의 현실이다. 그러나 옥한흠의 설교에는 깊은 내용이 있고, 철저한 준비가 있었으며, 그리고 그것을 효과적으로 전달했다. 그런 면에서 설교자 옥한흠은 청중들이 반드시 들어야 할 하나님의 말씀을 그들이 들을 수 있는 효과적인 방법을 최대한 활용하여 교회 갱신을 외쳤다는 면에서, 존 크리소스톰(John Chrysostom)의 설교와도 어느 정도의 유사성도 존재한다.[6]

청교도 설교자들은 성경을 청중들에게 쉽게 "열어" 십자가에 못 박히신 예수 그리스도를 있는 그대로 전하기 위해 부단히 노력하였다(고전 1:23). 청교도들에게 설교자의 역할이란 하나님께서 성도들의 마음에 역사하실 수 있도록 자리를 비켜 드리는 것이었다고 할 수 있다. 옥한흠이 설교할 때에 가장 많이 인용했던 종교개혁가이자 설교자였던 존 칼빈도 성경이 "그 진리를 스스로 증명하기 때문에 이를 증명하려 하거나 논리적으로 설명하려고 하는 것은 옳지 않다. 그 내용의 확실함은 설교자가 아니라 성령의 증언으로 말미암는 것이다"라고 주장하였다.[7]

옥한흠도 설교는 하나님에 대한 증언이며 예수 그리스도에 대한 지식의 고백이며 인간의 기술이 아니고 하나님의 말씀의 능력으로 말미암는다는 사실을 분명하게 인식하고 있었다. 옥한흠은 목회자가 자신의 능력을 감출 줄 알아야 함을 절감했기에 그는 다음의 말씀을 늘 마음속에 품었다.

> 우리가 이 보배를 질그릇에 가졌으니 이는 심히 큰 능력이 하나님께 있고 우리에게 있지 아니함을 알게 하려 함이라(고후 4:7).

조나단 에드워즈의 설교를 깊이 연구한 존 캐릭(John Carrick)이 "에드워즈의 성실하고 평이하며, 신실하고 지혜로우며, 진지하고 사랑이 가득 담긴 설교들은 여전히 우리에게 많은 것을 가르치고 있다"고 했는데,[8] 이러한 주장이 옥한흠의 목회관과 설교 속에 지속적으로 반영되고 있음을 발견할 수 있다.

옥한흠 설교의 특성과 유형의 변천을 고려해 볼 때, 그의 설교는 미국의 대각성운동에 지대한 영향을 미쳤던 조나단 에드워즈의 설교 형태와도 유사한 점이 많으므로 비교연구의 가능성을 제공하고 있다.[9] 물론 옥한흠이 에드워즈의 목회에서 일종의 "원리주의적 요소"가 있음을 발견하고 목회자로서는 비판적이었던 것은 사실이었지만,[10] 이 두 목회자의 설교의 구성에서 상당한 유사성을 발견할 수 있다. 에드워즈의 설교는 분명하게 세 부분으로 나뉜다.

① 성경 본문과 간략한 주해 내지는 해석이다.
② 전체 설교의 주제인 교리적 진술과 집합적으로 "논증"이라고 불리는 수많은 논증적인 소제목이다.

③ 교리의 적용으로서 청중의 개인적이고 사회적인 문맥에 다양하게 적용되는 실천이다.

즉 "본문(text)-교리(doctrine)-적용(application) 구조는 조나단 에드워즈 설교의 결정적 형식"[11]인데, 이는 옥한흠의 설교 구조와 매우 흡사하다고 할 수 있다. 그리고 설교의 형태뿐만 아니라 설교의 내용도 개혁신학에 기저를 두고 있으면서 청중들의 영적 필요와 시대적 상황을 감안한 선포였기에 둘 사이의 비교의 의미는 더욱 분명해진다.

이러한 설교의 대표적인 예들 중의 하나는 옥한흠이 요한복음 6장 37-40, 64-71절을 본문으로 전한 "아버지께서 내게 주신 자들"이라는 제목의 설교일 것이다. 다음은 개혁주의 혹은 칼빈주의의 뼈대를 이루는 다섯 가지 신앙 원리들이다.

① "전적 타락"(Total depravity)
② "무조건적 선택"(Unconditional election)
③ "제한 속죄"(Limited atonement)
④ "불가항력적 은혜"(Irresistible grace)
⑤ "성도의 견인"(Perseverance of saints)

설교자는 이 신앙 원리를 영문 첫 글자만 따서 합치면 "튤립"(TULIP)이라는 꽃 이름이 된다는 사실을 소개하면서 설교를 본격적으로 선포하였다. "튤립"은 "하나님께서 우리에게 주신 구원의 은혜가 얼마나 소중한가를 기억"하게 하는 "꽃 이름"이었다. 흔히 이러한 신앙의 원리는 "칼빈주의"의 주요한 특성이라고 말하지만, 옥한흠은 예수 그리스도께서 말씀하신 중요한 구원의 진리를 체계적으로 정리한 것이며, 사도 바울의 서신서에도 수없이 반복되는 성경적인 진리임을 강조하였다.

"그리고 그 후로 하나님께서 하늘의 별처럼 들어서 사용하셨던 어거스틴, 루터, 츠빙글리, 스펄전, 아브라함 카이퍼, 그리고 박형용 박사나 박윤선 박사 같은 분들을 통해서 변함없이 가르쳐 내려온 진리"임을 역설하였다.[12]

이 놀라운 교리는 비단 장로교에서만 통하는 것이 아니다. 개혁교단을 비롯하여 침례교, 회중교, 오순절, 감리교 그리고 성공회 안에서도 이 교리를 그대로 믿고 고백하는 지도자와 성도들이 많음을 옥한흠은 언급하면서, "장로교가 이 교리를 하나님이 주신 놀라운 선물로 알고 감격스럽게 고백하고 받아들이는 면에서 다른 교단보다 한발 앞섰기 때문"이라는 말도 덧붙였다. 이러한 언급을 통해, 설교자 자신과 그가 속한 교회와 교단의 신학적 입장이 무엇인지를 명료하게 밝혔다. 그는 본문을 철저하게 주해하면서 신앙의 원리들을 하나씩 하나씩 설명하는 과정에서 관련된 다른 성경 구절들을 인용하는 가운데, 본문이 함유하고 있는 교리적 내용들을 증명하였으며, 적절한 예화들을 통해 청중들에게 효과적으로 전달하여 청중의 마음이 각성되도록 설교하였다.

그는 "제한 속죄"를 설명하면서도, 선택받은 사람의 수가 제한되어 있다는 것은 분명한 사실이고 그 선택의 수는 한정될 수밖에 없지만, 그 수가 얼마인지는 오직 하나님만 아신다고 설명한다. 성경에 "십사만 사천"이라는 상징적인 수가 언급되고 있지만, 그 수가 실제로 얼마인지는 아무도 모르며, 하나님께서 선택하신 사람의 수를 적게 잡을 필요도 없다고 강조하였다. 오히려 "그 수는 굉장히 많을 것"이며, 그 이유는 예수님께서 승천하시기 전에 "모든 족속으로 제자를 삼아"(마 28:19)와 "온 천하에 다니면서 복음을 전파하라"(막 16:15)라는 말씀을 기억해 볼 때 그러하다고 그는 확신한다.[13] 그러므로 하나님의 선택이나 제한 속죄 개념을 오해하여 전도와 선교에 소극적이어서는 안 되며, 제자 삼는 일에도 결코 게을리 하지 말아야 함을 힘주어 강조하였다.

이 설교의 말미에 가게 되면, 이러한 하나님의 은혜와 구원의 진리가 얼마나 감격스러운지, "생각할수록 신비로운 구원"의 은혜에 감사할 수밖에 없어서 하나님을 찬양하고 경배하는 자세로 귀결된다고 감격해 한다. 그는 그 감격을 찬송으로 대신한다.

> 아 하나님의 은혜로 이 쓸데없는 자
> 왜 구속하여 주는지 난 알 수 없도다
> 내가 믿고 또 의지함은 내 모든 형편 잘 아는 주님
> 늘 돌보아주실 것을 나는 확실히 아네.

이 찬송의 가락으로 설교를 마무리하였다.[14] 이렇게 옥한흠의 교리설교는 딱딱한 교리를 설명하고 알리는 차원에만 머문 것이 아니라, 성경 본문의 주해를 근거로 교리적 특성을 분명히 전하면서도, 그러한 설교를 듣는 청중의 마음속에서 감흥적 반응이 솟아나도록 하는 호소력이 넘쳐났다. 그것도 주일예배 설교를 통해서 말이다.

그뿐만 아니라, 옥한흠의 부흥관은 상당히 개혁주의적이고 또한 청교도 전통에 충실하다. 그는 다음과 같이 부흥에 대한 견해를 피력했다.

> 부흥은 하나님의 선물이라고 하는 것이다. 이것은 성경과 역사에서 배우는 진리이다. 부흥하고 싶다고 해서 부흥이 되는 것이 아니다. 진정한 부흥은 하나님의 초자연적인 개입이 일어날 때 기대할 수 있는 것이다. 부흥은 인간적인 노력과 방법으로 만들어낼 수 있는 것이 아니다. 미국의 대부흥을 보라. 그것들은 전부 다 사람이 하는 일이 아

니었다. 하나님께서 성령을 한없이 부어주실 때 기대할 수 있는 일이었다. 그러므로 앞으로의 부흥도 종국에는 하나님 자신의 일이어야 한다. 그렇다면 우리가 해야 할 일이 무엇인가. 부흥을 사모하는 것이다. 그리고 비상수단으로 기도하는 것이다. 그리고 그 부흥을 위해 하나님의 오른 손에 쓰임 받는 교회가 될 수 있도록 새 옷을 갈아입는 것이다.[15]

설교를 통하여 영적 부흥과 갱신이 강화되면, 교회론적 강조는 불가피하게 뒤따를 수밖에 없다. 조나단 에드워즈는 부흥정신을 고취하고, 경건한 행동을 장려하기 위해 1742년 3월, 교인들에게 새로 증보된 교회 언약에 서약하도록 했다. 이것은 솔로몬 스토다드(Solomon Stoddard) 시대부터 미국 청교도 사회에서 관습적으로 시행해오던 것으로, 짧은 공식적인 진술을 암송하고 교회의 회원이 되는 가입조건을 중지하고, 교회 회원권 신청자들이 "경건한 삶이 있는" 신앙고백을 하고 교회의 정회원으로 받아들였던 조처였다.

이러한 변화된 신앙의 증거를 통해 성도임을 인정하고, 수찬을 허락하며, 교회에서의 직분을 맡기는 청교도들의 전통이, 한국에서는 사랑의교회를 비롯한 여러 교회들의 "제자훈련"을 통해 교회론적 강화를 도모하는 것에서 그 유사성을 감지할 수 있다.[16] 일정 기간 동안 "새가족모임 교육"에 참여하고, 제자훈련을 받아야 사랑의교회의 완전한 교인이 될 수 있고, 직분을 받도록 한 것은 한국 교회의 교회론을 강화시킬 수 있는 계기를 제공했다고 평가할 수 있다.[17]

특히 옥한흠은 한국 교회가 중병을 앓고 있는 원인 중의 하나가 장로를 바로 세우지 못한 데에 있다고 진단하고, 장로이기 전에 "그리스도 안에서 온전한 신앙인"이 되어야 한다는 신념을 강하게 갖고 있었다. 어느 한 사람을 제자로 훈련시키고 그 과정을 통해 그가 중생받은 것이 확인되며 신앙적 인격과 삶이 자리를 잡은 후 지도자로서의 자질과 소명을 갖고 있다는 사실이 전 교회적으로 인정될 때 비로소 장로가 되어야 한다는 원칙을 분명히 했다. 또한 세례를 받는 성도들에게는 교리적 신앙을 확신하는 문답을 행하고 그에게 신앙고백을 요구하면서도 공개적으로 간증을 하게 함으로써 구원의 감격과 변화된 삶에 대한 확증의 중요함을 강조하였다.[18]

간증을 하게 하는 것은 당시로서는 다른 교회에서는 유례를 찾아볼 수 없는 사랑의교회만의 특징이었다. 이것은 회심 체험을 강조하는 청교도 신앙을 흠모했고, 자신의 신앙을 분명히 고백할 수 있을 때에야 비로소 세례를 베풀고 그것을 공개적으로 고백하게 함으로 믿음의 공동체의 일원으로 받아들이고 믿음으로 하나가 되기를 갈망했던 옥 목사의 구원론적 신앙에 근거한 교회관 때문이었다. 청교도들의 회심의 체험을 진술하는 전통을 사랑의교회에서는 "세례간증의 형태"로 정착시키고, 구원의 감격과 교회의 성도가 됨을 그렇게 기뻐하고 기념했다.[19]

이렇게 옥한흠의 설교는 철저히 성경에 근거하고 있고, 교리적 기반을 유지하면서도 삶의 정황을 잘 대비시킴으로써 청중의 마음과 삶 속으로 관통하는 특성을 지녔다. 옥한흠의 설교에는 1980년대 이후 한국 사회가 직면했던 많은 정치 및 사회적 문제들에 대해서 선지자적 외침을 통해 고발하고 성경적인 대안을 모색하고 제시하려고 했던 노고가 잘 드러나 있다. 그는 성경의 진리를 토대로 교리적인 내용뿐만 아니라, 여러 가지 사회 문제들을 비롯해서 자연 및 환경 문제까지 지대한 관심을 갖고 청중들에게 호소했고, 하나님의 말씀에서 대안을 모색하도록 촉구했던 것이다. 이 과정에서 그는 철저하게 성경의 내용, 교리적인 주제, 그리고 적용을 위해 매우 치밀하고도 정확한 근거를 마련하여 그의 청중들

에게 그리고 이 시대를 향하여 선지자적으로 외쳤다.[20]

1970-80년대에 한국 교회에 심화되었던 교회 성장 일변도와 현세 기복적 성향에, 옥한흠은 새로운 영적 흐름인 제자훈련과 설교를 통해서 세속화의 추세에 고개 숙인 한국 교회가 갱신되고 변화된 성숙한 그리스도의 인격을 흠모하도록 촉구하였다. 이러한 신앙적 흐름은 21세기를 맞이한 한국 교회의 새로운 영적 쇄신을 배양할 수 있는 모판이 될 수 있으리라는 전망을 가능케 한다. 옥한흠은 제자훈련이야말로 한국 교회를 갱신시켜 살리는 길이라고 확신했으며, 그러한 소신이 있었기에 자신의 몸을 상하게까지 하면서 이 일에 매진했다.

주지하는 바와 같이, 한국 교회는 수적인 성장에 비해 인격적인 성숙은 이에 상응하지 못함으로 인해서, 교회 안팎에서 신랄한 비판을 받아왔다. "별세 목회"로 한국 교회에 잘 알려진 이중표도 한국 교회의 문제점에 대해 이렇게 지적했다.

> 교회 안에서는 독실한 기독교인이 세상에 나가서는 일반 사람들과 똑같이 생활한다. 한국 사회의 지도층 가운데 50퍼센트 이상이 기독교인임에도 불구하고 사회가 전혀 변하지 않는다. 기복신앙이 만연하고, 역사의식이 빈곤하다. 세속주의가 판을 치고, 이단이 활개를 친다. 이 모두가 인격적인 훈련을 소홀이 한 결과다.[21]

이러한 지적을 염두에 둘 때, 옥한흠이 수행한 제자훈련과 교회갱신을 위한 설교 사역은 한국 교회가 한국 역사에서 다시금 "빛과 소금의 존재"로 거듭날 수 있는 길을 열기 위한 선지자적인 역할이라고 할 수 있다. 초기에 한국 교회가 성장과 발전에 지대한 공헌을 했던 "네비우스 선교원리"를 독창적으로 적용하여 괄목할 만한 열매를 맺었듯이, 옥한흠의 제자훈련의 원리와 목회 사역은 종교개혁의 유산을 한국 교회 상황에 적절하고도 효과적으로 운용하여 획기적인 결과를 맺었다는 면에서 교회사적 의미가 있다.

2. 옥한흠의 설교와 사랑의교회, 그리고 한국 교회

사랑의교회가 성장하고 성숙할 수 있었던 배후에는 옥한흠의 설교가 그 토대가 되었음은 전술한 바 있다. 일반 언론매체인「월간조선」에서도 사랑의교회가 성장할 수 있었던 배경에 대해 언급하면서 무엇보다도 옥한흠의 탁월한 설교를 꼽았는데 적절하고 의미 있는 지적이다.[22]

물론 옥한흠이 제자훈련의 광인으로 그리고 제자 만들기의 장인으로 지대한 영향력을 발휘한 것은 사실이지만, 설교자로서 옥한흠의 역할도 결코 간과해서는 안 될 것이다. 사랑의교회는 전도와 양육, 그리고 설교 이 세 가지 요소가 유기적으로 조화를 이루며 성장해왔고, "사랑의교회, 제자훈련, 그리고 옥한흠 목사"라는 이미지가 매우 긍정적으로 작용하면서 그의 목회 사역 내내 교회가 성장해온 것은 주목할 만하다.

옥한흠의 설교를 고찰한 여러 연구를 통해서도 이와 같은 사실을 감지할 수 있다. 권성수는 옥한흠이야말로 "성경을 실천적으로 해석하는 탁월한 설교자"라고 명명하면서 그의 설교를 이렇게 평했다.

① 문법적 · 역사적 · 신학적인 성경 해석에 충실하다.
② 삶을 변화시키는 메시지를 전한다.
③ 하나님의 말씀을 따라 사람들을 책망하고 바로 잡으려고 할 때에는 사람을 두려워하지 않는다.

④ 선지자의 마음과 함께 제사장의 마음을 지녔다.
⑤ 회중의 오감(五感)에 강하게 호소한다.
⑥ 마음속에 성령의 불이 있다.
⑦ 하나님의 말씀을 자신의 삶에 적용하기 위해 최선을 다하고 설교함에 있어서 자신을 회중과 동일시한다.[23]

박용규도 그의 책, 『한국 교회를 깨운다』에서, 옥한흠의 설교를 높이 평가했다. 옥한흠의 설교에는 시대의 조류나 환경에 치우치지 않고 언제나 하나님께서 하시는 말씀을 충실하게 들으려는 "철저한 성경 본문 중심의 메시지," "자유주의와 화석화된 정통주의를 지양하고 항상 전통적인 신앙을 이 시대에 새롭게 조명하여 적용하려는 복음주의 신앙," "청중들의 영혼을 사로잡고 그들의 가슴을 움직이는 뜨거운 복음의 열정"이 배어 있다. 그의 설교는 한마디로 "철저한 강해설교, 복음주의 신앙에 기초한 설교, 청중을 사로잡는 설교, 그리고 영혼의 잠을 깨우는 설교"로 집약할 수 있다고 주장했다.[24]

옥한흠은 쉬우면서도 내용이 충실한 설교를 하려고 노력한다고 하면서 다음과 같이 말했다.

> 미사여구나 우아한 문장, 논리적인 정보전달보다는 듣기 편하고 마음에 호소하는, 그래서 자꾸만 뇌리 속에서 되뇌어지는 대화식 설교를 하려고 노력합니다. 남자든 여자든 하나님의 말씀을 어려움 없이 이해할 수 있게 말입니다. 그렇기 때문에 커뮤니케이션의 방법에 많은 관심을 기울입니다.[25]

또한 제자훈련을 하는 동안 평신도들을 잘 이해하게 된 점이 설교에

도움이 된다고 인정하면서도 제자훈련을 받은 사람들이 설교에 대한 기대가 크다는 것은 부담이 된다고 말하기도 했다. 오정현에 의하면, 훌륭한 설교에는 두 가지 요소가 겸비되어야 하는데, "지성을 압도하는 물샐 틈없는 긴밀한 구조와 전개, 그리고 감정이 메마른 노인의 정서조차도 격동할 수 있도록 만드는 영성이 바로 그것"이다. 그런데 옥한흠의 설교를 들을 때면 이 두 가지를 조화시키며 충족시키는 "한국 최고의 설교가의 모습"이 떠오른다고 언급했다.[26]

옥한흠의 설교에 사랑의교회 성도들은 깊은 감동과 풍성한 은혜를 받곤 했다. 심지어 옥한흠을 한 번도 만난 일도 없는데도 그의 설교 테이프를 듣고는 평생 잊지 못할 깊은 감동과 풍성한 말씀의 은혜를 받고 옥 목사와 그의 사역을 위해 기도하는 경우도 있었다. 옥한흠도 이러한 기도에 큰 감동을 받았다. 더군다나 그렇게 기도해 준 사람이 6·25전쟁에 참전했다가 실명한 시각장애인이요, 훗날 목사가 되어 미국 이민목회와 일본에서의 선교 사역을 하던 한 목회자의 아내였다는 사실을 알고 난 후, 그의 마음이 더욱 감격스러워 그의 요한복음 강해설교 중에 이렇게 인용했다.

> 저는 지금까지 옥 목사님을 한 번도 본 일이 없어요. 사진은 어디서 한 번 본 일이 있지만요. 7, 8년 전에 목사님의 설교 테이프를 우연히 듣게 되었는데, 그때 '이 목사님을 위해서 기도해 드려야겠다'는 생각이 갑자기 들어 지금까지 하루도 빼먹지 않고 목사님을 위해 기도해왔습니다. 오늘 이렇게 직접 만나니 참 좋네요. 저는 이런 말을 들으면 너무 감격스러워 숨이 막힐 정도입니다.[27]

하지만 이러한 설교자의 설교가 청중들에게 과연 제대로 들려졌는지를 의문시하게 하는 우리의 현실의 문제를 무시할 수 없다. 물론 옥한흠 한 명의 설교자만이 아니라, 이 시대의 모든 설교자들이 공통으로 지니고 있는 문제이긴 하지만, "다른 분들의 설교보다 훨씬 건전한 설교를 들은 성도들이, 그것도 그 많은 성도들이 과연 이 사회 속에서 이런 설교를 들은 사람들로서의 영향력을 미치고 있는가가 의문스러운 것이다."[28] 좋은 설교를 듣는 것과 그에 합당한 삶의 열매를 맺는 것 사이의 괴리가 너무 커 가는 현실 속에서 이러한 의문은 우리의 마음속에 점점 더 커져만 간다.

옥한흠의 설교에서 발견되는 주요한 특성 중의 하나는 바로 하나님의 주권에 대한 철저한 강조다. 특히 그는 대각성전도집회에서 행한 설교에서 하나님의 죄인을 향하신 사랑과 하나님의 절대주권을 조화롭게 제시하는 특성을 발견할 수 있다. 복음전도와 회심을 권유하는 설교에서 하나님의 절대주권을 강조하기는 설교자로서 피하고 싶은 신학적 과제가 아닐 수 없었을 것이다.

그러나 옥한흠은 이러한 주제들이 성경에 근거하고 있다면 아주 명료하게 밝혀야 한다면서 본문을 단계적으로 해석해 나가면서도 신학적 교리들을 무리 없이 설명한다. 그가 개혁신학을 드러내기 위해 성경 본문을 인용하고 설교하기보다는, 성경 말씀에 충실하게 임하다 보니 결과적으로 개혁주의적 신학의 입장을 드러냈다는 것이 더 정확한 표현일 것이다.

이에 대한 대표적인 예는 사도행전 22장 4-11절을 본문으로 한 "아무리 악한 사람이라도"라는 제목의 설교를 들 수 있다. 그는 사도 바울의 회심의 과정을 당대의 시대적 상황과 당시의 문화적 배경 등에 비춰 폭넓게 설명하면서도, 성경 본문에 담겨 있는 핵심적인 교훈을 결코 놓치지 않았다. 아무리 그가 "죄인 중의 괴수라도" 하나님은 구원하실 수 있다는 것이다. 옥한흠은 한국 사회에서 기억조차 하기 싫은 흉악범들을 예로 들면서, 사람들이 볼 때 구원받을 가능성이 전혀 없다고 여겨지는 그들조차도 하나님은 사랑하시고 포용하시며 죄를 용서하사 구원하신다는 진리를 실감 있게 선포한다. 이러한 과정에서 우리 인간이 전적으로 타락한 죄인임을 효과적으로 잘 부각시키면서도, 결국 구원은 하나님의 절대주권에 속한 것임을 천명한다.

또한 그는 예수 그리스도를 믿는 것이 자유의지에 속한 문제가 아닌, 창조 전에 구원하시기로 작정한 하나님의 예정에 근거한 것임을 선포한다. 이렇게 주장하는 이유로 "성경에 보면 한 사람을 구원하시기 위해서 하나님은 이 세상을 창조하기 전에 계획을 세웠다고 했습니다"라는 것을 그 증거로 제시한다.[29]

다시 말해, 옥한흠의 설교에서 언급하는 교리는 성경에서 비롯된 것이며, 그것은 개혁주의 교리와 부합한다고 할 수 있다. 그런 면에서 옥한흠의 설교는 철저하게 성경적이면서도 개혁주의적 특성을 띠고 있다. 이러한 신학적 토대 위에서, 소위 "강단초청"을 할 때도 옥한흠은 매우 성경적으로 하나님의 부르심에 응할 것을 촉구한다.

> 그래서 기독교를 은혜의 종교라고 말합니다. … 하나님이 구원해 주셔서 구원받은 것뿐입니다. 하나님이 구원하시려고 할 때 인간이 거부하지 못합니다. 이것이 은혜입니다. … 아무리 악한 사람이라도 하나님 나라에 들어오게 할 수 있는 풍성한 은혜를 가지신 하나님 앞으로 나아오십시오! 지금 교회는 다니고 있기는 하지만 바울처럼 철저하게 굴복하지 못하고 있다면 하나님은 당신의 결단을 기다리고 계십니다. 바울처럼 하나님 앞에 꿇어 엎드리십시오. 그리고 "주여, 내가 무엇을 해야 합니까?"라고 물어보십시오. 그리고 주님이 내미시는 피 묻은 손을 거절하지 마십시오. 당신을 부르시는 사랑이 넘치는 그 음성에 귀를

> 막고 돌아서지 마십시오. 주님의 부르심에 대답하십시오.[30]

그는 하나님의 부르심에 응답하는 것조차, 하나님의 주권에 속한 것임을 전제한다.

> 주님이 보실 때 가장 적절하다고 생각하시는 그 순간에 주님이 반드시 당신의 마음에 찾아오실 것입니다. '나를 좇으라'고 말씀하시는 그 음성이 들리면 자신도 모르게 벌떡 일어날 것입니다. 일어나면서 지금까지 당신을 사로잡고 있던 것이 다 떨어져 나가게 되는 것을 체험하게 될 것입니다. 주님은 무르익은 과실을 그냥 두고 지나가시는 법이 없습니다. 그 타이밍은 주님이 맞추십니다. 그날이 반드시 옵니다.[31]

개혁주의적 신학과 세계관을 지닌 옥한흠의 설교에는 본문과 청중과 조화, 그리고 이 세상과 저 세상에 대한 종말론적 균형 감각이 있다. 옥한흠은 설교의 서두를 성경 본문의 역사적 상황이나 배경을 언급하면서 자연스럽게 설교를 듣는 청중이 처한 현실과 잇대어 들을 수 있도록 본문과 청중을 연결시키는 작업을 거의 모든 설교에서 시도하고 있다. 그의 설교에서 발견되는 또 다른 특징은 언어 연구와 동시에 빠지지 않고 등장하는 주석 작업의 또 하나의 필수적인 요소인 본문의 정황에 대한 정확하고도 적절한 설명이다.

옥한흠은 성경 본문을 청중이 살아가는 삶의 현장 안으로 해석하는 데에 매우 탁월하다. 그의 설교에는 성경 본문의 문자적 의미, 역사적 배경, 그리고 신학적 의미 등이 비교적 자세하고 분명하게 제시된다. 이렇게 학문적으로 연구된 성경 본문은 청중의 상황에 적절하게 연결되어 청중에 익숙한 언어로 표현된다.[32] 그의 설교가 단지 본문을 이해하고 설명하는 데만 탁월했던 것은 아니었다. 그러한 깨달음을 성도들과 함께 나누는 데에도 그러했다.

옥한흠의 설교에서 소개되는 체험은 주로 그의 신앙체험과 목회경험을 사용한다는 데 그 특징이 있다. 이러한 체험적 예화를 적절하게 소개함으로써 성경을 주석하고 교리적 주제를 좀 더 구체적으로 표현하며 청중이 적극적으로 이해하고 설득되도록 한다. 그런 면에서 그의 체험 이야기는 자신과 성경을, 그리고 청중들 사이를 연결시키는 공감의 도구가 아닐 수 없다. 체험 자체가 설교의 내용이 되기보다는, 자신이 성경을 주석하고 전하고자 하는 주제를 좀 더 명료하고 구체적으로 받아들여 공감함으로 자신에게 주신 하나님의 말씀이라는 사실을 깨닫게 한다. 그래서 체험을 통한 주석은 주해의 마지막 과정이 아니라, 그 체험을 통한 주석의 결과를 다시 성경의 근거를 통해 보강해야 하는 작업이라 할 수 있다.

이런 면에서 "옥한흠 목사가 체험의 중요성을 강조하면서도 그 체험의 쓰임을 기존의 방식과는 달리 설정해 놓고 그것을 매우 창조적으로 사용하고 있다"는 것은 높이 평가해야 할 부분이다.[33]

옥한흠은 설교에서 항상 선포되는 말씀과 자신을 분리시키지 않는다. 설교는 자신이 하지만, 자신도 청중의 입장에서 말씀에 비추어 자신을 드러내고 회개하며, 성도들과 함께 잘못을 고백하면서 설교를 진행해 나간다.

마치 대각성운동 당시에 조지 휫필드(George Whitefield)가 자신이 전하는 설교의 진리를 자신이 이미 체득하는 과정을 거치고 실존적인 고백 속에서 외쳤듯이 말이다.[34] 옥한흠은 욥의 자녀교육에 대한 설교를 하면서 이렇게 자문한다.

> 나는 과연 이렇게 실천하고 있는가?'라는 물음 앞에서 고개를 들 수가 없었습니다. 역설적으로 들릴지 모르지만, 예수님을 믿는 사람 가운데 자녀교육하기가 가장 힘든 사람이 아마 목사가 아닌가 생각합니다.[35]

옥한흠은 설교에서 본문의 내용을 구속사적인 맥락과 연결시킬 뿐만 아니라, 본문과 연관된 역사적 상황이나 실례를 제시한다. 그의 설교는 매우 포괄적이고 다차원적이다. 예를 들면 요한복음 4장 1-14절을 본문으로 한 "목마른 인생"이라는 설교에서 그는 수가성의 여인에 대해 설명하면서, 여자를 창조하신 하나님의 의도와 남자와의 동등성, 그리고 역사적으로 얼마나 여성들에 대해 부당한 대우가 자행되었는지를 언급한다. 그리고 "천한 여인을 찾아오신 예수님"을 부각시킴으로써 본문이 함유하고 있는 의미를 포괄적으로 다룰 뿐만 아니라, 설교를 듣는 청중들도 자신이 처해 있는 역사적 실존에서 들을 수 있는 안목과 현장감을 제공한다.[36]

그의 설교 속에는 이 세상과 오는 세상과의 적절한 종말론적 균형이 유지되고 있다. 하나님 없는 인생은 결과적으로 헛되며 인생의 나날은 수고와 슬픔으로 점철된다고 언급한다. 그러나 예수 그리스도 안에서 인생은 전혀 달라진다. 하나님이 목적이 있어서 자신을 이 땅에 보내신 의미를 찾기까지는 해 아래서 무의미한 인생, 목적 없는 인생일 수밖에 없으며, 주님 안에서라야 의미 있는 인생으로 탈바꿈할 수 있고, 이 땅에서의 삶은 마지막 날 평가된다는 사실을 강조한다.[37] 그리고 그는 인간성과 자연이 무섭게 파괴되어가는 현실을 직시하면서, 예수 그리스도의 재림이 임박했음을 감지한다. 그렇다고 해서 타계지향적인 종말적 신앙을 고수하지는 않는다.

"이러한 때에 우리의 최고 관심사와 꿈은 주님이 다스리는 하나님 나라여야 합니다. 그 나라가 임하도록 하기 위해서는 우리는 늘 꿈을 꾸고 갈증을 가지고 살아야 합니다. 하나님 나라가 이 땅에 임하도록 하는 것이 우리의 꿈입니다"라고 그는 외친다.[38] 그는 이런 언급도 했다.

> 우리가 기독교를 내세지향적인 종교로만 이해하면 안 됩니다. 기독교는 내세지향적인 종교인 동시에 현실적인 종교입니다. 이 두 가지가 균형을 잘 이룰 때 기독교의 생명이 건강하게 유지될 수 있습니다.

그리고 우리는 "도피주의자나 내세지향주의자"도 아니고, 그렇다고 "현실지향주의자"도 아니며, 우리는 "내세적 현실주의자"라고 주장하였다.[39]

또한 옥한흠은 제자훈련의 목적이나 성화의 결과도 예수님의 재림 이후에나 완성되는 종말론적인 일로만 여겨서는 안 될 것을 강조한다. 그는 "지금 그리고 여기에서"(here and now)의 입장을 취하며, 이 땅에서 성도와 교회의 자세와 의무에 역점을 둔다.

> 가서 제자 삼으라는 예수님의 명령은 천국에서 될 일을 말씀하신 것이 아니라, 이 땅에서 할 일을 말씀하신 것입니다. 또 너희가 내 말에 거하면 참으로 내 제자가 되고(요 8:31)라고 하신 말씀 역시 이 세상에서 말씀대로 사는 것을 의미합니다. 그러므로 온전한 사람이 되는 것은 세상에서 신앙생활을 하면서 일어날 일이지, 저 천국에서 일어날 일을 말하는 것이 아닙니다.[40]

옥한흠의 설교를 통한 영적 각성의 불길이 번지면 사랑의교회에서 예배드리는 성도들의 태도는 확연히 달라지고 회중 찬양의 자세도 고양되곤 했다. 회중 찬양의 가치에 대해 관심이 많았던 조나단 에드워즈의 경우 주일 오후예배 때에 회중 찬양을 인도하곤 했는데, 이것은 당시 교회 공동체 내에서 큰 이슈가 되었다.[41]

옥한흠의 설교는 종종 찬송으로 자연스럽게 이어지곤 했다. 설교자가 강단에서 찬송을 부르기 시작하면 설교의 내용과 찬송가락이 어우러지면서 어느새 모든 청중이 다 함께 감격에 겨워 찬송을 따라 부르곤 했다. 성도들은 설교를 통해 선포된 진리의 깨달음이 찬송을 통해 마음에 더욱 각인되고 뜨거워지는 경험을 하곤 했다.

특히 그가 1989년 후반기에 영적 침체와 건강 악화로 쓰러졌다가 회복된 이후에는 이러한 현상이 더 강력하고도 감격적으로 강단에서 나타났다. 로마서 강해설교를 통해 복음의 능력을 체험하고 선포할 때에는 설교자 자신뿐만 아니라, 그 설교를 듣는 성도들의 반응도 엄청났다. 설교를 거듭할수록 그는 복음의 능력과 함께 다시 살아났고, 그의 설교를 듣는 성도들도 깨어나기 시작했다. 당시 로마서를 통해 체득한 은혜의 감격에 대해 그는 이렇게 언급했다.

> 로마 교회가 복음을 다시 들어야 했던 것처럼 나 역시 복음을 다시 들어야 했다. 그 복음의 나팔 소리가 힘차게 내 영의 귀를 울리기 시작하면서 한동안 강단에서 겪었던 그 어려움이 사라지는 것이었다. 몸은 약했지만 영혼은 힘이 넘쳤다.[42]

복음은 교회 밖의 사람들도 들어야 하지만, 교회 안의 성도들도 다시 들어야 한다는 것이 로마서 설교의 목적이었다. 이처럼 옥한흠이 로마서에 나타난 복음의 핵심적 진리들을 선포한 외침이야말로 1990년대 사랑의교회를 가장 영적으로 고양시킨 요소였다. 그는 "예수님보다 더 좋은 것이 없고, 구원보다 더 기쁜 것이 없다!"라는 말을 수없이 되뇌면서 고통 중에서 재발견한 복음의 가치와 기쁨을 사랑의교회 성도들에게 강조했고, 그들은 그의 설교에 공감하면서 말씀 속으로 녹아들어 갔다. 이것이 바로 설교를 통한 목회자와 성도들 간의 끈끈한 영적 고리였다.

설교자의 회복과 더불어 성도들 역시 복음의 능력을 공유하기 시작했고, 생명의 환희를 맛보는 간증들이 쏟아져 나왔으며, 진정한 변화의 모습들이 드러났다. 로마서 본문 중 내용이 어렵다고 생각되는 구절을 설교할 때에는 오히려 "더 많은 심령들이 깨어나는 기이한 현상"을 목격하게 되었다. 그래서 설교자나 성도들이 한마음이 되어 "설교를 할 때마다 구원의 은혜를 찬송하지 않고는 끝을 볼 수가 없었다. 시간이 많이 흘러가든 말든 청중들과 함께 찬송을 부르고 또 불렀다. 어느 시간에는 내가 강단에서 춤을 추다시피 했다. 나는 춤이라고 생각하지 않았지만 성도들은 목사가 '날 구원하신 예수님'이 너무 좋아서 춤을 추었다고 아직까지 기억하고 있다."[43]

옥한흠의 설교가 이와 같이 사랑의교회와 한국 교회에 큰 영향을 발휘할 수 있었던 것은 그가 전하는 메시지 속에 든든하게 자리 잡고 있었던 신학적 뿌리에 기인한다는 사실을 부인할 수 없다. 신학과 설교는 상당히 깊은 연관이 있고 또한 있어야 한다. 교회사에서 위대한 설교의 영웅들로 추앙받는 조지 휫필드, 찰스 해돈 스펄전(Charles Haddon Spurgeon), 조나단 에드워즈, 그리고 마틴 로이드 존스 등은 모두 철저히 개혁신학의 기초를 든든히 하고 있었던 설교자들이었다. 특히 그들의 개혁신학적 특성은 그들로 하여금 "복음에 대한 극적이고, 전율케 하는 거대한 스케일의 비전이 있기 때문에, 설교에 힘찬 동기를 부여한다. '우리에게 거대한 복음이 있으므로, 당연히 거대한 설교자들을 낳을 수밖에 없다'는 것이다."[44]

이런 이유로, 그의 멘토 김성환 목사가 그러했듯이, 옥한흠도 그의 신학이 철저하게 개혁신학에 기초하여 강해설교를 선포하였기에 한국 교회의 진정으로 거대한 설교자의 반열에 오를 수 있었다. 박영선에 의하면, 옥한흠의 위대함은 제자훈련이라는 목회방법보다 설교 분야에 더 남겨졌다고 피력했다.[45]

주지하는 바와 같이, 20세기의 탁월한 설교자들이었던 마틴 로이드 존스, 제임스 M. 보이스(James M. Boice), 존 맥아더(John MacArthur) 등이 일정 기간 동안 권별로 성경 전체를 철저하게 강해설교하는 것을 그들의 사역의 상징으로 삼았고, 전통적 강해설교의 부흥으로 이끌었다. 강해설교를 해야 하는 가장 큰 이유는, "그것이 성경 전체를 하나님의 권위 있고, 살아 있고, 활력 있는 말씀으로 믿는 우리 신념을 촉발시키고 표현하기 때문"인데,[46] 옥한흠도 이러한 강해설교의 특성을 한국 교회로 하여금 계승하고 발전시켜 나가는데 중요한 기여를 하였다.

김경원도 옥한흠의 설교에 대해 이렇게 평가했다.

> [그의] 설교를 접하면서 설교자로서 더 높이 평가받아야 한다고 생각한다. 제자훈련 없이도 이 시대의 설교자로 정말 대단하시다. 성경에 근거하는 것은 물론이고 이 시대 상황에서 여지없이 책망할 것은 책망하고 선지자적 설교로서 한 편의 설교에서 자신을 다 쏟아 붓는 이 시대의 존경받아야 할 설교자라고 생각한다. 제자훈련이라는 하나의 방법론에 치우쳤다면 이만큼 열매를 못 맺는다고 생각한다.[47]

옥한흠은 한국 교회를 깨운 목회자로서 제자훈련 목회와 더불어 설교를 통해서도 지대한 영향력을 발휘하였다. 옥한흠의 설교를 깊이 연구한 권성수도 다음과 같은 면에서 옥한흠은 "위대한 설교자"라고 불렀다.

① 그는 문법적 역사적 신학적으로 성경을 바로 해석한다.
② 그는 삶을 변화시키는 메시지를 전한다.
③ 그는 성경에 따라 교인들을 책망하여 교정하는 일을 두려워하지 않는다.
④ 그는 예언자의 음성과 선지자의 마음을 다 가지고 있다.
⑤ 그는 오관에 자연스러운 호소를 한다.
⑥ 그는 가슴에 성령의 불을 품고 있다.
⑦ 그는 하나님의 말씀을 자신의 삶과 교인들의 삶에 적용하기 위해서 최선을 다한다.[48]

들어야 할 설교를 들리게 외치려고 부단히 노력했던 설교자, 옥한흠은 21세기 한국 교회 강단을 섬기는 설교자들을 위하여 이런 충고를 남겼다.

> 하나님의 말씀의 권위를 회복해야 합니다. 너무 많은 설교자들이 잔꾀를 부립니다. 사람들을 웃기거나 울게 만들면 은혜를 전했다고 생각합니다. 사람들을 즐겁게 하는 전략을 버리고 살아 계신 하나님의 살아 있는 말씀의 참된 권위를 회복해야 합니다. 동시에 평신도들의 세계로 내려가야 합니다. 그들의 이해의 틀을 파악하고 그들의 삶의 방식을 알아야 합니다. 위대한 메신저는 하나님의 권위 있는 말씀을 소유한 사람만이 아니라 자신을 교인들의 삶의 패턴으로 성육하는 종의 모습입니다. 하늘의 구름 위에서 내려다보는 사람이 아닙니다. 한국의 목회자들이 이런 면에서 교인들과 관련을 맺지 못하면 21세기에는 살아남지 못할 것입니다.[49]

3. 은퇴 이후의 옥한흠의 설교

옥한흠이 은퇴 직전에 선포한 설교들 중에서, 2003년 8월 31일, 여호수아 6장을 본문으로 한 설교를 주목해야 할 것이다. 이 설교를 통해 옥한흠이 왜 오정현을 그의 후임 목사로 택하게 되었는지를 설명하고 있으며, 제자훈련 목회의 결과에 대한 확신과 다음 세대를 고민하는 그의 마음을 읽을 수 있다. 하지만 사랑의교회의 행로를 여러 가지 면에서 암시하고 있음도 부인할 수 없다. 그는 이렇게 말했다.

> 오정현 목사님이 다음 세대를 책임질 지도자라는 점을 저는 지난 4년 동안 한 번도 의심한 적이 없습니다. 이 문제를 지금까지 둘이서 기도해왔습니다. 저는 오 목사님이 준비된 지도자라고 생각합니다. 남가주사랑의교회를 통해서 제자훈련이 얼마나 건강한 교회를 이룰 수 있으며 기적을 이룰 수 있는가를 지금까지 확실히 보여주었습니다. 이민교회 가운데 가장 큰 교회요, 박력 있는 교회, 가장 훌륭한 평신도 지도자들이 뛰는 교회입니다.
> 여러분에게 필요한 은혜를 얼마든지 끼칠 수 있는 지도자라고 생각합니다. 교회의 세속화를 쓸어내고 교회 밖에 있는 사탄의 문화에 도전할 수 있는 능력을 여러분에게 소개해 줄 수 있는 하나님의 종이라고 저는 확신합니다. 어떤 지도자를 만나느냐가 여러분의 영적 생명을 좌우합니다. 이런 면에서 하나님이 새로운 지도자를 주심을 감사하고 있습니다.[50]

오정현 목사 내외는 2003년 7월 27일에 남가주사랑의교회에서 이임예배를 드리고, 8월 15일에는 20여 년이 넘는 이민생활과 목회를 정리하고 고국으로 귀국했다.⁵¹ 사랑의교회 2대 목사로 청빙결정을 받아들이는 오정현의 입장에서는 인간적으로 보면 엄청난 부담으로 다가왔다. 그러기에 옥한흠은 여러 가지 우려와 함께 기대감을 가지고 오정현에게 다음과 같은 편지를 보냈다.

> 이럴 때 내가 물러난다는 것은 나에게는 큰 감사지만 오 목사에게는 큰 부담이 될 수 있을 것입니다. 왜냐하면 많은 부분에서 오 목사가 나보다 반드시 탁월해야 살아 남을 수 있는 목회 현장이라는 것을 의미하기 때문입니다. 오 목사 혼자서는 분명히 한계가 있을 것입니다. 적어도 3, 4년은 그럴 것입니다. 그러므로 우리 둘이서 얼마 동안 일심단결하여 힘을 모으지 않으면 안 될 것이라고 생각합니다. 오 목사에게는 나에게 없는 여러 가지 은사와 능력이 있습니다. 이 점을 나는 굉장히 자랑스럽게 여기고 있습니다. 그리고 큰 기대를 하고 있습니다. 내가 채우지 못한 빈자리들을 오 목사가 충분히 채워 줄 수 있을 것입니다. 사랑의교회에는 다시 한 번 은혜의 봄바람이 불게 될 것입니다. 그 봄바람 앞에서 나의 영혼의 가지에도 꽃망울이 터지게 될 것입니다. 사랑의교회가 또 한 번의 20년을 은혜의 황금기로 보낼 수 있으리라는 것이 나의 굳은 확신입니다.⁵²

그러면서도 편지 말미에 설교에 대한 권면으로 그의 글을 마무리했다. 결국 사역의 계승이 아름답게 이어지고 귀한 열매를 맺기 위해서는 목사의 생명인 설교가 가장 중요한 사역이고 그것을 강조하는 은퇴하는 선배 목사에게서 후임 목사를 향한 목회적 배려를 읽게 된다.

> 내가 오 목사의 설교에 대해 바라기는 오 목사가 갖고 있는 열정과 영

성에 나의 설교가 지닌 강점이 잘 배합되면 말씀의 상승효과를 더 높일 수 있을 것입니다. 그렇게만 되면 오 목사에게 강단을 맡긴 다음 나는 마음 놓고 나의 일에 전념할 것입니다. 따라서 오 목사는 싫든 좋든 나의 설교를 연구할 의무가 있다고 생각합니다. 수십 년 동안 내가 전하는 말씀에 익어버린 양떼를 이해하기 위해서라도 이 일은 불가피하다고 봅니다.[53]

이러한 권면은 시의적절한 내용이었고, 그의 평생 스승이자 "한국 최고의 설교가"로 존경해마지 않았던 옥한흠으로부터 이런 편지를 받았던 오정현은 남다른 각오와 함께 설교에 대한 건설적인 부담감을 느꼈을 것이다. 평생 생명을 걸고 설교를 준비해왔던 옥한흠은 그 십자가를 내려놓는 기쁨이 있었겠지만, 그 십자가를 짊어지는 오정현에게는 무거운 책임감으로 다가왔을 것이다. 오정현에게는 옥한흠이 지난 25년 동안 사랑의교회를 일구어 온 제자훈련 목회와 더불어 설교라는 목회적 유산을 계승하고 발전시켜 나가야 할 과제가 주어진 것이었다.

옥한흠은 은퇴 후에도 종종 여러 집회에서 설교하곤 했으며, 다음 세대를 위한 관심도 매우 많았다. 그의 출판된 설교집인 『전쟁을 모르는 세대를 위하여』에서, 사사기의 역사를 통하여 한국의 전후 세대 간의 갈등과 신앙적인 변천에 대해 적절한 영적인 안내를 제공했다. "전 세계에서 세대별 가치관의 격차가 가장 심한 나라는 한국"이라는 사실을 전제하면서, 옥한흠은 약 한 세대 전인 1970-80년대부터 한국 교회는 살만하고 여유가 생기자 성도들의 신앙의 순수성은 변질되고, 성도들은 세상과 타협하는 이중적 태도를 보였다고 지적하였다.

이러한 변질은 새로운 세대에게 전혀 감동을 주지도 못하고, 계속되는 회의와 갈등 속에서 비판의식이 생겨났으며, 끝내는 이전 세대를 거부하는 데에까지 이르게 되었다고 진단하였다. 신세대에게도 구세대를 비판만 하고 자신들만 정당하다고 할 수 없음을 지적하였다. 다원주의에 물들어 가고 상대주의의 포로가 되어가는 가운데 하나님의 말씀이 선악을 판단하는 기준이 아니라, 오직 "내가 기준"이 되어버리고 자기 의견에 좋은대로 행하는 잘못을 회개해야 한다고 경고한다.

옥한흠은 오늘의 이 시대야말로 인류 역사상 처음으로 등장한 "세계화된 무신론 문명"임을 부각시키면서 전쟁을 아는 세대와 전쟁을 모르는 세대 모두 하나님을 받아들이고 그리스도 안에서 하나가 되는 길만이 살 길임을 힘주어 강조한다. 세대 간의 갈등과 대립뿐만 아니라, 옥한흠은 현대 한국 사회가 경험하고 있는 성문란의 문제, 불안, 유혹 등에 대해 진단하고 영적인 해결책을 제시하면서, "교회의 생명"은 "세상과 다름"에 있음을 강조한다. 세상과 구별된 거룩한 사람으로 다시 태어남이 한국 교회와 사회의 살 길이라고 강조하고 21세기의 한국 기독교인의 정체성을 새로운 환경에서 적극적으로 모색하도록 격려하였다.[54]

2004년 4월 11일, 상암동월드컵경기장에서 열린 부활절연합예배 강사로 옥한흠 목사가 내정되었다. 이 예배는 한국기독교총연합회(한기총)와 한국기독교협의회(KNCC)가 교파와 교단을 초월하여 연합으로 드리기로 했다. 이렇게 연합으로 예배를 드릴 수 있었던 것은 그동안 한국 교회의 갱신과 연합을 위해 노력해 온 한국기독교목회자협의회(한목협)의 노력이 중요한 역할을 했다. 또한 목회 사역을 다음 세대에게 이양하고 한국 교회에 모범을 보인 사랑의교회와 옥한흠에 대한 예우와 배려이기도 했다.

이 날 옥한흠은 마태복음 28장 18-20절을 본문으로 "한국 교회여 다시 일어나라"는 주제로 감동적인 설교를 선포했다. 당시 교계와 사회에 만연되어 있는 위기를 딛고 일어나 새로운 각성을 촉구하고 새로운 도약을 격려하는 메시지였다. 위기 속에서도 한국 교회는 복음을 힘 있게 증거해야 하고, 예수 그리스도의 말씀을 배우고 순종하는 제자가 되어야 하며, 부활하신 예수님의 약속을 믿고 선한 싸움을 싸워 이 나라가 하나님이 다스리는 나라가 되도록 하자고 외쳤다.

> 한국 교회여! 다시 일어나서 이 나라를 복음화시킵시다. 한국 교회여 다시 일어나서 우리 모두 작은 예수가 됩시다. 한국 교회여 다시 일어나서 용기를 가지고 예수님을 거부하는 어둠의 권세들을 대적합시다. 그래서 부활의 주님이 다스리시는 거룩하고 아름다운 나라를 만들어 갑시다.[55]

옥한흠은 사실 은퇴 이후에도 많은 설교들을 선포했고, 설교집도 출판되었다. 특히 2007년에 출판된 『안아 주심』이라는 설교집은 2년 만에 60쇄를 발행할 만큼 많은 이들에게 위로와 소망을 불러 일으켰다. 1997년 한국 경제는 IMF 구제금융을 받아야 할만큼 위기를 경험했다. 그 이후 어느 정도 극복했다 싶었는데, 다시 미국발 금융위기로 한국 사회는 경제적 파탄과 위기를 또 한 차례 겪으며 사회적인 문제들이 많이 발생하였다. 이러한 상황에서 옥한흠의 『안아 주심』은 적지 않은 파장을 일으키며 영향력을 발휘하였다.[56]

은퇴 후에도 옥한흠은 교계의 주요 행사에 초청받아 설교하기도 했고, 가끔씩 사랑의교회 주일예배에 설교하면서 정든 성도들과 하나님의 은혜를 나누었다. 그리고 이 기간에 그가 역점을 두었던 사역은 가장 본질적인 과제라고 간주했던 제자훈련지도자세미나를 중심으로 사역하였다.

그러나 한국 교회가 세속화 되는 것을 심각하게 우려하고 경고한 옥한흠의 설교는 아마도 그의 생애 마지막에, 특별히 암 투병 생활을 하면서 깊이 숙고하며 한국 교회를 향해 외친 메시지일 것이다. 2008년 1월 초에 한국복음주의협의회(한복협) 조찬기도회에 참석해서 옥한흠은 이렇게 외쳤다.

> 교회 안에는 현재 세속주의라는 세균이 퍼져 죄를 죄라고 말 못하는 기막힌 상황이 벌어지고 있다. 심지어 죄를 말하는 목사는 부정적인 말만 하는 목사로 내몰아 목회자들이 교인들 앞에서 쉬쉬하고 있는 상황이다. 이것은 마치 버릇없는 어린 아이가 음식 먹기를 거부하면 먹이지 않는 무책임한 부모의 모습과 같다. 결과는 영양실조일 뿐이다. 한국 교회가 부흥을 위한 각종 행사를 열었지만 행사로 끝났을 뿐 아무런 일도 일어나지 않았다. 포스트모더니즘 사회에서 적절한 타협과 조화를 미덕인 양 가르치는 한국 교회 목회자들은 각성하고 성도들이 예수님의 가르침대로 품위 있게 살도록 지도해야 한다.[57]

4. 옥한흠 목사의 기념비적 설교

평생 설교자로 살았던 옥한흠의 역사적인 설교는 2007년 7월 8일, 서울 상암월드컵 경기장에서 열린 한국 교회 대부흥 100주년 기념대회에서의 설교일 것이다. 이 기념예배는 한국 교회가 교단과 교파를 초월해 연합과 일치의 정신으로 치른 대형집회라는 점에서 의미가 있었다. 옥한흠은 대부흥운동 100주년 기념예배 설교를 부탁받았을 때, 몇 번이고 거절했지만, 주최 측에서는 건강이 점점 악화되어가고 있었음에도 한경직 이후 한국 개신교 지도자로 추앙받는 그를 설득하여 결국 설교하도록 했다.

하지만 옥한흠이 고심 끝에 설교를 승낙한 이유는 그의 목회 후반기에 한국기독교목회자협의회를 설립하고 대표회장을 맡아 가장 심혈을 기울인 것이 교회연합운동이었기 때문이었다. 그동안 병고와 싸우면서도 한국 교회의 일치를 위해 씨름해왔는데, 교단과 교파를 초월해 열리는 연합집회에 설교자로 부탁받았을 때에 그의 건강을 고려해 보면 쉽지 않은 일이었지만, 그는 "하나님의 뜻이구나"라는 확신을 하게 되었고 결국 수락했다.[58]

그런데, 옥한흠이 2007년 개신교계 최대 행사인 한국 교회 대부흥 100주년 기념대회에서 "교회를 겨누고, 목회자를 겨냥하는 설교는 그 자체가 처절한 '회개'였다." 그의 설교, 아니 그의 회개에 깃든 보석 같은 '눈물'을 다시 캐고 싶은 기자가 그를 찾았을 때, 옥한흠은 이렇게 자신의 마음을 전했다고 한다.

> 내 얘길 해선 안 되지 않나. 하나님이 주시는 말씀을 전해야 했다. 하나님의 메시지는 '교회의 회개'였다. 그걸 하나님이 주셨다는 확신에는 변함이 없다. 그런데 전하기가 너무 어려운 말씀이었다.

그는 말을 이어갔다.

> 100주년은 기념 페스티벌 아닌가. 그런 말씀을 어떻게 전할 수 있겠나. 예수님이라면 얼마든지 할 수 있는 얘기다. 그러나 나는 다르다. 나도 한국의 목회자, 똑같은 입장이 아닌가. 차라리 목회자의 한 사람으로 '잘못했다'는 간증을 하라면 쉽다. 혹은 '나는 깨끗하다. 너희는 왜 그런가'라고 정죄하는 것도 쉽다. 그러나 간증도, 정죄도 아닌 설교의 자리였다. 그래서 밤낮없이 기도했다. 설교는 20분, 준비에는 20일이 걸렸다.

옥한흠은 다음과 같은 메시지를 한국 교회와 성도들에게 눈물로 전했다.

> 회개를 통한 깨끗해짐이다. 교회가 세상과 구별되는 것은 성결(聖潔), 즉 거룩함이다. 그 성결은 형식을 통해선 닿을 수 없다. 진실한 회개를 통해서만 닿을 수 있다.[59]

요한계시록 3장 1-3절을 본문으로 "주여 살려주옵소서!"라는 외침은 한국 교회가 이름만 있고 행함이 죽은 사데 교회와 다를 바 없다는 사실을 지적하며 한국 교회의 가장 큰 병폐는 복음을 변질시키고 값싼 은혜만을 강조한 한국 교회 지도자인 목회자에 있다고 가슴을 치며 외쳤다.

> 주여! 이놈이 죄인입니다.
> 제가 입만 살고 행위는 죽은 교회를 만든 장본인입니다.
> 주여! 저희를 불쌍히 여기고 성령을 부어 주옵소서,
> 한국 교회를 깨끗하게 하여 주옵소서.
> 한국 교회를 살려주옵소서.[60]

이 설교에서도 옥한흠은 청중들이 듣기 좋아하는 설교가 아닌, 청중들이 듣기 싫어해도 반드시 들어야 할 하나님의 음성을 전하기를 원했고, 자신의 죄를 고백적으로 진술하며 청중과 일체감 속에서 선포하고 함께 들었다.

그날 설교는 1907년 평양대부흥운동을 기념하는 예배였기에 말씀을 선포하는 설교자나 말씀을 듣는 참석자 모두가 각별한 자세로 임했다. 그 당시 옥한흠의 설교 원고를 읽고 교정도 하고 코멘트를 했던 이동원

은 당시의 느낌을 필자에게 이렇게 전해 주었다. 당일 그는 그 집회에는 참석은 못하고 텔레비전 중계를 통해 예배실황을 보고 있었는데, 설교 원고도 훌륭했지만 현장에서 마음으로 느끼면서 통회하는 마음이었다.

> "주여 살려주시옵소서!"
> 그 귀한 설교를 들었다. "정말 역사적 설교"라고 생각하며, 아마 그 후의 집회 순서가 없었다면 "마치 평양대부흥운동 당시와 같은 역사(役事)가 일어났을지도 몰랐을 감동의 도가니"였다.
> 나는 딱 보고 이 때 집회를 중단하고 계속 기도했으면 좋겠다는 생각을 했었다. 그러나 그렇게 하지 못한 것이 안타까웠다. 대부흥이 일어날 것 같은 숨 막히는 도전을 느꼈다. 내가 설교 원고를 알고 텔레비전을 통해서 보면서도 그랬다. 그날 현장이 중요하다. [조나단] 에드워즈의 설교도 그러한 점에서 맥락을 같이한다.[61]

온누리교회의 하용조도 "옥 목사님의 설교대로 한국 교회가 실천하면 부흥이 일어납니다. 그분 말씀대로 하면 됩니다"라고 말했고, 한국대학생선교회의 대표 박성민도 "옥 목사님의 설교 때문에 이번 대회의 참 의미가 드러날 수 있었다. 폐부를 찌르는 명설교였다"라고 언급하였다.[62] 아마도 이 설교를 들은 모든 이는 거의 옥한흠의 이 날 설교야말로 한국 교회 역사에 길이 기억될 매우 감동적인 설교라는 것에 동감했을 것이다.

이때, 외친 옥한흠의 메시지는 지난 100년 전에 일어났던 평양대부흥운동을 추억하면서, 반드시 곱씹어야 할 회개의 말씀이었다. 그는 혼신의 힘을 다해 외쳤다. 아니 죽어가면서 외쳤다고 말하는 것이 더 정확할지도 모른다. 오랜 병고로 신음해왔던 그는 한국 교회 전체를 향해 외칠 수 있는 설교의 기회가 이번이 마지막이라는 절박한 심정으로 소리쳤다. 그런데 그런 그의 메시지는 한국 교회 역사에 길이 남을 기념비적 설교였지만, 참석했던 교계 지도자들의 입에서 설교에 대한 뒷소리가 나오기 시작했다. "회개는 자기 혼자 집에서 하지 이 많은 사람 모아 놓고 한국 교회 회개하라고 소리 지르니 세상 사람들이 들으면 어떻게 되겠냐"는 등 별의별 소리가 많았다.[63]

대부흥 100주년을 기념하는 역사적인 집회에서 옥한흠이 한국 교회의 "미래에 대한 밝은 청사진을 제시해 주었어야 하지 않았나"라는 지적도 있었다. 옥한흠의 설교는 당시 집회 분위기와는 맞지 않았다는 것이다. 그들의 눈에 비친 옥한흠의 설교나 회개를 촉구하는 것은 잔치집의 분위기를 깨는 것처럼 인식되었다. 옥한흠의 설교와 기념행사 사이에 "엇박자"가 생겼다는 것이다.

회개로 시작된 1907년 대부흥운동을 기리는 100년 후의 기념연합예배가 옥한흠의 회개설교를 곱지 않은 시선으로 바라보는 한국 교계 인사들의 자세를 통해 역사의 아이러니를 발견하게 된다. 세속화의 때로 오염된 상태에서 들려오는 그의 애절한 외침은 상당수의 소위 지도자들에겐 "대연합예배"라는 축제 분위기에 마치 찬물을 끼얹는 것으로 간주되었다. 그것은 그만큼 한국 교회가 병들었다는 징후이기도 했다.

그럼에도 불구하고, 자신의 설교를 듣고 어떤 반응이 나올지 뻔히 아는 옥한흠은 그저 성령의 이끌림에 의해 병든 몸을 이끌고, 생명력이 점점 꺼져가는 아픔을 체휼하면서도 자신 안에 역사(役事)하시는 하나님의 소리를 거부하지 않고 그대로 내뿜었다. 옥한흠은 그날 강단 위로 오르는 순간까지 진통을 겪으면서 두 가지를 생각하며 나아갔다. 먼저는 "내 의견이 아니라 하나님의 말씀이 전달되어야 한다는 점"이었고, 또한 "성령이 청중들의 마음을 움직여 제 입에서 나오는 말씀을 하나님의 말씀으로 받아들여야 한다"는 생각이었다. 그래서 구절 하나하나를 놓고 신경을 썼고, 할 수 있는 모든 노력을 다하고 "결과는 하나님 손에 있는 것"이라는 마음 자세로 말씀을 선포했다.[64]

그날, 옥한흠은 그가 평생 사랑하고 따르려고 애썼던 예수님의 심정으로 회개의 메시지를 외쳤다. 자신부터 회개하면서 한국 교회로 하여금 회개의 잠에서 깨어 날것을 촉구했다.

그의 참회 기도는 자신의 처절한 회개이자, 또한 "한국 교회의 참회록"이었다. 무엇보다도 사랑의교회를 좀 더 성경적이고 영적으로 건강한 교회로 이끌고 오지 못한 것에 대한 회한의 표출이기도 했다.

그날 잔치는 끝났지만 긴 여운이 남아 있다. 그의 진솔한 고백과 회개의 외침이 울림이 되어 "부흥과 성장"을 외치는 한국 교회를 깨우고 있다. "한 사람"이 진정으로 회개하고 참 그리스도의 제자가 되는 일이 선행되지 않고서는, 그냥 "많은 사람"이 모인 행사를 통해 회개의 역사가 일어나지 않는다는 사실이다. 100여 년 전 대부흥운동이 일어날 때에도 로버트 하디(R. A. Hardie)라는 한 선교사의 진실 된 회개의 기도로 시작되었던 그 역사적 사실을 한국 교회는 잊고 있었다. "나부터" 그 "한 사람"이 되지 않고는 아무리 부흥을 외치고 원해도 그것은 요원할 것이다.

그날 메시지의 핵심은 "진정한 부흥은 회개에서 시작된다"는 것이었다. 옥한흠은 한국 교회는 "성장보다 거룩함을 추구해야 한다고 강조했다." 교회 성장을 향하여 물불 가리지 않고 달려온 한국 교회의 자화상이 고통스럽게 옥한흠의 마음에 떠올랐다.

> 목회자나 성도나 모두 눈 감고 기도할 때는 회개하지만, 눈을 뜨면 세상 유혹을 쫓아 살며 자기 밥그릇을 위해 싸웁니다. 하나님께서 지금 한국 교회를 보시고 원하시는 것은 교회 성장이 아닙니다. 거룩함을 회복하는 것입니다. 이런 마음들이 제가 사데 교회를 본문으로 택할

수밖에 없게 만들었습니다.

그리고 그는 한국의 크리스천들이 "두 날개 부흥"을 꿈꿔야 한다고 언급했는데, 부흥의 한 쪽 날개는 "대각성"이고, 다른 날개는 "성장"이라는 것이다. 회개를 통해 교회가 거룩함을 회복하고 치유되면 성장은 그 결과로 자연스레 찾아온다는 것이 그의 지론이었다.[65]

이 날 외친 회개의 메시지는 그의 목회 사역 내내, 그리고 설교 전반에 걸쳐 지속되었던 주제 중의 하나였다는 것을 인식해야 한다. 옥한흠은 1980년대 초반부터 한국 교회가 성장을 향하여 정신없이 질주하고 있을 때에도, 회개의 필요성을 역설한 적이 많았다. "주님의 눈에 비친 말세 교회는 가장 중요한 것이 회개"이며, 요한계시록 일곱 교회 중 다섯 교회를 향하여 회개하라고 외치신 주님의 음성을 들으라고 촉구했었다.

한국 교회의 성장만능주의, 현세 기복적 신앙, 하나님 중심주의, 즉 신본주의가 아닌 인본주의의 팽배, 세속화로 오염된 한국 교회의 신앙 등, 옥한흠의 눈에 비친 한국 교회는 회개의 필연성을 피해갈 그 어떤 이유와 변명도 없었다. 그래서 그의 사역 초기부터 일관되게 회개의 필연성과 중요성을 사랑의교회 강단에서, 그리고 다양한 강연과 집회에서 힘주어 강조해왔다. 그것은 그의 제자도의 길에서 주님의 외침인 "회개하라 천국이 가까웠느니라"는 선포를 지속적으로 추구했던 메시지의 주제이자 그의 삶이기도 했다.

"우리 주님께서 이 시대에 우리에게 나타나신다면 무엇을 요구하실까?"

이런 질문은 옥한흠의 뇌리에서 지워질 수 없는 한국 교회를 향한 명제요 과제였다.

"오늘날 이 시대에 나타나신 성령께서 정말 우리 마음 가장 깊은 곳을 들여다보실 때 무엇을 생각하실까?

'회개하라, 회개하라'일 것이다."[66]

그렇다고 해서 옥한흠 목사가 자신만이 정결하기 때문에, 이런 말을 할 수 있는 자격이 있어서 한다는 일종의 영적인 엘리트 의식에서 비롯된 것은 아니었다. 회개의 메시지를 전하지 않고는 견딜 수 없는 그 충동은 바로 그가 그토록 꿈꾸어 왔던 "좋은 교회"가 우리 한국 강산 곳곳에 구름 떼처럼 일어나기를 원하는 마음에서였다. 그는 외친다.

> 왜요?
> 교회를 위해서, 우리 자신을 위해서이다.
> 그렇지 않으면 우리 모두가 같이 망하고 만다.
> 한국 교회가 제정 러시아 때의 정교회와 같이 되지 않는다고 누가 장담할 수 있는가?
> 오늘날과 같은 이런 상황이라면 아무도 장담하지 못한다…
> 진정 하나님이 사용하시는 주의 종들이 많이 일어나자.
> 오늘 잠자고 있는 교회, 병들어 있는 교회, 세속화된 교회, 이단 앞에서 벌벌 떨고 있는 이 무력한 교회를 다시 힘 있게 깨어나게 하자.
> 다시 일으키는 능력의 역사가 이 한국에 많이 일어나기를 우리 모두 기도하자.[67]

이렇게 외치면서 지난 한 세대 동안 제자훈련 목회와 사랑의교회, 그리고 한국 교회를 위해 달려왔는데, 변한 것은 거의 없는 것 같았고, 오히려 그때보다 상황이 더 악화된 한국 교회의 실상이 그의 눈에 들어왔다. 그래서 옥한흠은 자괴감과 절박함에 떨 수밖에 없었다. 그래서 그는 죽을 힘을 다하여, 소진해 가는 하나의 촛농처럼 한국 교회를 살려달라고 하나님께 매달렸고, 한국 교회를 향해서는 회개하라는 외침을 혼신의 힘을 다해 외쳤던 것이다. 그러나 대부분의 한국 교회 목사들과 성도들에게 "회개"라는 말은 어느 덧 기피 단어가 되고 말았다. "한국 교회의 가장 큰 문제는 진정한 회개의 부재"인데도 말이다.[68]

그날은 아마도 설교자 옥한흠에게는 외로움이 짙게 다가 온 날이었을 것이다. 그런데 그 외로움은 개인적인 차원 이상의 것이었다. 그날, 단상에서 외톨이 신세가 되어 있던 그에게는 평생 은혜의 발걸음으로 인도하셨던 예수님이 그 어느 때보다도 그리웠을 것이다. 그리고 그런 예수님을 본받고자 애쓰는 진실한 그리스도의 제자들을 간절히 만나고 싶었을 것이다. 그렇게 해서 그날은 그렇게 지나가고 말았다.

2007년 7월 8일은 옥한흠에게 가장 외로웠던 날 중의 두고두고 잊지 못할 날이었다. 그날은 그리스도의 참 제자가 믿는 군중들, 특히 교계 지도자들 속에서 인간적인 고독을 맛보았던 날이었다. 그러나 그날, 옥한흠은 외롭지 않았을 것이다. 마치 무화과나무 아래서 자기에게 다가오시는 예수님을 만났던 나다니엘처럼, 옥한흠은 그곳에서 "거룩한 고독"을 즐겼을 것이기 때문이다.[69]

그날의 한껏 들뜬 예배 분위기와 전혀 맞지 않았던 옥한흠 목사의 설교와 그것에 대한 반응을 보면서, 필자에게는 일제의 오도된 신사참배와 황실의 이데올로기로 민족수탈과 함께 정신적 능욕을 겪으며 옥중에서 교회와 민족을 향하여 점점 타 없어져 가는 진리의 촛불로 꺼져갔던 주기철 목사가 생각났다. 특별히 죽음의 그림자가 더욱 가까이 다가옴을 느끼며 주 목사는 이렇게 마음속에 다짐했다.

"내 하나님 앞에 가면 조선 교회를 위해 기도하오리다."[70]

제자훈련을 통해 한국 교회의 갱신과 세속화를 막으려 몸부림 쳐 왔던 옥한흠은 한국 교회를 향하여 어떤 생각을 하면서 암과 힘겹게 투병하며 외쳤을까?

아마도 자신의 몸 안에 있는 암세포로 인한 고통보다는, 한국 교회 내의 암적인 요소들이 그의 마음을 더욱 아프게 했으리라. 처절한 고통 중에도 옥한흠은 그러한 현상에 대해 지적하고 탓만 하기보다는, 자신의 아픔과 고통으로 체휼하면서도 한국 교회를 향해, "내 하나님 앞에 가면 사랑의교회와 한국 교회를 위해 기도하오리다"라고 호소했을 것이다.

어떻게 보면, 이 날의 옥한흠의 설교는 예수 그리스도께서 외친 "회개하라 천국이 가까웠느니라"는 선포를 자신의 고통과 아픔에 담아 외친 절규였다. 그것은 한국 교회를 향한 뜨거운 사랑과 함께 무거운 부담을 안고 외친 선지자적 선포였다. 그런데도, 이 설교 후에 회개의 물결이 널리 확산되지 못한 작금의 한국 교회 현실을 보면서, 진정한 부흥은 설교자의 능력과 메시지로 나타나는 것이 아니라, 하나님의 주권적인 섭리의 역사(役事)하심이라는 교회사적 교훈을 다시 한 번 확인하게 된다.

그렇게도 수없이 외쳤던 "Again 1907!"이라는 구호가 무색하리만큼 한국 교회의 영적인 준비나 하나님의 역사는 요원하게 느껴졌다. 그래서 그날은 참으로 아쉬웠던 날이었지만, 그 말씀이 마음에 뿌려진 하나님의 사람들에 의해 언젠가 회개와 부흥의 역사로 활화되어 갈 것을 믿음으로 바라본다.

5. 옥한흠 목사의 마지막 설교

옥한흠 목사는 2009년 12월 31일, 사랑의교회 송구영신예배에서 말씀을 전했는데, 이 메시지는 성도들에게 선포한 마지막 공예배 설교였다.

> 네 짐을 여호와께 맡기라. 그가 너를 붙드시고 의인의 요동함을 영원히 허락하지 아니하시리로다(시 55:22).

이 말씀을 본문으로 하여 "전능하신 하나님께 맡기라"라는 제목의 설교였다. 이 설교는 그의 "지난 목회여정을 회고하며 체험적으로 전한 마지막 설교"가 되었다.

"힘든 세상을 살아가는 성도들에게 아비의 마음으로, 목자의 심정으로 전한 진심 어린 위로와 용기의 메시지가 담겨 있다."[71]

옥한흠은 나이도 들고, 몸도 쇠약해져 힘들어하는 자신에게 주신 하나님의 말씀이라고 언급하면서, 지난 몇 달 동안 묵상한 내용을 성도들과 나누었다. 그는 이렇게 외쳤다.

> 시편 55편 22절의 핵심은 이것입니다.
> '네 짐을 여호와께 맡겨라.
> 왜 네가 혼자 지고 야단이냐?
> 내가 대신 져 주겠다.
> 그러니 하루하루 좀 더 가벼운 걸음으로 걸어 가거라.
> 내가 있지 않느냐?'
> 실제로 이와 같은 하나님의 은혜가 개인과 가정, 그리고 우리 사랑의 교회 위에 함께 하시길 축복하는 마음입니다.[72]

우리가 믿는 하나님은 좋으신 하나님이시다. 마지막 생애를 보내면서 옥한흠은 하나님을 바라보며 의지하는 가운데 희망을 포기하지 않았다. 그가 강조한 희망은 하나님께서 개입할 수 있는 여지와 가능성을 전제로 한 것이었고, 그렇기 때문에 용기와 힘을 부여해 줄뿐만 아니라 어려운 상황에서도 서로 지탱해 줄 수 있는 희망이었다. 폴 스코트 윌슨도 조나단 에드워즈의 설교론의 의미를 다음과 같이 언급한 적이 있었는데 공감되는 부분이 많다.

> 에드워즈가 그려 준 그리스도의 임박한 재림은 하나님께서 우리를 불타오르는 지옥의 불 위에 매달아 둘 정도로 지독하게 처절한 최후의 심판을 뜻하는 것은 아니었다. 역사의 방향에 대한 그의 낙관주의는 오늘날의 시대 흐름에 따라 낙관적으로 살아 갈 수 없는 우리와 같은 설교자들에게 다음과 같은 중요한 조언을 던져 주고 있다. 복음은 좋은 소식이다. 이 말은 무엇을 설교하든지 우리는 희망을 설교해야 한다는 말이다. 이 세상의 방향이나 흐름에 대한 우리의 절망이 아무리 크다고 할지라도 우리는 여전히 희망을 선포해야 한다. 다시 말해서, 우리는 계속해서 희망을 설교해야 한다. '설교한다'(preaching)라는 단어에는 '도달한다'(reaching)라는 의미가 포함되어 있다. 이 때문에 우리가 설교자의 자격으로 말씀을 선포할 때에, 그 목적은 우리 스스로도 단호하게 긍정할 수 있는 진리에 도달할 수 있어야 한다.[73]

한국 교회를 깨운 목회자, 옥한흠도 "네 짐을 여호와께 맡기라"는 하나님의 말씀을 상기하면서 마지막으로 사랑의교회 성도들에게 "희망의 대로"가 열리기를 간절히 염원했다. 사랑의교회는 하나님께 영광을 돌릴 것이다.

여호와 하나님은 바로 우리의 무거운 짐을 대신 져 주시는 창조자, 구속자, 아무것도 없는 가운데서 말씀 한마디로 천지만물을 창조하신 전능하신 하나님이심을 강조하였다. 그리고 그는 "수고하고 무거운 자들아 다 내게로 오라. 내가 너희를 쉬게 하리라"(마 11:28)고 말씀하시는 우리 주님을 소망 중에 바라보며 이 땅에서의 고단(孤單)한 삶을 2010년 9월 2일에 마감하였다. 그러나 그는 천군천사들의 영접을 받으며 천국에 입성하였고 하나님 보좌 우편에 계시는 그리스도의 영화에 참여하여 사랑의교회, 한국 교회 그리고 세계 교회를 위해서 기도하실 것이다.

나가는 말

옥한흠 목사는 성경과 기독교 역사에 존재했던 평범한 진리를 새롭게 해석하고 발견하여 이 시대 교회를 위한 신학으로 거듭나게 하는 혜안과 능력을 소유한 "신학적 목회자"였다.[1] 그는 사도성의 계승과 만인제사장 원리를 자각하여 한국 교회의 잠자는 평신도들을 깨워 그들을 목회의 대상이 아닌 목회의 동역자로 전환시켜 교회 사역에 역동적으로 참여할 수 있게 하는 안목을 제공하였다. 그는 성경과 기독교 역사 속에 존재했던 평범한 진리를 새롭게 해석하고 조명하여 이 시대의 "교회를 위한 신학"으로 승화시키는 데에 기여했다.

기독교의 역사를 통해 배우는 교훈은 이것이다. 위대한 개혁은 여태 몰랐던 것을 새로 찾아야 이루어지는 것이 아니라, 이미 있는 것을 전혀 다르게 보는 이가 있을 때 발생한다는 사실이다. 박영선이 주장하였다.

옥한흠 목사야말로 교회와 민족의 시련 속에서 다듬어진 순교신앙을 보존하고 그것으로 돌아가고자 하는 경향이 강했던 시기에, 그것을 새로운 상황에 어떻게 적용하고 살아내야 할지를 선포한 설교자였다.[2]

그런 면에서 옥한흠은 새로운 시대에 설교의 문을 열어준 "한국 교회를 깨운 설교자"라고 불려도 조금도 손색이 없을 것이다.

마틴 로이드 존스의 설교 사역을 통하여 웨스트민스터채플이 영국의 수도에서 개혁주의적 설교의 유력한 중심이라는 명성이 세워졌으며, "칼빈주의 전통을 잇는 마지막 설교자"라는 칭호가 붙여졌다.[3]

옥한흠의 설교도 한국 교회 내에서 그러한 역할을 감당했다고 보는 것은 지나친 평가일까?

로이드 존스의 설교를 통해서 영국 복음주의 안에 청교도에 대한 관심이 되살아나는 씨앗이 뿌려졌듯이, 옥한흠의 설교와 사랑의교회의 목회 사역을 통해 그러한 든든한 터전이 마련되고 아름다운 결실이 지속적으로 맺어지기를 희구한다. 현재 한국 교회가 직면하고 있는 문제들에 대한 대안은 이미 옥한흠의 설교와 사역을 통해 상당히 준비되었다고 본다. 그러나 질문은 여전히 남아 있다.

그가 그렇게 생명을 걸고 준비하고 외친 수많은 설교들을 통해서 영적 변화가 있었는가?

"사랑의교회가, 그리고 한국 교회와 사회가 얼마나 달라졌는가?"

그 답변은 결코 간단하지 않다. 이제 남은 것은 옥한흠으로부터 신학적이고 목회적인 빚을 진 사랑의교회가 어떻게 계승하고 발전시키느냐에 달려 있다. 한국 교회의 위기 속에는 또 다른 기회가 숨겨져 있다.

> 한국의 모든 설교자들이 옥한흠 목사와 같이 설교를 통해 청중을 깨운다면 한국 교회를 다시 깨워 한국 교회로 하여금 갱신과 부흥을 다시 체험할 수 있도록 하는데 크게 기여할 것이다. 그들이 그렇게 설교하면 한국 교회 신자들은 부도덕, 부패, 거짓, 나태, 무감각 등을 회개하고 복음으로 삶을 변화시키고 남북한을 통일하며 21세기 지구촌에 생명과 희망을 제공하는 방향으로 힘찬 발걸음을 옮겨놓을 것이다.[4]

옥한흠이 남긴 설교와 목회적인 자산은 사랑의교회와 우리 한국 교회의 신앙 역사에 빛날 고귀한 영적 재보(財寶)임을 깨닫게 된다. 이제 그 자산은 더 많은 사람들의 옥토에 뿌려져 더 풍성한 결실을 맺어야 할 "옥설"(玉說)이 되었다.

부록 1 ◆ 설교 세미나[*]

목회자와 설교

미국에서 한 달 동안 세미나 등에 시달리고 들어와 무리를 했더니 고장이 났습니다. 그래서 앉아서 하게 되었으니 양해 좀 해 주시고요. 오늘은 시간이 어떻게 보면 길다면 길고 짧다면 짧은데 제가 일단 먼저 말씀을 좀 하고, 후반부에 가서는 여러분들과 자유스럽게 질의응답을 서로 하고 대답하는 그런 시간을 가졌으면 좋겠습니다. 꼭 설교에 관해서만 질의응답을 할 것은 없고요. 나중에 질의응답 하실 때는 제가 그저 나이를 먹어서 여러분들의 선배 입장에 있으니까 이런 자리에서 꼭 좀 질문하고 싶다는 그런 내용들이 있으면 자유스럽게 시간이 허락하는대로

---

[*] 교회갱신협의회 설교 세미나(2005. 5. 30)에서 전한 말씀으로 교갱협의 동의를 받아 수록하였다.
출처: 교갱뉴스 [대전 충청] http://www.churchr.or.kr/news/articleView.html?idxno=5467

서로가 허심탄회하게 이야기를 할 수 있도록 시간을 드리겠습니다.

우선 제가 강의라고 하면 강의고, 평생 설교를 해온 사람으로서 여러분들에게 말씀을 드리고 싶은 설교에 관한 것, 제가 먼저 말씀을 드리겠습니다.

설교에 관해서는 할 말이 많아요. 우리가 가장 어떤 면에서는 가장 많이 생각하는 영역이니까요. 할 이야기도 많죠. 또 제가 한때는 신학교에서 한 5년 동안 박윤선 박사님과 설교학 강의를 한 일도 있고, 저 자신이 또 대형교회 목회자로서 설교와 씨름을 지금까지 해왔기 때문에 설교 빼놓고 다른 이야기를 할 게 별로 없죠. 그만큼 우리에게 있어서 지대한 관심을 갖는 주제입니다.

그저 우리에게 소원이 하나 있다면 좋은 설교자가 되는 거죠. 목사가 목사가 된 이상은 '좋은 설교자가 되고 싶다, 영향력 있는 설교자가 되고 싶다.' 조금 쉽게 말하면, '설교를 잘하고 싶다'라는 소원은 누구나 다 갖고 있습니다. 그런데 한국 교회 목회자들을 가만히 보니까 설교를 잘못해요. 일반적으로 잘못합니다. 잘못하는 이유는 신학적인 문제도 있습니다. 그 사람의 신학이 무엇이냐에 따라 설교가 많이 좌우되거든요. 그래서 설교 같지도 않은 설교를 가지고 평생 사역하는 사람도 있어요.

신학적인 문제도 있고, 또 그 사람의 은사 문제도 있고, 여러 가지 여건들이 좌우를 합니다만, 제가 볼 때 설교를 잘못하는 가장 큰 원인의 하나는 투자를 안 해서입니다. 설교를 놓고 목숨을 걸지를 않아요. 그냥 적당히 하는 거예요. 이유는 간단해요. 목회가 바쁘다는 겁니다. 바쁘니까 설교도 쉽게, 적당히 준비해서 하면 된다라는 식이에요. 그래서 좀 약삭빠른 사람들은 남의 설교 카피하고, 좀 더 여러 가지 재주를 피우는 사람들은 이것저것 주워모아 잡탕처럼 만들어 시간 때우고, 그러니 설교가 질이 떨어지죠. 들어보면 시간투자를 안 하는 거에요. 저는 이것이 결정적인 문제점이라고 생각을 합니다.

미 상원의 채플린으로 많은 기여를 했던 목사님이 한 분 계세요. 오글비 목사님이라고요. 미 상원에서 채플린을 했으니까 굉장히 탁월한 분이죠. 이분이 은퇴를 할 때 기자들이 와서 물었어요.

"목사님, 목사님께서 다시 젊은 시절로 돌아간다면 무엇부터 개선을 하고 싶습니까?"

오글비 목사님은 참 인상적인, 유명한 말을 한마디 했어요.

"설교 연구와 준비에 더 많은 시간을 투자하고 싶습니다. 강단의 1분을 위해서 서재에서 1시간이 필요하다는 것을 좀 더 일찍 알았더라면 그대로 실천했을 텐데, 지금은 너무 늦은 것 같아요. 교회갱신은 설교의 질에 좌우됩니다."

그러니까 포인트가 뭡니까?

강단에서 하는 1분 이야기를 위해 서재에서 1시간 씨름을 한다. 서재라는 것은 책만 가지고 씨름을 하는 것이 아니고, 설교 준비자로서 정말 투자해야 할 모든 것을 투자하는 시간을 이야기하죠. "서재에서 1시간, 그것이 강단의 1분입니다"라는 유명한 말을 했습니다. 이게 진리입니다.

제가 경험적으로 말씀드립니다.

좋은 설교 원합니까?

잘하고 싶습니까?

투자해야 합니다. 그래서 시간투자 많이 할수록 좋은 설교가 나와요. 설교를 가지고, 말씀을 가지고 씨름을 한 만큼 생명력이 나타나요. 물론 우리 한국의 어떤 목사님은 "다니면서 무슨 설교를 그렇게 준비하느라고 진액을 빼느냐? 새벽기도 마치고 1시간 정도면 주일설교 거뜬하게 준비하는데, 뭘 그렇게 하느냐?"라고 하면서 오히려 설교 준비 많이 하는 사람을 약간 비웃듯이 하는 사람도 있어요. 저는 그분과 가까운 사이

이기 때문에 비판하고 싶지는 않아요. 그러나 자기처럼 천부적인 재능을 타고난 사람은 그럴 수도 있어요. 그렇게 해도 사람들이 모이니까 더 이상 투자할 필요가 없죠.

그러나 제가 볼 때 내 양을 치라고 명령하시고, 내가 너에게 분부한 모든 것을 가르쳐 지키게 하라고 명령하신 주님 앞에서 우리 자신을 생각할 때는, 그것은 설교 본질에 일치하는 주장은 아니라고 생각합니다.

세상에 쉬운 일이 어디있나요?

더욱이 영혼의 생명을 좌우하는 말씀을 다루는 사람이 쉽게 그렇게 하겠다?

저는 그 목사님은 주님 앞에 서서 무슨 말씀을 들을 지 잘 모르겠어요. 그러나 좋은 말은 못 들을 거라고 봐요. 그런 식으로 생각하면 안되죠. 라디오에서 나오는 이야기, 잡지에서 나오는 이야기 등 적당히 주워서 한참 하다가 막판에 가서 성경 말씀 조금 인용하면서 결론 딱 내리고, 그런 식으로 준비하려면 30분이면 하죠. 누구든지 할 수 있죠.

설교가 그런 것입니까?

종교개혁가들의 설교를 여러분이 읽어보셨어요?

루터의 설교를 읽어보셨어요?

칼빈의 설교 읽어보셨어요?

칼빈의 설교는 주석으로 나와 있습니다. 그게 전부 설교인데요. 한 번 읽어보세요. 생명을 걸고 진액을 짜는 흔적이 여기저기 보이잖아요. 그만큼 투자했다는 거예요. 우리에게 결정적인 문제점이 있다면 설교에 있어서 시간투자를 안 한다는 거예요. 정말 생명 걸듯이 하지 않는다는 거예요. 준비 안 한다는 겁니다. 그것이 자꾸 습관화되어 버리면 나중에 못 고쳐요. 힘들게 설교를 하고 싶지를 않아요.

그러니까 자꾸 쉽게만 생각을 하다 보니까 내용도 그렇게 쉽게 준비가 되고, 쉽게 준비된 내용은 질적으로 떨어질 수밖에 없고, 그렇잖아요?

그러면 무엇이든지 투자한 만큼 성령께서 역사하십니다. 누구든지 심은 대로 거둔다고 하잖아요. 심은 대로 거두잖아요.

심은 대로 거두게 하시는 성령께서 그 지도자가 어설프게 준비해 나왔는데 대단한 열매가 나오도록 하나님께서 역사하시겠어요?

제가 기억하기에는 루빈스타인이라고 생각합니다. 천재적인 피아니스트죠. 그분이 이런 유명한 말을 했습니다.

"내가 하루를 연습 안 하면 내가 알고, 이틀을 연습 안 하면 전문가가 알고 평론가가 알고, 3일을 연습 안 하면 청중이 안다."

천재가, 천재 피아니스트고 세계 정상에 선 사람이 무슨 연습을 가지고 그렇게 씨름을 해요?

피아노 건반에 손만 얹으면 나올 텐데?

그런데도 그는 매일 연습을 합니다. 하루만 게을러서 안 하면 '여기가 부족하구나'라고 자기가 아는 거예요. 이틀만 게으름 피우면 평론가들이 딱 눈치를 채죠. 3일 게으름 피우면 듣는 청중이 아는 거예요. 이게 진리입니다. 이게 설교자들에게도 똑같이 해당되는 이야기예요.

그래서 여러분들이 좋은 설교하고 싶다, 설교를 좀 잘하고 싶다라고 하면 일단 투자를 좀 하고 그런 이야기를 하세요. 양심적으로 이야기를 해야죠.

투자도 안 하면서 좋은 설교하고 싶다?

"오늘 하나님이 은혜를 충만하게 주시기를 기도합니다"라는 그따위 소리 하지 말고 투자를 하란 말입니다.

성령이 그렇게 기도한다고 속을 것 같아요?

가만히 보면 요사이 목사만큼 하기 쉬운 직업도 없는것 같아요. 그래서 신학교 가는 학생들이 많은가 봐요. 왜 그러냐 하면 선배된 우리가 목사일을 매우 쉬운 것처럼 인상을 남겼어요. 요새처럼 자료 많은 시대, 인터넷으로 얼마든지 남의 설교 들을 수 있는 세대, 머리와 재주만 좀 있어서 적당히 잘 배합해서 그저 입담만 좋아가지고 사람들 웃기고, 울리고 할 수만 있으면 좋은 설교자로 금방 평이날 수 있는 여건 아닌가요?

그런 설교 준비하는 데 시간이 얼마나 걸리겠어요?

솔직히 이야기해서 이야깃거리 한두 개 정도 준비하면 20분 이상 날라가고, 성경 적당히 끌어다 붙이고 나중에 소리 한 번 치면 끝나는 거 아닙니까?

제가 너무 심하게 이야기를 해서 죄송한데요, 그런데 여러분, 우리 그렇게 하지 말자고요. 누구든지 목자로 안수 받은 사람은 준비를 했든 안 했든, 단상에 세워 놓으면 입만 열면 자연스럽게 나오는 말이 있어요. Vocabulary가 있어요. 내용이 있어요. 그 말을 내내 가지고 우리가 약장수 하듯이 사역을 할 수 없죠. 투자를 해야 해요. 씨름을 해야 합니다. 얼만큼 지력을 빼는지…. 여러분들이 설교를 위해서 정말 썩는 밀알이 될 때에 하나님의 능력이 나타나는 거예요. 나는 이 이야기를 하고 끝내도 됩니다.

무슨 설교에 이론이 필요합니까?

그렇잖아요?

설교가 이론 많이 공부해서 설교에 도움이 됩니까?

제 이야기를 좀 하죠. 제가 설교를 잘하는 사람인지, 못하는 사람인지는 잘 모르겠어요. 저는 그저 최선을 다한다는게 모토니까요. 잘하느냐 못하느냐, 은사가 있느냐 없느냐는 그렇게 신경을 안 써요. 그러나 제가 볼 때 타고난 설교자는 아니라고 늘 생각합니다. 타고난 설교자가 아니면 노력으로 때울 수밖에 없어요. 그런데 목사님들 10명 세워놓고 탁월한 설교자 하나 찾기 어렵습니다. 대부분 노력을 해야만이 어느 선을 유지할 수 있는 사람들이예요. 저도 그런 사람 중에 하나예요. 그러니까 별 수 없이 노력할 수밖에 없잖아요.

기억력도 떨어지고, 또 상식도 떨어지고, 언변도 떨어지고, 어쩔 수 없잖아요?

아까 제가 이야기했던 어느 목사님, 설교 1시간이면 준비한다고 하는 그 목사님, 같이 식사하기 위해서 점심시간에 앉아서 대화를 나누면요. 얼마나 언변이 좋은지, 달변이라고 하죠. 2시간을 앉아서 단둘이 점심을 먹으면 그 2시간 중에서 9/10는 그분이 모든 대화를 장악해 버립니다. 나는 조금 끼어들다가도 기가 죽어서 뒤로 물러나야 하고, 말이 막혀서 물러나야 하고, 할 말이 없어서 가만히 있어야 하고 그래요.

그런데 그분은 입만 열면 끝이 없어요. 그런 것은 기억력도 좋다는 거고, 달변이라는 이야기예요. 그러니까 설교를 더 쉽게 준비하죠. 제가 들으면 엉터리 이야기도 많아요. 말이 많으면 엉터리도 많죠. 왜 그러냐면 내가 전문적으로 자기보다 더 훨씬 많은 전문적으로 많이 아는 영역에도 겁 없이 말을 하는 것을 들어보면 순 엉터리로 말을 하거든요. 그리고 아침에 똑같이 TV에 나온 이야기를 하는데도 사람 이름도 틀리고 엉터리로 말을 하는데, 놀라운 사실은 자기가 잘못 이야기한다는 것도 모르고 이야기하는 거예요. 그리고 말을 하는 것을 즐겨요. 이런 천부적인 언사를 갖고 난 사람은 그냥 준비를 했든 안 했든, 단상에 서면 말이 나오게 되어 있어요. 아무래도 조금 수월하겠죠.

그러나 저와 같이 그런 달란트가 없는 사람은 40분을 때우려면 노력해야지 어떻게 하겠어요?

저는 그런 사람이에요. 그런데 개척을 하고 10명, 30명 앉혀놓고 설교할 때는, 대부분이 갓 믿은 초신자들이니까 설교 준비한다고 애를 쓸 것도 없잖아요. 복음을 전해야 하니까요.

복음을 전하는 데 원고 들고 하는 게 소용 있겠어요?

조그마한 메모 하나 들고 나가서 그냥 다이렉트로 눈과 눈을 마주치면서, 가슴과 가슴을 같이 맞대고 설교하는 쪽으로 강조를 했어요.

그런 설교를 토요일에 준비하면 주일날 할 수 있어요. 한 4~5년을 그렇게 설교했어요. 그러니까 그런 설교는 그런 설교대로의 강점이 있습니다.

주로 복음이니까, 또 안 믿는, 이제 갓 믿은 사람이 들어올 때는 잘하는 설교인지, 내용이 있는 것인지 없는 것인지 구분을 못하잖아요?

그래서 그런 사람들에게는 복음에 대한 진수를 제대로만 전하고, 뜨겁게만 전하고, 확실하게 마음의 감동을 줄 수 있도록만 전하면 성공한 설교에요. 저는 한 4~5년 그렇게 전했어요. 그래서 하나님이 많은 열매를 주셨어요.

그러다 교회를 짓고 들어가서 갑자기 교인이 2천 명이 되고, 3천 명이 되고, 그렇게 불어나기 시작하니까 어느 날 갑자기 긴장이 되더라고요.

'내가 지금까지 하던 식의 설교를 해서는 안 되겠다.'

교회를 짓고 수평이동을 하는 성도들이 많아질 때에는 결국 그런 성도들은 어떤 면에서는 문제성을 많이 갖고 있는 사람들이거든요. 이 교회, 저 교회 드나들던 사람들, 그저 선데이 스쿨(Sunday School) 크리스천처럼 교회를 왔다갔다 하는 사람들이 상당히 많은 것은 사실이잖아요. 그런 사람들을 대다수 상대하고 설교를 하는데, 지금처럼 순진한 초신자 놓고 다루듯이 하면 안되겠다라는 생각이 번쩍 드는 거예요. 그때부터 저는 원고를 쓰기 시작했어요.

그리고 듣는 자들의 수준이 높아질수록 설교자도 수준이 같이 발전해야죠. 제자훈련을 통해서 평신도 지도자들이 영적으로 안목을 크게 갖기 시작하고, 자기가 제자훈련 받기 전에는 자기 눈에 확 차던 목사도 제자훈련 받고 영적으로 눈을 뜨고 말씀에 은혜를 받은 다음에는 그 사역, 그 목회자가 똑같이 자기 눈에 가득 차기 위해서는 목회자가 발전을 안 해 주면 안되는 거예요. 자기가 은혜 받은 다음에 목회자를 볼 때, 목회자가 눈에 차지 않으면 그것은 문제가 일어나는 거예요.

그러니까 저와 같이 제자훈련을 골똘하게 하는 교회는 설교자가 똑같이 발전을 해야 합니다. 평신도와 함께 영적으로 발전을 해야 하고, 바운더리가 자꾸 넓어져야 하는 거예요. 그러니까 제자훈련을 철저하게 하는 목회자는 엄청난 영적인 짐을 지게 되어 있습니다.

제가 바로 그런 입장이었어요. 수평이동하는 교인들마다 문제점이 많은 교인들 많이 앉혀놓은데다가, 제자훈련을 통해서 영적으로 눈을뜬 평신도 지도자의 수가 100명, 200명, 300명 계속 늘어나는 마당에 설교를 적당히 할 수가 없죠.

그러니까 대안의 다른 길이 없는 거예요. 내가 실험하는 거죠. 내가 노력하는 거죠. 그렇게 하기 위해서 원고를 썼어요. 원고를 쓴다는 것은 굉장히 어렵습니다. 아무리 자기가 쉽게 하는 말이라도 문장으로 쓰기 시작하면, 그것이 특별히 글을 쓰는 재주가 있는 사람이 아닌 이상 상당히 어렵습니다. 진통을 합니다. 원고를 써야 되니까 설교 전체의 논리에 대해서도 생각을 안 할 수가 없죠.

로이드 존스가 말한 것처럼 불타는 논리, 중요하죠. 사람들이 설교를 들을 때는 은혜를 받은 것 같은데 듣고나서는 무슨 말을 들었는지 헷갈리면 벌써 논리가 없는 설교라는 이야기거든요?

부흥사들이 그런 설교 잘하잖아요. 그것은 어떤 면에서는 좋지만 결국 영혼을 변화시키는 면에서는 약해요. 불타는 논리가 필요해요. 그러니까 설교를, 원고를 쓰려면 논리가 분명해야 해요. 그 논리에 따라서 말씀을 요리해야 해요. 그리고 그 말씀을 요리한 다음에 요리하는 것으로 끝나지 않아요. 더 중요한 것은 평신도 입장에서 그 말씀을 자기가 들을 줄을 알아야 해요.

내가 집사 입장에서 이 말씀을 들을 때 어떻게 들을까?

적어도 이 정도의 피드백은 스스로 할 수 있어야 해요. 이것도 보통 어려운 일이 아니예요.

그래서 원고를 쓰기 시작하면 자기의 어휘력도 늘어나고, 문장력도 달라지고, 그 다음 내용도 자기가 써놓고 읽어보면 알잖아요?

그런데 어떤 때는 이걸 설교라고 하냐면서 확 찢어버릴 때가 있잖아요?

자기가 자꾸 그렇게 노력을 하면 설교가 발전하고 질이 높아지는데, 한 가지 난제가 뭐냐 하면 엄청난 시간을 투자해야 한다는 거예요.

그런데 목사가 얼마나 바빠요?

저 같은 경우에도 교인들이 자꾸 늘어나니까 제자반은 다 부교역자들에게 나눠줬지만, 사역훈련반 3~4개를 제가 다 맡아서 해야 되잖아요. 순장반도 해야 하고, 나머지 이것 저것 행정해야 하잖아요.

거기에다가 주일설교 준비한다?

여러분, 생각해 보세요. 별 도리가 없어요. 남이 잘 때 씨름할 수밖에 없고. 어떻게 하든지 내가 시간을 아끼는 방법 중에 하나는 밖에서 요청하는 집회를 일체 삼가는 거예요. 무조건 끊어버리는 거예요. 거의 95%를 끊어요. 1년에 한두 번 빼고는 안 나가는 거예요. 그리고 그 모든 시간을 설교에 투자해요. 그렇게 안 하면 시간이 안나는데요.

그리고 그만한 시간을 투자 안 하면 설교가 준비가 안되는데 어떻게 합니까?

본문에 따라서 설교가 잘 풀리는 경우도 있지만, 본문에 따라서 설교가 지독하게 안 풀리는 본문도 있잖아요. 설교가 지독하게 안 풀리는 본문일수록 더 중요한 본문이거든요.

요한복음 3장 16절 여러분이 설교 준비하기 쉬워요 어려워요?

어렵죠?

왜냐하면 너무 잘 아는 본문이기 때문이예요. 그런 본문이 설교를 준비할 때 진액을 빼게 만드는 거예요. 왜냐하면 뭐든 듣는 사람들이 익히 아는 본문이기 때문에 '아, 또 그 말 하겠구나'라며 예상을 하면서 듣게 하면 안 돼요. 새롭게 들을 수 있도록 만들어야죠.

이게 설교자의 사명 아닌가?

똑같은 본문이라도, 똑같은 복음, 서로 너무 잘 아는 내용이라도, 자기도 모르게 귀를 기울일 수 있도록 설교하는게 설교자의 사명이예요.

왜 오늘날 한국 교회의 모든 평신도들이 복음이라고 하면 다 아는 것처럼 거드름 피우면서 귀를 기울이지 않느냐?

누가 그렇게 만들어 놓은 거예요?

교육자들이 그렇게 만들어놓은 거예요. 준비 안 하고 그냥 아는대로, 상식적으로 떠드니까 맨날 하는 소리, 그런 식으로 듣는 거예요.

복음이 그렇게 가벼운 겁니까?

그렇게 차원이 없는 겁니까?

예수님의 십자가가 그렇게 쉽게 설명이 될 수 있는 내용인가요?

그러니까 원고를 가지고 씨름을 하며 시간을 투자해야 합니다. 그리고 어떤 때는 일이 잘 안될 때 책상 위에 주석과 함께 필요한 서적들이 30~40권 정도 쌓일 때가 있어요. 물론 그것들을 다 읽는 것은 아니지만, 필요한 자료를 위해서는 씨름할 수밖에 없는 거예요.

그리고 원고 준비가 다 끝났을 때 그대로 들고 나가서 읽을 수가 없잖아요. 필립스 브룩스처럼, 조나단 에드워즈처럼 원고를 들고 읽어도 수많은 사람들이 그 말씀 앞에 은혜를 받고, 그래서 그의 메시지를 듣기 위해서 예배시간 전에 100미터, 200미터에서 사람들이 줄을 서는 탁월한 설교자 같으면 원고를 들고 나가도 되지만, 저 같은 사람은 권위가 없잖아요. 그러니까 원고를 준비했다고 그것을 들고 나가 읽을 수가 없어요. 할 수 있는대로 제가 소화를 하죠. 원고에 매이지 않고, 원고는 놓고, 그러나 원고에 매이지 않고 설교할 수 있도록 준비해야 하잖아요. 그러니까 그 모든 부분이 시간이 얼마나 많이 걸리겠어요.

지난 번 환경부 장관 지내신 손숙씨와 같은 연예인에게 찾아가서 물어보세요. 그 사람은 연극배우죠. 무대에서 1인극을 하기 위해서 그 동작 하나하나, 대사 하나하나를 놓고, 표정 하나하나를 놓고 얼마나 씨름을 하는데요. 한번 가서 물어보세요. 자기가 얼마만큼 투자하고 노력하느냐에 위에 앉아있는 청중이, 관객이 감동을 받는 거예요. 설교는 절대 쉬운 작업이 아닙니다. 하나님께서, 주님께서 우리에게 쉬운 일을 맡기지 않았어요. 오죽 하면 바울이 내 그리스도의 남은 권한을 내 몸에 채운다고 했겠어요. 설교도 그중에 하나예요.

그런데 대부분의 젊은 교역자들 보면 설교 준비를 우습게 하고 있어요. 그래 가지고 조금 재미있는 예화를 해서 교인들이 막 웃고 분위기가 좋아지면 그게 바로 성령의 충만인 줄 착각하는 멍청한 사람들도 많아요.

여러분, 자기가 설교해 놓고 하나님 은혜가 충만하고 은혜가 놀라웠다고 생각하는 사람들 보면 이상해요.

그것을 어떻게 압니까?

그 시간에 자기 설교가 은혜 충만했다는 것을 뭘로 평가하는 거예요? 설교를 능력있게 했느냐, 안 했느냐는 분위기 가지고 얘기하는 거 아니예요. 그 사람이 나가서 그 설교 때문에 얼마만큼 영향을 받아서 그의 생각과 행동의 삶이 달라지고 있느냐로 얘기를 해야죠.

그 시간의 분위기 가지고 얘기를 해요?

오늘날 우리의 생각들이 뭔가 잘못되어 있어요. 그것을 시정해야 합니다. 속지 마세요.

그래서 서론에 해당하는 얘기로, 투자하지 않고 생명을 걸다시피 자신을 던져서 설교를 위해서 씨름하지 않고, 은혜 충만하기를 바라고 좋은 설교자 되겠다는 생각을 하지 말라는 얘기예요. 하나님은 속지 않으세요. 여러분의 설교 준비하는 패턴, 또 설교를 위해서 준비하는 시간, 잘 살펴보세요.

살펴보고 제가 오늘 이야기하는 것은 주로 주일설교를 얘기합니다. 수요일에 설교라든가, 새벽설교라는 것은 가볍게 말씀을 터치하고 넘어가도 돼요. 그러나 주일설교는 성격이 틀립니다. 새벽기도 나오는 분들은 어느 정도 수준이 있는 교인들이예요. 수요일 저녁 나오는 사람들도 어느 정도 수준이 있는 교인들이예요. 그런 사람들을 위해서는 말씀을 주석하다시피, 강의하다시피 전해도 괜찮아요. 그러나 주일날 나와 앉아 있는 청중은 나쁘게 말하면, 영적으로 오합지졸이예요. 별 사람이 다 있는 거예요. 이 사람들 앞에 놓고 말씀을 가지고 도전하는 거예요. 그러므로 이것은 신경써야 해요.

여러분이 들고 있는 페이퍼를 보세요. 서론을 봅니다.

"교회는 설교와 함께 서고 설교와 함께 쓰러진다는 말이 있다. 교회의 생명이 설교와 얼마나 직결되는 말이 아닌가 한다. 현대 목회에 있어서 설교는 흔히 말하는 프리칭 이상의 의미를 담고 있다."

예수님은 세상에 계실 동안 가르쳤죠. 전파했죠. 치료했죠. 그래서 프리칭(preaching), 티칭(teaching), 힐링(healing) 이것은 예수님 사역의 골격입니다. 그런데 설교는, 오늘날 현대의 설교는 이 세 가지 사역을 다 포함하고 있어요. 다 포함하고 있는 너무나 중요한 일입니다.

프리칭만이 복음을 말합니까?

그 안에는 티칭도 있죠. 하나님의 진리의 말씀을 전해야 하잖아요. 진리를 깨닫게 되잖아요. 그리고 그렇게 복음이 전해지고 진리가 가르쳐지는 자리에 힐링이 있잖아요. 영혼이 치유받고, 어떤 사람은 육신도 치유받는 힐링의 역사들이 일어나죠. 영혼을 구원하기 위해 복음을 전파하고, 성도를 온전케 하기 위해 진리를 가르치고, 그 결과 영과 육이 치유를 받는 은혜의 역사가 반복되는 현장이 바로 설교를 하고, 설교를 듣는 교회라고 할 수 있습니다.

이런 점에서 설교자는 고대사에 기록된 계시의 말씀을 현재를 살고 있는 사람들이 효과적으로 들을 수 있게 해야하는 큰 부담을 안고 있어요. 3천 년, 5천 년 전의 계시의 말씀이예요 그 말씀을 21세기에 사는 사람들의 귀에 들리도록 해야 하는 큰 짐을 안고 있어요. 다시 말해 들어주는 설교가 아니예요. 들리는 설교를 해줘야 합니다. '교회에 왔으니 들어주자'가 아닙니다. 자기도 모르게 들리는 설교, 영혼을 파고드는 설교를 할 수 있어야 한다는 것입니다.

이런 설교자의 엄청난 노력을 요구하고 있어요.

어떻게 해야 들리는 설교를 할 수 있을까?

우선 설교가 뭐냐?

제일 간단하게 한 사람이 필립스 브룩스라고 생각합니다.

"한 사람이 진리를 많은 사람에게 전하는 것, 이것이 설교다"라는 얘기를 했어요. '한 사람이 하나님의 진리의 말씀을 많은 사람에게 전달하는 것' 간단한 정의입니다.

필립스 브룩스에 대해서 여러분이 잘 모르시죠?

미국 설교자입니다. 지난 1999년 미국 프리칭 잡지사에서 지난 100년 동안 설교자 10명을 뽑았는데, 그중에 한 명이예요.

이분이 워낙 탁월한 설교자였기 때문에 예일대학에서 해마다 한동안 설교 특강을 며칠씩 한 시리즈가 있어요. 거기에서 자기의 설교를 강의했는데, 그게 너무 유명해 가지고 책으로 나와서 지금도 설교에 관심 있는 사람들은 필립스 브룩스의 설교를 읽습니다. 그때 그분이 말했습니다.

"설교가 뭐냐? 한 사람이 여러 사람에게 진리를 전하는 것이다. 그래서 설교 안에는 두 가지 요소가 반드시 들어있다. 하나는 불변의 진리, 하나는 가변적인 인격이다."

바울이 하는 말로 하면 보배와 질그릇이라는 거죠.

이 두 가지 요소가 설교에 있습니다.

진리는 변하지 않습니다. 그러므로 이 진리의 말씀에 대해서는 깊은 연구가 필요합니다. 시간을 투자해서 연구해야 합니다. 신학을 통해서 전문적인 수련을 쌓아야 합니다. 이 진리의 말씀을 주야로 내 마음에 담고 묵상해야 합니다. 그리고 이 진리의 말씀은 내가 먼저 이 말씀대로 살려고 하는 몸부림이 따라야 합니다. 이게 진리입니다. 그러므로 진리는 변하지 않아요. 시대를 초월하는 겁니다.

그러나 이 진리를 전하는, 담는 질그릇이라고 할 수 있는 인격, 설교자, 이것은 가변적이죠. 그리고 불안전하죠. 불안전한 그릇이 온전한 진리를 전해야 한다는 모순을 안고 있는 것이 설교라는 것입니다. 하나님의 말씀을 흠이 많은 인간이 전한다는, 이 어떻게 보면 전혀 조화가 안되는 모순을 안고 있는 것이 설교입니다. 이 점을 여러분이 주목해야 합니다. 내가 천사가 되어서 전한다면 간단해요. 내가 예수님이 되어서 이 본문 말씀을 전한다면 간단하죠. 고민할 바가 없죠. 그러나 우리는 죄인이요, 불안전한 존재요, 가변적인 존재요, 이런 질그릇이 영원불변한 진리, 온전한 진리를 전해야 한다는 것. 이것 때문에 우리가 몸살을 치르는 것입니다. 이게 설교예요.

여러분, 이 사실을 진지하게 고민해 봤나요?

이런 것을 놓고 고민을 안 하신다면 아직도 설교가 뭔지 모르고 하시는 거예요. 목사가 되었으니까 어쩔 수 없어서 직업적으로 하는 사람이지, 온전한 진리를 불완전한 내가 전한다는 이것 때문에, 그 두 요소 사이에 생기는 괴리를 어떻게 하면 좀 좁혀볼 수 있을까 하는 고민을 안고 여러분들이 설교를 한다면 시간 투자를 안할 수가 없죠.

어떤 분들은 설교를 참 즐기더라고요. 그런 분들 보면 저는 참 부러워요. 참 설교하는 것을 너무 즐기는 거예요. 그래서 운동 따로 할 것 없고, 단상에 올라가서 춤추고 소리지르고 하면 운동도 되고 스트레스도 풀고, 모든 것이 다 해결돼요. 즐기는 거예요. 하나님께서 저에게는 그런 은혜를 안 주신 것 같아요. 그래서 저 자신이 설교자로서 고민을 하는, 설교를 엄청난 십자가로 생각을 하는, 이런 의식이 밑바닥에 딱 깔려 있기 때문에 어둡죠. 약간 우울하죠. 저는 이것을 정상이라고 생각합니다.

제가 은퇴한 마당에 두 가지 짐을 지고 평생 설교했다는 것을 발견했는데, 우울할 수밖에 없어요. 왜냐하면 하나는 완전한 진리를 내가 전해야 하는 불안전한 인격이라는 것 때문에 고통하는 것, 이것이 짐이었고, 또 하나는 뭔지 아세요?

내가 전하는 것만큼 내가 살지 못한다고 하는 이 무서운 모순 때문에 설교가 무서워져요.

여러분은 이런 고민 안해봤어요?

내가 하는 말을 따라갑니까?

그래서 겁이 나가지고 내가 25년 동안 설교한 리스트를 가만히 보면 도덕적인 설교가 별로 없어요. 겁이 나가지고요. 산상수훈을 했을 때를 제외하고는 도덕적 설교가 전체의 불과 20%도 안 되는 것 같아요.

* 겸손합시다!

* 사랑합시다!

* 정직합시다!

* 경건하게 삽시다!

* 거룩합시다!

왜 제가 그런 설교를 많이 못했느냐 하면 겁이 나가지고 그래요. 제가 못 따라가는데 말만 해 놓고 (내가) 못 따라가는 설교를 자꾸 해서 (내가) 어떻게 하냐?

그래서 겁을 지레 먹고 그런 설교를 피할 때도 있었거든요.

이게 짐 아닙니까?

무거운 십자가 아닙니까?

불완전한 제가 말씀을 전해야 한다는 이것도 짐이고요. 제가 전한 말씀대로 살아야 한다는 것도 짐이고, 그러니까 설교라는 것을 즐길 수 있는 기회가 없었어요. 수만 명을 앞에 놓고 설교해도 하나도 즐겁지 않아요. 오히려 겁이 나요.

그래서 저만 그런가 생각을 하고 고민을 했는데, 저는 루터를 통해 위로를 받았어요. 루터도 저와 비슷한 설교 우울증이 뭔지 아는 사람이에요. 그는 이 설교가 너무나 어려운 일이고, 아무나 할 수 없는 일이라고 실토를 했습니다. 그대로 읽을께요. 루터는 어느 정도 설교를 했느냐 하면 1517년 종교개혁 시작하고 나서 1546년까지 30여 년 동안 설교를 했는데, 4천 번 정도의 설교를 했어요.

굉장히 많이 했죠?

4천 번 정도면 굉장히 많이 한 거예요.

이렇게 설교를 했으니 루터만큼 대단한 설교자가 있습니까?

역사적으로 완전히 불변의 위치를 확보한 설교자 아닙니까?

그럼에도 불구하고 그가 이런 말을 했어요.

"설교를 한다는 것은 힘든 일이다. 내가 생각하기에는 선한 양심을 가진 사람치고 설교하는 것은 진짜 힘들다. 차라리 수레를 끌고 돌을 운반하는 것이 훨씬 좋을 것이다. 양심이 있다면 수레를 끌라. 설교를 하지 말아라 … 설교를 맡은 사람은 항상 괴롭다. 내가 자주 말했듯이 저주받은 악마가 설교자가 되어야지, 선한 사람은 설교자가 되어서는 안 된다고 생각한다."

여러분, 여기서 루터가 회까닥한 거 아니예요?

설교자로서 얼마나 내면의 고민이 많았다는 것을 우리가 읽을 수 있잖아요. 이것은 설교가 나쁘다는 것도 아니고, 설교를 해서는 안 된다는 말도 아니고, 설교를 가볍게 보지 말라는 이야기예요. 그만큼 해야되는 작업이 설교라는거죠.

왜?

불안전한 존재가 하나님의 진리를 다루기 때문입니다. 이게 설교이기 때문이예요.

그러기 위해서는 우리가 진리를 연구하고 하나님의 말씀을 깊이 파는데도 전력을 쏟아야 하겠지만, 제가 볼 때는 하나님의 말씀을 전달하는 내 자신의 인격이라는 것을 좀 더 발전시키기 위해서 더 노력을 해야 한다고 생각합니다. 옛날에 제가 어릴 때, 신학교 다닐 때만 해도 설교자로써 고민하는 것은, '어떻게 하면 성경을 깊이 연구해서 살아있는 하나님의 음성을 들을까?'

거기에만 신경 썼어요. 그것만 되면 나머지는 걱정할 필요가 없다고 우리는 생각했어요. 그런데 제가 설교를 막상 하기 시작하면서 이것은 제가 잘못 생각했다는 것을 알았어요.

진짜 고민해야 할 부분은, 하나님의 진리의 말씀을 제가 깊이 깨닫지 못해서가 아니예요. 그 말씀을 전달하는 제 자신에게 문제가 너무 많기 때문에 더 저에게는 고통이 있다는 것을 발견했어요. 설교를 능력있게 못한다는 것을 제가 알았어요. 그러니까 적어도 우리가 설교를 잘하려면요. 하나님의 말씀을 깊이 연구해서 그 진리의 말씀을 드러내는 데 50% 할당해야 하고, 나머지 50%는 그 말씀을 내가 전달하는 수단으로서, 하나님의 성령의 채널로서, 내가 좀 더 완전한 자리에 이르도록 실현해야 합니다. 설교학적으로 말하면 내용을 위해서 50% 투자하고, 그다음에 설교자로서의 연출을 위해서 50% 투자해야 해요. 연출이라는 말을 해서 여러분이 이상하게 들을 지 모르겠지만 사실이예요.

헨델의 〈메시아〉, 얼마나 은혜스러운 것입니까?

그 〈메시아〉고, 〈할렐루야〉를 우리가 들을 때 가슴이 뛰지 않아요?

그 곡 자체가 영감이 많아요. 헨델이 죽으면서 쓴 거니까, 작곡한 거고, 가장 인생의 어려운 밑바닥을 헤맬 때 그 곡을 썼으니까 영감이 넘치죠. 그 곡은 영감이 있어요. 그 자체로도 은혜가 되는거에요.

그러나 성가대가 기도 많이 하면 됩니다. 다른 거 걱정하지 마세요. 그리고는 연습도 더 많이 하고, 또 소프라노 알토, 테너나 베이스나 적당한 솔리스트를 찾아서 세우는 일을 등한시하고, 왜냐하면 아무나 적당히 목소리 크게 나온다고 세우고, 그렇게 해서 〈할렐루야〉를 부른다고 합시다.

그 곡을 들으면서 감동받고 은혜받을 사람이 몇 사람이나 되겠어요?

아무도 없어요. 연출이 그래서 중요한 거예요. 아무리 진리의 말씀을 듣고 나와도 전달하는 내 자신, 성령의 도구가 되어있는 내 자신이 연출을 잘못하면, 연출하기에 그만큼 미숙하면 그만큼 은혜는 끼치지 못하는 거예요.

옛날에 최권능 목사님처럼 "예수 천당" 하고 외쳐서 능력이 나타나는 영역은 따로 있는 거예요. 우리는 1년, 10년, 20년, 똑같은 강단을 지켜야 하는 목회자예요.

그런 목회자가 나와서 말씀을 전하는데, 성도들이 항상 새롭게 들도록 만드는 일이 쉽나요?

내가 그만큼 전달자로서, 연출자로서 최선의 노력을 하면서 발전을 하지 아니하면, 사람들은 나중에 들어주는 것이 아니고 안 들어요. 안 들립니다. 그래서 이 가변적인 인격이라는 부분을 놓고 연출자로서, 설교자로서, 전달자로서, 커뮤니케이터를 맡은 사람으로서 여러분이 자기 노력이 필요하다는 거예요.

그래서 어떤 설교자는 거울을 보고 열심히 설교를 해 보면서 자기 표정, 자기의 모든 것을 다시 한 번 체크하는 사람도 있어요. 어떤 사람은 자기 와이프를 앞에 놓고 열심히 설교하면서 좋지못한 버릇들을 지적하기도 해요. 기억력이 나쁜 사람들은 밤새도록 외워서라도 중요한 내용은 마음에 다 담아서 자연스럽게 전달하려고 노력해요. 어떤 사람은 사투리를 줄이기 위해 피눈물 나는 노력을 해요. 주석만 들고, 성경만 파지 마세요. 50% 하세요. 나머지 50%는 그 말씀을 전달하는 나를 위해서 투자하세요. 나의 발전, 나의 개선을 위해서 투자하세요. 설교자가 해야 할 사명이예요.

여러분이 보면 아이컨택을 전혀 못하는 설교자도 있잖아요?

원고 아니면 천장식으로요. 그런 것은 고쳐야 해요.

그리고 어떤 사람을 보면 말소리가 또렷하지 못한 사람도 있잖아요?

고쳐야죠. 입안에 모래를 넣어서, 혀를 굴리더라도 고쳐야죠. 어떤 사람은 설교하면서 너무 얼굴이 굳어 있는 사람도 있잖아요. 고쳐야죠. 그리고 어떤 사람은 내용을 전개하는 면에서 너무 논리가 약한 사람이 있잖아요. 피눈물 나는 노력을 해야죠. 헷갈리게 해서는 안 되잖아요.

내가 거룩한 하나님의 말씀을 듣고 하나님 대신 전하는데, 그 전하는 도구가 되는 나를 놓고 씨름을 한다?

이것은 설교자가 아니죠.

들리는 설교를 위해서 여러분, 몇 가지 제안을 하고 싶어요.

우선 상식적으로 하는 이야기지만 여러분, 은혜를 좀 아세요. 은혜를 아는 사람이 되어야 합니다. 참 고민이예요. 왜냐하면 제가 이제 선배로서, 목회일선에서 물러난 사람으로서 고민이예요. 은혜를 모르는 젊은 목사들이 너무 많아요.

은혜가 뭔지 아시죠?

그러니까 젊은 목사들 중에서 은혜를 잘 모르는 사람들은 나름대로 고민을 하는 거예요.

은혜를 좀 알아야 되는데, 예수님이 나를 위해 십자가에 죽으셨다라는 사실을 전할 수는 있지만, 내가 그 십자가 밑에서 울어본 일이 있나요? 예수님이 나의 모든 죄를 용서해 주셨다는 소리는 얼마든지 할 수 있지만, 내가 그 용서받은 자의 감격이 얼마나 큰 지 체험한 적이 있나요? 은혜를 모르는 거예요. 지금 세상 돌아가는 환경이 은혜를 체험하기가 굉장히 어렵게 되어 있어요. 가스펠송 부르면서 가슴이 뜨거워지면 그게 하나님의 은혜인 줄 알고 펄쩍 뛰다가, 이것저것 해보다 안 되면 신학교 가라는가 보다 해요. 기가 막힙니다. 그래 가지고 목사가 됩니다.

그 젊은 친구들도 이제 은혜 면에서 고민이 되니까 이런 농담까지 하잖아요.

"나도 폐병이 좀 들었으면 좋겠다."

"그게 무슨 소리냐?"

"우리 한국의 유명한 목사님들 보니까 전부 이력에 폐병 경력이 있더라고요. 참 유명한 목사가 되려면 폐병을 앓아야 되나 보다."

그런 농담을 한다고요. 그래서 듣고 보니까 실제 그렇더라고요. 가만히 보니까요. 한 10명은 뽑을 수 있어요. 그런데 그것은 은혜를 받았기 때문에 폐병이 걸린 것이 아니고, 너무나 가난해서 영양보충을 못해 걸린 것이거든요. 그런데 요즘은 그럴 필요가 없잖아요.

한 가지 그런 게 있는데 폐병에 걸려 사경을 헤맨 사람은 은혜를 아는 특별한 기회를 하나님이 주신 것은 사실이예요. 옛날에는 폐병 하면 죽음을 각오해야 되었잖아요. 그런 병을 안고 씨름을 하면서 기도하고, 하나님 앞에 매달리려고 하면, 아무래도 건강한 사람은 모르는 은혜의 세계를 알죠. 십자가 앞으로 더 가까이 갈 수 있죠. 그러니까 설교가 답이죠. 사람들의 영혼을 쥐고 흔들 수 있는 무언가 영역이 있죠. 일리가 있는 말이예요.

그러나 우리가 성경을 놓고 볼 때, 꼭 은혜는 병을 얻어 사경을 헤매야 한다고 성경에는 없습니다. 중요한 것은 은혜를 알아야 설교자가 될 수 있다는 거예요. 이것을 위해 고민하십시오. 제가 이래라 저래라 할 필요가 없어요. 여러분이 잘 압니다. 은혜를 받을 수 있는 길이 어디 있는지 잘 알아요. 은혜를 받으세요. 은혜를 받기를 사모하는 사람은 날마다 볼링이나 치고, 골프나 치고, 그럴 수 없어요. 은혜를 받기 원하는 사람은 자기 가정만 싸고 돌면서 가정이 우선시되는 삶을 살지 못해요. 은혜를 아는 사람은 내 건강을 앞세워 걱정하는 사람이 아니예요. 은혜를 아는 사람은 모험도 할 수 있어야 해요. 은혜를 아는 사람은 자기 희생도 해야 합니다. 우리에게 필요한 것입니다.

지금 설교가 얼마나 많아요?

그러나 진짜 은혜를 끼치는 설교가 얼마나 되느냐?

우리는 목사로서 진지하게 고민해야 합니다. 골방에서 은밀히 보시는 주님 앞에 은혜에 감격하고, 은혜에 소리치고 찬송하고, 은혜 때문에 가슴이 떨리는 자기 자신의 은혜의 세계가 없는 사람이 남 앞에 가서 은혜 받은 것처럼 춤출 필요가 없잖아요.

뭐 할 짓이 없어서 강연하면서 해요. 맞아요, 안 맞아요?

뭐 할 짓이 없어서 성경 들고 강연하러 다니냐는 거죠.

제가 극단적인 이야기를 하죠. 은혜가 없어서 고민되는 사람은 죄를 좀 범하세요. 죄 좀 짓고, 나중에는 하나님 앞에 두들겨 맞아 가지고 사막의 음침한 골짜기에 떨어져서 죽을 고비를 겪으면서 씨름을 해 보세요. 그러면 은혜를 알 수 있어요. 왜냐하면 죄가 많은 곳에 은혜가 넘치니까요.

바울의 말을 거꾸로 제가 뒤집어서 마음이 아프지만 오죽 답답하면 그러겠습니까?

그리고 여러분, 들리는 설교를 위해서는 최선을 다하세요. 이미 서론적으로 제가 말씀드렸어요. 절대 장난처럼 할 일이 아니예요.

설교가 장난입니까?

어느 목사처럼 설교지 하나 툭 던져주면서 설교 제목들 가운데서 어느 설교가 제일 마음에 드나?

교회 사찰 보고 물어보면 어쩌라는 겁니까?

어느 설교 제목이 제일 마음에 드나?

항상 자주 묻는 질문이니까, 나중에는 "이 설교 제목이 참 좋으네요." 그러면 "그것을 요약해 놔라. 토요일날 오면 나에게 줘라."

그러면 그게 주일설교라는 거예요. 너무 그렇게 가니까 하나님이 가만히 안 두시데요. 그 설교자, 나중에 비참하게 되었습니다. 장난인 줄 알아요. 장난이라도 그렇게 안 하죠.

어떻게 그렇게 할 수 있어요?

최선을 다하세요. 바쁘다는 변명하지 마세요. 목회는 항상 바빠요. 바쁘다는 것이 최선을 다하지 않아도 된다는 명분은 되지 않아요. 목회는 원래 바쁜 거예요. 그 바쁜 중에 최선을 다하는 것이 목회자예요. 그래야 양떼가 살아요. 쉽게 설교를 준비하려고 하지 마세요.

성육신의 원리를 체득하세요. 이거 굉장히 중요합니다. 예수님은 하나님 우편에 앉아서 우리에게 복음을 들려주시지 않았어요. 그는 찾아오셔서 우리와 똑같은 모습을 이루시고 우리가 입는 옷, 우리가 신는 신을 똑같이 신으시고 우리가 서 있는 자리에서 말씀하셨어요. 이게 성육신이에요. 설교자는 내려 앉아야 합니다. 청중이 있는 자리에 서야 해요. 눈높이를 낮춰야 합니다.

이게 설교예요. 이런 이야기를 해도 이게 무슨 말인지 못 알아듣는 사람이 많아요. 설교자는 인카네이션을 해야한다는 말을 못 알아듣는 사람이 있어요. 성경에 있는대로 전하면 되는데 어떻게 보면 참 설교가 뭔지 모르는 소리죠. 인카네이션 해야 합니다. 내려가야죠. 그래서 청중과 눈높이를 맞춰야 해요.

제가 제자훈련 세미나에 가면 자주 하는 소리지만, 박윤선 박사님이 저에게 아주 충격적인 말한마디를 해 주셨어요. 제가 유학을 마치고 귀국하기 위해서 LA에 와 있을 때, 박윤선 박사님께 인사를 가서 만났어요. 그분은 그 당시에 70세 중반 정도 되시던 나이예요. 둘이서 공원을 산책하고 있었는데, 갑자기 제가 생각지도 않은 질문을 하게 되었어요.

"목사님, 목사님은 참 대단한 설교자였습니다. 물론 신학자였고, 성경 주석가였지만 제가 기억하는 것은 굉장한 설교자였습니다. 그런데 목사님이 옥 목사처럼 다시 젊어질 수 있다면 무엇을 좀 새롭게 해 보고 싶습니까?"

그랬더니 주저하지 않고 답이 나왔어요.

"옥 목사, 내가 당신처럼 젊어질수 있다면 나는 설교를 다시 하고 싶어."

"어떻게요?"

"나는 그동안 너무 추상적인 설교를 해왔어. 지금 돌이켜보면 설교가 추상적이었어. 조금 구체적인 설교를 하고 싶어."

쇼크를 받았습니다. 박 박사님은 대단한 설교자입니다. 고려신학교 학생들 채플시간에 설교를 하시면 자주 자주 일어나는 사건이 있었어요. 학생들이 그 말씀 듣고, 은혜를 받아 눈물을 흘리고, 통곡하면서 기도하느라고요. 채플이 끝났는데 안 일어나요. 그 다음 시간 휴강, 그래도 안 일어나요. 이런 일들이 왕왕히 있었어요.

얼마나 대단해요?

그 정도의 설교가면 다른 소리 할 것 없잖아요?

그런데도 노년에 와서 자기 설교를 회고하면서 너무 청중을 모르고 설교를 한 것 같다는 이야기예요. 그러니까 좀더 구체적으로 설교하고 싶다는 거예요. 이게 인카네이션입니다. 오늘날 21세기에 우리 성도들이 이 험악하고, 음란하고, 더럽고, 악하고, 교만한 세상에 흩어져 살면서 어떤 일을 겪고 있고, 무엇으로 고민하고 있으며, 그들이 영적으로 참 해결하지 못해 씨름하는 것들이 무엇인지, 좀 더 우리가 성도들이 사는 자리에 내려가서 들여다 보면서 설교해야 한다는 거예요.

이것을 위해서 제일 좋은 방법이 제자훈련 하는 거예요. 설교자를 발전시켜 주고, 특별히 설교자로 하여금 평신도가 귀담아 들을 수 있도록 설교하게 만드는 가장 빠른 지름길은 제자훈련이예요. 이 가운데 여러분이 잘하고 계시는 것도 있겠지만, 한 십여 명 되는 제자훈련생과 앉아서 일주일에 한 번씩 둘러 앉아가지고 세 시간, 어떤 때는 네 시간, 한번 말씀을 놓고 서로가 주고받으면서 골로새서의 말씀대로 말씀이 너희속에 풍성히 고하여 모든 지혜를 피차 가르치고 권면하는 아름다운 소그룹의 환경속에서 말씀을 한번 쉬어간다고, 나눈다고 생각해 보세요. 그 시간은 목사는 지도자가 아닙니다. 목사도 학생입니다. 평신도가 학생이 아닙니다. 평신도도 지도자입니다. 성령께서 각자에게 주신 은혜를 공유하는 거예요.

그러므로 다 들을 수 있어요. 들어보세요. 듣다가 어떤 때는 깜짝 놀랍니다.

'아, 내가 너무 사람을 모르고 설교했구나. 너무 교회 안에만 있어서 세상을 모르는 채 설교했구나. 구름 위에서 혼자 설교했구나! 내 설교 좀 바꿔야겠다. 아, 이런 설교를 이렇게 좀 해야겠다. 내가 다음주 설교를 준비하다가도 이 내용을 들려줘야겠다!'

이런 생각이 나는 거에요. 제가 내려앉아서 눈높이를 같이 비슷하게 맞추다 보니까, 제 설교가 이래서는 안되겠다라는 생각이 드는 거예요. 제자훈련 하셔야 합니다. 제자훈련 하면 여러분의 설교가 달라져요.

그래서 제자훈련을 통해서 인카네이션이 무엇인가를 체득하게 되면, 그 다음에 그 설교는 "적절성"이라는 것을 갖추게 됩니다. 이게 매우 중요한 이야기입니다.

존 맥스웰이라고 하는 분 잘 아시죠?

리더십에 대해 탁월한 책들을 많이 써내는 목사님이죠. 그분이 98년도 「프리칭」이라는 잡지에서 이런 말을 했어요.

"위대한 설교자는 뛰어난 전달자이다."

그 말은 아까 제가 연출한다는 말을 했죠?

"위대한 설교자는 뛰어난 전달자여야 한다. 뛰어난 전달자가 아니면서 훌륭한 설교자가 되는 것은 불가능하다. 우리가 설교를 하려고 할 때 가장 먼저 해야 할 것은 메시지를 전달하는 것이 아니라, 청중이 어디에 서 있는가를 파악하는 것이다."

아시겠어요?

무조건 전하기만 한다고 되는게 아니죠. 내가 전하는 말씀을 들어야 하는 청중이 어디 서 있는가를 파악하는 것. 이것이 인카네이션이예요.

그러기 위해서 "적절성"이라는 것은 대단히 중요합니다. 사람들은 말씀이 자기 자신과 적절한 관계를 가지고 있다는 것을 느낄 때에 그 설교 말씀에 끌리게 됩니다. 이게 "적절성"이거든요. 다시 말하면 청중들은 설교자가 전하는 말씀이 자기와 적절한 관계를 갖고 있다는 것이 느껴질 때에 자기도 모르게 말씀에 끌리게 됩니다. 나와 별로 관계가 없다고 하면 마음이 끌리지 않는 거예요. 적절성을 수반한 진리는 메시지를 뜨겁게 만듭니다.

더러 목사는 세상에 더 많은 시간을 쏟아야 한다고 했어요. 설교의 적절성을 위해서 세상에서 사람들이 어디에서 있으며, 무엇을 생각하고 있는가를 더 잘 알아야 합니다. 그래서 사람들이 있는 곳으로 내려가서 그들을 만나야 합니다. 적절성을 위해서요. 그런 노력이 필요하다는 거예요. 이게 성육신입니다.

잘못하면 우리는 설교를 준비하면서 이런 문제는 별로 생각을 안 하고 설교만 준비하잖아요?

그러니까 결국은 사람들과 매치가 안 되고, 설교는 설교대로 돌고, 청중은 청중대로 따로 있는 이런 괴리 현상이 일어나잖아요. 이런 부분을 우리가 최소한으로 메워야 한다는 겁니다.

그리고 또 한 말씀 드리고 싶은 게 있습니다. 요한복음 3장 16절을 가지고 100명의 설교자가 설교하면 100가지 설교가 나옵니다. 절대 똑같은 설교가 두 개 없어요. 왜냐하면 하나님께서 우리를 다양한 개성으로 만들었기 때문입니다. 모든 설교자는 자기 설교를 가지고 있어요. 여러분이 아무리 실험을 해도 옥 목사 설교를 모방 못합니다. 저 자신이 하는 설교예요. 저는 죽었다 깨나도 김진홍 목사님 설교 모방 못합니다. 몇 마디 하면 사람들은 마음을 확 빼앗기지요. 무슨 심사인지 모르겠어요.

그리고 저는 서울의 어느 목사님처럼 세상 이야기를 가지고 재미있게 묶어가면서 사람들에게 은혜를 끼치는 재주가 없어요. 물론 설교 자체에는 동의를 안 하는 부분이 많아요. 어쨌든 사람들에게 은혜를 끼치는 부분이 있는 것은 사실이니까요.

이 말은 뭐냐하면 각자 자기 설교가 있다는 거예요. 자기 설교를 개발하세요. 처음에는 모방도 하고, 카피도 하고, 그러나 모방을 통해서 창조성을 발휘하잖아요. 자기 설교를 찾으세요. 스토리텔링을 좋아하는 사람, 아주 구수하게 말을 자연스럽게 하는 은사가 있는 사람은 설교를 그런 식으로 개발을 하세요.

어떤 목사님이 막 웅변식으로 하는 설교가 굉장히 감동스럽다고 생각해서 그 다음부터 웅변식으로 열변을 토하고….

그런데 안 맞는 사람이 있어요. 저에게도 안 맞아요. 악을 쓴다고 하고 웅변한다고 생각을 안 하죠. 자연스러워야 하거든요. 자기 개성이예요. 그러니까 자기 설교를 찾으세요. 그러면 간단합니다.

내가 사람들과 만나서, 가장 친한 사람들과 만나서 커뮤니케이션을 할 때 나는 보통 어떤 스타일로 대화를 하는가, 그런 것을 캐치해 보세요. 그러면, 난 내가 이런 식으로 이야기를 할 때는 귀를 기울이더라, 그리고 내 주변에 사람들이 모인다. 이것은 나만이 갖고 있는 하나님이 주신 장기일 수 있거든요. 이런 것들이 무엇인지 찾으세요. 그리고 개발하세요. 그러면 여러분은 여러분의 설교 청중을 창조할 수 있습니다. 이것은 큰 교회나, 작은 교회나 마찬가지입니다.

여러분, 마지막으로 "6번의 설교의 기쁨과 소망을 가지라"는 필립스 브룩스의 글을 다시 인용합니다. 우리 한번 같이 소리내서 읽어봅시다.
 "하나님은 우리가 우리 자신을 아는 것보다 더 잘 아신다. 고로 우리가 쓰임받을 수 없는 자리로 결코 몰아넣지 아니하신다."
 우리를 설교자로 세웠으면 할 수 없는 일을 하나님이 시키시는 법이 없다는 거예요. 하나님이 나를 목사로 부르신 것이 확실하다면, 내가 쓰임이 받을 수 없는 자리로 몰아넣지 않으신다. 그리고 설교자가 자기를 철저하게 즐기는 것이 성공의 필수적이다.
 저는 솔직히 그러지를 못했어요. 즐기지를 못했어요. 제가 즐긴 것은 제자훈련이었어요. 저는 수만 명이 와서 앉아 들어도 재미없어요. 강단에 올라가면 재미가 하나도 없어요. 그러나 10명, 8명 앉혀놓고 함께 말씀을 나누는 그 소그룹에서는 너무 신나요. 행복해요.
 그런데 어떤 목사님들은 설교하는 자체를 참 즐기는 분이 있어요. 굉장히 좋은 은사를 받았다고 생각합니다. 여러분들도 할 수 있으면 그렇게 되세요. 그래서 정말 생명 걸고 진액을 뽑아도, 그게 너무너무 즐겁고 기쁘다는 말을 할 수 있도록 하세요. 저와 같이 말하지 마시고요. 루터와 같이 말하지 말고요. "정말 너무 힘들지만 그래도 기쁘다. 정말 이것보다 더 보람있는 일이 없다"라고 말할 정도로 여러분이 설교를 즐길 수 있으면 좋겠습니다. 그러면 여러분이 성공할 수 있습니다.
 그 다음에 보세요.
 "설교를 즐기면 즐길수록 더 잘할 수 있다."
 송아지가 도살장에 끌려가듯이 설교하는 사람보다, 정말 순교자가 될 것 같이 신이 나서 설교하는 사람이 더 잘할 수 있죠. 참 중요한 말이 있는데, 여러분 줄을 그어 놓으세요.
 "세상은 아직 들어야 할 최선의 설교를 듣지 못하고 있다."
 가장 좋은 설교를 아직도 세상은 듣지 못하고 있습니다. 그 설교는 앞으로 언젠가 누군가가 할 거예요. 여러분 자신이 할 수도 있습니다.

'최고의 설교는 아직도 우리는 듣지 못했다. 누가 할 거냐? 내가 할 거다.'

이런 꿈을 가지고 여러분, 말씀과 씨름하세요. 그러면 하나님이 이런 은혜와 특권을 주실 것입니다.

한순간이라도 설교자의 사역에 비교될 수 있는 일은 없습니다. 이것은 저도 동의합니다. 이것보다 보람있고, 이것보다 능력있는, 또 영향력을 끼치는 사역은 없다고 생각합니다. 10명을 모아 놓고, 세상을 모두 놓고 설교하듯이 하세요. 50명을 놓고도, 한국 모든 사람들을 앞에 놓고 설교하듯이 하세요. 그것보다 더 귀한 일이 없습니다.

부록 2 ◆ 설교

주여 살려 주옵소서(계 3:1-3)*

할렐루야, 주님만이 영광을 받으시기 바랍니다.

오늘은 모처럼 한국 교회가 하나가 되어서 1907년 평양에서 일어난 대부흥을 기념하는 뜻 깊은 날입니다. 이러한 역사적인 예배에 저와 같이 자격 없는 사람이 설교를 맡게 된 것은 너무나 두려운 일이 아닐 수 없습니다. 은혜를 가로막는 악한 종이 되지 않도록 특별히 기도해 주시기 바랍니다.

100년 전 한국 교회는 복음을 받아 들인지 불과 반세기가 되지 않았습니다. 믿는 사람도 3, 4만 명이 되지 않았습니다. 이런 나약한 한국 교회를 하나님께서는 특별히 찾아오셔서 성령의 불을 부어주셨습니다. 원산에서 타오르기 시작한 성령의 불길은 평양에서 절정을 이루었고, 그

* '2007 평양부흥운동 100주년 기념대회'에서 전했던 설교이다.

후에 연이어 한반도 곳곳으로 퍼져나가기 시작하였습니다. 그러자 수년 사이에 수십만 명이 예수님을 믿고 교회로 돌아오는 놀라운 부흥이 일어났습니다.

그 후 나라가 기울자, 교회는 사경회라든지, 삼일운동이라든지, 사회계몽에 앞장서면서 절망에 빠진 백성들을 끌어안아 줄 수 있었습니다. 교회가 핍박을 받을 때는 순교의 피를 흘려 한국 교회의 등불이 꺼지지 않도록 하였습니다.

어디 그뿐입니까?

세계가 주목하는 오늘의 한국 교회를 가능케하는 뿌리가 어디에 있다고 생각하십니까?

저는 평양대부흥이라고 확신합니다.

이런 전무후무한 은혜를 100년 전 이 땅에 허락하신 하나님을 우리가 어찌 찬양하며 경배하며 영광을 돌리지 않겠습니까?

우리가 평양대부흥을 돌아보면서, 무엇보다 특별히 주목해야 할 중요한 사실이 하나 있습니다. 그것은 성령의 기름부으심과 함께 강력한 회개의 운동이 일어났다는 것입니다. 이것은 우리가 흔히 알고 있는 그러한 회개가 아니었습니다. 성령께서 죄를 자복하도록 몰아붙이지 아니하시면 절대로 일어날 수 없는 불가사의한 회개였습니다.

당시 기록을 보면 전에는 경험하지 못한 무시무시한 죄의 공포가 우리 위에 임하였다는 말이 있는가 하면, 아무도 그것을 피하여 도망할 수 없었다고 하는 기록도 있습니다. 이런 이유로 장대현교회에 모였던 선교사들과 교인들은 밤새도록 가슴을 치며 통곡하며 숨은 죄를 토해 놓았습니다. 이런 초자연적인 회개를 경험하면서 한국 교회는 세상 앞에서 새로운 모습을 보여줄 수 있었습니다.

우리가 왜 백년 전의 부흥을 다시 사모하며 기다리는 것입니까?

가장 절박한 이유는 한국 교회가 다시 살아나야 하기 때문입니다. 한국 교회가 사는 길은 백 년 전과 같이 성령의 기름부음을 받고 교회 안에 있는 악한 것들, 우리 안에 있든 더러운 것들을 다 쓸어내는 회개밖에 없다고 저는 믿습니다. 우리는 한국 교회 이래서는 안 된다는 탄식을 오래 전부터 들어왔습니다. 오늘 이 시간 백 년 전과 같이 다시 한 번 하나님이 하늘을 가르시고 우리 중에 임하셔서 성령의 불, 통회하고 자복하게 하시는 회개의 영을 한국 교회에 다시 한 번 부어주시기를 간절히 사모하고 소망하는 시간이 되기를 바랍니다.

요한계시록에 나오는 사데 교회는 오늘의 한국 교회의 실상을 들여다볼 수 있는 거울이 될 수 있다고 생각합니다. 솔직히 저는 이 말씀을 전하고 싶지 않았습니다. 우선 제가 너무 부담스러운 말씀이고, 듣기에 거북한 말씀이고, 기분이 좋지 않은 말씀이기 때문입니다. 그래서 저는 이 말씀을 전하고 싶지 않아서 꽤 고집을 피웠습니다마는 주님은 밤낮 이 말씀에만 매달리도록 종을 몰아 붙였습니다. 그러므로 설교자가 전하고 싶어서 전하는 말씀이 아님을 알아주시기 바랍니다. 오른 손에 일곱 영과 일곱 별을 가지신 예수 그리스도께서 한국 교회를 위해 주시는 말씀이라고 믿습니다.

사데 교회를 향해서 주님은 이렇게 책망하십니다.

> 내가 네 행위를 아노니 네가 살았다하는 이름을 가졌으나 죽었느니라
> (계 3:1).

이름이 살았다는 것으로 보아 사데 교회는 평판이 꽤 좋았던 것 같습니다. 이름만 들어도 사람들은 "아 그 교회 대단하지" 하면서 인정을 했던 것 같습니다. 성경학자들은 사데 교회가 한 때 놀라운 부흥을 경험한

화려한 과거를 가지고 있었다고 생각합니다. 그들은 오랫동안 그 후광을 즐기고 있었던 모양입니다.

따라서 사람들이 보기에는 살아 움직이는 교회처럼 보였을 것입니다. 열심도 뜨겁고, 봉사도 많이 하고, 예배도 감동적이고 뭐 하나 흠을 잡을 데가 없었을 것입니다. 그러나 이러한 모든 것들은 어디까지나 사람들의 눈에 비치는 허울에 지나지 않았습니다. 불꽃 같은 눈으로 중심을 보시는 주님의 눈에는 불행하게도 그 교회는 행위가 죽어있었습니다. 행위에서 온전한 것을 찾을 수 없었던 것입니다.

사랑하는 성도여러분!

행위가 무엇입니까?

말씀대로 순종하는 삶입니다.

사랑하는 성도 여러분!

행위가 무엇입니까?

믿음과 행동이 일치하는 삶을 가리킵니다. 사데 교회 안에는 몇 사람을 제외하고는 그렇게 사는 사람이 거의 없었다는 것입니다.

저는 사데 교회를 보면서 오늘날의 한국 교회를 보는 것 같다는 불안을 감출 수가 없습니다. 우리는 지난 70년 동안 기적 같은 부흥을 경험한 화려한 과거를 가지고 있습니다. 지금도 우리는 그것을 자랑합니다. 5만의 교회, 천 만의 성도, 세계 최대의 교회, 새벽을 깨우는 제단의 열심, 남에게 뒤지지 않는 헌신, 1만여 명의 선교사, 많은 헌금, 큰 교회당 등 자랑거리가 한두 가지가 아닙니다.

세계를 다녀보십시오. 한국 교회에서 왔다고 하면 다시 한 번 우리를 쳐다봅니다. 겉으로 보면 한국 교회는 절대로 죽은 교회가 아닙니다. 무엇보다 한국 교회에는 목숨을 아끼지 않고 충성하는 목회자가 참 많습니다. 말씀대로 살아보려고 목사보다 더 헌신하는 평신도가 생각보다 많다는 것을 저는 잘 알고 있습니다. 이들이야말로 한국 교회의 자존심이라고 아니할 수 없습니다. 그래서 만일 누가 오늘날의 한국 교회를 보고 행위가 죽었다고 하면 저는 그 말을 절대로 인정하고 싶지 않은 사람 중의 하나 입니다.

그렇지만 저의 이러한 확신을 흔들어 놓는 심각한 사실이 있습니다. 그것은 이 사회가 한국 교회를 너무 불신하고 있다는 것입니다. 교회를 신뢰하지 않는 것 같습니다. 목사의 신뢰도는 오래 전부터 하위권입니다. 교회에 들어왔다가 실망하고 등을 돌리는 젊은이들이 적지 않습니다. 전도를 해도 잘 받아들이지 않습니다. 무종교자들에게는 기독교가 제일 인기가 없습니다. 일반적으로 사람들은 우리를 이중인격자로 보는 것 같습니다. 말하고 행동하고 다르다는 것입니다.

'사랑, 사랑' 하면서 교회에서 왜 그렇게 잘 싸우느냐고 비아냥거립니다. 예수님을 믿는 우리들이 자기들보다 더 정직한데가 어디있느냐고 따져 묻습니다. 돈을 사랑하는 데는 자기들과 똑같다고 봅니다. 사회의 각종 스캔들에 교회 다니는 사람들이 끼어도 이제는 놀라지도 않습니다. 한마디로 자기들과 다를 바가 별로 없다는 것입니다.

기가 막히게도 우리는 이러한 비난을 받으면서 한마디 변명도 제대로 못하고 있는 실정입니다. 솔직히 말해서 예수 믿는 우리들의 도덕성, 가치관, 처세관을 놓고 보면 세상 돌아가는 쪽으로 더 많이 기울고 있다는 것을 숨길 수가 없습니다. 우리도 모르게 우리는 세속주의의 늪에 빠져 허우적거리고 있는 모습을 세상에 보여주고 있는 것입니다.

이처럼 교회가 짠 맛을 잃으면, 우리보다 더 악한 세상 사람들의 발에 짖밟히도록 내 던지는 것이 주님의 징계요 심판입니다. 우리가 지금 그러한 끔찍한 상황에 놓여 있지 않은지 두려운 마음을 금할 수 없습니다.

지금 주님께서 한국 교회를 보시고 뭐라고 하실까요?

이름은 살았으나 행위가 죽었다고 책망하지 않으실까요?

누가 '아니요'라고 변명할 목사가 있습니까?

아니라고 변명할 장로가 있습니까?

평양백주년의 진정한 기념은 이런 우리의 영적인 비참함을 직시하고 가슴을 치는 데서 출발해야 한다고 저는 믿습니다.

사데 교회를 보면서 제가 두려워하는 것이 또 있습니다. 일곱 별을 손에 쥐신 예수님께서 행위가 죽은 교회의 책임을 지도자에게 묻고 계시다는 것입니다.

"사데 교회 사자에게 편지하라."

사자는 교회의 지도자요 목회자를 가리킵니다. 저는 왜 주님께서 목회자에게 책임을 물으시는지 조금은 알 것 같습니다. 수십 년 목회를 하면서 목사의 입장에 서면 이름은 요란하지만 행위가 죽은 교회를 만드는 것은 별로 어렵지 않다는 것을 저는 터득하게 되었습니다.

어떻게 하면 되는지 궁금하십니까?

이렇게 하면 됩니다. 목사가 설교를 하거나 말씀을 가르치면서 복음을 조금씩 변질시키면 됩니다. 그리고 나중에는 복음이 얼마나 변질되었는지조차 모를 정도로 둔감해지면 됩니다. 그러면 교회는 이름은 살아도 행위는 죽어질 수 있습니다.

우리가 아는 바와 같이 복음이란 누구든지 예수님을 믿으면 구원받는다는 기쁜 소식입니다. 그러나 이 복음에는 진리의 양면성이 들어 있습니다. 구원은 믿음으로 받지만 그 믿음의 진가는 순종하는 행위로 검증받아야 한다는 것입니다.

따라서 믿음이 구원의 절대적인 요소라고 한다면 행위는 구원의 필연적인 요소가 됩니다. 우리는 구원받기 위해 순종하는 것이 아니라 구원받았기 때문에 순종하는 것입니다. 그러므로 믿음과 행위는 따로 놓고 생각할 수가 없습니다. 예수님은 이러한 사실을 가리켜서 좋은 나무와 좋은 열매로 비유하셨습니다. 따라서 목회자는 믿음과 순종을 똑같이 가르쳐야 합니다. 믿음으로 구원받는다는 로마서를 설교하였다면 행함이 없는 믿음은 죽은 믿음이라는 야고보서도 진지하게 가르쳐야 합니다.

청중은 원래 귀에 듣기 좋은 말씀을 선호하는 경향이 있습니다. 믿기만 하면 구원받는다고 하면 모두가 '아멘' 합니다. 믿음만 있으면 하늘의 복과 땅의 복을 받는다고 하면 '할렐루야' 하고 열광합니다. 그러나 행함이 따르지 않는 믿음은 거짓 믿음이요 구원도 확신할 수 없다고 하면 얼굴이 금방 굳어져 버립니다. 말씀대로 살지 못하는 죄를 지적하거나 책망하면 예배 분위기가 금방 싸늘해져 버립니다. 듣기가 싫고 몹시 거북스럽기 때문입니다.

사랑의교회에서 사역할 때 저는 비슷한 반응을 가끔 볼 수 있었습니다. 이런 청중의 반응에 예민해지면서 저도 모르게 그들이 좋아하는 말씀을 일부러 골라서 설교하는 사람으로 바뀌는 것을 보았습니다. 대신 죄라든지, 회개라든지, 순종이라든지, 거룩이라든지 하는 듣기 피곤한 말씀은 할 수 있으면 피하거나, 꼭 말을 해야 한다면 부드럽게 달래듯이 말하고 싶어하는 유혹에 끌려가는 것을 보았습니다. 저의 이런 모습은 예수님이 절대 바라는 것이 아니었습니다. 저도 절대 원하던 것이 아니었습니다.

그러나 실제로는 그러한 일이 강단에서 일어나고 있었고, 그 결과 저도 모르는 사이에 복음을 조금씩 변질시켜 가는 설교자가 되고 있었습니다. 이렇게 되니까 교회가 커지면 커질수록 말씀대로 순종하는 행위에는 관심이 없고, 믿음만 가지고 떠드는 값싼 은혜에 안주하는 무리들이 늘어 가는 것을 볼 수 있었습니다.

종교개혁자 루터를 여러분은 기억하실 것입니다. 구원은 오직 믿음으로 받는다고 하는 놀라운 복음을 발견한 위대한 지도자였습니다. 그는 우리가 구원을 받는 데 의로운 행위는 아무런 공로가 되지 못한다고 가르쳤습니다. 그는 비텐부르크에서 34년간 4,000번 이상을 설교했습니다. 그러나 믿음을 일방적으로 강조하는 루터의 신학을 제대로 이해하지 못하는 사람들은 그의 메시지를 곡해하기 시작하였습니다. 순종하는 행위에 대해서는 관심을 두지 않는 사람들이 되었습니다. 믿기만 하면 구원받는데 죄 좀 지었다고 그게 뭐가 대단한거냐면서 자신의 욕심대로 사는 사람들이 되어가고 있었습니다.

따라서 그 도시는 믿음의 방종이 난무하는 타락한 사회가 되었습니다. 이런 기막힌 상황을 보면서 루터는 자기의 설교에 대한 확신이 흔들리기 시작했습니다. 그래서 한 동안 설교를 그만두었습니다. 그리고 그는 이렇게 탄식했다고 합니다.

"선한 양심을 가진 목사라면, 설교하기보다는 차라리 수레를 끌고 돌을 운반하는 것이 낫겠다."

사랑하는 성도 여러분!

루터가 우리에게 주는 귀중한 교훈이 있습니다. 그것은 교회의 지도자가 복음을 가르치고 전하면서 믿음만 일방적으로 강조하고 그 열매가 되는 행위를 등한시하거나 무시하면 입만 살고 행위가 죽어버리는 사데 교회가 되어버릴 수 있다는 것입니다.

사도행전 20장 20절을 보면 바울은 유익한 말씀은 공중 앞에서나 각 집에서나 거리낌 없이 가르쳤다고 합니다. 그러나 저를 비롯하여 한국교회의 많은 지도자들은 바울처럼 무엇이든지 거리낌 없이 전하는 용기를 잃어버리는 것 같습니다. 단 것은 먹이고 쓴 것은 가능하면 먹이지 않으려는 나쁜 설교자가 되는 것 같습니다. 이런 설교자는 청중에게 인기가 있어서 사람을 많이 끌어 모으는 데는 성공할지 모르나 행위가 죽은 교회를 만드는 것은 시간 문제라고 생각합니다.

한국 교회 지도자 여러분!

복음을 변질시켰다는 주님의 질책에서 자유로울 수 있는 사람이 우리 중에 몇 명이나 됩니까?

입만 살았고 행위가 죽은 교회를 만든 책임은 너에게 있다고 질책하신다면 나는 아니라고 발을 뺄 수 있는 목회자가 몇이나 됩니까?

평양대부흥의 진정한 기념은 복음을 변질 시킨 죄를 놓고 가슴을 치는 목회자들의 회개로부터 시작해야 한다고 저는 믿습니다. 이것이 한국 교회를 향하신 주님의 간절한 소원이라고 생각합니다.

주님은 행위가 죽은 사데 교회를 향해 회개하라고 명하십니다. 회개만이 살 길이라는 것입니다. 한국 교회를 향해서도 똑같은 명령을 하고 계시다고 저는 믿습니다.

그러나 여러분. 답답한 일은 우리의 힘으로 회개가 잘 안 된다는 것입니다. 입으로 잘못했다는 말은 수없이 할 수 있으나, 죄를 끊어버리고 단호하게 돌아서는 거룩한 결단은 잘 하지 못합니다. 그래서 백 년 전 하디 선교사가 하던 회개, 길선주 장로가 하던 회개, 무명의 성도들이 밤새도록 추운 겨울 밤 찬 마룻바닥에 엎드려 땅을 치며 통곡하던 그 회개를 오늘날 한국 교회에서 찾아볼 수 없는 것입니다. 그들에 비해 우리는 훨씬 더 많은 죄를 짓고 사는 사람임에도 불구하고 오늘날 회개는 한국 교회에서 형식적인 것이 되어버리고 말았습니다. 이것이 오늘날 한국 교회의 생명을 서서히 죽이는 암과 같은 존재라고 생각합니다.

우리가 진정한 회개를 하고, 세상 앞에 새 옷을 갈아입으려면, 성령께서 회개할 힘을 우리에게 주셔야 합니다. 통회하고 자복하고 버리는 결단을 할 수 있도록 성령이 우리를 도와 주셔야 합니다. 우리의 힘으로는 안 됩니다. 우리의 능으로도 안 됩니다. 오직 하나님의 신으로 할 수 있습니다. 한국 교회는 하나님의 성전 된 우리를 깨끗하게 청소하실 성령의 초자연적인 역사가 절실히 필요합니다.

이를 위해 백 년 전과 같이 하나님께서 하늘을 가르시고 이 땅에 강림하셔서 아낌없이 부어주셨던 성령의 불, 회개의 영을 다시 부어달라고 힘을 다해 부르짖어야 할 것입니다. 부르짖고 문을 두드리면 주님께서 응답하실 줄을 믿습니다.

> 너희가 악할지라도 자녀에게 좋은 것으로 줄 줄 알거든 하물며 하늘에 계신 너희 아버지께서 구하는 자에게 성령을 주시지 않겠느냐(눅 11:13)

우리 하나님의 약속입니다.

한국 교회가 진정으로 회개하고 죽은 행위를 벗어버리면, 아직도 죽음의 권세 아래 신음하는 이 백성을 구원할 수 있다고 믿습니다. 한국 교회가 믿음과 행함이 일치하는 온전한 복음을 회복하면 온갖 더러운 죄로부터, 그 죄에서 나는 악취로부터 이 사회를 치료할 수 있다고 믿습니다. 한국 교회가 성령의 능력을 다시 입으면 북한의 무너진 교회를 우리 모두 다시 일으킬 수 있다고 믿습니다. 한국 교회가 성령의 거룩한 불이 타오르는 용광로가 되면 주님께서 21세기 세계를 위해 가장 중요한 일에 우리 한국 교회를 불러주실 줄을 믿습니다. 믿습니다. 두 손을 높이 들고 따라합시다.

"주여! 한국 교회를 살려주옵소서, 한국 교회를 살려주옵소서. 통회하고 자복하는 영을 부어주옵소서. 부어 주시옵소서."

미주

제1부 옥한흠의 신앙적 배경

1   필자는 은보 옥한흠 목사의 제자훈련 목회와 설교에 대해 다음과 같은 논문들을 기고한바 있으며, 그러한 연구를 토대로『옥한흠 목사의 설교 세계』를 상술하고자 한다. 박응규, "은보 옥한흠 목사의 선교적 교회론과 제자훈련 목회,"「성경과 신학」65 (2013): 103-152; "한국 교회를 깨운 옥한흠 목사의 설교 세계,"「성경과 신학」77 (2016): 59-103; "간하배 교수와 옥한흠 목사," *Westminster Theological Seminary and Harvie M. Conn* (Philadelphia: WTS, 2015), 50-56.
2   민경배, "옥한흠 목사 설교 연구,"「옥한흠 목사의 설교와 신학」(2002, 10), 한국 교회사학연구소 심포지엄, 3.

제1장 신앙배경과 회심(回心)

1   옥성호,『청년 옥한흠』(수원: 도서출판 은보, 2016), 16.
2   옥성호,『청년 옥한흠』, 17.
3   이정호,『신사참배와 맞섬의 신앙: 경남 지역의 신앙수호사』(서울: 누름돌, 2010), 118.
4   옥성호,『청년 옥한흠』, 18.
5   옥성호,『청년 옥한흠』, 18-19.
6   옥진현(1860-1931)은 옥한흠의 증조부이며, 후에 삼거리교회를 세웠다. 옥진현의 막내손자인 옥치상에 의하면 "옥진현은 로버트 왓슨 선교사에게 복음을 들은 후, 회심하고 철저한 기독교 신앙생활에 몰입하였다. 이러한 복음의 수용은 거제에서는 두 번째였다. 첫 번째로 복음을 믿은 사람을 통해 옥포교회가 세워졌고, 그 후 삼거리교회가 세워졌다"고 한다. 아마도 왓슨 선교사와 주금주가 함께 복음전도 사역을 했을

가능성이 높다. 참조, 옥치상 목사와 조상용 은보기록실장과의 면담, 2012년 6월 1일. 국제제자훈련원 은보기록실.

7 옥성호, 『청년 옥한흠』, 19.
8 옥성호, 『청년 옥한흠』, 19-21.
9 옥진현과 한찬악 사이에는 자식이 없었다. 장남인 옥진현에게 대를 이을 아들이 없었다는 것은 심각한 문제였다. 다행히 옥진현의 동생 옥필현에게 관환, 길환, 귀환, 철환, 그리고 노환이라는 다섯 명의 아들들이 있었는데, 장남 관환이 큰 아버지인 옥진현의 양자로 입적되었다. 옥성호, 『청년 옥한흠』, 21, 24.
10 옥성호, 『청년 옥한흠』, 22.
11 옥성호, 『청년 옥한흠』, 24.
12 옥성호, 『청년 옥한흠』, 24.
13 옥성호, 『청년 옥한흠』, 26.
14 옥성호, 『청년 옥한흠』, 26-27.
15 옥성호, 『청년 옥한흠』, 29.
16 옥성호, 『청년 옥한흠』, 29.
17 옥성호, 『청년 옥한흠』, 31.
18 옥성호, 『청년 옥한흠』, 32.
19 김자림, "내게 있는 모든 것을: 사랑의교회 옥한흠 목사 어머니 이희순 권사," 「크리스챤타임스」 (1988, 11): 44.
20 이상규, "한국에서 교회사를 가르친 첫 선교사 엥겔(G. Engel, 王吉志)," *Korea Mission Quarterly* I:2 (2001, 겨울): 115.
21 옥성호, 『청년 옥한흠』, 45-47.
22 옥성호, 『청년 옥한흠』, 48.
23 옥한흠, "어머니 눈물 속에 투영된 십자가," 「월간현대종교」 (1987, 5): 164.
24 옥성호, 『청년 옥한흠』, 49.
25 옥성호, 『청년 옥한흠』, 50.
26 옥성호, 『청년 옥한흠』, 52.
27 옥성호, 『청년 옥한흠』, 54.
28 옥성호, 『청년 옥한흠』, 54-55.
29 옥한흠, 『제자훈련 열정 40년: 옥한흠 자서전』 (개정판, 서울: 도서출판 국제제자훈련원, 2009), 16.
30 옥성호, 『청년 옥한흠』, 58-59.

31 옥성호, 『청년 옥한흠』, 59-60.
32 옥성호, 『청년 옥한흠』, 61.
33 옥성호, 『청년 옥한흠』, 62.
34 옥성호, 『청년 옥한흠』, 62-63.
35 옥성호, 『청년 옥한흠』, 72-73.
36 박응규, 『가장 한국적인 미국 선교사, 한부선 평전』 (서울: 도서출판 그리심, 2006), 456.
37 허순길, 『한국장로교회사: 장로교회(고신) 50주년 희년 기념』 (서울: 대한예수교장로회 총회출판국, 2002), 406-407.
38 남영환, 『한국기독교단사』 (서울: 도서출판 영문, 1995), 359-360.
39 허순길, 『한국장로교회사: 장로교회(고신) 50주년 희년 기념』, 407.
40 옥한흠, 『제자훈련 열정 40년』, 303.
41 옥한흠, 『제자훈련 열정 40년』, 304-305.

제2장 소명(召命)과 신학수업

1 옥성호, 『청년 옥한흠』, 118-119.
2 옥성호, 『아버지, 옥한흠』 (서울: 국제제자훈련원, 2011), 71.
3 옥한흠, 『제자훈련 열정 40년』, 22; 옥한흠, 『소명자는 낙심하지 않는다』 (서울: 국제제자훈련원, 2012), 171; 옥한흠, "한국 교회의 선교전략," 손봉호 외 4인 지음, 『한국 교회와 세계선교』 (서울: 도서출판 엠마오, 1990), 75.
4 옥성호, "옥성호, 최초로 아버지 옥한흠을 말하다," 「국민일보」, 2010년 8월 17일.
5 옥성호, 『청년 옥한흠』, 125.
6 옥성호, 『청년 옥한흠』, 125.
7 옥성호, 『청년 옥한흠』, 125.
8 옥성호, 『청년 옥한흠』, 133.
9 허순길, 『한국장로교회사: 장로교회(고신) 50주년 희년 기념』, 410-411.
10 윤종호 목사와 필자와의 면담, 2012년 6월 22일. 윤종호는 군대를 제대하고 칼빈대학에 다녔으며 옥한흠과는 동기생이었다.
11 옥성호, 『청년 옥한흠』, 137-138.
12 옥성호, 『청년 옥한흠』, 138-139.

13 옥성호, 『청년 옥한흠』, 157-160.
14 홍정길, "나의 소박한 친구 박형용 목사," 성산 박형용 박사 은퇴기념논총 출판위원회 편 『주는 영이시라』 (수원: 합신대학원출판부, 2008), 723.
15 서춘웅, "한국 교회를 사랑하는 신학자 박형용," 성산 박형용 박사 은퇴기념논총 출판위원회 편 『주는 영이시라』, 730.
16 홍정길, "옥한흠 목사의 사역과 삶," 홍정길, 이동원 외, 『8인이 말하는 옥한흠』 (서울: 국제제자훈련원, 2003), 11.
17 옥한흠, 『제자훈련 열정 40년』, 26.
18 옥한흠, 『목사가 목사에게』 (수원: 도서출판 은보, 2013), 354; "생애와 사역," *Disciple* 140 (2010 October), 6.
19 홍정길, "옥한흠 목사의 사역과 삶," 『8인이 말하는 옥한흠』, 12.
20 옥치상 목사와 조상용 실장과의 면담, 2012년 6월 1일; 한인권, "주님이 주신 은사로 현재에 안주하지 말고 세상에서 빛을 내자," 「디사이플」 (2005, 11): 57.
21 오광만, 『그의 시간 속에: 은석 김의환 박사의 삶과 신학』 (서울: 도서출판 토라, 2012), 30-31.
22 하도례, 『나의 달려갈 길을 마치고: 하도례 선교사의 자전 기록』 류기철 역 (부산: 고신대학교출판부, 2010), 128.
23 한국개혁주의신행협회 초창기의 임원과 회원들 중에는 박윤선, 한부선, 김성환, 김의환, 간하배, 옥치상 등이 있었고 옥한흠도 가입하여 번역에 참여하였다. 한국개혁주의신행협회에 관한 자세한 문서들이 Westminster Theological Seminary Library Harvie Conn Collection에 보관되어 있다.
24 그것들은 다음과 같다. 코넬리우스 반틸, "The Protestant Doctrine of Scripture," 옥한흠 옮김, 「신학지남」 3:1 (1971, 봄): 28-36; 클라스 루니아, "칼 바르트의 성경관 비판," 옥한흠 옮김, 「신학지남」 38:1 (1971, 봄): 37-51; 옥한흠 서평, "프란시스 A. 쉐퍼, 'The God Who is There' (살아 계신 하나님)," 「신학지남」 39:2 (1972, 여름): 114-126. 그리고 옥한흠은 당시 출판 된 지 얼마 안 된 외국서적이나 번역서를 「신학지남」에 소개하였다. 에릭 사우어, 『세계구속의 여명(黎明)』 (서울: 생명의말씀사, 1972), 「신학지남」 39:4 (1972 겨울): 128-132; 김남식, 『기독교에서 본 문화』 (서울: 개혁주의신행협회, 1972), 「신학지남」 39:4 (1972 겨울): 132-133; 골든 스파이크먼, 『신앙의 핵심』, 김남식 역 (서울: 생명의말씀사, 1973), 「신학지남」 40:2 (1973 여름호): 95-97; 에릭 사우어, 『영원에서 영원까지』, 권혁봉 역 (서울: 생명의말씀사, 1973), 「신학지남」 40:3 (1973년 가을호): 92-

94; 폴 투르니에, 『성서와 의학』, 마경일 역 (서울: 현대사상사, 1973), 「신학지남」 40:4 (1973년 겨울): 100-101; 월터 트로비쉬, 『나는 너와 결혼하였다』, 양은순 역 (서울: 생명의말씀사, 1973), 「신학지남」 41:1 (1974년 봄): 99-101; 웨인 오트, 『기독교 목회학』, 김득룡 역 (서울: 생명의말씀사, 1974), 「신학지남」 41:1 (1975년 봄): 120-122 등이다.

25 그중에 대표적인 역서들로는 J. I. 패커, 『근본주의와 성경의 권위』 옥한흠 역 (서울: 개혁주의신행협회, 1973); 조지 엘든 라드, 『R. 불트만: 현대사상가 시리즈 2』, 옥한흠 역 (서울: 영음사, 1971); 케넷 하밀톤, 『폴 틸리히: 현대사상가 시리즈 3』, 옥한흠 역 (서울: 영음사, 1973) 등이 있다.

26 옥한흠 평, "프란시스 A. 쉐퍼, 『살아계시는 하나님』 (*The God Who is There*)," 「신학지남」 39:2 (1972, 여름): 114.

47 옥한흠 평, "프란시스 A. 쉐퍼, 『살아계시는 하나님』," 123.

28 옥한흠 평, "에릭 사우어, 『세계구속의 여명』 권혁봉 역 (서울: 생명의 말씀사, 1972)," 「신학지남」 39:4 (1972 겨울): 130.

29 옥한흠 평, "에릭 사우어, 권혁봉 역, 『영원에서 영원까지』," 94.

30 옥한흠 평, "웨인 오트 저, 김득룡 역, 『기독교 목회학』," 121.

31 박성수, "내 인생을 바꾼 사건," 『8인이 말하는 옥한흠』, 106.

제3장 유학과 교회론

1 옥한흠, "칼빈신학교 특강," 3. 옥한흠 목사는 1998년 10월 8일부터 9일까지 칼빈신학교 초청강사로 와서 자신의 제자훈련 목회에 대해 강의하였다.

2 그의 주요 저서들은 다음과 같다. Carl G. Kromminga, *Man Before God's Face in Calvin's Preaching* (Grand Rapids: Calvin Theological Seminary, 1961); idem., *The Communication of the Gospel through Neighboring: A Study of the Basis and Practice of Lay Witnessing through Neighborly Relationships* (Franeker: T. Wever, 1964); idem., *Bringing God's News to Neighbors: Biblical and Historical Foundations* (Nutley, New Jersey: Presbyterian and Reformed Publishing Co., 1977). 크로밍가 교수의 화란자유대학교 박사학위 논문을 평이한 문체로 개정하여 출판하도록 독려한 인물이 간하배 교수였다. 간하배가 크로밍가에게 보낸 편지 (1973년 5월 14일). Calvin Theological Seminary Library, Kromminga Collection.

3 존 볼트(John Bolt) 교수와 필자와의 면담, 2012년 6월 26일. 존 볼트 교수는 옥한흠 목사와 칼빈신학교의 졸업 동기이다.

4 Harry R. Boer, *Pentecost and Missions* (Grand Rapids: Eerdmans, 1961).

5 옥한흠, "칼빈신학교 특강," 5-6.

6 이 책은 원래 *Die Kirche* (Herder, Freiburg-Basle-Vienna)라는 제목으로 1967년에 독일어로 출판되었으며, 같은 해에 영어로도 번역 출판되었다. 옥한흠이 읽었던 책은 영어로 번역된 책이었다. Hans Küng, *The Church*, trans. Ray and Rosaleen Ockenden (New York: Sheed & Ward, 1967).

7 한스 큉, 『교회』, 정지련 역 (서울: 한들출판사, 2007), 177-179.

8 정지련, "한스 큉의 교회론," 한국조직신학회 엮음, 『교회론』 (서울: 대한기독교서회, 2009), 292.

9 정지련, "한스 큉의 교회론," 293.

10 옥한흠, "칼빈신학교 특강," 3.

11 옥한흠, "광인론," 『광인』, 29.

12 옥한흠, "광인론," 75, 76.

13 옥한흠, "광인론," 76.

14 한스 큉, 『교회』, 508-509.

15 오토 베버, 『칼빈의 교회관』 김영재 옮김 (수원: 합신대학원출판부, 2008), 39, 86, 87.

16 로버트 L. 레이몬드, 『최신 조직신학』, 나용화, 손주철, 안명준, 조영천 옮김 (서울: CLC, 2004), 1061-1090; 고든 J. 스파이크만, 『개혁주의 신학』, 류호준, 심재승 옮김 (서울: CLC, 2002), 523-534; G. C. Berkouwer, *The Church* (Grand Rapids: Eerdmans, 1976), 201-309; Edmund P. Clowney, *The Church* (Downers Grove: InterVarsity Press, 1995), 73-78.

17 제자훈련에 대한 신학적 토대와 실제적인 경험을 바탕으로 옥한흠은 1984년 『평신도를 깨운다. 제자훈련의 원리와 실제』 (서울: 두란노, 1984)라는 저술을 한국 교회 앞에 내어 놓는다.

18 옥한흠, "칼빈신학교 특강," 10.

제2부 옥한흠 설교의 신학적 배경

1   옥한흠, 『빈마음 가득한 행복: 산상수훈 강해설교 1』, 4-5.

제4장 설교학 개론

1   D. Martin Lloyd-Jones, *Preaching & Preachers* (Grand Rapids: Zondervan, 1971), 97. 참조, 마틴 로이드 존스, 『설교와 설교자』, 정근두 옮김 (서울: 복있는사람, 2005), 151.
2   옥한흠, "제자훈련 사역자들에게," 「평신도를 깨운다」 (1999. 3-4.), 2.
3   존 스토트, 『현대를 사는 그리스도인』, 한화룡, 정옥배 옮김 (서울: 한국기독학생회 출판부, 1993), 267-273.
4   Walter C. Kaiser Jr., *Revive Us Again* (Nashville: Broadman & Holman, 1999), 166-167.
5   필자는 그러한 논지로 한국기독교사연구소가 주관한 "사랑의교회 30년 평가와 전망"이란 주제로 열린 학술심포지엄(2009. 11. 27.)에서 발표했다. 참조, 박응규, "한국 교회를 깨운 옥한흠 목사의 설교 세계," 「성경과 신학」 77 (2016): 59-103.
6   이근미 편집, 『사랑이 너희를 자유케 하리라: 우리시대 최고의 목사 25인의 영혼을 울리는 설교』 (서울: 월간조선사, 2002), 75-77.
7   송용걸 목사와 필자와의 면담, 2012년 3월 20일.
8   박영선 목사와 필자와의 면담, 2012년 11월 2일.
9   민경배, "옥한흠 목사 설교 연구," 「옥한흠 목사의 설교와 신학」 (2002. 10.), 한국 교회사학연구소 심포지엄, 3.
10 Cf. Harry S. Stout, *The England Soul: Preaching and Religious Culture in Colonial New England* (New York: Oxford University Press, 1986); Larry Witham, *A City Upon a Hill: How Sermons Changed the Course of American History* (New York: HarperOne, 2007).
11 송태근 목사와 필자와의 면담, 2012년 10월 19일.
12 옥한흠, "설교와 청중," 「월간목회」 90(1984. 2.), 83.
13 오정현, "내 평생의 스승," 198.
14 옥한흠, "설교와 청중," 「월간목회」 90(1984. 2.), 83-84. 옥한흠이 유학했던 웨스

트민스터신학교의 모토 중의 하나가 "Specialist in the Bible"이었다.
15 송태근 목사와 필자와의 면담, 2012년 10월 19일.
16 옥한흠 목사와의 인터뷰 (1996년 9월 25일), 권성수, 『성령설교』(서울: 국제제자훈련원, 2009), 467-468.
17 광인공식은 C=B+E+V이다. C는 Crazy for Christ(그리스도에 미친 인간)의 첫 글자이고, B는 Belief(신념), E는 Enthusiasm(열정), 그리고 V는 Vision(비전)의 첫 글자이다. 옥한흠, 『제자훈련 열정 30년』, 33-36.
18 이태형, 『두려운 영광』 (서울: 포이에마, 2008), 17-18.
19 옥한흠, 『빈마음 가득한 행복: 산상수훈 강해설교 1』, 5-6.
20 이태형, 『두려운 영광』, 19; Sacvan Bercovitch, *The American Jeremiad* (Madison: The University of Wisconsin Press, 1978), xiv, 4, 64.
21 "비관론적 혹은 선지자적 낙관주의"는 현실 그 자체는 절망적이지만, 하나님의 섭리에 의해 선한 결과로 바뀔 것이라는 기대와 소망을 일컬어 그렇게 말할 수 있을 것이다. 김명호 목사와 필자와의 면담, 2009년 11월 3일.
22 권성수, "예수의 광인(狂人)이 설교를 통해 예수의 장인(匠人)이 되다," 「디사이플」 (2010. 10), 101.
23 권성수, "예수의 광인(狂人)이 설교를 통해 예수의 장인(匠人)이 되다," 101.
24 권성수, "예수의 광인(狂人)이 설교를 통해 예수의 장인(匠人)이 되다," 101.
25 권성수, "예수의 광인(狂人)이 설교를 통해 예수의 장인(匠人)이 되다," 101.
26 이러한 옥한흠의 설교자론은 해돈 로빈슨이 강해설교란 하나님께서 말씀하신 본문을 바르게 해석하여 "먼저 성령께서 설교자 자신의 인격과 경험에 적용하게 하시고, 청중에게 적용하는 것"이라는 주장과 필립 브룩스가 강조한 설교란 "인격을 통한 진리"(truth through personality) 선포라는 개념과 매우 흡사하다. Haddon Robinson, *Biblical Preaching: The Development and Delivery of Expository Messages*, 2nd ed. (Grand Rapids: Baker Academic, 2001), 21; Phillips Brooks, *The Joy of Preaching* (Grand Rapids: Kregel Publications, 1989), 27.
27 이동원 목사와 필자와의 면담, 2010년 9월 9일.
28 이태형, 『두려운 영광』, 20.
29 성경을 절마다 설명한 칼빈은 그 말씀을 회중의 삶과 경험에 적용되는 데에까지 면밀한 노력을 경주하였다. 따라서 그의 설교는 언제나 적용성과 함께 실제성을 지니고 있었다. 칼빈의 설교는 성경에서 시작하여 제네바의 구체적이고 실제적인 상황으로 옮겨갔다. John H. Leith, "Calvin's Doctrine of the Proclamation of the

Word and Its Significance for Today," in *John Calvin and the Church*, *A Prism of Reform*, ed. Timothy George (Louisville: Westminster/John Knox Press, 1990), 215.

30 옥한흠은 설교와 제자훈련을 통해서 직업소명설을 강조하며, 주님의 부르심을 받은 성도들이 세상에서 하는 일은 목회자의 소명만큼이나 소중하고 값진 것이라고 끊임없이 일깨워주었다. 모든 영역에서 하나님의 영광을 도모하는 삶을 살아가는 것이 성도가 이 세상에서 살아가는 거룩한 소명이라는 주장은, 특별히 남자 성도들의 가치관과 세계관을 획기적으로 바꾸어주었다. 옥 목사의 제자훈련은 단지 하나의 훈련프로그램이 아니라, 그의 개혁주의적 신학에 근거한 통전적인 목회 철학에 기인한 것이었다. 박성수, "교회보다 사회의 지도자가 되라,"「빛과소금」(1998. 10.), 73-74.

31 옥한흠 목사 대담, "나의 교회론과 제자훈련은 엇박자가 된 것 같다,"「디사이플」 (2009. 11.), 6, 10.

32 옥한흠,『문 밖에서 기다리시는 하나님』(서울: 국제제자훈련원, 1987), 207-222.

33 오정현, "복음만이 세상을 바꿀 수 있다,"『광인』, 137.

제5장 성경관과 성경 해석 원리

1 Cornelius Van Til, "개혁주의 교회의 영감론," 옥한흠 옮김「신학지남」38:1(1971. 봄), 28-36; Klaas Runia, "칼 바르트의 성경관 비판," 옥한흠 옮김「신학지남」 38:1(1971. 봄), 37-51.
2 Cornelius Van Til, "개혁주의 교회의 영감론," 28-29.
3 Cornelius Van Til, "개혁주의 교회의 영감론," 29.
4 Cornelius Van Til, "개혁주의 교회의 영감론," 32.
5 Cornelius Van Til, "개혁주의 교회의 영감론," 33.
6 옥한흠,『고통에는 뜻이 있다』, 85.
7 옥한흠,『로마서 3』, 93.
8 Cornelius Van Til, "개혁주의 교회의 영감론," 35.
9 Cornelius Van Til, "개혁주의 교회의 영감론," 36.
10 옥한흠 평, 골든 스파이크먼,『신앙의 핵심』, 김남식 옮김「신학지남」40:2 (1973. 여름), 96.

11 옥한흠, 『제자훈련 교재』 (서울: 국제제자훈련원, 1999), 43; Dae Jo Kim, "Preaching on Romans: A Critical Comparison of the Expository Preaching of John Stott(U. K.) and Han Hum Oak(Korea)," (Ph.D. diss., Brunel University, 2002), 172.
12 옥한흠, 『고통에는 뜻이 있다』, 105.
13 권성수, "예수의 광인(狂人)이 설교를 통해 예수의 장인(匠人)이 되다," 101; 권성수, 『성령설교』 (서울: 국제제자훈련원, 2009), 435.
14 권성수, 『성령설교』, 436.
15 옥한흠, "풍랑이 이는 그곳에 예수님이 계신다," 조용기, 옥한흠, 최봉오 지음, 『일어나 빛을 발하라』, 70.
16 옥한흠, "한국 교회 부흥회, 무엇이 문제인가?" 이종윤 편, 『한국 교회의 종교개혁』 (서울: 정음출판사, 1983), 90-91.
17 옥한흠, 『빈마음 가득한 행복: 산상수훈 강해설교 1』, 227.
18 옥한흠, "율법의 완성자, 예수 그리스도"(마 5:17-19)라는 설교는 구약과 신약의 관계를 예수 그리스도를 통해서 선포한 대표적인 설교들 중의 하나이다. 옥한흠, 『빈마음 가득한 행복: 산상수훈 강해설교 1』, 221-238.

제6장 설교의 신학적 기반

1 박용규, 『한국 교회를 깨우는 복음주의 운동』 (서울: 두란노, 1998), 12.
2 박명수, "옥한흠 목사와 한국 교회의 새로운 복음주의 운동," 『옥한흠 목사의 설교와 신학』 (2002. 10.), 한국 교회사학연구소 심포지엄, 38-42.
3 서중석, "옥한흠 목사 설교의 해석사적 위치와 특징," 『옥한흠 목사의 설교와 신학』 (2002. 10.), 한국 교회사학연구소 심포지엄, 10-12; 정인교, "더도 말고, 덜도 말고: 설교의 모범답안 옥한흠 목사의 설교," 18.
4 정인교, "더도 말고, 덜도 말고: 설교의 모범답안 옥한흠 목사의 설교," 19.
5 옥한흠, "서평," 김남식, 『기독교에서 본 문화』 (서울: 개혁주의신행협회, 1972), 「신학지남」 39:4 (1972. 겨울), 132-133.
6 김대조, "설교학적 측면에서 본 제자훈련," 국제제자훈련원 편, 『교회와 제자훈련』 (서울: 국제제자훈련원, 2003), 244.
7 이동원 목사와 필자와의 면담, 2010년 9월 9일.
8 알리스터 맥그래스, 『복음주의와 기독교의 미래』, 신상길, 정성욱 옮김 (서울: 한국

장로교출판사, 1997), 107-108.

9   옥한흠의 저서, 『로마서 1: 내가 얻은 황홀한 구원』 (서울: 국제제자훈련원, 2007, 개정 3판)에 나오는 소개 표지 앞 글 참조.
10 옥한흠, 『이 험한 세상을 어떻게 살까?』 (서울: 국제제자훈련원, 1992, 개정 3판, 2008), 40, 49.
11 이상훈, "공존의 틀을 벗어나는 엘리트 의식," 유경재 외 『한국 교회 16인의 설교를 말한다』, 94.
12 옥한흠, "이 시대에 정말 절실한 것"(슥 4:6-9), 2003. 6. 17 한목협 제5차 수련회 시 설교. 옥한흠의 설교를 해석학적으로 연구한 서중석 교수도 "물론 그의 신학적 배경은 칼빈주의이고, 그 전체적인 신학적 내용은 칼빈주의 전통에 굳게 서 있다"라고 언급하였다. 서중석, "옥한흠 목사 설교의 해석사적 위치와 특징," 『옥한흠 목사의 설교와 신학』 (2002. 10.), 한국 교회사학연구소 심포지움, 32. 참조, 류응렬, "한국 교회 개혁주의 설교의 정착을 위한 8가지 제언," 『한국개혁신학』 26(2009), 171-201.
13 Craig A. Loscalzo, *Apologetic Preaching: Proclaiming Christ to a Postmodern World* (Downers Grove: IVP, 2000), 25.
14 고직한, "옥한흠 목사의 신앙과 영성 '균형과 능력'의 빛나는 프리즘," 『빛과소금』 (1998. 10), 55.
15 이승구, "옥한흠 목사의 설교에 대하여," 『조직신학논총』 15(2005), 205, 209.
16 옥한흠, 『고통에는 뜻이 있다』, 197, 202.
17 사무엘 T. 로간 박사는 조나단 에드워즈를 전공한 역사신학자이며 웨스트민스터신학교의 총장을 지낸 인물이다. 그는 많은 저서들 가운데 *The Preacher and Preaching: Reviving the Art in the Twentieth Century*라는 책을 편저하는 등 설교학에도 관심이 많은 학자다. 또한 그는 미국 정통장로교회의 목사로 펜실베이니아, 조지아, 뉴저지의 여러 교회에서 목회한 경력이 있다.
18 고성삼 목사와 필자와의 면담, 2010년 11월 12일.
19 권성수, "성경해석학으로 본 옥한흠 목사의 설교분석," 『목회와신학』 (1998. 11.), 60, 62.
20 권성수, "성경해석학으로 본 옥한흠 목사의 설교분석," 63.
21 옥한흠, 『나의 고통 누구의 탓인가』 (서울: 국제제자훈련원, 2008, 개정판), 11.
22 옥한흠, 『로마서 1: 내가 얻은 황홀한 구원』 (서울: 국제제자훈련원, 2007, 개정 3판), 4.

23 서중석, "옥한흠 목사 설교의 해석사적 위치와 특징," 22.
24 서중석, "옥한흠 목사 설교의 해석사적 위치와 특징," 23.

제7장 설교 자세

1 옥한흠, "하나님은 당신을 사랑하십니다," 2005년 10월 24일, 요한복음 3장 16절을 근거로 새생명축제에서 선포한 설교 중에서 언급하였다.
2 권성수, "청중을 깨우는 설교자: 옥한흠 목사의 설교에 대한 해석학적 분석," 「옥한흠 목사의 설교와 신학」 (서울: 한국 교회사학연구소, 2002), 87; 박종순, 『한국 교회의 설교를 조명한다』 (서울: 신망애출판사, 1987), 266.
3 목회와신학·빛과소금 편집부, "옥한흠 목사의 어록," 「예수님의 신실한 제자가 되겠습니다」 (2010년 10월호 별책부록): 51.
4 박종순, 『한국 교회의 설교를 조명한다』, 267.
5 옥한흠 목사와 필자와의 면담, 2009년 11월 3일. 옥한흠 목사는 자신의 설교를 연구하고 있다는 필자에게 한국 교회의 심각한 문제 중의 하나는 "설교가 연구의 대상이 아닌 표절의 대상"이 되었다고 탄식하였다.
6 옥성호, 『청년 옥한흠』, 171
7 옥한흠, "설교를 바로 하는 것과 잘하는 것," 「그 말씀」 (서울: 두란노서원, 1992), 19.
8 폴 스코트 윌슨, 『그리스도교 설교의 역사』, 김윤규 옮김 (서울: 대한기독교서회, 2015), 54-55.
9 Henry Chadwick, *The Early Church* (London: Penguin Books, 1967), 191.
10 옥한흠, "설교를 바로 하는 것과 잘하는 것," 21.
11 옥한흠, "설교를 바로 하는 것과 잘하는 것," 21.
12 옥한흠, "그리스도인의 전도," 107.
13 옥한흠, "그리스도인의 전도," 109.
14 James Packer, "Some Perspectives on Preaching," *Ashland Theological Journal* 21(1990), 42-64. 알리스터 맥그라스, 『제임스 패커의 생애』, 422에서 재인용.
15 임미영, "미영아, 힘들면 언제든지 돌아와라," 「광인」, 185.
16 옥한흠, 『그리스도인의 자존심』, 59-60.
17 정인교, "더도 말고 덜도 말고 설교의 모범답안, 옥한흠 목사의 설교," 「설교뱅크」 (2007. 9.), 21.

18 옥한흠, 『요한이 전한 복음 2』, 191.
19 옥성호, 『아버지, 옥한흠』, 150.
20 옥한흠 목사 대담, "나의 교회론과 제자훈련은 엇박자가 된 것 같다." 「디사이플」 (2009. 11.); 옥성호, 『아버지, 옥한흠』, 151에서 재인용.
21 옥성호, 『아버지, 옥한흠』, 152.
22 이근미, "평신도를 제자수준으로 훈련시켜, 함께 교회를 꾸려나간다." (성공집단사례연구: 사랑의교회 옥한흠 목사의 제자훈련), 「월간조선」 (2000. 11), 350-351.
23 이근미, "평신도를 제자수준으로 훈련시켜, 함께 교회를 꾸려나간다." (사랑의교회 옥한흠 목사의 제자훈련), 351.
24 옥한흠, "그날이 기쁨" (2002. 7. 21.) 설교 후, 두 성도들의 간증.
25 이찬수 목사와 필자와의 면담, 2012년 4월 25일.
26 이찬수 목사와 필자와의 면담, 2012년 4월 25일.
27 권성수, 『성령설교』, 446.
28 권성수, 『성령설교』, 471.

제3부 옥한흠 설교의 개요와 주제들

1 옥한흠, "한국 교회, 여기에 그 해답이 있다." 「월간목회」 (2005. 1.), 127-128.

제8장 설교의 개요

1 옥한흠, "한국 교회, 여기에 그 해답이 있다." 130-131.
2 옥한흠, "한국 교회, 여기에 그 해답이 있다." 132-133.
3 옥한흠, "한국 교회, 여기에 그 해답이 있다." 135.
4 참조, 국제제자훈련원 편, "[옥한흠 목사의] 출판된 설교 리스트" 및 『옥한흠 목사 강단메시지, 1980-2008』 (서울: 국제제자훈련원, 2008).
5 사랑의교회 편, 『개척 10년, 나누고 싶은 이야기들』, 56.
6 참조, 국제제자훈련원 편, "[옥한흠 목사의] 출판된 설교 리스트" 및 『옥한흠 목사 강단메시지, 1980-2008』.
7 2000년 2월 13일 주일설교에 산상수훈강해설교를 시작하면서 언급한 내용을 통해

서 이러한 설교자 옥한흠의 치열한 고민을 듣게 된다.

8 『옥한흠 목사 강단메시지, 1980-2008』을 분석해 보면, 주일설교 주제들로 예수 그리스도(72), 신앙생활(67), 그리스도인(45), 전도(33), 교회(33), 구원(25), 믿음(25), 하나님 자녀(24), 가정(21), 하나님(19), 인생(15), 감사(15), 기도(15), 말세(11), 성령(10), 제자도(9), 세례(8), 예배(8), 부활(7), 죄(5), 사회 문제(5), 환경 문제(5), 선교(3) 등의 순서로 나타난다. 하나님에 대한 주제설교는 19회이지만, 하나님 나라를 포함한 관련된 주제를 통합하면, 45회에 이른다. 그의 주일설교에서 다룬 주제들은 98개에 다다른다. 특이한 것은 설교 내용을 통해서 "제자도"나 "선교"는 많이 강조했지만, 설교의 주된 주제로 삼아 설교한 것은 숫자가 적다는 것이고, "말세"나 "성령"을 주제로 한 설교가 상대적으로 적은 것도 눈에 띤다(괄호 안의 수는 선포한 설교의 횟수임).

9 251개의 구약설교 중에서 각 권별 설교 횟수를 분석해 보면 다음과 같다. 시편(44), 창세기(23), 이사야(21), 출애굽기(15), 잠언(14), 신명기(12), 여호수아(11), 사무엘하(11) 등의 순으로 나타난다. 옥 목사는 구약설교를 시가서(26%), 선지서(25%), 모세오경(24%), 그리고 역사서(22%) 순으로 본문을 택하여 설교하였다.

10 467개의 신약설교 중에서 각권별 설교 횟수는 다음과 같다. 마태복음(74), 누가복음(70), 고린도전서(53), 요한복음(37), 에베소서(34), 사도행전(28), 로마서(28), 마가복음(21), 히브리서(15), 요한계시록(14), 골로새서(14) 순으로 설교했고, 신약설교는 주로 복음서와 바울서신에 집중되어 있는 것을 발견할 수 있다.

제9장 초기 설교 주제들

1 옥한흠, "교회부흥을 교회가 가로막고 있다!" 「월간목회」 245(1997. 1.), 48-55.
2 옥한흠, 『소명자는 낙심하지 않는다』, 288-289.
3 옥한흠, "머리말," 옥한흠 편, 『현대교회와 성령운동』 (서울: 정음출판사, 1984), 4.
4 옥한흠, 『다시 쓰는 평신도를 깨운다』, 32.
5 권성수, "청중을 깨우는 설교자: 옥한흠 목사의 설교에 대한 해석학적 분석," 한국 교회사학연구원 편, 「옥한흠 목사의 설교와 신학」 (한국 교회사학연구원, 2002년 10월 28일), 65; 백종구, "옥한흠 목사의 지도력과 사랑의교회," 「교회사학」 4:1(2004), 34-35.
6 백종구, "옥한흠 목사의 지도력과 사랑의교회," 36.
7 사랑의교회 편, 『개척 10년, 나누고 싶은 이야기들』, 25.

8   옥성호, 『청년 옥한흠』 (수원: 도서출판 은보, 2016), 156.
9   옥한흠, 『고통에는 뜻이 있다』, 4.
10 옥한흠, 『고통을 다루시는 하나님의 손길』 (서울: 국제제자훈련원, 1987; 개정35쇄, 2001), 4.
11 옥한흠, 『빈 마음 가득한 행복』, 186-191.
12 옥한흠, 『로마서 1』, 355.
13 옥한흠, 『고통에는 뜻이 있다』, 4.
14 옥한흠, 『고통에는 뜻이 있다』, 11.
15 옥한흠, 『고통에는 뜻이 있다』, 10, 24.
16 이상훈, "공존의 틀을 벗어나는 엘리트 의식," 유경재 외 『한국 교회 16인의 설교를 말한다』, 91.
17 이상훈, "공존의 틀을 벗어나는 엘리트 의식," 91-92.
18 손봉호, 『고통받는 인간: 고통 문제에 대한 철학적 성찰』 (서울: 서울대학교출판부, 1995), 44.
19 그라함 내빌, "크리소스톰의 『성직론』에 관한 연구," 존 크리소스톰, 『성직론』, 채이석 옮김 (서울: 도서출판 엠마오, 1992), 224.
20 박응규, "존 크리소스톰의 설교 세계: 성경해석학, 설교, 그리고 사회개혁," 「ACTS 신학과 선교」 12(2011), 206-209; 정준기, "요한 크리소스톰의 설교와 정치," 「광신논단」 10(2001), 221.
21 송태근 목사와 필자와의 면담, 2012년 10월 19일.
22 손봉호, 『고통받는 인간』, 141. 참조, Reinhold Niebuhr, *Moral Man and Immoral Society* (London: SCM, 1932).
23 사랑의교회 편, 『개척 10년, 나누고 싶은 이야기들』, 163.
24 옥한흠, 『개척 10년, 나누고 싶은 이야기들』 (초판), 47.
25 옥한흠, 『개척 10년, 나누고 싶은 이야기들』 (초판), 108, 110. 1979년부터 시행한 전교인수양회는 3회째인 1981년 여름까지 갖고, 그 이후부터는 교인 수의 빠른 증가와 대지구입 문제 등으로 수양회를 가질 수 없었다. 그러나 이 집회를 통해 "사랑의교회 영적 기초를 세우는 시간"을 마련하였다.
26 정동섭 교수와 필자와의 면담, 2013년 2월 7일. 정동섭의 예에서 보듯이, 옥한흠은 당시 영어를 구사할 수 있는 유식한 목사라는 이미지와, 권위의식이나 전통적인 격식에 매이지 않는 참신한 모습이 강남 지역의 지식인들과 중상층에 호소력을 갖고 있었음을 알 수 있다. 시간이 흐르면서 설교에 영어를 언급하는 것은 없어졌다고 한다.

27 정동섭 · 이영애, 『박옥수 · 이요한 · 유병언의 구원파를 왜 이단이라 하는가?』 (개정증보판, 서울: 죠이선교회, 2010), 41.
28 정동섭 · 이영애, 『박옥수 · 이요한 · 유병언의 구원파를 왜 이단이라 하는가?』, 46.
29 정동섭 교수와 필자와의 면담, 2013년 2월 7일.
30 옥한흠, 『개척 10년, 나누고 싶은 이야기들』, 79.
31 옥한흠, "설교와 청중," 90.
32 옥한흠, 『개척 10년, 나누고 싶은 이야기들』, 157-158; 김명호, "구령의 활화산 사랑의교회 대각성전도집회," 「목회와 신학」 (1994, 4): 91-96.
33 김명호 목사와 필자와의 면담, 2009년 11월 3일.
34 옥한흠, 『문 밖에서 기다리시는 하나님』 (서울: 국제제자훈련원, 1987, 초판; 2007, 개정판), 5-6.
35 옥한흠, 『제자훈련 열정 40년』, 239-240.
36 옥한흠, 『문 밖에서 기다리시는 하나님』, 13-15, 17. 이 한 편의 설교 속에서도 개혁주의적인 인간관과 구원론, 그리고 종말관에 대한 포괄적인 내용이 성경적인 근거들을 토대로 실제적인 예화들을 통해 간결하면서도 확고하게 설득해 나가는 논리의 흐름이 확연하다.
37 옥한흠, "한국 교회 부흥회, 무엇이 문제인가?" 91.
38 옥한흠, "한국 교회 부흥회, 무엇이 문제인가?" 93.
39 옥한흠, "한국 교회 부흥회, 무엇이 문제인가?" 94.
40 옥한흠, "한국 교회 부흥회, 무엇이 문제인가?" 95.
41 옥한흠, "한국 교회 부흥회, 무엇이 문제인가?" 95-96.
42 옥한흠, 『고통을 다루시는 하나님의 손길』, 35.
43 옥한흠, 『고통에는 뜻이 있다』, 70, 86; 옥한흠, 『로마서 2』, 306f.; 옥한흠, 『나의 고통 누구의 탓인가?』 52f., 66; 옥한흠, 『요한이 전한 복음 2』, 176.
44 옥한흠, "한국 교회 부흥회, 무엇이 문제인가?" 98.
45 옥한흠, "한국 교회 부흥회, 무엇이 문제인가?" 98.
46 옥한흠, "성령과 방언," 옥한흠 편, 『현대교회와 성령운동』, 143.
47 옥한흠, "성령과 방언," 137.
48 옥한흠, "성령과 방언," 141.
49 옥한흠, "성령과 방언," 148-149.
50 옥성호, 『아버지, 옥한흠』, 145.
51 옥한흠, "평신도의 정치참여," 김명혁 외 3인 지음, 『현대교회와 국가』 (서울: 도서

52 이만열, "역사를 앞서 준비한 선견자였다," 「크리스채너티투데이 코리아」(2010. 10.), 36; 이만열, 『잊히지 않는 것과 잊을 수 없는 것』 (서울: 포이에마, 2015), 335-344.
53 이동원, "주의 마음에 합한 사람," 「크리스채너티투데이 코리아」 (2010. 10.), 26. 이동원은 옥한흠을 추모하는 글에서, 첫째는 "치열한 양치기," 둘째는 "탁월한 동굴 우두머리," 그리고 셋째는 "새벽 등대지기"의 세 가지 이미지가 선명하게 떠오른다고 언급하였다. 그의 열정과 보람의 산실인 사랑의교회라는 동굴 속에서 한국 교회의 내일을 준비하고 세계 교회의 미래를 묵상했고, 이 동굴을 찾는 믿음의 병사들을 영웅으로 만들기 위한 일에 건강을 돌보지 않고 올인하였다. 이 동굴생활의 의미와 장점을 그는 다윗에게서 배웠다.
54 옥한흠, "평신도의 정치참여," 30.
55 김영순 사모와 필자와의 면담, 2012년 4월 13일.
56 옥성호, 『아버지, 옥한흠』, 111.
57 옥성호, 『아버지, 옥한흠』, 112.
58 박성남, "내 삶의 화두는 사회에 영향력을 미치는 기독교의 모습이다," 「디사이플」 (2006. 4.), 50-51.
59 이동원, "주의 마음에 합한 사람," 27.

제10장 중기 설교 주제들

1 옥한흠, 『평신도를 깨운다』 (개정판), 291.
2 옥성호, 『아버지, 옥한흠』, 145.
3 "담임 목사에게서 듣는다," 「우리」 (1988. 2. 28.), 1.
4 백종구, "옥한흠 목사의 지도력과 사랑의교회," 44; "담임목사에게서 듣는다," 「우리」 (1988. 2. 28.), 1.
5 김영순 사모와 필자와의 면담, 2012년 4월 4일. 제자훈련목회에 전념해 온 옥한흠으로서는 주일 저녁예배가 몹시도 버거웠을 것이고, 그래서 오랜 고민과 생각 끝에 육체적인 쉼이 필요해서 저녁예배를 드리지 않기로 한 것은 아니었다. 결코 주일 저녁예배의 중요성을 간과해서가 아니라, 이미 주일날 여러 번의 예배를 드리고 있는 가운데, 저녁 시간에 성도들을 다시 교회로 오게 하기보다는 가정예배를 활성화하여

건전한 가정을 세우기 위한 불가피한 결정이었다. 그러나 이런 결정 때문에 그가 속한 합동교단의 총회에서 문제가 된 적도 있었다.

6   옥성호, 『아버지, 옥한흠』, 22.
7   유진 피터슨, 『유진 피터슨』, 78.
8   성인경, "추천사," 콜린 듀리에즈, 『프랜시스 쉐퍼』, 15.
9   옥성호와 필자와의 면담, 2012년 6월 20일.
10 최석범 목사와 필자와의 면담, 2010년 11월 12일. 최석범은 이 기도회야말로 사랑의교회 특별새벽기도회의 원조라는 의견을 피력했다.
11 박남규 목사와 필자와의 면담, 2012년 4월 27일.
12 김명호, 『나는 잇는다』, 118-119; 최석범 목사와 필자와의 면담, 2010년 11월 12일.
13 "옥한흠 목사와의 인터뷰"(1996년 9월 25일), 권성수, 『성령설교』, 467.
14 옥한흠, 『제자훈련 열정 40년』, 206, 208.
15 옥한흠, 『제자훈련 열정 40년』, 209-210.
16 옥한흠, 『제자훈련 열정 40년』, 211.
17 김영순 사모와 필자와의 면담, 2012년 4월 13일.
18 이중표, "별세의 사람 옥한흠," 『8인이 보는 옥한흠』, 82.
19 1989년 가을에 옥한흠은 과로로 탈진하여 쓰러졌고, 건강회복과 영적 재충전을 위해 안식년을 가질 수밖에 없었고 1991년에 목회 사역에 복귀하였다. 이 시기야말로 옥 목사의 인생에서 가장 어려운 고난이었고, 2년이 넘도록 "사망의 음침한 골짜기를 헤매고 다녔다"라고 말할 만큼 고통이 심했다. "담임목사 12년 만에 안식년 가져," 「우리」 (1990. 1. 14.), 1; "온누리교회 하용조 목사와 사랑의교회 옥한흠 목사의 대담," 「빛과소금」 (1998. 10.), 80.
20 옥한흠, 『시험이 없는 신앙생활은 없다』 (서울: 국제제자훈련원, 2002), 4-6.
21 옥한흠, 『목사가 목사에게』 (수원: 도서출판 은보, 2013), 99.
22 최석범 목사와 필자와의 면담, 2010년 11월 12일. 옥한흠의 안식기간에 대각성전도집회 강사로 왔던 정필도 목사의 칭찬이었다. 돌아온 옥한흠은 부교역자들에게 감사의 마음을 전했고 제자훈련목회가 "이 시대의 목회의 대안이다"라는 격려의 말도 했다.
23 옥한흠 목사 대담, "나의 교회론과 제자훈련은 엇박자가 될 것 같다," 「디사이플」 (2009. 11. 1).
24 옥한흠, 『제자훈련 열정 40년』, 216.
25 옥한흠, 『제자훈련열정 40년』, 216.

26   김대조는 옥한흠 목사의 로마서 강해설교를 대표적인 강해설교로 간주하고 존 스토트의 로마서 설교와 비교 연구하여 박사학위 논문을 작성하였다. Dae Jo Kim, "Preaching on Romans: A Critical Comparison of the Expository Preaching of John Stott(U.K.) and Han Hum Oak(Korea)," (Ph.D. diss., Brunel University, 2002).

27   옥한흠, 『로마서 1: 내가 얻은 황홀한 구원』 (서울: 국제제자훈련원, 2007, 개정3판), 4.

28   로마서가 교회역사에 미친 영향에 대해서 다음의 저서를 참고하라. Jeffrey P. Greenman, Timothy Larsen, eds., *Reading Romans through the Centuries* (Grand Rapids: Brazos Press, 2005).

29   정용섭, "제자 훈련은 가능한가?(상) – 사랑의교회 옥한흠 원로목사의 경우," 「기독교사상」 (2007. 8.), 178-194. http://www.koreaweekfl.com/news/cms_view_article.php?aid=7330.

30   서중석, "옥한흠 목사 설교의 해석사적 위치와 특징," 15-26.

31   옥한흠의 이러한 변화는 그가 젊은 시절에 탐닉했던 프랜시스 쉐퍼가 영적인 위기를 극복한 후 변화된 모습과 유사한 특징이 나타난다. 콜린 듀리에즈, 『프랜시스 쉐퍼』, 188-189, 274.

32   알리스터 맥그라스, 『제임스 패커의 생애』, 101.

33   옥한흠, 『목사가 목사에게』, 99.

34   옥한흠, "선교 비전 땅 끝까지"(롬 15:22-29), 1992년 10월 25일 설교 중에서. 사랑의교회 세계선교부 제공자료, "옥 목사님 선교관련 자료."

35   옥한흠, "선교 비전 땅 끝까지"(롬 15:22-29), 1992년 10월 25일 설교 중에서.

36   옥한흠, "24시간 불침번 목사," 8-11, 박남규, 『호스피스 아름다운 봉사자』 (서울: 국민일보, 1999).

37   Samuel Hopkins, *The Life and Character of the Late Reverend Mr. Jonathan Edwards* (Boston: S. Kneeland, 1765), 46-47. 더글러스 스위니, 『조나단 에드워즈의 말씀 사역』, 89-90에서 재인용.

38   이찬수 목사와 필자와의 면담, 2012년 4월 25일.

39   이만열, 『한 시골뜨기가 눈떠가는 이야기』, 137-138.

40   옥한흠, 『로마서 3』, 96.

41   옥한흠, 『로마서 3』, 99, 101.

42   옥한흠, 『로마서 3』, 101.

43 옥한흠,『로마서 1』, 24, 25; 옥한흠,『희망은 있습니다』(서울: 국제제자훈련원, 1998), 72-74, 190-192, 203f.; 옥한흠,『요한이 전한 복음 1』, 323f.
44 옥한흠,『로마서 1』, 25.
45 이승구, "옥한흠 목사의 설교에 대하여," 231.
46 옥한흠,『로마서 1』, 116.
47 옥한흠,『로마서 2』, 39ff; 옥한흠,『그리스도인의 자존심』, 66, 112f.; 옥한흠,『희망은 있습니다』, 19, 34f., 36f., 54f., 66f., 71, 103-105, 108-110, 148f., 180-182; 옥한흠,『빈 마음 가득한 행복』, 339f.
48 옥한흠,『로마서 3』, 107.
49 옥한흠,『빈마음 가득한 행복: 산상수훈 강해설교 1』, 69f.
50 옥한흠,『그리스도인의 자존심』, 100.
51 옥한흠,『로마서 1』, 112f.
52 옥한흠,『로마서 2』, 22.
53 옥한흠,『로마서 3』, 20-22; 옥한흠,『요한이 전한 복음 1』, 317f.; 옥한흠,『희망은 있습니다』, 224-226.
54 옥한흠,『희망은 있습니다』, 61-62, 113, 120-126, 154, 157.
55 고성삼 목사와 필자와의 면담, 2010년 11월 12일.
56 고성삼 목사와 필자와의 면담, 2010년 11월 12일.
57 옥한흠,『요한이 전한 복음 1』, 7.
58 옥한흠,『요한이 전한 복음 1』, 7.
59 옥한흠,『요한이 전한 복음 1』, 188.
60 옥한흠,『요한이 전한 복음 1』, 194.
61 옥한흠,『요한이 전한 복음 1』, 194-200.
62 옥한흠,『요한이 전한 복음 3』, 49-50.
63 옥한흠,『요한이 전한 복음 3』, 50.
64 옥한흠,『요한이 전한 복음 2』, 415-416.
65 옥한흠,『요한이 전한 복음 2』, 415, 426.
66 옥한흠,『그리스도인의 자존심』, 6.
67 옥한흠,『그리스도인의 자존심』, 13-15.
68 옥한흠,『그리스도인의 자존심』, 16.
69 옥한흠,『그리스도인의 자존심』, 20.

제11장 후기 설교 주제들

1 옥한흠은 2000년 2월부터 2001년 6월까지 산상수훈 강해설교를 주일예배 때에 선포하였다. 옥한흠, 『빈마음 가득한 행복: 산상수훈 강해설교 1』; 『하늘행복으로 살아가는 작은 예수: 산상수훈 강해설교 2』 (서울: 국제제자훈련원, 2001).
2 이동원 목사와 필자와의 면담, 2010년 9월 9일.
3 옥한흠, 『희망은 있습니다』, 5-6.
4 옥한흠, 『희망은 있습니다』, 15.
5 옥한흠, 『희망은 있습니다』, 34.
6 옥한흠, 『빈마음 가득한 행복: 산상수훈 강해설교 1』, 158.
7 옥한흠, 『빈마음 가득한 행복: 산상수훈 강해설교 1』, 5, 7.
8 옥한흠, 『빈마음 가득한 행복: 산상수훈 강해설교 1』, 16-17.
9 옥한흠, 『빈마음 가득한 행복: 산상수훈 강해설교 1』, 19.
10 옥한흠, 『빈마음 가득한 행복』, 160.
11 옥한흠, 『요한이 전한 복음 1』, 258-259.
12 옥한흠, 『희망은 있습니다』, 142.
13 옥한흠, 『희망은 있습니다』, 143.
14 옥한흠, 『빈마음 가득한 행복: 산상수훈 강해설교 1』, 166-168.
15 옥한흠, 『빈마음 가득한 행복: 산상수훈 강해설교 1』, 181.
16 옥한흠, "어느 부자의 생각"(눅 12:16-21), 2001년 9월 9일 사랑의교회 주일설교.
17 옥한흠, "하나님 아버지의 기쁨"(눅 15:1-7), 2002년 10월 27일 주일예배 설교.
18 옥한흠, "작은 자가 천을 이루는 교회"(사 60:19-22), 2003년 1월 19일 주일예배 설교.
19 옥한흠, "나라에 의인이 많아지려면"(잠 29: 2-4), 2002년 12월 8일 주일예배 설교.
20 이승구, "옥한흠 목사의 설교에 대하여," 「조직신학논총」 15 (2005): 233.
21 옥한흠, 『요한이 전한 복음 1』, 69.
22 이승구, "옥한흠 목사의 설교에 대하여," 233; 옥한흠, 『희망은 있습니다』, 143.
23 옥한흠, 『희망은 있습니다』, 147f.
24 옥한흠, "와 보라"(요 1:35-39), 1995년 10월 1일 주일에 선포한 요한복음 강해설교 4번째 설교에서 그러한 메시지를 효과적으로 선포하였다.
25 존 스토트, 『제자도』, 63.

26 옥한흠, 『희망은 있습니다』, 233-249.
27 옥한흠, 『빈마음 가득한 행복: 산상수훈 강해설교 1』, 214-215.
28 옥한흠, 『빈마음 가득한 행복: 산상수훈 강해설교 1』, 214-215.
29 옥한흠, 『빈마음 가득한 행복: 산상수훈 강해설교 1』, 216.
30 옥한흠, 『빈마음 가득한 행복: 산상수훈 강해설교 1』, 216.
31 옥한흠, 『빈마음 가득한 행복: 산상수훈 강해설교 1』, 216, 219.
32 옥한흠, 『빈마음 가득한 행복: 산상수훈 강해설교 1』, 219.
33 폴 스코트 윌슨, 『그리스도교의 설교의 역사』, 173.
34 옥한흠, 『소명자는 낙심하지 않는다』, 46.
35 옥한흠, "교회갱신은 경건운동이다," 옥한흠 외 61명, 『굵은 베로 허리를 동이라』 (서울: 규장문화사, 1999), 14-15; 옥한흠, "시류도 개혁을 원한다." 『굵은 베로 허리를 동이라』, 106.
36 옥한흠, "표준을 낮게 잡으면 망한다," 2001년 8월 22일에 교갱협 제6차 영성수련회 폐회예배에서 전한 설교.

제4부 옥한흠 설교의 특성과 영향

1 옥한흠, 『목사가 목사에게』 (수원: 도서출판 은보, 2013), 62-63.
2 "생애와 사역," 『광인』, 12-13.

제12장 "들리는" 설교

1 성인경, "추천의 글," 콜린 듀리에즈, 『프랜시스 쉐퍼』, 11.
2 유진 피터슨, 『유진 피터슨』, 140.
3 옥한흠, 『요한이 전한 복음 2』, 235-237, 351-352, 366; 옥한흠, 『요한이 전한 복음 3』, 24-25, 371-372. 그 외에도 옥한흠의 설교 전반에 이러한 구체적인 실례들은 수없이 많다.
4 옥한흠, 『로마서 3』, 192-193.
5 팀 켈러, 『팀 켈러의 설교』, 채경락 옮김 (서울: 두란노, 2016), 27.

6 팀 켈러, 『팀 켈러의 설교』, 27-28.
7 류응렬, "설교자 옥한흠, 보화를 담은 질그릇," 목회와신학 · 빛과소금 편집부, 「예수님의 신실한 제자가 되겠습니다」 (2010년 10월호 별책 부록): 46. 류응렬은 설교자 옥한흠을 "들어주는 게 아닌 들리는 설교자," "예수 그리스도를 전하는 설교자," "적실한 예화와 적용으로 삶을 변화시킨 설교자," "한 사람을 향한 하나님의 비전을 품은 설교자," 그리고 "끊임없는 열정으로 노력하는 설교자"라고 주장하였다.
8 류응렬, "설교자 옥한흠, 보화를 담은 질그릇," 46-47.
9 김대조, "설교학적 측면에서 본 제자훈련," 『교회와 제자훈련』, 245.
10 서중석, "옥한흠 목사 설교의 해석사적 위치와 특징," 16.
11 김영순 사모와 필자와의 면담, 2012년 4월 4일.
12 민지영, "얼굴-김영순 사모, 국화꽃 향기처럼," 「우리」(1988. 12. 16.), 3.
13 김영순 사모와 필자와의 면담, 2015년 2월 18일.
14 옥한흠, "'그러나'의 은혜"(고전 15: 9-10), 1993년 12월 12일에 선포한 주일설교.
15 옥한흠, 『로마서 3』, 237, 241; 서중석, "옥한흠 목사 설교의 해석사적 위치와 특징," 19.
16 옥한흠, 『제자훈련 열정 30년—그 뒤안길의 이야기』 (서울: 국제제자훈련원, 2001), 170-171.
17 서중석, "옥한흠 목사 설교의 해석사적 위치와 특징," 20.
18 이태형, 『두려운 영광』, 23.
19 강명옥, "옥한흠 목사와 함께한 24년," 145.
20 이승구, "옥한흠 목사의 설교에 대하여," 「조직신학논총」, 15 (2005), 214.
21 옥한흠, 『로마서 1』, 47.
22 옥한흠, 『로마서 1』, 66.
23 옥한흠, 『로마서 1』, 123; 다음도 참조하라. 옥한흠, 『로마서 2』, 193, 215; 옥한흠, 『로마서 3』, 47, 294.
24 이승구, "옥한흠 목사의 설교에 대하여," 220-221.
25 옥한흠의 설교에 자주 인용되는 기독교 역사의 인물들에 대한 자세한 고찰과 분석은 다음의 논문을 참고하라. 이승구, "옥한흠의 설교에 대하여," 221-226.
26 서중석, "옥한흠 목사 설교의 해석사적 위치와 특징," 20-21.
27 정인교, "더도 말고 덜도 말고: 설교의 모범답안 옥한흠 목사의 설교," 「설교뱅크」 (2007. 9.), 17.

제13장 "들어야 할" 설교

1   권성수, 『성령설교』 (서울: 국제제자훈련원, 2009), 439.
2   옥한흠, 『로마서 1』 (서울: 국제제자훈련원, 1992, 개정 3판 2004), 15, 203; 옥한흠, 『요한이 전한 복음 2』 (서울: 국제제자훈련원, 2000, 개정판 1쇄 2002), 99-100.
3   옥한흠, 『요한이 전한 복음 1』, 287.
4   옥한흠, 『로마서 1』, 39; 옥한흠, 『요한이 전한 복음 1』, 98f.; 옥한흠, 『요한이 전한 복음 3』, 121, 122, 354f., 365.
5   옥한흠, 『제자훈련 교재』, 49, 54.
6   옥한흠, 『요한이 전한 복음 1』, 79, 81, 194; 옥한흠, 『요한이 전한 복음 2』, 308.
7   옥한흠, 『로마서 1』, 294, 341; 옥한흠, 『로마서 3』, 266
8   옥한흠, 『빈 마음 가득한 행복』, 240f.
9   옥한흠, 『로마서 1』, 299.
10 옥한흠, 『고통에는 뜻이 있다』, 197.
11 옥한흠, 『하늘행복으로 살아가는 작은 예수: 산상수훈 강해설교 2』, 74-75.
12 옥한흠, 『하늘행복으로 살아가는 작은 예수』, 80-81.
13 옥한흠, "부활의 주님을 만나라"(요 20:19-31), 『요한이 전한 복음 3』, 365. 이와 같은 부활절 메시지는 그야말로 예수 그리스도의 부활에 대한 신학적 선언이자, 이 설교를 들은 성도들로 하여금 부활의 역사성과 그 의미를 확실히 믿고 부활의 능력과 소망으로 새로워지게 한 감동적인 설교였다. 이러한 성경적이고 신학적인 부활에 대한 설명 이후에, 설교자는 부활 신앙으로 변화된 성경의 인물들과 성도들의 삶의 실제적 예화를 통해서 부활의 의미를 바르게 삶과 신앙에 적용하는 내용이 선포되었다. 부활의 메시지로 한국 교회의 대표적인 말씀이라고 해도 과언이 아닐 것이다.
14 옥한흠, 『아무도 흔들 수 없는 나의 구원: 로마서 2』 (서울: 국제제자훈련원, 1993), 301-304
15 옥한흠, 『전도프리칭』, 144-145
16 옥한흠, 『이 보다 좋은 복이 없다: 행복한 사람 바울이 에베소에 보낸 '복' 이야기』 (서울: 국제제자훈련원, 2009), 28-29.
17 조나단 에드워즈, 『조나단 에드워즈 대표 설교선집』 백금산 옮김 (서울: 부흥과개혁사, 2005), "편집자 서문," 49.
18 옥한흠, 『이 보다 좋은 복이 없다』, 31.
19 조나단 에드워즈, 『조나단 에드워즈 대표 설교선집』, "편집자 서문," 52.

20 옥한흠, 『이 보다 좋은 복이 없다』, 40-54.
21 옥한흠, 『빈 마음 가득한 행복: 산상수훈 강해설교 1』, 277-299.
22 옥한흠, 『요한이 전한 복음 3』, 242.
23 옥한흠, 『요한이 전한 복음 3』, 244.
24 옥한흠, "무엇과도 바꿀 수 없는 예수"(빌 3:7-9), 2008년 2월 3일 사랑의교회에서 설교.
25 이태형, 『두려운 영광』, 22에서 재인용.
26 옥한흠, 『로마서 2』, 31.
27 옥한흠, 『로마서 3』, 10-11.
28 옥한흠, 『로마서 3』, 12.
29 옥한흠, 『로마서 1』, 8.
30 옥한흠, 『로마서 3』, 117.
31 옥한흠, 『요한이 전한 복음 1』, 358, 359.
32 옥한흠, 『빈마음 가득한 행복: 산상수훈 강해설교 1』, 241-242.
33 옥한흠, 『빈마음 가득한 행복: 산상수훈 강해설교 1』, 245.
34 옥한흠, 『빈마음 가득한 행복: 산상수훈 강해설교 1』, 250.
35 옥한흠, 『하늘행복으로 살아가는 작은 예수: 산상수훈 강해설교 2』, 20.
36 옥한흠, 『하늘행복으로 살아가는 작은 예수: 산상수훈 강해설교 2』, 32-33.
37 옥한흠, 『하늘행복으로 살아가는 작은 예수: 산상수훈 강해설교 2』, 34.
38 옥한흠, 『하늘행복으로 살아가는 작은 예수: 산상수훈 강해설교 2』, 34-35.
39 옥한흠, 『하늘행복으로 살아가는 작은 예수: 산상수훈 강해설교 2』, 47-50.
40 옥한흠, 『하늘행복으로 살아가는 작은 예수: 산상수훈 강해설교 2』, 258.
41 옥한흠, 『고통에는 뜻이 있다』, 11. 이 설교집은 원래 1983년 나침반사에서 출간되었다.
42 옥한흠, 『고통에는 뜻이 있다』, 55-66.
43 옥한흠, 『빈마음 가득한 행복: 산상수훈 강해설교 1』, 188.
44 옥한흠, 『빈마음 가득한 행복: 산상수훈 강해설교 1』, 189-190.
45 옥한흠, 『빈마음 가득한 행복: 산상수훈 강해설교 1』, 184.
46 옥한흠, 『빈마음 가득한 행복: 산상수훈 강해설교 1』, 192.
47 옥한흠, 『빈마음 가득한 행복: 산상수훈 강해설교 1』, 193-194.
48 옥한흠, 『빈마음 가득한 행복: 산상수훈 강해설교 1』, 194-195.
49 옥한흠, 『요한이 전한 복음 2』, 356.
50 옥한흠, 『고통을 다루시는 하나님의 손길』, 24.

51 옥한흠, 『로마서 2』, 229.
52 옥한흠, 『로마서 2』, 284-287, 291-295; 옥한흠, 『로마서 3』, 265; 옥한흠, 『요한이 전한 복음 1』, 233, 252, 297.
53 옥한흠, 『로마서 1』, 229f.
54 옥한흠, 『로마서 2』, 228.
55 옥한흠, 『전도프리칭』, 6. 이 설교집은 옥한흠이 1982년부터 사랑의교회에서 실시한 대각성전도집회에서 행한 전도설교 가운데 선별하여 출간한 것이다.
56 옥한흠, 『요한이 전한 복음 3』, 40.
57 옥한흠, 『요한이 전한 복음 3』, 40.
58 옥한흠, 『빈마음 가득한 행복: 산상수훈 강해설교 1』, 213-214.
59 옥한흠, 『고통에는 뜻이 있다』, 216-217.
60 옥한흠, 『그리스도인의 자존심』, 150-159.
61 옥한흠, 『그리스도인의 자존심』, 218.
62 이승구, "옥한흠 목사의 설교에 대하여," 238.
63 조나단 에드워즈, 『조나단 에드워즈 대표 설교선집』, "편집자 서문," 53.
64 옥한흠, 『희망은 있습니다』, 119-212.
65 이승구, "옥한흠 목사의 설교에 대하여," 205-211, 212.
66 옥한흠, 『로마서 1』, 24; 옥한흠, 『로마서 2』, 292; 옥한흠, 『로마서 3』, 19, 25, 145f.
67 옥한흠, 『빈마음 가득한 행복: 산상수훈 강해설교 1』, 204-208.
68 옥한흠, 『이 험한 세상을 어떻게 살까?』, 72, 78-79.
69 옥한흠, 『이 험한 세상을 어떻게 살까?』, 55.
70 옥한흠, 『희망은 있습니다』, 185-195.
71 이러한 특성은 사회적 문제들에 대한 옥한흠의 설교집인 『희망은 있습니다』에서 발견된다.
72 옥한흠, 『문 밖에서 기다리시는 하나님』, 157.
73 이만열, 『한 시골뜨기가 눈떠가는 이야기』, 173.
74 이만열, 『한 시골뜨기가 눈떠가는 이야기』, 176.
75 이만열, 『한 시골뜨기가 눈떠가는 이야기』, 179.
76 옥한흠, "크리스챤의 성윤리," 홍정길 편집, 『현대와 크리스챤의 윤리』 (서울: 도서출판 엠마오, 1987), 17.
77 옥한흠, "크리스챤의 성윤리," 28-30.
78 옥한흠, "크리스챤의 성윤리," 32-34.

79 이만열, 『한 시골뜨기가 눈떠가는 이야기』, 190.
80 이승구, "옥한흠 목사의 설교에 대하여," 231; 옥한흠, 『로마서 1』, 24, 25; 옥한흠, 『희망은 있습니다』, 72-74, 190-192, 203f.; 옥한흠, 『요한이 전한 복음 1』, 323f.
81 옥한흠, 『희망은 있습니다』, 64. 옥한흠의 교회와 국가의 견해에 대한 내용은 "나라를 구하는 기도"라는 설교문 (pp. 111-126)에 더 자세히 표현되어 있다.
82 옥한흠, 『희망은 있습니다』, 142.
83 옥한흠, 『그리스도인의 자존심』, 123.
84 옥한흠, 『그리스도인의 자존심』, 126.
85 알리스터 맥그라스, 『제임스 패커의 생애』, 407.
86 옥한흠, 『요한이 전한 복음 3』, 126, 131.
87 옥한흠, 『요한이 전한 복음 3』, 121.
88 옥한흠, 『요한이 전한 복음 3』, 142.
89 옥한흠, 『요한이 전한 복음 3』, 147-148.
90 옥한흠, 『요한이 전한 복음 3』, 151.
91 옥한흠, 『교회는 이긴다』, 74-75.
92 알리스터 맥그라스, 『제임스 패커의 생애』, 408.
93 옥한흠, 『로마서 2』, 20; 옥한흠, 『고통을 다루시는 하나님의 손길』, 17f.; 옥한흠, 『요한이 전한 복음 1』, 166.
94 옥한흠, 『요한이 전한 복음 1』, 63-64.

제14장 설교와 제자훈련 목회

1 옥한흠, 『목사가 목사에게』, 216-217.
2 옥한흠, 『목사가 목사에게』, 217.
3 옥한흠, 『목사가 목사에게』, 218.
4 정인교, "더도 말고 덜도 말고: 설교의 모범답안 옥한흠 목사의 설교," 18.
5 옥한흠, 『빈마음 가득한 행복: 산상수훈 강해설교 1』, 98-99, 104.
6 권성수, "예수의 광인(狂人)이 설교를 통해 예수의 장인(匠人)이 되다," 101.
7 이근미, "평신도를 제자수준으로 훈련시켜, 함께 교회를 꾸려간다" (사랑의교회 옥한흠 목사의 제자훈련), 349.
8 이상훈, "공존의 틀을 벗어나는 엘리트 의식," 97.

9   권성수, "성경해석학으로 본 옥한흠 목사의 설교분석," 「목회와신학」 (1998. 11.), 60-68.
10 55기 『평신도를 깨운다 제자훈련지도자세미나』 (서울: 국제제자훈련원, 2003), 91. 김대조, "설교학적 측면에서 본 제자훈련," 『교회와 제자훈련』, 245-246에서 재인용.
11 옥한흠, "일어나 빛을 발하라"(사 60:1-9), 1994년 11월 13일 설교.
12 옥한흠, 『평신도를 깨운다』 (서울: 두란노, 1991), 188, 194.
13 "다르게 사는 사람들: 이것이 제자의 삶이다"라는 부제로 출판된 책들은 다음과 같다: 옥한흠, 『시험이 없는 신앙생활은 없다』, 『고통을 다루시는 하나님의 손길』, 『고통에는 뜻이 있다』, 『이 험한 세상 어떻게 살까』, 그리고 『그리스도인의 자존심』 등이 있다.
14 옥한흠, 『빈마음 가득한 행복: 산상수훈 강해설교 1』; 『하늘행복으로 살아가는 작은 예수: 산상수훈 강해설교 2』를 참고하라.
15 옥한흠, 『목사가 목사에게』, 231.
16 오정현, 『사람을 세우는 설교』 (서울: 국제제자훈련원, 2003), 12.
17 김대조, "설교학적 측면에서 본 제자훈련," 248에서 재인용.
18 옥한흠, 『목사가 목사에게』, 201.
19 옥한흠, 『목사가 목사에게』, 209.
20 옥한흠, 『요한이 전한 복음 1』, 266.
21 권성수, 『성령설교』 (서울: 국제제자훈련원, 2009), 9.
22 권성수, 『성령설교』, 6-7.
23 권성수, 『성령설교』, 7.
24 옥한흠 목사와 박정근 목사의 대담, "제자훈련과 설교, 한 영혼을 생각하며 쉽게 하려는 유혹을 물리치라"(2006. 10. 12.), 미출판원고, 1. 이 대담 기사는 「디사이플」 2006년 11월호에 게재되었다.
25 박성수, "내 인생을 바꾼 사건," 105.
26 옥한흠 목사와 박정근 목사의 대담, "제자훈련과 설교, 한 영혼을 생각하며 쉽게 하려는 유혹을 물리치라"(2000. 10. 12.), 미출판원고, 8.
27 J. I. 패커, "서론," 리차드 백스터, 『참된 목자』, 26. 이 책의 원제인 *The Reformed Pastor*에서 "개혁된"(Reformed)이라는 단어가 의미하는 바는 교리상의 칼빈주의를 말하고 있는 것이 아니라, 목회의 실제에 있어서 새로워지는 것을 뜻하는 것이다.
28 김요섭, "그리스도의 나라와 교회: 칼빈의 종말론적 교회 이해 연구," 「한국개혁신학」 27 (2010): 143.

29　김요섭, "그리스도의 나라와 교회: 칼빈의 종말론적 교회 이해 연구," 143-144; 칼빈에 의하면, 가시적 교회는 지금 이 땅에서 그리스도의 통치의 "홀"인 말씀의 선포 사명을 독특하게 부여 받은 그리스도의 나라의 기관이며 도구이다. "칼빈은 구원사적 가시적 교회가 이 땅에 존재하는 의미는 이 교회가 그리스도의 말씀을 선포하는 역할을 수행하는 은혜의 기관 혹은 수단으로서 세워졌다는 데 있음을 강조한다."

제15장 설교의 영향과 의미

1　옥한흠, 『열정 40년』, 183; 강명옥, "옥한흠 목사와 함께한 24년," 132.
2　강명옥, "그는 제자훈련에 미쳐 살았다!" 『광인』, 142.
3　강명옥, "그는 제자훈련에 미쳐 살았다!" 143.
4　김김호 목사와 필자와의 면담, 2009년 11월 3일; 옥한흠, 『제자훈련 열정 40년』, 184.
5　로이드 존스, 『설교와 설교자』, 90.
6　다음의 글들을 참고하라. David Dunn-Wilson, *A Mirror for the Church: Preaching in the First Five Centuries*(Grand Rapids: Eerdmans, 2005), 102-120; J. N. D. Kelly, *Golden Mouth: The Story of John Chrysosthom, Ascetic, Preacher, Bishop* (Grand Rapids: Baker Books, 1995); 박응규, "존 크리소스톰의 설교 세계: 성경해석학과 설교, 그리고 사회개혁," 「ACTS 신학과 선교」 12(2011), 187-225.
7　John Calvin, *Institutes of the Christian Religion*, ed. John T. McNeill, trans. Ford Lewis Battles(Philadelphia: Westminster Press, 1960), 1:80.
8　John Carrick, *The Preaching of Jonathan Edwards*(Edinburgh: The Banner of Truth Trust, 2008), 409-430.
9　조나단 에드워즈의 설교에 관해서 다음의 글들을 참고하라. 아래의 연구를 종합해 보면, 에드워즈는 원고는 철저히 준비하되 원고에 매이지 않는 설교를 선포했음을 알 수 있다. Richard A. Bailey, "Driven by Passion: Jonathan Edwards and the Art of Preaching," in *The Legacy of Jonathan Edwards*, eds. D. G. Hart, Sean Michael Lucas, and Stephen J. Nichols (Grand Rapids: Baker Academic, 2003), 64ff.; Jim Ehrhard, "A Critical Analysis of the Tradition of Jonathan Edwards as a Manuscript Preacher," *Westminster Theological Journal* 60 (1998): 71-84; Stephen J. Stein, "The Spirit and the Word: Jonathan Edwards and Scriptural Exegesis," in *Jonathan Edwards and the American Experience*, eds., Nathan O. Hatch and Harry S. Stout

(New York: Oxford University Press, 1989), 118-130; 박응규, "조나단 에드워즈의 설교와 영적 대각성운동: 노샘프톤교회 목회 사역을 중심으로," 「ACTS 신학과 선교」 13(2012), 117-163.

10 옥성호, 『청년 옥한흠』 (수원: 도서출판 은보, 2016), 138.
11 조나단 에드워즈, 『조나단 에드워즈 대표 설교선집』, "편집자 서문," 15.
12 옥한흠, 『요한이 전한 복음 1』, 380-381.
13 옥한흠, 『요한이 전한 복음 1』, 381, 388.
14 옥한흠, 『요한이 전한 복음 1』, 394-395.
15 옥한흠, "교회부흥을 교회가 가로막고 있다!" 「월간목회」 245 (1997. 1.), 55.
16 조나단 에드워즈, 『조나단 에드워즈 대표 설교선집』, "편집자 서문," 38-39. 물론 "제자훈련"은 네비게이토와 같은 선교단체에서 실시한 것을 교회 제도 안으로 도입한 것이지만, 그 근원적인 의미는 회심의 분명한 증거들과 경건한 삶을 확인하고 교회 회원권을 부여한 것과 연관되어 있다고 할 수 있다.
17 이근미, "평신도를 제자수준으로 훈련시켜, 함께 교회를 꾸려간다" (사랑의교회 옥한흠 목사의 제자훈련), 344. 참조, 박응규, "은보(恩步) 옥한흠 목사의 선교적 교회론과 제자훈련목회," 「성경과 신학」 65(2013), 103-152.
18 옥한흠, 『개척 10년, 나누고 싶은 이야기들』 (초판), 112; "나누고 싶은 이야기 17-이 뜨거운 고백을 5분 만에 하라니요," 「우리」 (1992. 9. 27.), 2.
19 옥한흠, 『개척 10년, 나누고 싶은 이야기들』 (초판), 125.
20 옥한흠은 환경문제에 대한 구체적인 수치를 알고자 환경부에 문의할 만큼 예화나 통계에 있어서도 실증적인 자세를 갖고 설교를 철저하게 준비하여 외쳤다. 옥한흠, 『희망은 있습니다』, 245-246.
21 이중표, "제자훈련이 한국 교회에 미친 영향," 「목회와신학」 (1998. 11.), 74-75.
22 이근미, "평신도를 제자수준으로 훈련시켜, 함께 교회를 꾸려간다," (사랑의교회 옥한흠 목사의 제자훈련), 338-352.
23 이근미, "평신도를 제자수준으로 훈련시켜, 함께 교회를 꾸려간다" (사랑의교회 옥한흠 목사의 제자훈련), 350.
24 박용규, 『한국 교회를 깨운다』 (서울: 생명의말씀사, 1998), 148.
25 이근미, "평신도를 제자수준으로 훈련시켜, 함께 교회를 꾸려간다" (사랑의교회 옥한흠 목사의 제자훈련), 350.
26 오정현, "내 평생의 스승," 199.

27 옥한흠, 『요한이 전한 복음 3』, 255-256. 옥한흠 목사가 그의 설교에서 예화로 인용한 사람은 이동은 목사의 부인 이영숙 사모이다. 이동은 목사는 필자의 부친인 박병희 목사와 평북 선천 신성중학교 선후배지간으로 의형제를 맺고, 6·25전쟁 이후 어려운 시련을 함께 극복하며, 훗날 목회자로서 LA 한미장로 교회에서 동역하기도 했다.
28 이승구, "옥한흠 목사의 설교에 대하여," 237.
29 옥한흠, 『문 밖에서 기다리시는 하나님』, 113-132.
30 옥한흠, 『문 밖에서 기다리시는 하나님』, 131-132.
31 옥한흠, 『문 밖에서 기다리시는 하나님』, 165.
32 권성수, "청중을 깨우는 설교자: 옥한흠 목사의 설교에 대한 해석학적 분석," 67-80.
33 서중석, "옥한흠 목사 설교의 해석사적 위치와 특징," 25.
34 Ung Kyu Pak, "George Whitefield's Preaching on New Birth in American Evangelicalism,"「성경과 신학」(*Bible & Theology*) 35(2004), 224-253. 이렇게 설교자와 청중 사이의 괴리를 없애고 동일화 된 관계 속에서 설교자의 지대한 영향력이 나타난다. 이와 같은 예를 우리는 어거스틴과 그의 설교에서도 발견할 수 있다. Peter Brown, *Augustine of Hippo*: *A Biography* (Berkeley and Los Angeles: University of California Press, 2000, A New Edition with an Epilogue), 248.
35 옥한흠, 『나의 고통 누구의 탓인가』, 25.
36 옥한흠, 『문 밖에서 기다리시는 하나님』, 73-93.
37 이태형, 『두려운 영광』, 44-45.
38 옥한흠, 『빈마음 가득한 행복: 산상수훈 강해설교 1』, 120.
39 옥한흠, 『요한이 전한 복음 1』, 78, 81.
40 옥한흠, 『이보다 좋은 복이 없다』, 170.
41 더글라스 스위니, 『조나단 에드워즈의 말씀 사역』, 128.
42 옥한흠, "복음의 감각과 능력을 회복해야,"「그말씀」, 131.
43 옥한흠, "복음의 감각과 능력을 회복해야,"「그말씀」, 131.
44 알리스터 맥그래스, 『제임스 패커의 생애』, 421.
45 박영선 목사와 필자와의 면담, 2012년 11월 2일.
46 팀 켈러, 『팀 켈러의 설교』, 53, 58.
47 김경원 목사와 필자와의 면담, 2010년 6월 29일.
48 권성수, 『성령설교』, 464.

49 "옥한흠 목사와의 인터뷰"(1996년 9월 25일), 권성수, 『성령설교』, 469.
50 사랑의교회, 2003년 8월 31일 주일설교. 옥한흠 목사가 후임자를 결정하는 과정에서 사랑의교회의 미래와 다음 세대를 매우 염려했지만 거의 혼자 결정하여 4년 동안 기도해왔음을 밝히고 있다. 그리고 제자훈련목회의 가시적 결과와 그 결과에 대한 자부심이 오정현과 남가주사랑의교회를 높이 평가하는 요인이었음을 알 수 있다.
51 윤난영 사모와 필자와의 면담, 2012년 12월 27일.
52 옥한흠이 오정현에게 보내는 편지, 2003년 1월 11일, 오정현, "내 평생의 스승," 200-201에서 재인용.
53 옥한흠이 오정현에게 보낸 편지, 2003년 1월 11일.
54 옥한흠, 『전쟁을 모르는 세대를 위하여』(서울: 국제제자훈련원, 2003).
55 "부활절연합예배 설교-옥한흠,' 한국 교회여, 다시 일어나라,"「국민일보」(2004. 4. 11).
56 옥한흠, 『안아주심』(서울: 국제제자훈련원, 2007).
57 "'세속화 회개 사랑 평화실천을'-교계 대표지도자 4인, 한복협 조찬기도회 참석 호소,"「국민일보」(2008. 1. 11).
58 이태형, "옥한흠 목사의 기도에 동참해야 할 이유,"「빛과 소금」 309 (2007. 8), 175.
59 "'한국 교회 대부흥대회'에서 설교한 옥한흠 목사,"「중앙일보」(2007. 7. 10).
60 "'한국 교회 대부흥 100주년 기념행사 열려,"「연합뉴스」(2007. 7. 8); 김한수, "한국 교회 부흥은 가슴치는 회개로부터,"「조선일보」(2007. 7. 9); "2007 한국 교회 대부흥 100주년기념대회… 교회분열 버리고 100년의 부흥을 위하여,"「국민일보」(2007. 7. 9).
61 이동원 목사와 필자와의 면담, 2010년 9월 9일.
62 이태형, "옥한흠 목사의 기도에 동참해야 할 이유," 175.
63 손인웅 목사와 필자와의 면담, 2010년 7월 30일.
64 이태형, "옥한흠 목사의 기도에 동참해야 할 이유," 175.
65 이태형, "옥한흠 목사의 기도에 동참해야 할 이유," 175.
66 옥한흠, "한국 교회 부흥회, 무엇이 문제인가?" 103.
67 옥한흠, "한국 교회 부흥회, 무엇이 문제인가?" 104.
68 참조, 존 스토트, 『너의 죄를 고백하라』, 김명희 옮김 (서울: IVP, 2012).
69 옥한흠, 『요한이 전한 복음 1』, 109.
70 민경배, 『순교자 주기철 목사』(서울: 대한기독교서회, 1997), 282.

71   옥한흠, 『목사가 목사에게』, 369.
72   옥한흠, 『목사가 목사에게』, 370.
73   폴 스코트 윌슨, 『그리스도교 설교의 역사』, 김윤규 옮김 (서울: 대한기독교서회, 2015), 174.

나가는 말

1   옥한흠을 "신학적 목회자"라고 명명하는 것은 그의 설교 속에 배어 있는 교리적 특성들을 고찰해 보면 분명해진다. 또한 그가 저술한 제자훈련 교재 속에는 기독교의 핵심교리들인 성경관, 신론, 기독론, 성령론, 구원론, 종말론, 그리고 교회론 등을 다 포함하고 있음을 발견할 수 있다. 그의 설교와 제자훈련을 통해서, 옥한흠은 교회를 위한 신학과 평신도들의 신앙을 각성시키고 견고한 교리에 근거하도록 각고의 노력을 기울였다.
2   박영선 목사와 필자와의 면담, 2012년 11월 2일.
3   알리스터 맥그래스, 『제임스 패커의 생애』, 73.
4   권성수, 『성령설교』, 465.

옥한흠 목사 연보

1938년 12월 5일 경남 거제에서 아버지 옥약실과 어머니 이희순의 3남 1녀 중 장남으로 태어나다.
1951년 경남 거제 일운초등학교 졸업하다.
1955년 경남 거제 지세포 대광중학교 졸업하다.
1958년 경남 거제 장승포 거제고등학교 졸업하다.
1961년 12월 육군 현역 입대하다.
1962년 군복무 중 성균관대학교 문리대학 영문학과(야간) 입학하다.
1963년 여름 폐결핵 발병하다.
1964년 9월 서울 6관구에서 근무, 육군 병장으로 만기 제대하다.
1965년 4월 김영순과 결혼하다.
1967년 2월 장남 성호 태어나다.
1968년 2월 성균관대학교 문리대학 영문학과 졸업하다.
1968년 3월 총신대학교 신학대학원 입학하다.
1968년 4월 서울 은평교회 전도사로 부임하다.
1968년 10월 차남 승훈 태어나다.
1970년 4월 서울 성도교회 전도사로 부임하다. 대학부를 맡아 제자훈련 사역에 눈을 뜨다.
1970년 12월 총신대학교 신학대학원 졸업하다.
1972년 대한예수교장로회(합동) 수도노회에서 목사 안수를 받다.
1974년 9월 삼남 성수 태어나다.

1975년 국비 장학생으로 선발되어 가족을 두고 홀로 미국 유학을 떠나다. 미국 칼빈신학교에 입학하다.
1977년 5월 미국 칼빈신학교에서 신학석사 학위를 받다.
1978년 7월 강남은평교회를 개척하다.
1980년 11월 합동신학교에서 실천신학을 강의하다.
1981년 9월 강남은평교회를 사랑의교회로 개칭하다.
1982년 7월 제1회 '사랑의 생활화 세미나'(현재 대각성전도집회) 개최하다(2010년까지 총 28회).
1983년 7월 성전건축 기공예배를 드리다.
1984년 6월 『평신도를 깨운다』를 발간하다(2010년 10월 현재, 103쇄 발행, 7개 국어로 번역).
1985년 1월 성전 입당예배를 드리다(올해의 서울시 건축상 은상 수상).
1986년 3월 세미나실(현재 국제제자훈련원)을 설립하다.
1986년 3월 제1기 '평신도를 깨운다 제자훈련 지도자 세미나'(CAL 세미나) 개최하다(2010년 10월 현재, 국내 57회 1만 5633명, 해외 4개국 28회 2747명 수료).
1986년 사랑의교회 위임목사로 취임하다.
1989년 탈진하여 2년간 안식년을 갖다.
1991년 9월 1일 로마서 강해설교를 시작하다(1992년 12월 27일까지 총 52회).
1992년 9월 중국 연변과학기술대학을 설립하다.
1996년 3월 교회갱신을 위한 목회자협의회(교갱협)를 창립하다.
1996년 5월 미국 웨스트민스터신학교에서 목회학 박사학위를 받다.
1998년 11월 한국기독교목회자협의회(한목협)를 창립하다.
2001년 5월 미국 웨스트민스터신학교 명예신학박사 학위를 받다.
2003년 11월 격월간 「평깨」를 월간 「디사이플」로 재창간하다.
2004년 1월 사랑의교회 원로목사로 추대되다. 오정현 목사가 담임목사직을 이어받다.

2004년 4월 부활절 연합예배(상암월드컵경기장)에서 "한국 교회여 다시 일어나라"로 설교하다.

2005년 6월 '옥한흠 장학회' 출범하다.

2006년 6월 폐암 발병, 치료를 위해 영동세브란스병원(현재 강남세브란스병원)에 입원하다.

2007년 7월 한국 교회 대부흥 100주년 기념대회(상암월드컵경기장)에서 "주여, 살려주시옵소서!"로 설교하다.

2007년 8월 실천신학대학원대학교에서 명예실천신학 박사학위를 받다.

2008년 6월 「크리스채너티 투데이 한국판」을 창간하다.

2010년 3월 제84기 CAL 세미나에서 마지막 강의하다.

2010년 9월 2일 항암치료 중 급성호흡곤란증후군으로 서울대학교병원에서 소천하다.

사진으로 보는 / 옥한흠

▲ 고등학교 시절

가배교회 사택 앞의 청년 옥한흠 ▶

▲ 총신 재학시 간하배 교수 조교 시절

성도교회 부목사 시절

칼빈신학교 졸업식 이후
칼 크로밍가 내외와 함께

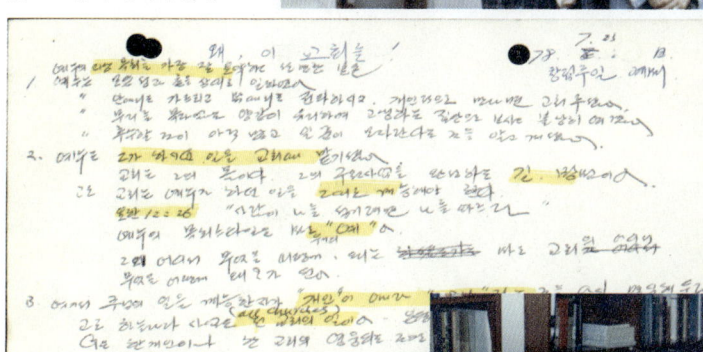
"왜 이 교회를?"(마 9:35-38),
강남은평교회 창립예배 설교 원고

설교 준비하는 옥한흠 목사

▲ 사랑의교회에서 설교하는 모습

▲ 대각성전도집회에서 설교하는 모습

투병 중인 모습

옥한흠 목사를 위한 특별새벽기도회

▲ 교갱협 영성수련회에서 설교하는 모습

▲ 성도의 말을 경청하는 옥한흠 목사

▲ 1996년 웨스트민스터신학교에서 목회학 박사학위 취득 후

서재에서

평생 목회했던 사랑의교회 예배당에서 환하게 웃는 모습

국제제자훈련원 집무실에서 모습

기도하는 모습

한국 교회 대부흥100주년 기념대회에서 설교하는 모습

옥한흠 목사의 설교 세계
Han-heum Oak and His Preaching Ministry

2017년 12월 31일 초판 발행

지 은 이 | 박응규

편　　집 | 정희연, 곽진수
디 자 인 | 김스안, 서민정
펴 낸 곳 | 사)기독교문서선교회
등　　록 | 제16-25호(1980. 1. 18)
주　　소 | 서울시 서초구 방배로 68
전　　화 | 02) 586-8761~3(본사)　031) 942-8761(영업부)
팩　　스 | 02) 523-0131(본사)　031) 942-8763(영업부)
홈페이지 | www.clcbook.com
이 메 일 | clckor@gmail.com
온 라 인 | 기업은행 073-000308-04-020, 국민은행 043-01-0379-646
　　　　　　예금주: 사)기독교문서선교회

ISBN 978-89-341-1749-0 (03230)

* 낙장·파본은 교환해 드립니다.

이 도서의 국립중앙도서관 출판시 도서목록(CIP)은 서지정보유통지원시스템 홈페이지(http://seoji.nl.go.kr)와 국가자료공동목록시스템(http://www.nl.go.kr/kolisnet)에서 이용하실 수 있습니다.
(CIP제어번호: CIP2017032572)